JN435180

사회적기업론

김재호·김용찬·김정철·지용남·김춘식

창지사

국립중앙도서관 출판시도서목록(CIP)

사회적기업론 = Social enterprise / 지은이: 김재호, 김용찬,
김정철, 지용남, 김춘식. -- 서울 : 창지사, 2013
p. ; cm

ISBN 978-89-426-2262-7 93330 : ₩22000

사회 복지[社會福祉]
기업 경영[企業經營]

325.1-KDC5
658.408-DDC21 CIP2013027372

머리말

본서는 사회적기업의 이론과 실무를 합친 종합서이다. 그 이유는 사회적기업을 사회복지와 경영학 등을 포함한 모든 분야에서 고용 불안과 양극화를 해결하기 위한 하나의 대안으로 고찰하여, 한국 사회적기업의 모형과 운영전략을 정립하고자 하는 것이 목적이기 때문이다.

따라서 본서는 한국에서 사회적기업이 실업과 양극화 문제를 해결하기 위해 일자리와 서비스를 제공하여 개인복지와 사회통합, 그리고 경제성장을 도모할 수 있는 대안임을 밝히는 데 주력하였다.

먼저 제1장과 제2장은 사회적기업의 기본이론에 관한 부분이다. 즉, 제1장에서는 사회적기업의 의의와 연혁을 설명하고, 제2장에서는 사회적기업의 발달단계와 각국의 현황을 고찰하였다. 그중에서 사회적기업의 역할과 가치를 강조하였다.

제3장과 제4장은 사회적기업의 정책에 관한 부분이다. 제3장에서는 사회적기업의 설립요건과 인증을 외국과 한국기준으로 검토하고, 제4장에서는 사회적기업의 지원제도를 외국과 한국기준으로 비교하여 검토하였다.

그리고 제5장은 사회적기업의 창업이론에 관한 부분이다. 즉, 제5장에서는 사회적기업 설립이 가능한 조직으로 민법 등 법인 설립절차와 상법 등 법인 설립절차로 구분하여 설명함으로써 사회적기업 설립이 가능한 조직을 총망라하여 소개한 점이 특징이다.

제6장은 사회적기업의 창업실무에 관한 부분이다. 즉, 제6장에서는 사회적기업의 창업절차를 업종대상별로 제조업, 유통업, 서비스업, 소비자생활협동조합으로 구분하여 설명하였다. 또한 사회적기업의 성공적인 창업절차를 제시하였다.

제7장은 사회적기업의 운영전략 중 업종 및 아이템 선택에 관한 내용이다. 즉, 업종대상별 아이템 선택과 틈새시장 아이템 선택, 창업성공 및 유망 아이템 선택을 강조하여 설명하였다. 그 이유는 이들이 사회적기업의 가장 중요한 핵심요소이기 때문이다.

제8장은 사회적기업의 운영전략 중 사업계획부분이다. 즉, 사회적기업의 신청과 사업계획서를 예비 사회적기업과 사회적기업으로 구분하여 설명하였다. 또한 일자리 창출 사업계획서와 운영 관련 사업계획서로 구분하여 쉽게 이해하도록 하였다.

제9장은 사회적기업의 경영전략 부분이다. 즉, 사회적기업의 특유한 경영전략으로서 사회적기업의 이념적 성공모델, 벤처 및 강소기업 지향전략, 우호적인 고객확보전략, 틈새시장 접근전략, 후원금 모집전략, 프로포절 연계전략을 제시하였다.

제10장은 사회적기업의 마케팅전략 부분이다. 먼저 사회적기업의 마케팅전략과 세부전술로서 4Ps 중심 마케팅전략, 소비자의 3가지 변화에 따른 마케팅전략, 사회적기업이 활용 가능한 마케팅 세부전술을 소개하였다. 또한 사회적기업별 마케팅 실전전략과 세부전술로서 공공기관 등과 연계전략, 공공기관 우선구매제도, 공공기관과의 온·오프라인 마케팅, 기업 등과 연계전략, 지역주민 대상 영업전략을 소개하였다.

따라서 본서의 특징은 다음과 같다. 첫째, 모든 이론과 사례를 한국과 외국으로 구분하여 비교·설명하였다는 점이다. 둘째, 한국과 외국으로 구분하여 성공사례, 작성예시, 일반사례, 판례를 들어 설명함으로써, 실무적으로 활용 가능한 대안을 제시하였다. 셋째, 사회복지, 경영학, 마케팅, 민법과 상법 및 관련법 등 관련 학문을 소개하여 사회적기업에 대하여 전반적으로 이해할 수 있도록 설명하였다.

현재 한가지 우려되는 부분은 학문교재가 종전보다 부피가 얇아지고 있다는 점이다. 지식의 두터움과 복잡함을 공부하려는 학문에 대한 본연의 자세보다는 단순함과 얄팍함을 선호하는 시대를 반영한 것이라 생각되나 부피가 얇은 교재로는 학문의 기초적인 지식마저 얻지 못할까 염려가 되는 부분이다. 그 이유는 이론으로 무장되지 않은 학문의 실천은 더 이상 발전할 가능성이 적고, 실무로 전혀 활용할 수 없는 수준의 단순한 내용의 이해는 속절없이 공허하기 때문이다.

끝으로 본서가 나오기까지 물심양면으로 도움을 주신 창지사 사장님과 직원 여러분, 그리고 주위에서 따뜻한 마음으로 지켜봐 주신 식구와 지인, 동료교수와 제자들께 지면을 빌어 고마운 정과 감사의 마음을 전한다.

2013. 12. 1.

사회복지 통계 & 컨설팅 연구소에서

공저자 일동

목 차

머리말 / 3

제1부　사회적기업의 총설

제1장 사회적기업의 의의와 연혁 · 13

제1절 사회적기업의 의의 13

1. 외국의 사회적기업 개념_13
2. 한국의 규정상 사회적기업 개념_16
3. 사회적기업의 다양한 유형_19
4. 사회적기업과 관련기업 비교_20

제2절 사회적기업의 연혁과 역할 등 21

1. 사회적기업의 연혁_21
2. 사회적기업의 역할과 가치_22
3. 사회적기업과 관련 기업과의 비교_27

제2장 사회적기업 발달단계와 각국의 현황 · 33

제1절 사회적기업의 발달단계 33

1. 외국 사회적기업의 발전단계_33
2. 한국 사회적기업의 발전단계_36
3. 한국 5모형의 육성 및 운영전략_41

제2절 각국의 사회적기업 현황 57

1. 외국 사회적기업의 현황_57
2. 한국 사회적기업의 현황_76

제2부 사회적기업 관련법과 사회적기업

제3장 사회적기업의 설립요건과 인증 • 85

제1절 각국의 사회적기업 설립요건 85

1. EMES 네트워크의 설립기준_85
2. 영국의 설립기준_85
3. 이탈리아의 사회적기업법의 기준(Law 155/06)_87
4. 프랑스의 집단이익 협동조합법의 기준(SCIC)_87

제2절 한국의 사회적기업 설립 및 인증요건 88

1. 설립 및 인증요건 개관_88
2. 조직요건_88
3. 근로자요건_93
4. 사회적 목적 요건_99
5. 의사결정요건_109
6. 수입요건_115
7. 정관이나 규약요건_119
8. 이윤분배요건_121
9. 인증절차_123

제4장 사회적기업의 지원제도 • 125

제1절 각국의 사회적기업 지원제도 125

1. 유럽연합(EU)의 사회적기업 지원제도_125
2. 영국의 사회적기업 지원제도_126
3. 이탈리아의 사회적기업 지원제도_126
4. 프랑스의 사회적기업 지원제도_127
5. 미국의 사회적기업 지원제도_127

제2절 한국의 사회적기업 지원제도 130

1. 사회적기업육성법상 지원제도(9가지)_130
2. 관련법상 일자리 창출사업_136
3. 중소기업기본법상 지원제도(11가지)_140
4. 사회복지법상 기부금 지원제도_149
5. 기부금품 관련법상 기부금 지원제도_151

제3부 한국 사회적기업의 설립

제5장 사회적기업 설립이 가능한 조직 • 155

제1절 법인 및 단체설립과 분야 155
1. 설립 관련 개관_155
2. 법인과 비법인_156
3. 사단법인과 재단법인_156
4. 영리법인과 비영리법인_158
5. 설립분야의 예시_158

제2절 민법 등 법인 설립절차 160
1. 비영리사단·재단법인 설립_160
2. 법인설립 후 행정 등 절차_163

제3절 상법상 법인 설립절차 169
1. 영리사단법인(회사) 설립절차_169
2. 회사설립 후 행정 등 절차_172

제6장 사회적기업의 창업절차 • 175

제1절 사회적기업을 현명하게 창업하는 법 175
1. 사회적기업은 어떠한 형태로 설립해야 하는가? (성립조건)_175
2. 사회적기업은 어떠한 조건에서 중소기업으로 지원받을 수 있나?(필수조건)_185

제2절 사회적기업의 성공적인 창업절차 개관(충분조건) 187
1. 사회적기업 창업의 의의_187
2. 성공적인 창업절차 개관_188

제3절 업종대상별 사회적기업의 창업절차 195
1. 업종대상별 창업절차 개관_195
2. 제조업 분야 관련 창업절차_196
3. 유통업 분야 관련 창업절차_198
4. 서비스업 분야 관련 창업절차_200
5. 소비자생활협동조합 창업절차_203

제7장 업종 및 아이템 선택 • 207

제1절 업종 선택 207

1. 사회적기업에 적합한 업종 개관_207
2. 제조업 분야 관련업종_208
3. 음식업 분야 관련업종_215
4. 지식 서비스 분야 관련 업종_218
5. 유통업 분야 관련 업종_220

제2절 아이템 선택 223

1. 업종별 새로운 소비 트렌드 개관_223
2. 제조업 분야 아이템 선택_229
3. 음식업 분야 아이템 선택_232
4. 지식 서비스 분야 아이템 선택_237
5. 유통업 분야 아이템 선택_240
6. 온라인 분야 아이템 선택_244
7. 틈새시장 아이템 선택_245
8. 창업성공 및 유망 아이템 선택_245

제8장 사회적기업의 신청과 사업계획서 • 247

제1절 사회적기업의 신청절차 247

1. 신청절차의 개관_247
2. 예비 사회적기업의 신청절차_248
3. 사회적기업의 인증절차_249
4. 사회적기업 관련 사업계획서(2종류)_251

제2절 (예비)사회적기업의 일자리 창출 사업계획서 251

1. 일자리 창출 사업계획서 개관_251
2. (예비)사회적기업의 일자리 창출 사업계획서_252

제3절 사회적기업의 운영 관련 사업계획서 255

1. 성패의 핵심인 운영 관련 사업계획서_255
2. 사업성 분석의 의의_257
3. 운영 관련 사업계획서 개관_263
4. 운영 관련 사업계획서 작성실무(예)_269

제4부 사회적기업의 경영

제9장 사회적기업의 경영전략 • 283

제1절 일반기업 차원의 경영전략 283

1. 경영과 경영전략의 의의_283
2. 경영전략 수립과정에서의 유형과 기법_284

제2절 사회적기업의 특유한 경영전략 291

1. 사회적기업의 이념적 성공모델_291
2. 벤처 및 강소기업 지향전략_294
3. 우호적인 고객확보전략_296
4. 블루오션 접근전략_299
5. 후원금 모집전략_305
6. 프로포절 연계전략_318

제10장 사회적기업의 마케팅전략과 전술 • 345

제1절 사회적기업 마케팅의 의의와 중요성 345

1. 사회적기업 마케팅의 의의_345
2. 사회적기업 마케팅의 중요성_346

제2절 사회적기업 마케팅전략과 세부전술 347

1. 4Ps 중심의 마케팅전략_347
2. 소비자의 3가지 변화에 따른 마케팅전략_359
3. 사회적기업이 활용 가능한 마케팅 세부전술_363

제3절 사회적기업별 마케팅 실전전략과 세부전술 370

1. 공공기관 등과 연계전략_371
2. 공공기관 우선구매제도_373
3. 공공기관과의 온·오프라인 마케팅_379
4. 기업 등과 연계전략_382
5. 지역주민 대상 영업전략_386

▌참고 문헌 / 396　　▌부록 / 405

Social Enterprise

제1부

사회적기업의 총설

◆ ◆ ◆

21세기 초기는 사회적기업의 시대가 도래하는 시기로 될 수 있다
- 우리는 그 순간을 포착하고 그것이 성사되도록 해야 한다.
(필 호프, 영국 제3섹터 장관)

The early 21st century could be the time social enterprise comes of age - we need to seize the moment and make it happen.
: from Social enterprise action plan, Two years on
(Phil Hope, Minister for the Third Sector)

제1장

사회적기업의 의의와 연혁

제1절 사회적기업의 의의

1. 외국의 사회적기업 개념

핵심연구 사회적기업은 각국에서 새로운 복지모델로 부각되고 있다. 사회적 경제 측면에서 조망하는 유럽에서는 사회적기업을 사회적 목적 차원으로 정의하고 있고, 비영리 측면을 강조하는 미국에서는 사회적기업을 비영리조직으로서 이윤분배의 제한을 강조하고 있다.

(1) 활동 측면에서 고찰하는 유럽의 사회적기업 개념

① 비영리영역(제3섹터)의 개념: 사회적 경제와 비영리섹터를 포함하는 개념

사회적기업은 각국에서 새로운 사회복지모델로 부각되고 있으나 외국에서는 학자와 연구단체, 그리고 국가에 따라 사회적기업의 개념을 다르게 정의하고 있어 하나의 개념보다는 다양한 관점에서 고찰하고 있다. 먼저 유럽의 학자는 대체로 국가(제1섹터)와 영리활동의 경제분야(제2섹터)를 제외한 비영리영역이 제3섹터이며, 제3섹터는 사회적 경제와 비영리섹터를 포함하는 개념으로 설명하고 있다[1].

1) 제3섹터를 구성하는 사회적 경제와 비영리섹터의 주요한 차이점은 목적, 조직의 통제방법, 이윤배분 방식 등 3가지이다. 첫째, 사회적 경제의 목적은 이윤추구가 아닌 구성원이나 지역사회의 서비스에 있으나 비영리섹터의 목적은 명확하지 않다는 점이다. 둘째, 사회적 경제의 조직 통제방법은 민주적인 의사결정 절차이나 비영리섹터는 스스로 통치조직에 의해서 조직이 통제된다. 셋째, 이윤배분 방식에 있어서 사회적 경제는 구성원에게 합리적인

② 사회적 경제의 개념: 법제도적 접근과 규범적 접근

• 드푸르니 개념: 드푸르니는 사회적 경제에 대해서 법제도적 접근과 규범적 접근으로 설명하고 있다. 전자는 사회적 경제가 협동조합, 상호공제조합, 민간단체의 3가지 요소로 구성된 경제활동이라고 보는 입장이다. 후자는 사회적 경제가 각 조직의 공통적인 4가지 원칙을 따르는 것으로 해석하고 있다. 따라서 후자 입장에서 본 사회적 경제의 개념은 공통적인 4가지 원칙, 즉 목적이 회원이나 지역사회에 대한 공헌, 독립적인 관리(경영의 자율성), 민주적인 의사결정, 소득분배에 있어서 자본보다는 사람과 노동을 중시를 따르는 일련의 경제활동이라고 정의된다(Defourny, 2001: 4-7).

• 유럽공동체 개념: 유럽공동체의 유럽위원회는 사회적 경제를 '공동의 욕구를 가진 사람들에 의해, 그리고 그들을 위해 만들어진 기업들로 구성된 이해당사자 경제(stakeholder)의 일부로서, 중요한 경제행위자인 협동조합, 상호공제조합, 민간단체, 재단을 포함 한다'라고 정의하고 있다(엄형식, 2008: 52). 따라서 사회적 경제를 구성하고 있는 것을 협동조합, 협회, 상호조직, 비영리조직, 사회적기업 등으로 보고 있다(Doherty et al, 2009: 5-6).

③ 유럽의 다양한 사회적기업 개념: 사회적 경제를 주도하는 주체

• 학자: 드푸르니(Jacques Defourny)는 협동조합과 비영리조직의 교차영역(공통영역)을 사회적기업으로 보고 있으며, 사회적기업은 사회적 경제를 주도하는 주체로 보고 있다(Defourny, 2001: 15, 21-24). 여기서 협동조합은 구성원과 지역사회의 전체 이익이 주된 관심사이고, 비영리조직은 영리를 추구하되 영리가 기업의 제1목표가 아니라는 것을 의미한다. 그리고 사회적기업을 '사회적 목적을 가진 기업', '시민기업', '커뮤니티 비지니스', '커뮤니티 복지기업'으로도 표현하고 있다(Evers, 2001: 296).

• 연구단체: 연구단체인 'EMES 네트워크'는[2] 사회적기업이 기업적인 전략으로 조

이윤분배를 인정하나 비영리섹터는 이윤분배를 인정하지 않는다(Defourny, 2001: 9-10).

2) EMES는 '유럽 사회적기업의 등장'(emergence of social enterprises in Europe)이라는 리서치 프로젝트의 불어명의 약자이다. 이 프로젝트는 최초의 사회적기업을 연구한 것으로서 'EMES 네트워크'에서는 1996년~1999년까지 유럽연합 15개국의 연구결과를 『유럽 사회적기업의 출현(2001)』이라는 간행물로 저술하였다.

직되지만 주요 목적이 이윤 극대화가 아닌 경제·사회 목표의 달성이며, 사회적 소외와 실업에 혁신적인 해결책을 제시할 수 있는 역량을 가진 공익을 위한 민간 활동이라고 정의하고 있다(OECD, 1999: 5). 그리고 OECD 역시 사회적기업이란 기업가 정신으로 조직되며 사회적·경제적 목적을 모두 추구하는 단체로 보고 있으며, 나라마다 그 법적 형태는 다르다고 언급하고 있다(1999: 2).

- 국가: 영국은 사회적기업이란 사회적인 목적을 우선적으로 추구하는 기업으로서, 주주와 소유주를 위한 극대화를 추구하기보다는 창출된 수익을 사회적 목적 달성을 위해 주로 기업 자체나 지역사회에 재투자하는 기업으로 정의하고 있다(UK OTSa: 10).

EMES 네트워크의 사회적기업 정의(Defourny, 2001: 16-18).

1. 경제적 기준 4가지: 재화와 서비스의 지속적인 생산과 판매, 고도의 자치성, 경제적 위험의 존재(재정안정과 확보는 구성원 책임), 최소한의 유급노동
2. 사회적 기준 5가지: 지역사회에 공헌한다는 목적, 시민집단이 설립하는 조직(시민형), 자본소유에 의하지 않는 의사결정, 이해관계자들의 참여, 제한적인 이윤분배

(2) 이윤 측면에서 고찰하는 미국의 사회적기업 개념

① 사회적기업에 대한 이윤 창출과 이윤 분배 관점

- REDF 입장: 미국에서는 대체적으로 사회적기업을 포함한 비영리조직에 대하여 이윤 분배의 제한을 강조하고 있으나 이윤 분배의 전 단계인 사업활동과 이윤 창출에 대해서는 그 필요성을 주장하고 있다. 미국의 로버츠기업개발재단(REDF: Roberts Enterprise Development Foundation)은 저소득자에게 경제적인 기회를 제공하기 위해 모험적인 사업으로써 수입을 창출하는 것을 사회적기업이라고 정의하고 있다(Sutia Kim Alter, 2004: 4)
- 버추벤처스 입장: 사회적기업 컨설팅업체인 버추벤처스(Virtue Ventures, LLC)는 사회적기업을 사회적 목적과 사회가치를 발생시키기 위해 만들어진 모험적인 사업으로 보고 있다. 여기서 사회적 목적이란 시장실패나 사회문제를 감소시키거나 완화시키는 것이고, 사회가치는 민간 부문의 사업에서 재정적인 훈련, 변혁, 결정

등을 통하여 생성된다고 보고 있다(Sutia Kim Alter, 2004: 5).

② 제3섹터인 사회적 경제(유럽)와 비영리섹터(미)의 비교

비영리영역, 즉 제3섹터는 사회적 경제와 비영리섹터를 포함하고 있다. 사회적 경제는 유럽에서, 그리고 비영리섹터는 미국에서 중시되며 양자의 차이점은 다음과 같다.

〈표 1-1〉 사회적 경제와 비영리섹터의 공통점과 차이점

구 분	세부사항	사회적 경제	비영리섹터
공통점	1. 공식성	제도화, 법인	좌동
	2. 독립성	정부와 분리, 민간 부문	좌동
	3. 자율성	고유한 규칙과 의사결정과정	좌동
	4. 자발성	회원가입의 자발성	좌동
차이점	1. 조직목표	수익성 배제	수익성 포함 가능
	2. 조직운영	민주적인 통제	기업적인 운영 가능
	3. 이윤배분	구성원을 위한 재분배 가능	이윤 분배 제한
	4. 주요국가	프랑스	미국

자료: Defourny, 9-10; 임혁백 외, 48. 재구성.

2. 한국의 규정상 사회적기업 개념

(1) 사회문제 해결을 위한 사회적기업육성법 제정

- 배경: 한국에서도 근로 빈곤층의 문제, 고령화 문제, 사회서비스에 대한 수요 증가, 전체계층의 실업 문제와 고용 없는 시대의 도래 등과 같은 복합적인 사회문제를 해결하기 위하여 '사회적 일자리사업'이 시작되었다. 이 사업은 보건복지부의 '자활지원사업'과 노동부의 '사회적 일자리사업'으로 진행되었다.
- 문제점: 그러나 자활지원사업은 안정적인 일자리로 연결되지 못함에 따라 정부재정지원의 효과성과 관련한 논란이 지속적으로 제기되어 왔고(국회예산정책처, 2006: 105-107), 사회적 일자리사업도 여전히 국가재정지원 의존도가 높고, 단기·저임금 일자리가 다수를 차지하는 등, 근본적 개선 필요성이 대두되고 있었다(노동부, 2008: 1).
- 사회적기업 제도 논의: 이러한 2사업의 대안으로 유럽의 사회적기업 제도 도입과

관련한 논의가 본격화되었다. 이 논의과정에서 사회적 일자리사업이 수익을 창출하고 자립을 도모할 수 있는 모델이 기업연계형 모델임을 확인하고, 비영리법인·단체 등 제3섹터를 활용한 안정적 일자리 창출 및 양질의 사회서비스 제공모델로서 사회적기업 도입 논의가 구체화된 것이다. 이러한 사회적기업 도입논의 결과, 「사회적기업육성법」을 2007.1.3.에 제정하여 2007.7.1.에 시행하였으며, 시행령은 2007.6.29., 그리고 시행규칙은 2007.7.18.에 제정하였다.

(2) 사회적기업육성법상 사회적기업의 개념

① 사회적기업육성법상 사회적기업 규정

사회적기업이란 취약계층에게 사회서비스 또는 일자리를 제공하거나 지역사회에 공헌함으로써 지역주민의 삶의 질을 높이는 등의 사회적 목적을 추구하면서 재화 및 서비스의 생산·판매 등 영업활동을 하는 기업으로서 인증받은 기업을 말한다(동법 제2조제1호). 따라서 3가지의 개념, 즉 사회적 목적 추구성, 영업활동의 기업성, 인증요건을 만족하는 기업을 의미한다.

② 사회적기업의 세부 규정

- 사회적 목적 추구성: 조직의 목적이 취약계층에 일자리·사회서비스 제공 등 사회적 목적을 추구한다는 것으로 영업활동 과정에서 창출된 이익은 사업 자체나 지역공동체에 재투자한다는 것이다. 또한 이익분배가 주된 목적이 아니므로 영리형태의 사회적기업(회사)도 이익의 대부분을 사회적 목적에 사용해야 한다.
- 영업활동의 기업성: 이는 근로자를 고용하여 재화·서비스의 생산·판매 등 영업활동을 수행하는 것으로서, 기업은 민법상 법인·조합, 상법상 회사, 등록된 비영리민간단체 등 다양한 조직형태도 가능하지만, 자원봉사단체나 순수 공익 목적만을 수행하는 복지시설은 제외한다.
- 인증요건 만족: 이는 조직형태, 유급근로자고용, 사회적 목적 실현, 이해관계자가 참여하는 의사결정구조, 영업활동을 통한 수익, 정관·규약 등 구비 및 기재사항 준수여부, 이윤의 사회적 목적에 재투자(상법상 회사만) 등에 적합해야 한다는 것이다. 세부내용에 대한 설명은 후술하기로 한다.

(3) 본서의 입장: 사회복지를 지향하는 모든 기업

① 새로운 복지모델인 사회적기업

앞에서 언급한 바와 같이 사회적기업은 각국에서 새로운 복지모델로 부각되고 있으며, 시민단체와 기업의 중간형태로서 운동(movement) 대신 사업(business)을 통한 사회문제 해결, 즉 취약계층에 일자리나 서비스 제공하는 기업으로 파악되고 있다(박준, 2009: 3-4).

② 본서의 사회적기업 정의

- 사회적기업 개념: 본서에서는 사회적기업을 '취약계층의 복지뿐만 아니라 지역사회와 전체 계층을 포함하는 전 국민의 사회복지를 지향하는 모든 기업'으로 정의하고자 한다. 그 이유는 2가지 측면, 즉 이론적인 고찰과 실천적인 고찰에서 사회복지와 사회적기업의 근거인 사회적 목적이 같은 맥락인 것이 밝혀졌기 때문이다.[3)]
- 이론적인 고찰 측면: 이론적인 측면에서는 사회복지 개념 및 목적과 사회적기업이 추구하는 사회적 목적과의 상호관계를 국가별로 고찰한 결과, 사회적기업이 추구하는 목적이 사회복지의 협의나 광의 개념 또는 양자를 포함하는 활동과 밀접한 관계가 있는 것으로 입증되었다.
- 실천적인 고찰 측면: 실천적인 측면에서는 먼저 사회적기업가에는 사회복지학 출신과 사회복지 경력자가 우위를 점하고 있어, 사회복지에서도 사회적기업의 방향과 수준을 연구할 필요성이 존재한다고 판단되었다. 그리고 유럽과 미국의 사회적기업은 사회복지의 협의와 광의개념을 실천하고 있는 것으로 나타났다.
- 종합설명: 부연하면 사회복지의 궁극적인 목적은 사회문제를 바람직한 방향으로 해결하는 것이며, 사회문제는 과거와 현재, 그리고 미래의 불만족스러운 욕구의 표출로서, 지역사회나 계층에 있어서 구별 없이 발생하기 때문이다. 따라서 사회적기업은 사회복지의 협의와 광의개념을 실천하는 기업이라고 표현할 수 있다. 따라서 본서에서 언급하는 사회적기업은 국가를 불문하고 제3섹터, 즉 사회적 경제와 비영리섹터 모두 포함하여 사회복지나 사회적인 목적을 추구하는 모든 조직

---

3) 상세한 부분은 저자의 논문인 김재호(2009), '사회적기업의 발전단계 및 유형에 관한 비교연구-한국과 영국, 미국을 중심으로, 20-28'을 참조할 것

으로 범위를 확장하여 보고자 한다.

3. 사회적기업의 다양한 유형

(1) 외국의 관점에 따른 다양한 유형

① 범주에 따른 유형

사회적기업의 유형은 관점에 따라 다양한 유형으로 주장되고 있다. 유럽은 보통 사회적기업의 유형을 3개의 범주로 구분하여 협동조합(cooperative enterprises), 상호공제조합(mutual societies), 민간단체(organizations)로 구분하고 있다(Defourny, 2001: 4-5; OECD, 1999).

② 사명이나 목표에 따른 유형

그리고 목표에 따른 유형분류로는 노동통합형, 사회통합형, 혼합방식형이 있다(임혁백 외, 2007: 56-7; Defourny, 2001: 4-5). 또한 사회적기업의 사명지향 정도에 따라 구분하기도 한다(Sutia Kim Alter, 2004: 16-18). 사명지향정도(Mission Orientation)는 사회적기업이 사명동기와 이윤동기 중 어느 부분에 중점을 두는가에 따라 '사명 중심형', '사명 관련형', '사명과 무관한 형'이 있다. 그리고 사업(영리적 수익활동)과 프로그램의 통합 정도에 의한 구분으로, '내재형', '통합형', '외재형'이 있다(Sutia Kim Alter, 2004: 19-24).

③ 사회복지모델과 연결된 유형

사회적기업을 사회복지모델과 연결시켜 사회민주주의 모델(스웨덴), 조합주의 모델(독일), 자유주의 모델(영국), 제3부문 지배적 모델(이탈리아)로 분류한 예도 있다(장원봉, 2005).

(2) 한국의 규정에 따른 유형

① 조직형태 관련 유형

조직형태와 연결된 유형이란 대통령령이 정하는 조직형태로서 민법상 법인·조합, 상법상 회사, 또는 비영리민간단체 등 대통령령이 정하는 조직형태를 말한다(법 제8

조제1항제1호). 비영리민간단체 등은 공익법인의 설립·운영에 관한 법률에 따른 공익법인, 비영리민간단체지원법에 따른 비영리민간단체, 사회복지사업법에 따른 사회복지법인, 소비자생활협동조합법에 따른 생활협동조합, 그 밖에 다른 법률에 따른 비영리단체를 말한다(시행령 제8조).

② 사회적 목적 관련 유형

이는 사회적 목적 실현과 연결된 유형으로는 사회서비스제공형, 일자리제공형, 지역사회공헌형, 혼합형, 기타형이 있다(시행령 제9조제1항). 이는 후술한다. 그 외에도 정부 지원 형태에 따라 정부 지원형, 혹은 독립형으로 나눌 수 있어 여러 가지 분류 기준이 있을 수 있다.

4. 사회적기업과 관련기업 비교

- 사회적기업의 위상: 알터(Sutia Kim Alter, 2004)는 사회적기업과 관련한 기업들의 전반적인 내용을 설명하고 있다. 즉, 사회적기업의 연속체로서 수익 창출활동을 하는 비영리기관, 사회적기업, 사회적 책임기업, 사회적 책임활동을 하는 기업 등 4가지로 구분하고 있다([그림 1-1] 참조). 유의할 사항은 '사회적 책임 기업'과 '사회적 책임활동을 하는 기업'은 기업의 사회적 책임(Social Responsibility)과 연결된 기업으로서 사회적기업과는 다르다는 점이다.[4)]
- 비교: [그림 1-1]에서 보면 '사회적 책임 기업'은 주주의 이익을 목적으로 하는 영리기업이지만, 사회적 사명에도 목적을 두고 있는 기업으로서, 이윤의 상당 부분을 사회적 목적에 사용할 뿐만 아니라 기업의 미션에 사회적 사명이 포함되는 경우가 많다. 또한 '사회적 책임활동을 하는 기업'은 이윤 추구를 목적으로 하지만 사회공헌 활동에 참여하는 기업으로서 경영상 이익을 위해 사회공헌 활동을 전략적으로 활용한다. 예를 들면, 직원의 자원봉사, 기업 기부, 보조금 제공 등이 이에 해당한다.

4) ISO 26000은 국제표준화기구(ISO)가 2010년 11월 1일 발표한 기업의 사회적 책임(CSR: Corporate Social Responsibility)에 대한 국제표준이다. 이는 사회의 모든 조직이나 기업이 의사결정 및 활동 등을 할 때 소속된 사회에 이익이 될 수 있도록 하는 책임을 규정한 것이다. 구체적으로 산업계, 정부, 소비자, 노동계, 비정부기구(NGO) 등 7개 경제주체를 대상으로 지배구조, 인권, 노동관행, 환경, 공정거래, 소비자 이슈, 공동체 참여 및 개발 등 7대 의제를 사회적 책임 이슈로 규정하고, 이에 대한 실행지침과 권고사항 등을 담고 있다.

⇦ 사회적 가치 창출 경제적 가치 창출 ⇨

전통적 비영리기관	수익 창출 활동을 하는 비영리기관	사회적기업	사회적 책임 기업	사회적 책임 활동을 하는 기업	전통적 기업

- 사회적 목적(사회적 가치 창출)
- 이익관계자에 대한 책임성
- 수익은 사회적 프로그램이나 운영비에 재투자

- 이윤추구 목적(경제적 가치 창출)
- 주주에 대한 책임성
- 주주에게 이익 환원

[그림 1-1] 미국 사회적기업의 스펙트럼

자료: Sutia Kim Alter, 2004, 7.

제2절 사회적기업의 연혁과 역할 등

1. 사회적기업의 연혁

핵심 연구 외국의 사회적기업은 고용 불안 등의 시대상황에서 생겨난 자생적인 기업인데 반해, 한국의 사회적기업은 일자리 창출의 필요성에서 입안된 정책적·인위적인 기업이다.

(1) 외국

① 등장 배경

복지국가의 위기를 극복하기 위한 신자유주의와 신보수주의의 시장경제론은 개방과 탈규제, 노동 유연화에 치우침으로써 고용 불안과 양극화를 심화시켰다(Defourny, 2001: 1-2). 이를 해결하고자 등장한 것이 '사회적 경제론'과 '사회투자국가론'이다.[5]

그리고 1970년대 중반에 도입된 사회적 경제론은 외환위기 이후 실업과 양극화 문제가 대두하자, 실업자 구호와 일자리 창출 방안을 모색하는 과정에서 활발하게 논의되었다. 사회적 경제론은 국가와 시장으로부터 자율적인 '제3섹터'를 창출해 대량실업이나 새로운 서비스 수요에 대응한다는 것이다.

5) 사회투자국가론은 앤서니 기든스(Anthony Giddens)가 『제3의 길』에서 주장한 것으로 인적자원에 대한 투자를 의미한다.

② 활동 방향

1970년대 후반 이후에 시작된 실업문제에 대처하기 위하여, 유럽 각국은 국가차원에서 기존의 수동적 노동정책인 실업급여 제도를 넘어선 능동적인 노동정책을 시작하였다. 능동적인 노동정책은 실업자들이 노동시장으로 돌아갈 수 있도록 훈련과 직업의 경험을 갖게 해 주는 적극적인 노동정책을 말한다.

또한 민간에서 시작된 사회적기업도 적극적인 노동시장 정책의 중요한 수단으로 채택되었다. 벨기에, 독일, 프랑스, 아일랜드 등의 국가에서는 1990년대 초반부터 노동시장 정책과 사회보장 정책이 혼합된 성격의 '2차 노동시장 프로그램'이 도입되었고, 그 주요한 수행수단이 사회적기업이었다.

(2) 한국

앞에서 언급한 바와 같이 한국에서도 근로 빈곤층의 문제, 고령화 문제, 사회서비스에 대한 수요 증가, 전체 계층의 실업문제와 고용 없는 시대의 도래 등의 사회문제를 해결하기 위하여, '사회적 일자리사업'으로서 보건복지부의 '자활지원사업'과 노동부의 '사회적 일자리사업'으로 진행되었으나 사회문제점을 해결하지 못하였다.

이러한 2개 사업의 대안으로 유럽의 사회적기업 제도 도입과 관련한 논의가 본격화된 결과, 「사회적기업육성법」을 2007.1.3.에 제정하여 2007.7.1.에 시행하였으며, 시행령은 2007.6.29.에, 시행규칙은 2007.7.18.에 제정하였다. 상세한 사항은 후술한다.

2. 사회적기업의 역할과 가치

핵심연구 사회적기업의 역할은 사회·경제적으로 정부(제1섹터)와 시장(제2섹터)이 충족해 주지 못하는 사회적 욕구를 해결하는 것이다.

(1) 외국 사회적기업의 역할

① 역할개요

현재 각국의 사회적기업의 역할은 다양하게 전개되고 있다. 자본주의가 진행된 이후로 정부가 사회적 약자에 대한 보호와 사회서비스 지원의 책임을 완수하기가 어려운 상태에 직면하였고, 동시에 고용 창출 문제, 사회서비스 제공의 부족현상 대두, 장애인과 빈곤층 등 사회적 약자가 받는 소외와 배제가 심화되었기 때문이다.

따라서 각국의 사회적기업은 상황에 따라 고용 창출을 위한 노동통합형으로, 또는 사회서비스 제공의 부족현상을 타개하기 위한 간호와 보육서비스 등 제공으로, 그리고 사회적 약자를 위한 근로능력 개발 등으로 역할을 수행하고 있다.

② 분야별 역할

세부적으로, 그리고 분야별로 살펴보면 영국의 사회적기업은 영리기업 활동을 통해 취약계층 지원과 사회복지서비스를 제공하고 있고, 이탈리아 사회적기업도 구성원의 이익을 중요시하여 취약계층의 고용 창출과 사회복지서비스를 제공하고 있다. 반면 미국 사회적기업은 공익적인 사명으로 영리적인 비즈니스를 하여 사회적 취약계층을 지원하고 있다(홍석빈, 2009: 42-46).

또한 프랑스의 사회적기업은 취업취약계층에게 일자리를 제공하여 노동시장에 진입할 기회를 제공하는 등의 노동시장 통합을 도와주는 역할과 근접서비스 또는 지역밀착서비스(proximity services)라고 부르는 사회적 서비스를 제공하고 있다(Laville, 2001: 100-101).

③ 경제지표상 역할

경제지표와 관련하여 각국의 사회적기업의 기능을 살펴보면 다음과 같다. 첫째, 사회적기업의 수는 독일 4,000개, 영국 5,500개, 프랑스 8,400개, 이탈리아 11,000개, 미국은 1,600,000개로 추산되고 있다. 둘째, 사회적기업의 고용률(15세 이상 인구)은 독일 3.7%, 미국 4.4%, 영국 5%, 이탈리아 5.2%, 프랑스 7% 순서이다. 셋째, GDP 대비 총매출의 비중은 이탈리아 1.4%, 영국 2%, 미국 8.8%로 추산된다(국가별 비교는 〈표 1-2〉 참조).

④ 고용 창출 기능

외국에서는 사회적기업의 고용 창출 효과가 크게 나타나고 있다. OECD국가의 경우 사회적기업을 포함한 제3섹터의 고용 증가는 1990~1995년 사이의 23%로서, 경제 전체의 고용 증가율보다 매우 빨라 사회적기업의 고용창출의 여력을 보여 주고 있다

(OECD 대표부, 2006: 20). 따라서 사회적기업은 노동통합의 이점이 있음을 알 수 있다.

⑤ 고용 유지 기능

고용 유지 효과로서, 국가별 사회적기업의 고용 유지 효과도 크다. 1970년대부터 유럽연합과 미국에서는 사회적 가치 추구와 성과중심경영을 접목한 사회적기업이 운영되고 있으며, 유럽연합에서의 사회적 관련 기업의 고용 인원이 1,142만 명으로 전체 노동자의 6.7%를 차지하고 있다(CIRIEC, 2007: 44-46). 각국의 고용 유지 기능은 〈표 1-2〉에서 고용률과 고용 인원으로 살펴볼 수 있다.

〈표 1-2〉 각국의 사회적기업 현황

구 분	영 국	미 국	이탈리아	프랑스	독일
기업 수(개)	약 55,000 ('06)	1,600,000 ('05)	약 11,000 ('07)	약 8,400 ('07)	약 4,000 ('97)
고용률(15세 이상)	5%('06)	4.4%('05년)	5.2%('04)	7.0%('07)	3.7%('97)
고용 인원	169만 명 ('97)	1,090만 명 ('95)	40만 명 ('09)	-	-
총 매출률	2%('06)	8.8%('95)	1.4%('04)	-	-

설명: – ( )은 연도임. 기업 수는 당해연도 추정치, 고용은 기준연도 고용 인구 수/경제 활동 인구 수, 총 매출의 GDP율은 기준연도 총 매출액/당해년 각국 GDP액으로 계산.
– 이탈리아의 경우 2009년 18,600개, 고용은 40만 명으로 추정되나 각국 비교를 위해 2004년을 기준으로 함(자료: Loss, 2006:33–35; http://ilemonde.com/news/articleView.html?idxno=387).
– 독일의 경우 사회적기업 구분이나 수치가 부정확함.
자료: 홍석빈, 2009: 46. 수정·인용. 미국은 Salamon, 2000: 38–9; Young & Steinberg, 2008: 64. 수치임.

(2) 한국 사회적기업의 역할[6)]

① 현황 개요

- 총 644개(2012.3. 기준) → 총 828개(2013.7. 기준)
- 지역별: 전체의 40% 정도가 서울 및 경기지역 등 수도권지역에 분포
- 조직형태: 상법상 회사(42.9%)이며 그중에서도 주식회사(32.2%)의 형태가 많음. 민법상 법인 25%, 사회복지법인 15%, 비영리단체 13% 순.

6) 이 부분은 기간의 경과에 따라 정책변경 등 상황이 변경될 수 있으므로 숫자 등은 참조용으로 볼 것.

② 분야별 역할

업종을 살펴보면 기타분야 38%, 환경분야 21%, 간병가사지원분야 16%, 문화예술관광운동 17%, 보건 10%, 사회복지와 교육, 그리고 보육이 7% 순이다. 사회적 목적 실현유형으로 보면 일자리제공형 46%, 혼합형 27%, 지역사회공헌형 14%, 사회서비스 제공형 13% 순으로 나타나고 있다(한국사회적기업진흥원, 2011).

③ 고용 창출 기능

㉠ 현황과 고용 가능 대상자

- 현황: 사회적기업의 유급근로자는 전체 6,565명으로 기관 평균 30명을 고용하고 있어, 초창기 수준에 머물고 있음을 알 수 있다(2007년 기준)(노동부, 2009: 11-12).
- 고용가능 대상자 확대: 그러나 사회적기업은 고용 창출 대상이 취약계층뿐만 아니라 고학력 청년층의 직업의식에도 적합하므로 청년층에게도 일자리를 제공할 수 있다는 것이 장점이다. 그 이유는 사회적기업은 근로자에게 성취감, 자아실현감, 사회문제 해결의 기쁨과 보람 등 내재적 보상을 줄 수 있기 때문이다(박준, 2009: 5).
- 대상자 확대의 근거: 부연 설명하면 기업의 근로자에 대한 동기부여 방식은 외형적 보상(금전, 명예 등)과 내재적 보상(심리적 만족감)이 있는 바, 한국의 20대 청년층의 38.2%가 직업선택 기준으로 내재적 보상을 우선시하고 있으며 이 수치는 다른 연령집단보다 높은 수치이다. 특히 20대 청년층 중에서도 대졸 이상의 고학력자가 고졸 이하의 학력자에 비해 내재적 보상을 우선시하는 비율이 높으므로, 사회적기업이 내재적 보상을 느끼게 할 수 있다면 상대적으로 낮은 임금으로도 청년구직자를 일부 흡수할 수 있으리라 판단된다(박준, 2009: 6-7).

㉡ 사회복지서비스 측면의 고용 창출

- 현황: 사회적기업과 관련하여 사회복지서비스업의 현황을 살펴보면 사회적기업의 고용 창출 가능성을 예측할 수 있다. 우리나라에서는 사회복지서비스가 고용 창출을 주도하고 있고, 고용 창출 효과가 큰 부문이다. 그 근거는 다음과 같다.
- 사회복지서비스업의 수: 사회복지서비스업의 사업체 수가 다른 분야보다 크게 증가하고 있다는 점이다. 즉, 사회복지서비스업의 사업체 수는 2006년 말 현재 2.3만 개(서비스업 전체사업체 대비 0.8%)로, 2002~2006년 중 숫자가 연평균 6.3%

증가하여 서비스업 평균증가율(1.1%)을 크게 상회하고 있다(한국은행, 2008: 1-12).

- 사회복지서비스업의 주도적인 고용 창출: 사회복지서비스업이 고용창출을 주도하고 있다. 즉, 일자리 창출효과를 보면 서비스업은 '01~'05년 기간 중 늘어난 연평균 32만 명의 취업자 중에서 사회서비스 분야가 14.6만 명으로 45.5% 차지하여 고용 창출을 주도하고 있다(관계부처합동, 2007: 9). 그리고 사회복지서비스업은 2003년 기준으로 취업유발계수(27.6)와 고용유발계수(23.3)가 서비스업 평균(취업 20.5, 고용 13.7)은 물론, 제조업 평균(12.1, 8.6)을 상회해 자체 고용 창출 효과가 큰 부문이다(한국은행, 2008:9).
- 사회서비스 부문의 고용 능력: 그러나 우리나라 사회서비스 부문의 고용 비중은 2005년 현재 13.6%로, OECD 평균 21.7%에 훨씬 못 미치고 있다(국정브리핑, 2007). 따라서 사회적기업을 통해 노동통합과 지속적인 서비스제공을 추진할 수 있고, 고용 창출과 유지에 사회복지서비스를 제공하는 사회적기업의 중요성을 알 수 있다.

(3) 사회적기업의 가치 등

① 사회적기업의 가치

사회적기업의 가치를 살펴보면 참고로 2005년 영국 사회적기업의 1인당 부가가치는 약 23,520달러로[7] 당시 1인당 GDP(37,900달러)의 62.1% 수준이었다(박준, 2009: 6). 한국에서는 사회적기업에 대한 개인별 기대가치(편익)로는 10,782원이며, 전체 지불의사액은 3,589억 원으로 추정하고 있다. 여기서 기대가치 3,589억 원은 1인당 기대가치 10,782원에 20~69세의 인구 수 33,291,529명을 곱한 금액이다. 또한 국민경제적 파급효과는 생산유발액이 약 2,278억 원, 부가가치 유발액은 약 3,255억 원, 그리고 취업유발인원은 1일 기준 약 10,292명인 것으로 나타나고 있다(보건사회연구원, 2005: 90, 94).

---

7) 2005년 사회적기업의 총 부가가치 84억 파운드를 고용 인원 65만 명으로 나눈 뒤 미국달러로 환산함.

② 사회복지서비스업의 부가가치

사회복지서비스업의 부가가치는 2006년 기준으로 3조 원 내외로서 GDP의 0.4%로 추정하고 있다(한국은행, 2008: 1-12). 이는 사회복지서비스업을 사회적기업으로 전환하여 고용 창출과 유지 및 사회복지서비스를 제공하는 경우 발생하는 부가가치이다.

③ 사회복지서비스업의 순편익

사회서비스 일자리사업의 경우, 간병서비스사업에 대한 이익분석 결과 간병인 1인당, 1일에 약 4,322~6,208원의 순편익이 발생하는 것으로 나타나고 있다. 이는 간병서비스사업이 현금급여를 지급하는 것보다 경제성이 크다는 것을 의미하고, 경제적으로도 타당성이 있는 사업임을 시사한다(정영호 외, 2006: 124-125). 또한 사회적 일자리 창출사업에 참여한 기관 중 64%가 사회적기업으로의 발전계획을 갖고 있음을 고려할 때(실업극복국민재단 함께일하는사회, 2008: 38), 사회서비스 일자리사업을 사회적기업으로 전환하는 제도가 필요함을 알 수 있다.

3. 사회적기업과 관련 기업과의 비교

기업과의 사회적기업을 비교하는 이유는 기업인 대기업과 중소기업의 개념, 그 기업 중 사회적기업이 가능한 기업, 그리고 중소기업과 사회적기업에 따른 지원의 차이점을 고려하여 사회적기업 창업과 운영에 도움이 되고자 함이다.

(1) 사회적기업으로 가능한 기업

① 어떠한 기업이 사회적기업으로 가능한가?

기업은 영리를 얻기 위하여 재화나 용역을 생산하고 판매하는 조직체로서 출자형태에 따라 사기업, 공기업, 공사 합동 기업으로 나눈다. 상법에서는 회사(기업)를 5종류, 즉 합명회사, 합자회사, 유한책임회사, 주식회사, 유한회사로 구분하고 있고, 합자조합도 인정하고 있다(동법 제170조, 제4장의2). 따라서 5종류 회사와 합자조합이 사회적기업을 할 수 있는 기업이다.

☞ 【법령변경】 합자조합은 2012.2.1. 신설, 2012.4.15. 시행.

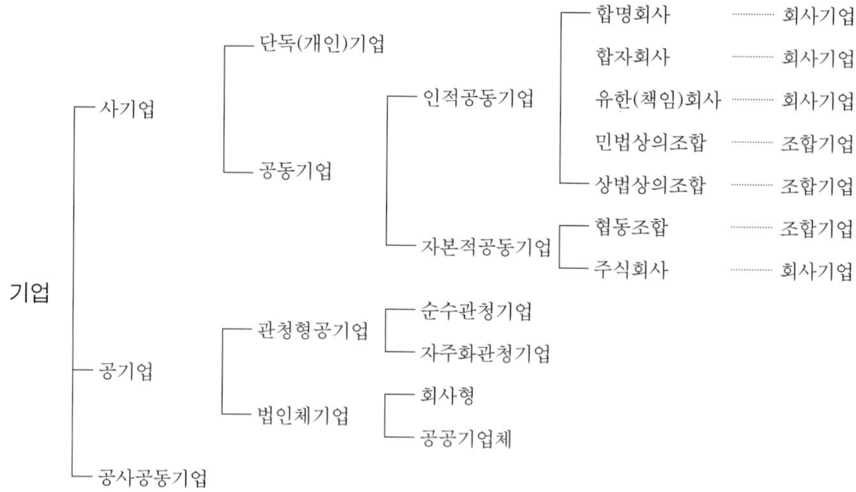

[그림 1-2] 기업의 형태

② 사회적기업으로 가능한 기업들의 차이점은 무엇인가?

• 합명회사(合名會社): 모든 사원이 무한책임사원임을 원칙으로 회사의 업무를 집행할 권리와 의무를 가지며, 회사채권자에 대하여 직접·연대·무한의 책임을 부담하고, 그 지위를 타인에게 자유로이 이전할 수 없는 회사이다(동법 제197, 200, 212조). 따라서 사원과 회사의 관계가 깊고, 인적인 신뢰관계가 있는 소수사람의 공동기업에 적합하다.

• 합자회사(合資會社): 합명회사와 같은 무한책임사원과 유한책임사원으로 구성되는 회사이다. 회사채권자에 대하여 무한책임사원은 무한책임을 지고, 유한책임을 부담하는 사원은 출자액을 한도로 책임을 진다. 무한책임사원은 기업경영을 담당하나 유한책임사원은 업무집행에 참여하지 아니한다. 그러나 회사채권자에 대하여는 모두 직접·연대책임을 부담한다(동법 제268, 278, 279조). 따라서 사원은 인적으로 결합되어 있고 사원 수가 적은 것이 특징이다.

• 주식회사(株式會社): 대기업에 적합하며 주주만으로 성립하는 회사이다. 주주는 간접·유한책임이므로 주주총회의 결의에는 참가하나 업무집행에는 당연히 참여하지 못한다. 또한 주식양도는 원칙으로 자유이다(동법 제4장).

• 유한회사(有限會社): 중소기업에 적합하며 주식회사의 주주와 같이 출자액만 책임지는 간접·유한책임을 부담하는 사원만으로 성립하는 회사이다(동법 제5장).

중소기업에 적합하도록 주식회사의 복잡한 조직을 간단하게 하여 합명회사와 같은 점을 가지고 있는 점에서 주식회사와 다르다.

> 상법의 유한회사에 대한 제한규정 철폐 (2011.4.14. 신설, 2012.4.15. 시행)
>
> - 배경: 유한회사는 폐쇄적으로 운영되는 소규모 기업을 전제로 하고 있으나, 폐쇄적 운영을 위한 규정들은 유한회사에 대한 각종 제한으로 작용하여 유한회사의 이용에 불편을 초래하고 있음.
> - 내용: 유한회사의 사원 총수 제한 규정을 삭제하고, 유한회사 사원의 지분 양도를 원칙적으로 자유롭게 하되 정관으로 지분 양도를 제한할 수 있도록 하며, 사원총회 소집방법으로 서면에 의한 통지 외에도 각 사원의 동의를 받아 전자문서로 통지를 발송할 수 있도록 하고, 유한회사를 주식회사로 조직을 변경하는 사원총회 결의 요건을 정관에서 완화할 수 있도록 함(현행 제545조 삭제, 제556조, 제571조 및 제607조).

- 유한책임회사(2011.4.14. 신설, 2012.4.15. 시행): 사원에게 유한책임을 인정하면서도 회사의 설립·운영과 기관 구성 등의 면에서 사적 자치를 폭넓게 인정한다(동법 제3장의2).
- 합자조합(2011.4.14. 신설, 2012.4.15. 시행): 업무집행조합원과 유한책임조합원으로 구성된다(동법 제4장의2).

(2) 사회적기업과 중소기업과의 비교

핵심연구 사회적기업은 중소기업에 해당되므로 중소기업의 지원을 받을 수 있다. (중소기업기본법 제2조, 영 제3조)

① 중소기업에 해당하는 사회적기업

기업은 규모에 따라서 대기업과 중소기업으로 구분하며, 보통 인원 수에 따라서 1,000인 이상은 대기업, 300인 이상~1000인 미만은 중견기업, 300인 미만은 중소기업으로 분류한다. 중소기업에서도 기업(상법상 회사 또는 법인이 아닌 개인사업자)과 사회적기업에 대해서는 각각 중소기업의 기준을 다르게 적용하고 있다(중소기업기본법 제2조, 시행령 제3조). 유의할 사항은 사회적기업도 일정 요건에 해당하면 중소기업으로 인정되므로 중소기업의 지원제도를 받을 수 있다는 점이다.

② 사회적기업의 중소기업 인정조건

사회적기업이 중소기업으로 인정받으려면 규모 기준 및 독립성 기준을 모두 충족해야 한다(중소기업기본법 제2조, 시행령 제3조).

- 규모 기준(외형적 판단 기준): 업종에 관계없이 상시 근로자 수가 300명 미만 또는 매출액 300억 원 이하 중 하나의 기준을 충족해야 한다. 단, 상한 기준으로 상시 근로자 수가 1,000명 이상이거나 3년간 평균 매출액이 1,500억 원 이상이 되지 않아야 한다.
- 독립성 기준(계열관계에 따른 판단 기준): 이는 상호출자 제한기업 집단에 속하는 사회적기업이거나 자산총액 5,000억 원 이상인 법인(외국법인 포함)이 주식 등의 30% 이상을 직접적 또는 간접적으로 소유하면서 최다출자자인 사회적기업 중 하나에 해당되면 인정될 수 없다.

(3) 중소기업과 사회적기업의 지원제도 비교

중소기업과 사회적기업의 지원제도를 비교하는 이유는 사회적기업이 중소기업이 될 수 있으므로, 중소기업기본법 등 지원제도와 사회적기업육성법상 고유한 지원제도 등을 이해하여 지원받을 수 있는 방안을 개괄적으로 제시하기 위함이다.[8]

〈표 1-3〉 중소기업과 사회적기업지원제도 비교

구 분	중소기업 지원제도	사회적기업 지원제도
중소기업 기본법 등 지원	1) 중소기업 정책자금지원제도 2) 중소기업 기술지원제도 3) 중소기업 인력지원제도 4) 중소기업 판로지원제도 5) 중소기업 수출지원제도 6) 중소기업 정보화지원사업 7) 중소기업 창업지원사업 8) 벤처기업 지원제도 9) 소상공인 지원제도 10) 재래시장 활성화지원 11) 중소기업 세제지원	1) 중소기업 정책자금지원제도 2) 중소기업 기술지원제도 3) 중소기업 인력지원제도 4) 중소기업 판로지원제도 5) 중소기업 수출지원제도 6) 중소기업 정보화지원사업 7) 중소기업 창업지원사업 8) 벤처기업 지원제도 9) 소상공인 지원제도 10) 재래시장 활성화지원 11) 중소기업 세제지원

〈표 계속〉

8) 실제 실무적용에서는 연도별로 제도나 내용의 변경이 있을 수 있는 바 반드시 관련기관에 확인 요함.

구 분	중소기업 지원제도	사회적기업 지원제도
사회적기업 육성법상 지원	해당 없음	1) 경영지원 2) 교육훈련지원 3) 시설비지원 4) 공공기관의 우선구매 5) 조세감면 및 사회보험료의 지원 6) 사회서비스 제공 사회적기업에 대한 재정지원
사회복지사업법 규정	해당 없음	사회복지법인이나 시설의 경우 후원금 모집이 가능

자료: 중소기업 지원제도의 상세한 사항은 http://www.bizinfo.go.kr/bizguide2.do?filename=2-6-4, http://www.fkilsc.or.kr. 참조.

제 2 장

사회적기업 발달단계와 각국의 현황

제1절 사회적기업의 발달단계

1. 외국 사회적기업의 발전단계

핵심연구 외국 사회적기업의 발전단계는 일자리 제공에서 시작하여 서비스 제공으로, 그리고 마지막으로는 일자리와 서비스제공의 통합형태로 진행되었다.

(1) 발전단계의 고찰 필요성

외국 사회적기업의 소개에 앞서 여기에서는 먼저 외국 사회적기업의 발전단계를 살펴보기로 한다. 그 이유는 첫째, 역사적으로 30년의 장기간 동안 수많은 경험이 축적되어 진행된 외국 사회적기업의 발전단계는 그 목적과 활동내용 측면에서 타당성을 지니고 있고, 둘째, 이러한 외국 사회적기업의 발전단계를 경험 측면에서 살펴봄으로써, 단기간에 사회적기업을 유도해야 하는 한국에서는 보다 효과적이고 효율적인 준거틀로 제시할 수 있으며, 셋째, 또한 정책결정가가 정책결정과정에서 한국 사회적기업가에게 이러한 발전단계를 하나의 설득력 있는 지침으로 제공할 수 있기 때문이다.

(2) 각국의 발전단계

① 발전단계의 개관: 3모형

먼저 유럽의 경우에는 국가별 다소간 차이가 있으나 대략 1990년대 이후 실업문제의 해결방안의 하나로 사회적기업이 거론되기 시작하였다(Borzaga & Defourny, 2001: 351; 조영복, 2007: 46). 또한 미국에서도 1970년대 처음으로 소외계층에 대한 일자리 창출 방안의 일환으로 시작되었다(조영복, 2007: 81). 이를 국가별로 세부적으로 고찰하면 다음과 같다.

② 일자리 창출(노동통합) 단계로 시작: 일자리 창출형(노동통합형)

- 프랑스: 프랑스 사회적기업의 형태는 크게 3가지로서 결사체(민간단체, association), 협동조합기업(enterprise co-operative), 상호회사(상호공제단체, mutual societies)로 나누어 볼 수 있다(Laville, 2001: 100). 이러한 사회적기업들은 1990년대 이후부터 사회적 배제를 당하고 있는 사람에게 노동할 수 있는 권리를 보장해 주고, 이들을 위해 지역사회에 이바지할 수 있는 일자리 창출을 위하여 활동하였다(김정원, 2009: 69-70). 특히 프랑스의 사회적기업은 대부분 협동조합에 속하고, 노동통합적 사회적기업 형태를 취하고 있다(조영복, 2007: 64). 그리고 지역밀착서비스(근접서비스)로 취학전 보육이나 가정도우미 등 서비스를 제공하고 있다. 따라서 프랑스의 사회적기업은 일자리 제공에서부터 시작되었다고 볼 수 있다.
- 이탈리아: 이탈리아에서는 사회적 협동조합(social co-operative)을 사회적기업으로 부르고 있다. 사회적 협동조합은 실업문제가 심각했던 1970년대 말에 최초로 설립되었고, 처음 목적은 취약계층에게 안정적인 일자리를 영구히 제공하는 것이었으나 나중에는 취약계층에게 훈련을 제공하여 안정적인 일자리를 찾을 수 있도록 도와주는 역할을 하고 있다(Borzaga & Santuari, 2001: 168-169; 조영복, 2007: 54-5). 일자리 제공과 관련한 사회적 협동조합은 B형 유형이다. 그리고 1991년에 사회적 협동조합에 관한 법률(301호)이 제정되어 사회서비스 부문에서 활동하고 있는 새로운 형태의 협동조합을 인정하였다(Evers, & Laville, 2008: 83). 그러므로 이탈리아의 사회적기업은 일자리 제공에서부터 시작되었다고 볼

수 있다.

- 미국: 미국에서의 사회적기업은 비영리섹터로 볼 수 있다. 미국에서의 사회적기업은 1970년대 처음으로 소외계층에 대한 일자리 창출 방안의 일환으로 시작되었고(조영복, 2007: 81), 1980년대에는 NGO에 대한 레이건 정부의 예산삭감에 적극 대응하기 위하여 지역단위 일자리 창출 등을 위한 영리 활동을 활발하게 전개하였다(조영복, 2007: 46). 따라서 미국에서의 사회적기업도 일자리 제공을 목적으로 시작되었다고 볼 수 있다.
- 독일: 독일은 지속되는 실업대란을 극복하기 위하여 1980년대 전반부터 3가지 유형의 조직이 일자리를 창출하려고 노력하였다. 3가지 유형의 조직은 사회적 고용의 주도세력(social employment initiatives), 동독에서의 고용 창출을 위한 민간단체, 사회적기업 등이다(Evers & Schulze-Bőnig, 2001: 126-9).
- 기타 국가: 이외의 국가들도 일자리 제공을 위해 사회적기업이 등장하였다. 예를 들면, 스웨덴의 경우에는 1980년대 이후에 노동통합의 사회적기업이 등장한 점, 핀란드의 경우 1990년대 이후에 실업에 대하여 혁신적인 대응을 위한 노동 협동조합이 조직된 점, 스페인은 1980년대에 고용정책 실패에 대한 대안으로서 사회적기업이 등장한 점 등이다(Stryjan, 2001: 220-33; Pättiniemi, 2001: 82-6; Vidal, 2001: 203-4).

③ 서비스 제공단계로의 전환: 서비스 제공형

그리고 유럽에 있어서 사회적기업의 제2활동영역은 사회서비스와 지역사회 보호서비스이다. 이러한 서비스는 공공행정에서 충족하지 못한 욕구를 지닌 사람들이나 공적급부에서 배제된 사람들에게 제공되어 왔다. 나중에는 이러한 서비스를 제공하는 사회적기업은 입찰참가를 하는 등 타조직과의 경쟁을 통해서도 자금을 충당하였다(Borzaga & Defourny, 2001: 351-2). 따라서 많은 국가가 처음에는 일자리 제공에서 시작하여 그 후 서비스 제공으로 진행되었다고 볼 수 있다(Borzaga & Defourny, 2001: 351-2; 조영복, 2007: 46; 엄형식, 2008: 106,311)

④ 일자리와 서비스 제공의 통합형태로 진행: 통합형

그러나 유럽의 많은 사회적기업은 일자리 제공과 서비스 제공을 결합한 통합적인 활동을 하고 있다. 첫째 이유는 노동집약적이고 기술습득에 적절한 사회서비스가 일자리 제공 등 노동통합에 적합하기 때문이다. 즉, 사회서비스가 일자리를 창출시킬 수 있다는 의미이다. 둘째 이유는 마약중독자 등 사회소외집단을 사회적·경제적으로 통합시키려면 사회서비스 제공과 일자리 제공을 분리해서는 안 된다는 점이다(Borzaga & Defourny, 2001: 351-2). 즉, 사회소외집단에게 사회서비스와 일자리를 동시에 제공해야 사회적·경제적인 통합이 가능하다다는 의미이다.

⑤ 발전단계의 소결

따라서 유럽과 미국 사회적기업의 발전단계를 살펴보면, 많은 국가가 처음에는 일자리 제공에서 시작하여 그 후 서비스 제공으로, 그리고 마지막으로는 일자리와 서비스 제공의 통합형태로 진행되었다고 볼 수 있다(Borzaga & Defourny, 2001: 351-2; 조영복, 2007: 46; 엄형식, 2008: 106, 311). 즉, 일자리 창출형(노동통합형), 서비스 제공형, 통합형 순서이다. 이 같은 발전단계는 뒤이어 한국 사회적기업의 발전단계로 제시하고자 한다.

2. 한국 사회적기업의 발전단계

핵심 연구 한국 사회적기업은 외국의 일자리 중심형, 서비스 중심형, 통합형을 도입하고, 한국상황에서 신설문제를 해결하기 위한 예비 사회적기업과 운영방식 문제를 해결하기 위한 네트워크형을 추가하여 5모형으로 하였다.

(1) 외국의 사회적기업 3모형 도입

① 3모형 도입과 명칭변경

- 명칭변경: 앞에서 외국 사회적기업을 3유형, 즉 일자리 창출형(노동통합형), 서비스 제공형, 통합형으로 정립하였다. 이를 본서에서는 일자리 창출형은 '일자리 중심형'으로, 서비스 제공형은 '서비스 중심형'으로 전환하고, '통합형'은 그대로 사용하고자 한다.
- 개념설명: 여기서 '일자리 중심형'의 개념은 일자리 창출형이 주도적이면서 서비스 등 기타 제공이 부수적인 경우이고, '서비스 중심형'은 서비스 제공형이 주도적

이면서 일자리 창출 등 기타 제공이 부수적인 경우이다. '통합형'은 일자리 창출형과 서비스 제공형이 똑같은 비중을 차지한 경우이다.

② 명칭변경의 근거

• 한국의 정책적 과제: 한국모형에서 '중심형'이란 용어를 사용한 이유는 첫째, 사회적기업이 비교적 장기간 발전되어 온 외국과는 달리, 한국은 단기간에 정부주도하에 사회적기업이 중점적으로 육성되고 있으므로, 일자리 창출이나 서비스 제공 등 효과를 동시에 발생시켜 되도록 좀 더 빨리 현 사회문제를 해결하는 것이 사회적기업의 정책적인 과제이기 때문이다. 즉, 한국 사회적기업 경우, 가능하면 조속히 일자리 창출 또는 서비스 제공 등의 목적을 모두 진행시켜야 소기의 성과를 얻을 수 있기 때문이다.

• 기존용어와의 유사성: 둘째, 이 같은 '중심형'의 의미는 현재 정부가 사용하고 있는 '제공형'의 의미와 일맥상통하기 때문이다. 예를 들어, '일자리 제공형'은 취약계층 일자리 제공이 주된 목적이고, 부수적으로 취약계층에게 사회서비스를 제공하는 의미로 사용하고 있어, 본서에서 사용하는 '일자리 중심형'의 취지와 일치한다. 그러나 개념 측면에서 볼 때 주된 목적과 부수적인 목적이 있는 경우라면 '제공형'보다는 '중심형'이라는 용어가 더 정확하다고 판단된다.

(2) 한국의 새로운 사회적기업 2모형 정립

① 새로운 2모형의 필요성

앞에서 한국 사회적기업의 3대모형으로 일자리 중심형, 서비스 중심형, 통합형을 정립하였다. 그러나 외국 3모형으로 한국 사회적기업을 고찰하기에는 다음과 같은 2가지 문제점과 한계가 있다.

㉠ 한국 사회적기업의 신설문제

하나는 사회적기업의 신설과 관련된 문제점으로, 외국은 사회적기업이 비교적 장기간 발전되어 온 까닭에 기업의 수가 많고 업무활동도 안정적으로 수행되고 있는 반면, 한국은 정부주도하에 사회적기업을 중점적으로 육성하므로, 단기간에 많은 사회적기업을 설립해야 하는 태생적인 문제점이 있다는 점이다. 따라서 이러한 문제점을 해결하기 위하여 사회적기업 전(前)단계인 '예비 사회적기업'이나 '잠재력 있는 예비 사회적기업'에 대한 논의가 필요하다. 이는 후술한다.

ⓛ 사회적기업 운영방식 문제

- 2가지 운영방식: 다른 하나는 사회적기업 활동방식과 관련한 것으로서, 하나의 사회적기업이 단독으로 영업활동을 수행해야 효과가 있는가, 아니면 정부 또는 여러 조직과의 연계를 하여 영업활동을 수행해야 효과가 있는가 하는 문제이다. 전자가 단독운영방식이라면, 후자는 연계방식 또는 네트워크 방식으로 볼 수 있다. 또한 후자는 사회적기업 상호간 네트워크, 사회적기업과 다른 조직 간의 네트워크 등을 포함하는 개념이다.
- 2가지 운영방식에 대한 각국의 입장: 이 점에 대해서는 많은 국가들과 학자들이 후자방식을 지지하고 있으며 그 필요성을 역설하고 있다. 예를 들면, 사회적기업 상호간 네트워크 활동을 주장하는 학자도 있다(Defourny & Solari, 2001: 336-337). 그리고 사회적기업과 다른 조직 간의 네트워크 등을 주장한 예를 살펴보면, 영국은 사회적기업의 성공을 위하여 사회적기업과 정부 간의 협력지원이 필요하다는 정책을 고수하고 있다(UK DTI c, 2007: 49-61). 또한 사회적기업의 성장을 위해서는 시장 부문과 공공기구 간의 협력이 필요하다는 의견도 대두되고 있다(OECD, 1999: 7; OECD 대표부, 2006: 25). 한국정부도 정책적으로 사회적기업에 대하여 지원네트워크 구축의 필요성을 제시하고 있다(노동부, 2008: 31-2). 따라서 한국에서 사회적기업의 전개과정을 고찰해 볼 때, 사회적기업 상호간 또는 사회적기업과 다른 조직 간의 네트워크형인 '네트워크형 사회적기업'도 필요하다고 생각된다.

② 새로운 2모형 제시: 예비 사회적기업형과 네트워크형 사회적기업

한국에서 사회적기업의 전개과정을 고찰하여 볼 때, 3모형으로는 부족하다는 점을 전술하였다. 따라서 사회적기업의 신설문제를 해결하기 위하여 '예비 사회적기업형'을, 운영방식 문제를 해결하기 위하여 '네트워크형 사회적기업'을 제시한다. 순서대로 설명한다.

㉠ 예비 사회적기업형

- 2종류와 사례: 예비 사회적기업형은 2종류로 구분하고자 한다. 첫째는 '잠재력 있

는 예비 사회적기업'으로서 이는 아직 사회적기업으로 전환할 생각을 못하고 있는 조직이지만 잠재력이 있는 조직(잠재력 보유 조직)을 말한다. 그 예로는 농협·수산업·산림·신용협동조합, 생협과 새마을금고 등을 들 수 있다(엄형식, 2008: 136). 이 부분은 후술한다. 둘째는 '예비 사회적기업'으로서 사회적기업으로 신청할 의지는 있으나 운영능력이 부족하여 인증신청을 못한 경우(미신청 조직) 또는 인증신청하였으나 사회적기업으로 인증받지 못한 기업(신청 탈락 조직)을 의미한다.

- 정책적 입장: 이렇게 2종류로 살펴봐야 하는 이유는 정책적으로 접근하는 방식이 달라야 하기 때문이다. '잠재력 있는 예비 사회적기업'에 대해서는 사회적기업의 취지와 목적, 지원사항 등을 홍보하여 적극적으로 사회적기업으로 전환하려는 의지를 고취시켜야 한다. 또한 '예비 사회적기업'에 대해서는 기업별로 부족한 부분을 파악한 후 중점적으로 경영 및 기술지도 등 지원을 거쳐 사회적기업으로 전환시켜야 하기 때문이다.
- 예비 사회적기업의 장점: 먼저 '잠재력 있는 예비 사회적기업'의 장점은 향후 한국의 사회적기업으로 전환이 가능한 총 숫자와 활동분야를 전반적으로 예측할 수 있다는 점과 영업 측면 및 서비스유형이 현재의 사회적기업과 유사하게 활동하고 있을 뿐만 아니라 사회적기업으로서 갖춰야 할 전반적인 사업운영 능력을 보유하고 있다는 점을 들 수 있다(엄형식, 2008: 136).
- 3가지 사업형: 2종류의 예비 사회적기업이 운영해야 할 사업형으로는 사회적 일자리 창출사업에서 활용하고 있는 '기업연계형', '지역연계형', '모델발굴형'을 사용하기로 한다(노동부, 2008: 27).

ⓛ 네트워크형 사회적기업

- 2종류: '네트워크형'은 '사회적기업 상호간 네트워크형'과 '사회적기업과 타조직 간 네트워크형'으로 구분하기로 한다. '사회적기업 상호간 네트워크형'은 사회적기업이 서로 업무활동을 연계하는 것이다. 이를 세부 활동 측면에서 살펴보면, 사회적기업 간에 업종별 네트워크와 지역별 네트워크, 전국 네트워크를 구성하는 것이다. 그리고 '사회적기업과 타조직 간 네트워크형'은 사회적기업과 타조직 간에 서로의 영업 등 업무활동을 연계하는 것을 말한다. 이는 사회적기업과 지원조

직과의 업무지원 관계, 또는 사회적기업과 타조직 간의 영업 등 업무활동을 연계하는 것을 말한다.

(3) 한국 사회적기업의 5모형과 발전단계

① 사회적기업에 적용 가능한 5모형 정립

전술한 바와 같이 외국의 사회적기업을 참고하여 3모형, 즉 일자리 중심형, 서비스 중심형, 통합형을 도입하고, 한국에서 필요한 사회적기업의 새로운 2모형, 즉 예비 사회적기업형과 네트워크형을 고려하여 한국 사회적기업에 적용 가능한 5모형을 정립하였다.

② 5모형의 발전단계

따라서 외국의 경험과 한국의 상황을 고려하면 이 5모형의 발전단계 순서는 〈표 2-1〉과 같이 예비 사회적기업형, 일자리 중심형, 서비스 중심형, 통합형, 네트워크형 순서로 진행되어야 함을 알 수 있다. 그러나 한국에서는 실무적으로 사회적기업의 발굴 또한 중요하므로, 잠재력 있는 예비 사회적기업형 ⇨ 일자리 중심형 ⇨ 서비스 중심형 ⇨ 통합형 ⇨ 네트워크형 순서로 진행하는 것이 보다 효과적인 정책방안이라고 판단된다.

〈표 2-1〉 한국 사회적기업의 5모형

모형	예비 사회적기업형	일자리 중심형	서비스 중심형	통합형	네트워크형
세부 모형	1. 잠재력 있는 예비 사회적 기업 2. 예비 사회적기업	-	-	일자리중심형 +서비스중심형	1. 사회적기업 상호간 네트워크형 2. 사회적기업과 타 조직 간 네트워크형
사업 모형	1. 기업연계형 2. 지역연계형 3. 모델발굴형	1. 노동통합 2. 일자리 창출 3. 일자리 제공	1. 사회서비스 2. 복지서비스	-	-

3. 한국 5모형의 육성 및 운영전략

핵심 연구 한국의 5모형은 실무적으로는 잠재력 있는 예비 사회적기업형 ⇨ 예비 사회적기업형 ⇨ 일자리 중심형 ⇨ 서비스 중심형 ⇨ 통합형 ⇨ 네트워크형 순서로 진행되는 것이 필요하다.

이하에서는 단계별로 필요한 육성방안과 운영전략을 순서대로 설명하기로 한다.

(1) 잠재력 있는 예비 사회적기업형 선정(1단계)

① 선정 관련사항

- 선정 가능한 조직: 앞에서 '잠재력 있는 예비 사회적기업'이라 함은 아직 사회적기업으로 전환할 생각을 못하고 있는 조직이지만 잠재력이 있는 조직(잠재력 보유조직)이며 그 예로는 농협·수산업·산림조합·신용협동조합, 생협과 새마을금고 등을 언급하였다. 그 이유는 이 조직들은 대부분 조합기업으로서, 상법상 법인의 인증기준을 준용하여 공익성 높은 사업체는 사회적기업으로 선정이 가능한 조직이기 때문이다(고용노동부a, 2011: 5).
- 선정의 장점과 필요성: 또한 이 기업의 장점은 향후 한국의 사회적기업으로 전환이 가능한 총 숫자와 활동분야를 전반적으로 예측할 수 있다는 점과 영업 측면 및 서비스유형이 현재의 사회적기업과 유사하게 활동하고 있을 뿐만 아니라 사회적기업으로서 갖춰야 할 전반적인 사업운영 능력을 보유하고 있다는 점을 설명하였다. 뿐만 아니라 이 기업에 대해서는 사회적기업의 취지와 목적, 지원사항 등을 홍보하여 적극적으로 사회적기업으로 전환하려는 의지를 고취시켜야 할 필요성을 적시하였다.

② 사회적기업으로 전환가능성 검토(잠재력 검토)

따라서 '잠재력 있는 예비 사회적기업'이 사회적기업으로 전환할 가능성을 파악하기 위하여 영업 측면과 사업분야 측면에서 살펴보기로 한다.

㉠ 영업 측면의 전환 가능성

- 전통적인 기업과 새로운 기업: 본서에서는 '잠재력 있는 예비 사회적기업'을 전통적인 기업과 새로운 기업으로 구분하여 영업 측면에서의 전환가능성을 보고자 한

다. 먼저 전통적 기업은 전술한 바와 같이 농협·수산업·산림조합·신용협동조합과 새마을금고, 민간단체이고, 새로운 기업은 소비자생활협동조합, 노동자 협동조합 등으로 구분한다.[9)]

• 전통적 기업의 현황: 전통적 기업 중 농협·수산업·산림조합·신용협동조합과 새마을금고의 현황을 보면, 단위조합 수가 4,259개, 총 조합원 수는 2,140만 명, 1년 사업성과(경제 부문)는 14조 4천억 원, 총 직원 수는 10만 명이다. 각각의 전통적 기업의 경영현황을 세분화하면 〈표 2-2〉와 같다.

〈표 2-2〉 한국의 잠재력 있는 예비 사회적기업(1): 3조직

구 분	농 협	수 협	산림조합	소 계	새마을금고	신 협	총 계
단위조합수(개) A	1,298	95	144	1,537	1,671	1,051	4,259
사업성과(경제 부문)(단위: 억) B	95,795	46,180	1,558	143,533	-	-	143,533
조합원 수(천 명) C	2,386	171	500	3,057	13,733	4,610	21,400
직원 수(천 명) D	68	8	2	78	15	8	101
조합당 연매출 (B/A)	74억	486억	11억	93억	-	-	34억
조합당 직원 수 (D/A)	52명	84명	14명	51명	9명	8명	24명
조합당 조합원 수 (C/A)	1,800명	1,800명	3,470명	2,000명	8,200명	4,400명	5,000명
직원 1인당 연 매출금액(B/D)	1억 4,000만	5억 8000만	7,800만	1억 8,400만	-	-	1억 4,200만
조합원 1인당 연기여금액(B/C)	400만	2,700만	30만	470만	-	-	67만
기준 연도	2005	2004	2005	-	2003	2005	-

자료: 엄형식, 2008: 136. 수정·인용. 숫자는 개괄적으로 표시함.

• 전통적 기업 중 농협·수협·산림조합: 〈표 2-2〉에서 전통적 기업 중 사회적기업에 의미 있는 조직은 경제 부문에 사업이 있는 농협, 수협, 산림조합 등 3조직이다. 그 이유는 경제 부문사업이 바로 사회적기업이 목표로 하는 시장이기 때문이다.

9) 이하의 조합 관련부분은 엄형식, 2008: 201-219를 인용함.

이하에서는 이 3조직을 중심으로 설명하고자 한다(소계 참조).

- 농협·수협·산림조합의 영업능력: 따라서 전통적 기업 중 3조직에 대한 아래 비교의 의미는 이들 단체가 사회적기업으로 새로운 영업활동을 개척하거나 기존 영업의 일부를 사회적기업으로 전환할 수 능력을 잠재적으로 보유하고 있고, 사회적기업으로 전환하는 경우에 성공할 가능성이 높다는 점을 시사하고 있다는 점이다. 이 점이 바로 본서에서 농협, 수협, 산림조합을 잠재력 있는 예비 사회적기업으로 살펴보는 이유이다.

사회적기업으로서 농협·수협·산림조합의 영업능력

1. 판매 잠재력: 조합당 연매출은 수협, 농협, 산림조합 순이고, 이들의 연 평균매출은 93억 원이다. 물론 이 금액을 향후 사회적기업의 최대 연매출 목표로 제시하기에는 현재 사회적기업의 판매능력으로 볼 때 무리가 있다. 그러나 연 평균매출 93억 원의 의미는 이 3조직이 사회적기업을 운영할 경우에는 판매에서 충분한 잠재력이 있다는 증거이기도 하다.
2. 종업원 수와 소비자 수: 조합당 종업원 수는 기관 평균으로는 51명이고, 수협, 농협, 산림조합 순서이다. 기관평균 51명은 사회적기업의 평균 30명(2009.2. 기준)보다 높은 수치이므로, 사회적기업에서 하나의 기준수치로 제시할 수 있다. 또한 3조직이 평균 51명으로 운영해 왔다는 점은 평균 30명으로 종업원을 운영하는 사회적기업보다 직원 관리능력이 우월하다는 의미이기도 하다. 조합당 조합원 수는 기관매출에 대한 직·간접적인 기여를 하는 조합원 수로서, 사회적기업 입장에서 보면 조합원은 소비자에 해당된다고 볼 수 있다. 따라서 조합당 조합원 수가 평균 2,000명 수준이므로, 사회적기업의 고객수준도 2,000명이 되어야 한다는 기준수치로 볼 수 있다.
3. 1인당 매출규모: 조합원 1인당 연 기여금액은 약 470만 원이므로, 이는 소비자 증가에 대한 사회적기업의 매출을 간접적으로 추정할 수 있는 부분이다. 마지막으로 직원 1인당 연 매출금액도 1억 8,400만 원으로 높은 금액으로서, 사회적기업의 최대 연매출 목표로 제시하기에는 어려우나 향후 하나의 참고수치로 활용할 부분이다.

- 새로운 기업인 (소비자)생활협동조합의 정의: 앞에서는 잠재력 있는 예비 사회적기업으로 전통적인 기업을 살펴보았다. 다음으로 잠재력 있는 예비 사회적기업으로 새로운 기업인 '(소비자)생활협동조합(생협)'을 살펴보기로 한다. 생활협동조합(생협)은 '소비조합(consumer's cooperation)', '신용조합'이라고 부르며, 조합

원들에게 생활필수품을 저렴하게 제공하는 조합이다. 소비자 생활협동조합은 1844년 영국 랭커셔주 로치데일에서 시작된 점은 이미 설명하였다.

- 생활협동조합의 목적: 목적은 조합이 생활필수품을 직접 사들여 조합원들에게 저렴하게 제공하는 것이다. 즉, 상부상조의 정신을 바탕으로 한 소비자들의 자주·자립·자치적인 활동을 촉진함으로써 조합원의 소비생활 향상과 국민의 복지 및 생활문화 향상에 이바지하는 것이 목적이다(소비자생활협동조합법 제1조). 여기서 생활협동조합과 사회적기업과의 유사한 점이 있다. 즉, 기업이 추구하는 상업적 이윤을 배제하여 조합원인 소비자의 복지를 지향한다는 점이다.
- 생활협동조합의 현황: 생활협동조합은 매년 발전단계에 있고, 판매능력도 계속 증가하고 있다. 조합 수는 전국 연합회, 지역생협 연합회, 직능별 연합회와 미가입 단위조합을 포함하여 총 176개, 매출은 2,698억 원, 조합원 수는 337천 명, 조합당 연매출은 15억 원, 조합원 1인당 연 기여금액은 80만 원으로 전통적 기업보다는 전체적으로 낮은 수준이다. 그러나 소비자 복지를 위한 활동 측면에서 자생적인 노력은 사회적기업의 목적과 비슷하다고 할 수 있다. 여기서 조합당 연매출 15억 원은 사회적기업도 달성 가능한 수치로서, 기준수치로 제시할 만하다(〈표 2-3〉 참조).

〈표 2-3〉 한국의 잠재력 있는 예비 사회적기업(2): 생활협동조합

조합수(A)	매출(B)	조합원 수(C)	조합당 연매출(B/A)	조합당 조합원 수 (C/A)	조합원 1인당 연 기여금액 (B/C)
176개	2,698억 원	337천 명	15억 원	2천 명	80만 원

자료: 엄형식, 2008: 212. 수정·인용. 숫자는 개괄적으로 표시함.
설명: 현황은 전국 연합회, 지역생협 연합회, 직능별 연합회와 미가입 단위조합을 포함한 수치임(2005.12월 기준).

ⓛ 사업분야의 전환 가능성

- 전통적인 기업과 사회적기업 비교: 영업 측면의 전환 가능성에 이어 사업분야의 전환 가능성을 비교를 하기로 한다. 여기에서는 영업 측면 및 서비스유형 기준으로 전통적인 기업과 사회적기업을 비교한다. 그 이유는 두 조직이 서로 영업 및 서비스유형 측면에서 유사하다면, 전통적인 기업은 명칭만 다를 뿐 이미 사회적기업과 비슷한 활동을 하고 있다는 결론이 도출될 수 있어, 잠재력 있는 예비 사회

적기업으로 부를 수 있기 때문이다. 또한 비슷한 활동을 수행하고 있으므로 전통적 기업은 사회적기업으로 전환이 훨씬 용이하리라는 판단 때문이다.

〈표 2-4〉 잠재력 있는 예비 사회적기업과 사회적기업 비교

구 분	사회적기업	농협협동조합	수산업협동조합	산림조합
근거	육성법 제2조	농업협동조합법 제57조	수산업협동조합법 제60조	산림조합법 제46조
영업 활동	재화, 서비스 생산·판매	경제사업, 위탁사업, 농협의 사업으로 규정하는 사업, 부대사업, 장관승인사업	경제사업, 운송사업, 어업통신사업, 위탁하거나 보조하는 사업, 공동사업 및 업무의 대리, 수협의 사업으로 정하는 사업, 관련된 대외무역, 부대사업, 장관 승인사업	경제사업, 위탁사업, 조합의 사업으로 규정하는 사업, 부대사업, 청장승인사업
서비스 종류	1. 교육	교육·지원사업	교육·지원사업	교육·지원사업
	2. 보건	-	-	-
	3. 사회복지	공제사업, 복지후생사업	공제사업, 후생복지사업	공제사업, 복지후생사업
	4. 환경	-	-	-
	5. 문화	-	-	-
	6. 보육	-	-	-
	7. 예술·관광 및 운동	-	-	-
	8. 산림 보전 및 관리	-	-	산림경영사업
	9. 간병 및 가사 지원	-	-	-
	10. 기타서비스	신용사업, 교류·협력사업	신용사업, 교류·협력사업, 차관사업	신용사업, 임업자금 등의 관리·운용과 자체자금조성 및 운용, 교류·협력사업

설명: (-)의 부분은 향후 전통적 기업이 사회적기업으로 전환하는 경우에 추가로 업종을 취사선택할 수 있는 부분임.

• 사회적기업과의 유사성: 두 조직을 서로 비교한 결과, 영업 측면에서는 거의 유사한 것으로 나타났다. 특히 경제사업은 물자의 구입·제조·가공·공급 등의 사업으

로서, 재화와 서비스 생산·판매와 일치하고 있다. 반면, 서비스유형에서는 사회적기업이 전통적인 기업보다 보다 넓은 범위이다. 이 점은 전통적인 기업이 향후 사회적기업으로 전환하는 경우에는 보다 다양한 업종을 취사선택할 수 있다는 장점으로 작용하리라 판단된다(자세한 부분은 〈표 2-4〉 참조).

(2) 예비 사회적기업형 선정(2단계)

① 예비 사회적기업형의 의의

잠재력 있는 예비 사회적기업형 선정(1단계) 이후에는 예비 사회적기업형 선정이 필요하다. 예비 사회적기업이란 사회적기업으로 신청할 의지는 있으나 운영능력이 부족하여 인증신청을 못한 경우(미신청 조직) 또는 인증신청하였으나 사회적기업으로 인증받지 못한 기업(신청탈락 조직)을 의미한다. 또한 예비 사회적기업에 대해서는 기업별로 부족한 부분을 파악한 후 중점적으로 경영 및 기술지도 등 지원을 거쳐 사회적기업으로 전환시켜야 한다.

② 예비 사회적기업형의 사업형태

사업형태로는 현행 정부가 진행하고 있는 3가지 사업형태를 설명하기로 한다.

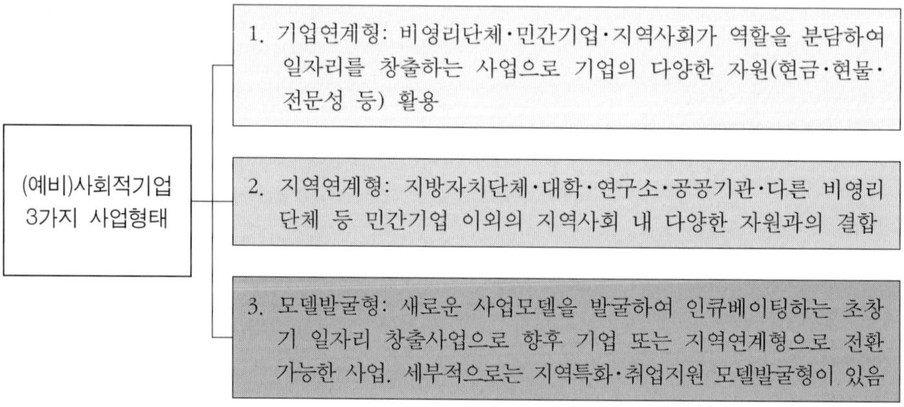

[그림 2-1] 예비 사회적기업형의 3가지 사업형

자료: 고용노동부b, 2011: 19, 수정·인용.

③ 모델발굴형의 종류

위의 3사업형태 중에서 모델발굴형은 3가지, 즉 신모델 발굴형, 지역특화 모델발굴

형과 취업지원 모델발굴형으로 구분할 수 있다(고용노동부b, 2011: 19-20).[10)]

- 신모델 발굴형: 새로운 사업모델을 발굴하여 육성하는 예비 사회적기업을 말한다. 모델발굴형의 의의는 사회변화에 따라 새로운 상품이나 다양한 서비스를 제공한다는 것으로, 복지마케팅 4Ps 중 상품개발에 해당된다고 볼 수 있다. 예를 들어, 새로운 상품은 노인을 위한 신개념의 건강보조식품, 면역강화를 위한 건강보조식품, 질병예방을 위한 건강예비식품 등을 들 수 있다. 다양한 서비스로는 다문화 가족 전체를 위한 결혼 및 가족생활 서비스, 다문화 가족 중 국가별로 결혼·가족생활 서비스, 외국인 근로자에 대한 맞춤상담, 맞벌이 부부에 대하여 지역별로 세분화·차별화된 아동보육 및 방과후 교실 운영 등이 있다.
- 지역특화 모델발굴형: 이에는 취업지원형과 농산어촌형이 있다. 취업지원형은 취약계층에게 일 경험 및 취업지원, 직업훈련, 복지서비스 등을 제공하여 더 나은 시장일자리로 이동시키는 매개 역할을 수행하는 형태이다. 농산어촌형은 농산어촌의 지역 내 자원을 활용하여 사업화한 후 지역 내 소득 창출 및 취약계층 일자리·사회서비스 제공 등을 수행하는 형태이다
- 취업지원 모델발굴형: 이는 취약계층이 더 나은 일자리로 이동하도록 지원하는 것으로서 예를 들면, 경력단절여성·고령자 등에게는 보육 및 간병서비스를 동시에 제공, 노숙인 등에게는 주거지원 및 의료서비스 등 제공과 인문학 강의를 통한 기본소양 함양도 동시에 수행하는 것이다(아래 참조).

▶ 취업지원 모델발굴형 해외사례

1. (프랑스) 취업취약계층을 직접 고용하여 구직 및 취업 관련 종합서비스를 제공하는 용역회사 형태의 사회적기업 Emploi & Developpement.
2. (벨기에) 취약계층 참여자의 적성과 환경을 반영하여 밀도 있는 훈련과 사례 관리로 수료 후 시장일자리로 취업시키는 사회적기업 크레아솔.
3. (캐나다) 노숙, 빈곤의 위기에 처한 젊은이들의 자활을 위하여 주거, 직업훈련 및 일자리 제공 등 통합적인 지원을 하는 사회적기업 Eva's Phoeni(자료: 고용노동부b, 2011: 20).

10) 신모델 발굴형은 과거 고용노동부에서 언급한 것으로 신상품이나 새로운 서비스를 제공하는 것임.

(3) 일자리 중심형 사회적기업 운영(3단계)

① 일자리 중심형의 의의

- 용어 선정의 근거: 일자리 중심형과 관련하여 현재 한국에서는 '일자리 제공형'이란 용어를 사용하고 있다. 본서에서 '일자리 중심형'으로 용어를 사용한 이유는 사회적기업을 보다 빠르게 육성하려는 목적 때문이다. 만약 일자리 창출형이나 현행 일자리 제공형으로 명기한다면 일자리 제공과 서비스 제공을 동시에 하려는 기업은 인증신청에 혼란을 느낄 것이다. 또한 일자리 제공과 서비스 제공 중 하나만 선택하려는 경우도 발생할 수 있다. 따라서 어느 경우이든 예비 사회적기업을 사회적기업으로 시급히 육성하기 위해서는 일자리 창출이 주도적이고, 서비스 등 기타제공을 부수적으로 활동하는 '일자리 중심형' 용어가 타당하다고 생각된다. 이 원리는 뒤에서 언급할 서비스 중심 사회적기업에서도 동일하다.
- 일자리 중심형의 장점: 장점은 다음과 같이 4가지로 볼 수 있다. 첫째, 사회적기업의 목적이 이윤 극대화가 아니므로 수익이 낮은 부분에서도 창업할 수 있어 일자리 제공이 가능하다는 점이다. 둘째, 사업의 초기단계에서 기부나 자원봉사자를 활용하면 생산비용도 절약할 수 있어 일자리 유지가 쉽다는 점이다. 셋째, 근로자들이 사회적인 목적을 인식하고 있으므로, 동일한 영업을 하는 일반기업에 비해 낮은 임금을 지급하는 등 방식으로 전체적인 비용을 낮출 수 있어 일자리 유지가 쉽다는 점이다. 넷째, 소비자의 욕구나 수요에 대해서 일반기업은 수익성을 판단하여 공급하거나 포기하지만, 사회적기업은 수익성을 불문하고 빠르게 재화나 서비스를 공급할 수 있다(Borzaga & Defourny, 2001: 359-60). 이는 모든 사회적기업의 공통된 공헌이라고 볼 수 있다.

② 일자리 중심형의 운영방안

- 기본 운영방안: 일자리 중심형의 운영방식은 노동통합 사회적기업(WISE)[11]과 같이 취약계층을 대상으로 취업 및 훈련 기회를 제공하여야 한다. 즉, 여기서 취약계층은 정신지체 장애인, 노숙자, 장기실직자 등을 의미하며, 이들은 기업 등의

---

11) WISE는 Work Integration Social Enterprises의 약자로서, 취약계층을 대상으로 취업 및 훈련 기회를 제공하는 사회적기업을 말한다.

주된 비즈니스에서 고용할 수 없거나 또는 고용하지 않는 계층이므로 이들을 위해 보조적인 비즈니스 환경인 사회적기업에서 취업제공 및 각종 훈련의 기회를 제공해야 한다는 것이다(Aiken, 2006: 24-5).

▶ 일자리 중심형의 해외 사례 – (영국)WISE의 6종류

- '새로운 형태의 노동자 협동조합'은 그 수가 419개로 추정되며(2002년), 활동초점은 일자리 창출이며, 활동효과로는 1988~1992년 동안 약 10,000개의 일자리를 창출.
- '지역사회 공동체 비즈니스'는 1980년대 스코틀랜드 농촌 지역에서 처음 시작되어, 그 수가 400개에 달하고 3,500개의 일자리를 제공한 것으로 추정(1995년).
- '중간 노동시장 조직'(Intermediate Labour Market organizations: ILMs)은 기업의 65개 운영 프로그램에서 5,300개의 일자리를 찾아냄.
- '사회적 회사'(social firm) 수는 약 38개이고, 각각 약 10명의 인원으로 구성.
- '자원봉사 조직'은 일자리 및 훈련 제공.
- '사회적기업의 일부로 노동통합이 되어 있는 조직'(Aiken, 2006: 25).

▶ 일자리 중심형의 국내 사례[12] – 함께일하는세상(주)

함께일하는세상(주)는 친환경 청소전문 사회적기업으로서, 2002년 자활공동체가 협력하여 설립되었으며, 220여 명의 직원들과 사회적 협동조합으로의 다양한 업종의 '협동조합 복합체'를 지향하며, 노동으로부터 소외된 사람들과 함께 건강한 일자리를 만들어 가고 있음.

- 추가 운영방안: 한국의 일자리 제공형 경우에는 전체 근로자 중에서 취약계층이 30% 이상 고용되어야 한다는 요건이 있으므로, 일자리 중심형도 30% 이상의 비율을 적용하는 것이 타당하다. 문제는 나머지 70%를 어떤 계층으로 고용하는 것이 올바른 선택인가 하는 것이다. 따라서 70%는 취약계층에 해당되지 않은 55세 미만자, 청년, 다문화가족 등으로 채용하는 것이 바람직하다고 판단된다.

▶ 청년 일자리 중심형의 해외 사례

1. 미국: 사회적기업은 관리직, 사무직 등 고학력 청년층의 일자리 창출이 가능하며, 사회적기업은 일반기업과 마찬가지로 사업운영, 회계, 마케팅 등 경영 인력이 필요함.

12) 국내 사례는 한국사회적기업진흥원의 사이트의 내용으로서, 유의할 사항은 선정기준으로 기업들이 기업운영 측면에서 탁월하거나 또는 선두주자인 측면으로 선정한 것이 아니라 단지 본서의 내용에 적합하다고 판단되어 하나의 사례로 소개한 것이다.

2. 미국: 시민사회단체(Civic & Social Organization)들은 관리직, 전산직, 영업직 등 다양한 직종에서 41.5만 개의 일자리를 창출하고 있음.
3. 미국: 주마벤처스(Juma Ventures)는 아이스크림 판매로 저소득 청소년에게 일자리 2,500명, 직업훈련, 장학금 등을 지원(박준, 2009: 3-4).

(4) 서비스 중심형 사회적기업 운영(4단계)

① 서비스 중심형의 의의

서비스 중심형 사회적기업은 '취약계층을 위하여 서비스 등 기타 제공을 주도적으로 활동하고, 일자리 창출을 부수적으로 활동하는 사회적기업을 의미한다. 여기서 취약계층의 개념은 기존의 설명과 동일하다. 또한 서비스는 사회적기업육성법상 개념을 도입하여 교육, 보건, 사회복지, 환경 및 문화서비스, 보육서비스, 예술·관광 및 운동서비스, 산림보전 및 관리서비스, 간병 및 가사지원 서비스, 장관인정 서비스 등 9가지로 한다(법 제2조제3호, 영 제3조).

② 서비스 중심형의 필요성

이러한 서비스 중심형이 필요한 이유는 현 사회문제를 해결하기 위해서는 지역사회의 소규모 특정집단의 욕구를 인지하고 이를 지역사회 내에서 해결할 수 있는 역량을 창출해야 하기 때문이다(Borzaga & Defourny, 2001: 360-1). 즉, 사회적 배제를 해결하기 위하여 사회적기업이 필요한 것과 마찬가지로, 지역사회에서 소규모 특정집단의 욕구를 해결하는 방안의 하나로 서비스 중심형 사회적기업이 필요한 것이다.

③ 서비스 중심형의 사례

▶ 서비스 중심형의 해외 사례 – (영국)HCT

HCT는 '해크니 지역 교통'(Hacknely Community Transport)으로서 해크니에서 지역사회 운송서비스 제공을 위해 1982년 설립된 후 성공적인 대규모 사회적기업으로 성장. HCT 그룹의 서비스에는 런던교통공사와의 계약에 따라 운영되는 일반버스 운행, 학습장애를 가진 특수교육이 필요한 사람들이나 보육 서비스가 필요한 사람들을 위해 여러 런던 자치구에서 운영하는 교통 서비스, 그리고 리즈 장애인 이용버스 서비스(Leeds AccessBus Service)가 있음(UK OTSa, 2007: 49).

▶ 서비스 중심형의 국내 사례 – (사)충남교육연구소

(사)충남교육연구소는 삶의 교육, 상생의 교육을 화두로 삼아 교사 연수 및 연구, 농촌지역교육네트워크, 농촌생활문화공동체, 농촌 청소년문화학교 느티나무 등을 운영하고 있다(한국사회적기업진흥원).

(5) 통합형 사회적기업 운영(5단계)

① 통합형의 의의와 필요성

• 의의: 통합형은 취약계층을 위하여 일자리 창출과 서비스 등 기타 제공을 같은 비중으로 수행하는 사회적기업이다.

• 필요성: 이와 같이 통합형이 필요한 이유는 첫째, 사회서비스가 일자리 제공을 창출한다는 점, 둘째, 사회의 소외집단에게 사회서비스와 일자리를 동시에 제공하여야 사회적이나 경제적인 통합을 시킬 수 있다는 점 등이다. 셋째, 또한 통합형은 일자리와 서비스를 동시에 제공할 수 있으므로 더욱 발전할 가능성이 크고, 그 결과 지역개발을 촉진시킨다는 이점도 있다(Borzaga & Defourny, 2001: 361). 그러므로 지역공동체에서 관심을 가져야 할 모형으로 판단된다.

▶ 지역공동체 관련 국내 사례 – (재)아름다운가게

물건의 재사용과 순환을 통해 우리 사회의 생태적·친환경적 변화를 추구하고, 나눔을 통해 도움의 손길이 필요한 우리의 이웃들과 단체들의 공익활동을 지원하는 시민단체이다. 2002년 10월 안국점을 시작으로 현재 전국 각 지역에서 아름다운가게가 함께하고 있다. 아름다운가게 매장은 단순히 물건을 사고파는 곳이 아닌 수익배분을 통한 나눔, 지역주민들의 기증을 통한 물품의 순환을 실천하는 지역공동체의 중심으로서 그 역할을 다하고자 노력하고 있다(한국사회적기업진흥원).

② 통합형의 특징

통합형의 특징은 첫째, 규모 측면에서 볼 때 통합형은 사회적기업이 발전된 형태이므로 그 규모가 큰 형태라는 점이다. 따라서 규모의 경제뿐만 아니라 마케팅 등 기업능력이 다른 형보다 비교적 높다고 볼 수 있다. 둘째, 각국의 운영 측면에서 유럽과 미국의 경우에서도 많은 사회적기업이 통합형으로 운영되고 있다는 점이다. 통합형이 사회적기업의 보편적인 형태라는 점은 연혁적으로 통합형이 가장 안정된 형태라는 것을 제시해 주고 있는 것이다. 셋째, 서비스 확대 측면에서 보면 이 모형에서는 소외집단에게 사회서비스를 제공하는 단계를 벗어나 환경이나 문화서비스영역 등까지 범위를 확장하고 있다는 점이다(Borzaga & Defourny, 2001: 352).

③ 한국 통합형의 구분

법에서는 사회적기업을 일자리 중심형(영 제9조제1항2호), 서비스 중심형(영 제9조제1항1호), 통합형(영 제9조제1항4호), 지역사회 공헌형(영 제9조제1항3호), 기타형(영 제9조제2항)으로 규정되어 있으나 실무적으로는 규정에 없는 혼합형을 지역사회 공헌형보다 상단으로 표시하고 있다(노동부, 2008: 33). 따라서 통합형을 실무편의를 위하여 3가지로 구분하고자 한다. 첫째, 통합형 전 단계로 지역사회 공헌형과 혼합형을 생각하고, 둘째는 통합형, 셋째는 기타형으로 구분하는 것이다.

④ 통합형의 사례

▶ 통합형의 해외 사례 – (미국)Goodwill Industries International, Inc.

세계 최초로 정신지체 장애인 직업재활 프로그램과 보호작업장을 운영. 295개 장애인자활센터 중 정부계약을 통한 일자리는 74개, 소매관련업 25~90개, 기부관련업 25개 등으로 구성(장애인 일자리 비율 53%)(노동부, 2009.8: 3-4).

▶ 통합형의 국내 사례 – 오가니제이션요리

오가니제이션요리는 청소년, 여성결혼이민자, 경력단절여성 등 희망을 가진 사람들이 더불어 성장하는 공동체회사다. '가르치면서 배우기', '배우면서 일하기', '여성의 삶과 함께하는 건강한 일터 만들기'를 중심으로 여성 친화적인 기업문화를 만들기 위해 노력하고 있다(한국사회적기업진흥원).

(6) 네트워크형 사회적기업 운영(6단계)

① 2종류의 네트워크형

- 의의: 2종류는 앞에서 설명한 중앙정부의 사회적기업 지원 네트워크 확충의 내용부분이다(노동부, 2008: 32). 먼저 '사회적기업 상호간 네트워크형'은 사회적기업이 서로 업무활동을 연계하는 것이다. 이를 세부활동 측면에서 살펴보면, 사회적기업 간에 업종별 네트워크와 지역별 네트워크, 전국 네트워크를 구성하는 것이

다. 그리고 '사회적기업과 타조직 간 네트워크형'은 사회적기업과 타조직 간에 서로의 영업 등 업무활동을 연계하는 것을 말한다. 이는 사회적기업과 지원조직과의 업무지원 관계, 또는 사회적기업과 타조직 간의 영업 등 업무활동을 연계하는 것을 말한다.

② 네트워크형의 필요성(3가지)

- 이론적 관점: 첫째로 이론적 관점에서 학자 등은 사회적기업이 정부 또는 여러 조직과 연계하여 영업활동을 수행해야 효과가 있다는 주장을 제시하고 있다. 즉, 사회적기업에서 네트워크 방식의 활동을 주장하는 학자도 있고(Defourny, Jacques & Solari Luca, 2001: 336-337), 사회적기업의 성장을 위해서는 시장 부문과 공공기구 간의 협력이 필요하다는 의견도 대두되고 있다(OECD, 1999: 7; OECD 대표부, 2006: 25).
- 제도적인 측면: 둘째로 제도적인 측면에서 많은 국가들이 사회적기업에서 네트워크 방식을 주장하고 있다. 예를 들면, 영국은 사회적기업의 성공을 위하여 사회적기업과 정부 간의 협력 지원이 필요하다는 정책을 고수하고 있다(UK DTIc, 2007: 49-61). 한국정부도 정책적으로 사회적기업에 대하여 지원네트워크 구축의 필요성을 제시하고 있다(노동부, 2008: 31-2).
- 연혁적인 관점: 셋째로 연혁적인 관점에서 사회적기업이 발전하고 있는 나라에서는 사회적기업이 다른 사회적기업과의 그룹형성이나 정보 및 혁신교환에 있어서 특별한 능력을 보이고 있다는 점을 들고 있다(Borzaga & Defourny, 2001: 364). 즉, 실무적으로 사회적기업 간의 네트워킹이 뛰어난 국가에서 사회적기업이 발전하고 있다는 사실은 한국에서도 네트워킹형이 도입되어야 할 필요성을 입증하고 있는 자료인 것이다.

③ 사회적기업 상호간 네트워크형

- 가능한 종류: 노동부는 '사회적기업 상호간 네트워크형'으로 업종별 네트워크, 지역별 네트워크, 전국 네트워크를 제시하고 있다(노동부, 2008: 32). 이를 조직으로 결성한다면 업종별 연합회(가칭), 지역별 연합회(가칭), 사회적기업 협동조합(가칭), 사회적기업 중앙회(가칭) 등의 명칭으로 결성할 수 있다고 본다.

• 내용: 업종별 연합회는 제품이나 서비스의 종류에 따라 연합회를 조직하는 것이고, 지역별 연합회는 지자체 단위나 도 단위의 연합회를 의미한다. 이 같은 사회적기업 연합회는 사회적기업가 조직육성, 공동사업추진, 경영활동지원, 위탁사업추진 등의 업무를 수행할 수 있다.[13] 또한 사회적기업 협동조합이란 사회적기업가가 서로 힘을 합하여 협동사업을 추진하기 위한 조직으로서 사회적기업가의 경제적 지위향상과 국민경제의 균형있는 발전을 도모할 목적으로 중소기업협동조합법에 의하여 설립된 비영리 법인을 말한다.[14] 그리고 사회적기업 중앙회는 중소기업 중앙회와 같은 역할을 하거나 중소기업 중앙회의 산하단체로 활동할 수 있을 것이다.

▶ 사회적기업 연합회의 해외 사례 – 영국의 사회적기업연합(SEC)

사회적기업연합(Social Enterprise Coalition, SEC)의 역할

: 사회적기업의 위상을 제고, 역량강화, 새롭게 성장하는 사회적기업 부문 내의 협력촉진.

: 회원 네트워크는 사회적기업 운동을 조직해서 총 10,000개 이상의 사회적 목적을 위해 상업거래를 하는 기업들을 결속시켜 이들을 집단적으로 대변함(UK OTSa, 2007: 10).

④ 사회적기업과 타조직 간 네트워크형

㉠ 네트워크형 개관

한국에서 현실적으로 적용할 수 있는 사회적기업과 타조직 간 네트워크형에는 4가지 종류가 있다. △사회적기업-민간기업 연계형 △사회적기업-지자체 연계형 △사회적기업 주도-지자체-기업 연계형 △지자체주도-사회적기업 협력형으로 구분할 수 있다.[15] 이하에서는 순서대로 설명한다.

• 사회적기업-민간기업 연계형: 이는 사회적기업이 일반기업의 사회공헌 프로그램과 연계하거나 재정 및 경영지원을 받는 모델로서 비즈니스 파트너십으로 연결된 형태이다. 이 경우에는 사회적기업이 독자적으로 우월한 프로그램이나 활동을 하고 있거나 사회적기업과 일반기업의 사회적 책임이 서로 공유된 경우, 일반기업

---

13) 이 부분은 전국상인연합회의 기능을 인용하여 사용한 것임.

14) 이 부분은 중소기업협동조합의 개념을 사회적기업 협동조합으로 인용하여 사용한 것임.

15) 이하 부분의 모형은 노동부a, 2007: 65-8.과 정선희, 2004: 15-8. 모형을 참고하였음.

의 하부조직으로 사회적기업이 설립된 경우 등에서 나타난다.

▶ 사회적기업과 일반기업의 사회적 책임이 서로 공유된 사례

1. 공익연계마케팅(Cause-Related Marketing): 일반기업은 상품과 서비스의 판매촉진을 도모하고 사회적기업은 판매대금의 일부를 받는 것이다. 그 예로는 아메리칸익스프레스사와 쉐어 아워 스트렝스가 캠페인을 열어 기아구제프로그램에 기부한 예가 있다.
2. 미국 사례: '파이오니어 휴먼 서비스'(Pioneer Human Services)는 미국 시애틀에서 1963년 설립된 후, 1966년 '파이오니어 인더스트리'라는 회사를 설립하여 보잉사 협력회사로 활동하고 있다(정선희, 2004: 20-23).

• 사회적기업-지자체 연계형: 이 모형은 사회적기업이 지자체의 자활지원 프로그램에서 장기 저리로 대출받아 초기 설비비용을 조달하여 사회적기업으로 발전하는 형태이다. 이 경우는 지자체가 사회적기업에게 지역사회에 장기적으로 또는 시급하게 필요한 서비스나 용역을 제공하도록 의뢰하는 경우에 나타난다.

▶ 사회적기업–지자체 연계형 사례

1. 한국 사례: '함께일하는세상(주)'은 자활공동체가 사회적기업으로 설립한 경우이다(앞 설명 참조).
2. 영국 사례: '렘플로이(REMPLOY)'는 신체 장애자들이 일하는 영국의 국영 제조회사로, 고용인이 11,400명 이상, 이 중 90%가 장애인들이다. 다수의 일류 영국기업들과 거래하며 정부에서 보조금을 받고 있다(Aiken, 2006: 25-26).
3. 미국 사례: '바비 다드 인스티튜트'(Bobby Dodd Institute Inc.)는 2003년 정부계약을 비롯한 7개 사업에서 575만 불 수입(정선희, 2004: 58-61).

• 사회적기업 주도-지자체-기업 연계형: 이 형태에서는 지자체가 토지나 자본 등을 제공하고, 기업은 경영과 기술, 마케팅기법을 지원하며, 사회적기업이 주도적으로 사업을 하는 형태이다. 사회적기업이 독자적인 제품기술을 보유하고 있는 경우에 가능한 형태이다.

▶ 사회적기업 주도–지자체–기업 연계형 사례

그 예로는 고용노동부의 일자리사업을 통하여 친환경사업 등을 추진하는 경우를 들 수 있다.

• 지자체주도-사회적기업 협력형: 이는 지자체와 사회적기업이 함께 협력하는 경우로, 지자체가 사업비를 부담하고 사회적기업이 영업을 하는 형태이다. 이 경우는 사업내용이 지자체가 필요로 하는 사업이지만 사회적기업이 초기단계인 경우에 나타난다. 따라서 지자체의 사회적기업에 대한 초기 육성방안으로 볼 수 있다.

ⓛ 한국에서의 네트워크형 현황

• 사회적기업-지자체 연계형 현황: 사회적기업 289개를 조직형태, 업종분야, 지자체별로 구분하고, 지원총액 117억 원을 재정지원, 생산품구매, 사업위탁기준으로 살펴본다(곽선화, 2010: 59-65)(전체 내역은 〈표 2-5〉 참조).
  - 조직형태: 총액지원이 많은 조직형태는 민법상법인이고 다음은 상법상회사이다. 민법상법인에 대한 지자체의 지원은 주로 사업위탁을, 상법상회사는 재정지원을, 비영리민간단체의 경우 주로 생산품 구매를 지원하고 있다.
  - 업종분야: 지원이 가장 많은 분야는 기타업종, 문화예술관광운동 및 환경분야 순이었다. 환경 및 기타분야는 지자체의 사업위탁이 중심, 문화예술관광운동분야는 재정지원이 중심이었다. 또한 기타분야에 생산품구매가 집중되었다.
  - 지자체별: 가장 지원이 많은 지자체는 서울로 총 지원의 38.6%, 전북(16.0%), 경기(14.4%) 순이다. 지원형태는 서울과 부산, 경남북 지역의 경우 재정지원이, 인천과 광주, 대전, 울산, 강원, 충북, 전북지역은 사업위탁을 중심으로 이루어지고 있었다. 대구지역은 생산품 구매에 한정되어 있다.

〈표 2-5〉 지자체의 지원현황

구분	조직, 분야, 지역	재정지원	생산품 구매	사업위탁	계
조직형태	민법상법인	12억 원		31억 원	43억 원
	민법상조합				3억 원
	비영리민간단체		11억 원		15억 원
	사회복지법인	12억 원			13억 원
	상법상회사	21억 원		19억 원	43억 원
	계	46억 원	14억 원	57억 원	117억 원
업종분야	교육				
	보건			3억 원	3억 원

〈표 계속〉

구분	조직, 분야, 지역	재정지원	생산품 구매	사업위탁	계
업종 분야	사회복지	2억 원			2억 원
	환경	4억 원		21억 원	25억 원
	보육			1억 원	1억 원
	문화예술관광운동	20억 원		6억 원	26억 원
	간병가사지원	3억 원		6억 원	9억 원
	기 타	17억 원	14억 원	20억 원	51억 원
	계	46억 원	14억 원	57억 원	117억 원
지자체별	지역별	서울 27억 원 경기 8억 원	서울 5억 원 경기 7억 원	서울 13억 원 전북 18억 원	-

자료: 곽선화, 2010: 59-65. 내용을 도표로 재구성함.
설명: 빈칸은 지원액이 소액이거나 없으므로 생략함.

- 사회적기업-민간기업 연계형 현황: 기업의 경우 지원금액은 358억 원으로 지자체와 유사한 패턴을 보이고 있지만 사업위탁(기업체 전체 지원 금액의 54.8%)과 생산품 구매(13.7%)의 비중은 지자체보다는 높은 편이다(곽선화, 2010: 67 이하). 이는 후술한다.

제2절 각국의 사회적기업 현황

1. 외국 사회적기업의 현황

(1) 개관

앞에서는 국가별 사회적기업의 유형을 설명하였다. 여기에서는 국가별, 사회적기업별 현황을 살펴보기로 한다. 국가는 사회적기업 정책에서 언급한 영국, 이탈리아, 프랑스, 미국, 독일 등이다.

(2) 영국의 사회적기업

핵심연구 영국의 사회적기업들은 시장에서 상품과 서비스를 팔거나 정부에 서비스를 제공하는 계약을 체결하며, 사회적 목적을 가진 독립된 조직이다.

① 빅 이슈(The Big Issue)

- 기업목표: 대표적인 사회적기업으로는 첫째, '빅 이슈(The Big Issue)'가 있다. 이 기업의 취지는 잡지출판 및 판매를 통하여 노숙자에게 재활과 자립지원, 임시숙소 제공, 교육과 재취직을 지원하는 것이다(노동부b, 2007: 9). 즉, 노숙자가 구걸하지 않고 잡지를 팔아서 이익을 얻게 하여 자활에 성공하도록 돕기 위한 취지인 점에서, 기업의 역할은 일자리 제공형이다. 활동을 보면 기업이 시사월간지 『더 빅 이슈』를 노숙자에게 싸게 공급하고, 판매 권한이 있는 노숙자가 정가로 파는 것이다.
- 설립배경: 빅 이슈의 배경은 고든 로딕과 존 버드(A. John Bird)가 미국 뉴욕의 거리잡지(street magazine)에 착안해 1991년 9월 월간잡지로 창간되었다. 그 후에 1995년 빅 이슈 재단이 설립되었고, 잡지 판매원으로서 자리를 잡은 노숙자들 중 일부를 빅 이슈 본사에 취직시켜 잡지편집이나 취재활동 등의 업무를 맡겼다. 활동효과를 보면, 빅 이슈의 도움을 받은 노숙자는 총 5,500여 명이고, 빅 이슈 재단이 제공한 취업교육 및 IT교육 혜택을 받은 사람이 407명, 가정을 꾸린 사람이 281명에 이르고, 75명이 일자리를 구했다.[16)]

② 그린웍스(Green Works)

'그린웍스(Green Works)'는 2004년 등록된 자선단체이면서, 가구 재활용 사회적기업이다. 즉, 대기업과 정부부처의 남은 사무용 가구를 수거해 학교, 자선단체 등에 합리적인 가격으로 제공하고 있다. 설립목적은 환경적 목적, 즉 환경의 지속성이다. 활동효과를 보면, 2000년 설립된 뒤 150여 명이 이 회사에서 일자리를 찾았을 뿐만 아니라, 공공기관 5,000여 곳에 가구를 공급해 연간 250만파운드를 절약하고 폐기물 재활용 등으로 온실가스 감축에도 앞장서고 있다. 따라서 기업의 역할은 일자리 중심형으로서, 환경친화적인 사업을 미래사업으로 채택한 기업이다.[17)]

---

16) UK OTSa, 2007: 14; 기획예산처 숭실대학교, 2006:136; 아시아 경제, 09.7.6. http://www.asiae.co.kr/news/view.htm?idxno=2009070611575220253&nvr=y.

17) 김명희, 2008: 145-146; 한국경제, 09.8.28. http://www.hankyung.com/news/app/newsview.php?aid=2009031298461.

③ 리부트(ReBoot)

- 기업목표: 지역사회 조직이자 사회적기업인 '리부트(ReBoot)'가 있다. 리부트는 원래 해크니(Hackney)시 소재의 사회적기업인 Bootstrap 기업에서 수립한 프로젝트로서, 핵심사업은 개인과 조직들로부터 기부받은 컴퓨터들을 재활용하는 것이었다. 이 프로젝트가 2000년에 사회적기업으로 설립된 것으로, 설립목적은 주목적이 사회적 목적이고, 2차적 목적은 영리활동이다. 서비스 중심형으로 볼 수 있다.
- 활동영역: 리부트의 활동영역은 개인과 조직들로부터 기부받은 컴퓨터들을 재활용하는 것으로, 수집된 컴퓨터 부품들을 다시 업그레이드시켜 자선단체, 기업 및 개인들에게 판매하는 것이다. 그리고 리부트의 역할은 지역사회 주민들의 일자리 창출과 교육 및 훈련 서비스 제공이므로, 이 기업은 일자리 중심형으로 볼 수 있다. 그 예로는 한 번에 5명의 자원봉사들에게 훈련 및 직업경력을 제공함으로써 이들의 IT 시장으로의 진입을 지원한다(김명희, 2008: 142 이하). 그린웍스(Green-Works)와의 사례비교는 〈표 2-6〉과 같다.

〈표 2-6〉 그린웍스와 리부트 사례비교

구 분		그린웍스	리부트
거버넌스 구조[18]	조직기원	자선단체조직 사회적기업	지역사회조직 사회적기업
	조직구조	복잡	단순
	조직목적	환경적 목적(물품 재사용에 중점)	사회적 목적(일자리 창출, 교육 및 훈련)
	성장비전	시장화(marketization)	지방화(localization)
	재정구조	보조금, 민간+정부 부문 회비, 수익금	보조금, 수익금
	대안선택	폐기물품 다량 확보와 회원제 서비스	폐기물품 조건부 취사선택과 무료서비스

자료: 김명희, 2008: 150. 수정·인용.

④ 글래스고 웍스(Glasgow Works)

전국 및 지역파트너십으로 활동하는 모범적인 개발기구인 '글래스고 웍스(Glasgow

18) 거버넌스(governance)란 정부와 시민사회가 협력하여 사회문제를 해결하는 체계를 의미한다. 보통 정부 및 비정부조직에 의한 공공서비스 공급, 정부 및 비정부조직과 개인들의 연계망을 통한 공공서비스 공급 등을 의미하며, 좁은 의미로는 기업의 지배 행위나 방식을 말한다. 거버넌스는 사용되는 맥락에 따라 기업 거버넌스(corporate governance), 국제 거버넌스(international governance), 국가 거버넌스(national governance), 지방 거버넌스(local governance)로 구분되며, 사회적기업에 적용되는 거버넌스 개념은 아직 상세한 규명이 이루어지지 않은 상태이다(김명희, 2008: 137).

Works)'는 1994년 장기 실업자들의 직업활동 복귀를 돕기 위해 설립되었다. 활동분야는 방과 후 어린이 돌보기, 가전제품 재활용, 깃발 만들기, 청년들을 위한 훈련, 건설과 환경 등이다. 그리고 글래스고 웍스가 진행하는 사업은 종신고용을 창출할 수 있는 시장 활동으로 계획된 것이 특징이므로, 기업의 역할은 일자리 제공형으로 볼 수 있다. 유급수혜자들은 인터뷰를 거친 후 채용되고 계약 기간이 끝나면 노동시장에 복귀할 수 있도록 훈련과 기타 지원을 받는다. 활동효과를 보면, 1994년부터 1997년 1월까지 800명이 훈련을 받았고, 1년 계약을 완료한 사람들 중 62%는 안정적인 일자리를 구했으며, 3년 이상 실업자였던 사람들 중 53%도 일자리를 찾았다(OECD, 1999: 29-30).

⑤ 렘플로이(REMPLOY)

1946년 시작된 공기업 성격의 사회적기업인 '렘플로이(REMPLOY)'는 신체 장애자들이 일하는 영국의 국영 제조회사이다. 활동효과를 보면 이 기업은 고용인이 11,400명 이상이고, 이 중 90%가 장애인들이다. 다수의 일류 영국기업들과 거래하며 그 매출액이 1억 5천만 파운드 이상에 이른다. 정부에서 REMPLOY에 보조금을 지급하고 있고, 1992년 이후부터는 다른 소스에서도 자금을 조달하여 사용할 수 있게 되었다. 약 80개의 공장과 6,000명의 영구직원을 거느린 영국 최대의 장애인 고용기업이다(Aiken, 2006: 25-26). 일자리 중심형 기업으로 볼 수 있다.

⑥ WISE의 6종류: 일자리 제공형(Aiken, 2006: 25).

- '새로운 형태의 노동자 협동조합'은 그 수가 419개로 추정되며(2002년), 활동초점은 일자리 창출이며, 활동효과로는 1988~1992년 동안 약 10,000개의 일자리를 만들어 냈다.
- '지역사회 공동체 비즈니스'는 1980년대 스코틀랜드 농촌 지역에서 처음 시작되어, 영국 글래스고와 다른 지방으로 성공적으로 퍼져 나갔다. 그 수가 400개에 달하고 3,500개의 일자리를 제공했던 것으로 추정된다(1995년).
- '중간 노동시장 조직(Intermediate Labour Market organizations: ILMs)'도 스코틀랜드에서 시작되었다. ILM의 활동은 시간 제한 상근 또는 비상근 노동자에게 훈련을 제공하고, 실직자에게 사회적으로 유용한 제품을 제공하는 데 목적이 있다. 활동효과로는 이 기업의 65개 운영 프로그램에서 5,300개의 일자리를 찾아냈다.

- '사회적 회사(social firm)' 종류는 대부분 공공 및 자원봉사분야 파트너십을 통해 발전되었는데, 유럽연합에서 자금을 받은 경우도 자주 있다. 사회적 회사의 수는 약 38개이고, 각각 약 10명의 인원으로 구성되어 있다. 이 기업은 수입의 50% 이상을 판매를 통해 달성하고, 유급 인력의 25% 이상을 장애나 기타 불리한 조건의 사람들로 고용한다.
- 이외에도 일자리 및 훈련을 제공하는 '자원봉사 조직'과 '사회적기업의 일부로 노동통합이 되어 있는 조직'도 있다.

⑦ 기타 주요 사회적기업 현황과 관련 단체들

〈표 2-7〉 영국의 주요 사회적기업과 관련 단체 현황

유 형	명 칭	활동 및 효과
지원	사회적기업연합 (Social Enterprise Coalition: SEC)	- 사회적기업의 위상을 제고하고, 역량을 강화하며, 새롭게 계속 성상하는 사회적기업 부문 내의 협력을 촉진 - 회원 네트워크는 사회적기업 운동을 조직해서 총 10,000개 이상의 사회적 목적을 위해 상업거래를 하는 기업들을 결속시켜 이들을 집단적으로 대변.
서비스	서포터즈 디렉트 (Supporter Direcct: SD)	- 축구 경기장 개선기금으로부터 2007/08년에 시작되는 3년 이상의 기금 180만 파운드를 확보해, 이 기금 지원으로 SD는 여러 트러스트들과 협력하여 몇몇 축구 클럽의 운영에 있어서 근본적인 변화를 가져올 수 있게 되었음
	AFC 텔포드사 (AFC Telford Utd Ltd)	- 텔포드 지역의 축구 클럽의 서포터즈들에 의해 결성 - 클럽은 협동조합처럼 100% 공동체 소유 - 어린 학생 학습 센터 등 지역사회를 위해 다양한 시설과 서비스 개발
노동	뉴라이프 (Newlife)	- 레스터(Leicester)에 위치한 건설 회사로 장기 실업자들과 학교 중퇴자들에게 고용과 훈련을 제공 - 위 대상계층이 취업을 하면 연간 1인당 구직보조금과 주거/의회 세금혜택 약 3,500파운드 절감 추정 - 연간 약 77,000파운드의 국고 절감 효과 - 근로자당 연간 약 2만 파운드 이익 예상
서비스	수양아동 양육공동체 (Community FosterCare: CFC)	- 위탁양육자의 사회적 돌봄시장을 다양화하기 위해 활동하는 사회적기업 - 당국에 의해 위탁된 '보호대상 아동'을 위해 위탁양육자를 제공 - CFC는 주로 글로스터셔(Gloucestershire)의 사회적·경제적으로 낙후된 지역주민들에게 일자리를 제공

〈표 계속〉

유 형	명 칭	활동 및 효과
서비스	빅라이프 그룹 (The Big Life group)	- 사람들의 삶을 변화시키는 것을 돕고, 이를 위한 지원 및 기회 창출을 위해 협력하는 사회적기업들과 자선단체들의 모임 - 소득원은 주로 보건의료서비스 계약, 구직센터 플러스 서비스, 북부지역의 빅 이슈잡지의 광고 및 잡지 판매수익 소득, 육아서비스 제공에 대해 부모로부터 받는 보육료 - 약 220명을 고용하며, 2003/04년도 총수익매출은 830만 파운드
	썬더랜드 재가 요양연합 Sunderland Home Care Associates: SHCA)	- SHCA는 썬더랜드 시의회를 대신하는 간호 및 가사 서비스 제공 - 직원 수가 175명(85%가 여성)이며, 연간 총 매출액이 175만 파운드 - 특히 노인과 장애인을 대상으로 특별한 맞춤 서비스를 제공함으로써 노인들과 장애인들이 집에 더 오래 머무를 수 있게 하는 데 초점을 둠 - 유연한 근로정책으로 직원들은 일과 가정의 조화를 이룰 수 있어서 연간 이직률이 예외적으로 낮은 3.5%를 기록
	ECT그룹	- 다양한 고품질의 비용 효율이 높은 공공서비스를 제공 - 재활용 및 지속 가능한 폐기물 관리, 거리 정화, 보건의료, 공공 및 지역사회 대중교통, 지역사회 철도, 자동차 및 철도 수리공 등이 포함 - 5,000만 파운드에 달하는 매출과 1,100명 이상의 직원을 자랑하는 ECT그룹은 영국의 우수 사회적기업이자 영국 최대의 지역사회 재활용 업체
	프로젝트 코믹스 (Project Cosmic)	- 농촌지역의 사회적기업으로, 데번(Devon)주의 오터리(Ottery) 지역의 메리가에서 다양한 정보통신기술(ICT) 서비스를 제공 - 활동분야는 최신 장비를 부착한 이동식 '연락선' 등을 포함하는 혁신적이고 흥미로운 방식으로 서비스를 제공하고, 지역사회에 방문해서 주민들에게 IT훈련을 제공하며, 다른 지역사회 단체와 기업들이 필요로 하는 기술, 즉 웹사이트와 IT 훈련 등을 제공하는 것
노동/지원	엔터프라이즈 인사이트 (Enterprise Insight)	- 14~30세의 청년층을 사회적기업으로 유도하기 위한 캠페인 - 영국의 주요 기업단체가 설립하고 통상산업부가 주된 자금 공급원인 이 단체는 보다 기업적인 문화를 진흥시키려는 목적
	기업교육 (Enterprise Education)	- 재정 능력 개선과 경제 및 기업에 대한 이해로 뒷받침되는 기업 능력을 포함 - 기업능력이란 혁신, 창의성, 위험 관리와 위험 감수, 할 수 있다는 태도와 아이디어를 실현하는 추진력

〈표 계속〉

유 형	명 칭	활동 및 효과
노동/지원	졸업생 기업가 교육 국가위원회 (National Council for Graduate Entrepreneursh-ip: NCGE)	- NCGE는 고등교육에 있어서 기업가 정신의 위상을 높이고, 모든 형태의 창업을 고려해서 이를 위해 활동하는 학생과 졸업생의 수를 늘리기 위해 2004년 설립 - 사회적기업은 NCGE의 활동의 필수적인 부분
서비스/지원	사회적기업 이스트 미드랜드 (Social Enterprise East Midlands: SEEM)	- 이스트미드랜드 개발기구와 지역 비즈니스 링크 운영자(BLOs)들과 제휴하여 이스트 미드랜드 전역에 전문적인 정보, 진단, 중개(IDB) 서비스를 시범 실시
	스트라이딩 아웃 (Striding Out)	- 청년 사회적기업가들을 지원하고 이들에게 조언을 주는 사회적기업 - 설립자는 헤더 윌킨슨
	UnLtd	- 2000년 사회적기업활동 진흥을 위해 설립된 자선단체 - 2002년 UnLtd는 밀레니엄 위원회로부터 1억 파운드의 유산을 보조받아 밀레니엄상 제도를 영구화하기 위한 기금으로 투자 - UnLtd는 또한 빅 로터리 펀드(Big Lottery Fund)가 지원하는 빅부스트(Big Boost) 프로그램의 주요 이행 파트너 - 빅 로터리 펀드는 젊은이들이 지역사회 프로젝트를 수립할 수 있도록 상을 수여
지원	셋스퀘어드 파트너십 (SET squared Partnership)	- 바쓰, 브리스톨, 사우스햄튼, 써레이 대학교들의 기업활동을 결합 - 본 파트너십은 2002년에 설립된 이래, 200개 이상의 벤처기업을 지원하였고, 대안 투자시장(AIM) 세 곳의 설립을 지원하였는데, 이들 시장의 총 시가총액과, 1억 5천만 파운드 이상이 결합된 시장 자본화 개체인 대안투자시장(AIT) 세 곳을 지원
서비스	해크니 지역 교통 (Hacknely Community Transport: HCT)	- 해크니에서 지역사회 운송 서비스 제공을 위해 1982년 설립되었다가 그 후에 성공적인 대규모 사회적기업으로 성장 - HCT 그룹의 서비스 포트폴리오에는 런던교통공사와의 계약에 따라 운영되는 일반버스 운행, 학습 장애를 가진 특수교육이 필요한 사람들이나 보육 서비스가 필요한 사람들을 위해 여러 런던 자치구에서 운영되는 교통 서비스, 웨스트 요크셔의 노란 학교 버스인 '마이버스 (MyBus)' 중 상당수 운행, 그리고 리즈 장애인 이용버스 서비스(Leeds AccessBus Service)가 있음

〈표 계속〉

유 형	명 칭	활동 및 효과
노동	리사이클링 언리미티드 (Recycling Unlimited)	- 창립자 에디 브룩스가 2002년에 정신건강 자선단체로 출발 - 현재 다양한 배경을 가진 사람들에게 목공업, 목수일, 소매업, 정원 가꾸기 및 원예와 같은 직업 기술을 훈련하고 직업경험을 제공하는, 사회적 포용성이 있는 사회적기업 - 다른 언어 사용자를 위한 영어교육을 실시하고 기초 기술 훈련 및 구직에 대한 자문과 지침을 제공하고 안내
지원	퓨처빌더즈 잉글랜드 (Futurebuilders England)	- 1억 2천 5백만 파운드 규모의 투자기금 - 앞서가는 자발적 지역사회 조직과 사회적기업들의 공공서비스 제공의 규모와 범위를 확대하기 위한 이들의 역량 구축을 돕기 위해 마련
지원	서플라이2 (Supply2/gov. uk)	- 정부의 기관 전반에 걸쳐 일정액 이하의 모든 공공 부문 계약에 대한 '신청을 위한 첫 관문(포탈)' - 정부기관들이 보통 10만 파운드 이하의 계약을 한 곳에 공고하게 함으로써, 이 사이트는 사회적기업을 포함한 모든 형태의 기업들이 중앙 및 지방정부의 계약기회에 대한 정보를 얻을 수 있게 함 - 공공 부문 구매자들에게는 공급업체 선택의 폭이 넓어지고 잠재적으로 더욱 혁신적이고 가치 있는 상품과 서비스를 이용 가능
서비스	plunkett	- 농촌 교통의 지속 가능성 향상에 있어서 사회적기업의 역할 - 지역사회 교통협회(Community Transport Association: CTA)에 따르면 현재 농촌 지역에는 약 700개의 지역사회 교통계획이 실시되고 있으며, 이 중 상당수가 기업적 방식으로 운영되는 시스템, 즉 전체소득의 절반 이상이 보조금과 기부가 아닌 서비스 이용료와 계약대금에서 얻어지는 경우로 평가됨
서비스	쇼어디치 트러스트 (Shoreditch Trust)	- 트러스트 계승전략에 사회적기업 모델을 활용 - 목표는 지역사회를 위한 뉴딜(New Deal for Communities)의 10년 기금 프로그램이 끝난 후에도 지속적인 서비스를 지원할 수 있는 소득원을 마련하는 것 - 쇼어디치 트러스트는 시장 리더들과 제휴를 맺음으로써, 공공과 민간 부문의 전문성을 결합. 이에 해당하는 한 가지 벤처가 유명한 디지털 브리지(Digital Bridge)로 이 사업은 수상경력도 있음.

자료: UK OTSa, 2007: 10-58. 부분을 요약한 것임.

(3) 이탈리아의 사회적기업

핵심연구 이탈리아의 사회적기업은 공익을 위한 상품생산과 기업의 사회적 목적을 반영하는 경영형태를 결합한 것이다(OECD, 1999: 15. 재인용).

① 사회적 협동조합(social co-operative)

- 2유형 비교: A유형과 B유형의 사회적 협동조합이 있다. 'A유형 사회적 협동조합'은 사회적 서비스를 제공하는 것으로 사회복지 및 교육 서비스를 관리한다. 그리고 'B유형 사회적 협동조합'은 '노동통합 사회적 협동조합'으로 부르기도 하며, 농업·산업·상업활동이나 취약계층에게 일자리를 공급하는 노동통합의 기능을 수행한다. 따라서 A유형은 기업적인 성격이 있어 생산적인 목표를 추구하지만 사회서비스 분야에서 운영되고, B유형은 노동통합을 위해 최소한 소속직원의 30%가 취약계층 노동자로 구성되어야 한다(Borzaga & Santuari, 2001: 170-4).
- 사회적 협동조합 내용: 사회적 협동조합의 규모는 2004년 말 약 7,000개이고, 그 중 A유형은 59%인 4,026개, B유형은 33%인 2,459개, 나머지 8%인 377개가 2유형의 혼합형 또는 컨소시엄이었다. 그리고 활동효과를 보면, 회원은 267,000명이고, 유급직원은 223,000명, 자원봉사자 31,000명, 취약계층이 24,000명이 일하고 있다(Loss, 2006: 35). 따라서 7,000개 사회적 협동조합에서의 일자리 창출은 유급직원과 취약계층을 합하여 대략 25만 명이 되는 것이다(Loss, 2006: 33-35). 2009년 추정으로는 약 1만 8,600여 협동조합에서 40만 명가량이 일하고 있는 등 일자리를 가장 많이 창출하는 부문 중 하나이다.[19]

② 라 스트라다 디 피아자 그랜드(La Strada di Piazza Grande)[20]

이 기업의 활동은 노숙자·외국인·약물중독자 등을 위한 야간쉼터 관리, 청소서비스, 생태지역 관리 및 유지 서비스, 공중목욕탕 관리 등으로서 서비스 중심형 사회적 기업이다(노동부b, 2007: 9.).

---

19) 르몽드 디플로마티크 http://ilemonde.com/news/articleView.html?idxno=387.
20) 'La Strada'는 길(road), 'Piazza'는 광장(廣場), 'Grande'는 큰, 웅장한 뜻이다. 의역하면 '웅장한 광장으로 가는 길'이다.

③ 논첼로(Noncello)

이 기업은 이탈리아에서 가장 큰 협동조합으로 1천 명가량 직원을 고용하고 있다. 이 기업은 1982년 포르데노네(Pordenone)시에서 업무를 시작하여 활동분야는 비전문적 가사 청소 서비스, 대로변을 청소, 폐냉장고 재활용 처리사업이다. 논첼로는 장기 실업자, 정신질환자, 약물 중독 경력자 등에게 가전제품의 수거를 맡기고 그에 합당한 임금을 지급하며, 또한 노인과 어린이, 알츠하이머병 환자 등에게 전문 기술까지 교육한다. 최근에는 최신 레이저까지 구입한 뒤, 가전제품을 분해해 수거한 부품을 가전업체인 자누시에 납품했다. 1998년 총 매출은 350억 리라이며, 일자리 제공형 기업이다.[21)]

④ 라 텐다(La Tenda)

- 의의: 1981년에 이탈리아 남부지역의 캄파냐(Campania)의 살레노(Salerno)에서 설립된 비영리 연합체이다. 활동영역은 낙후된 환경과 높은 실업률을 보이고 있는 지역에서 청년실업에 대한 문제에 대응하기 위한 활동이며, 활동목적은 등교거부, 낮은 교육수준, 그리고 약물중독 등의 사회적 문제에 당면한 청년들에게 재통합 계획을 제공하는 것이다(장원봉, 2005: 157).
- 3종류: 활동은 라 텐다가 1994년 설립한 3개의 사회적 협동조합을 통해서 수행되고 있는데, 하나는 사회복지서비스를 제공하는 사회적 협동조합, 또 하나는 스포츠와 관련한 지역행사를 주관하는 사회적 협동조합, 그리고 도자기와 타일을 생산하는 제조업의 사회적 협동조합이다(장원봉, 2005: 158).
- 활동: 1996년과 1998년 사이에 유럽기금을 통해서 청년실업자들에게 상담활동, 정보제공, 직업지도, 직업훈련, 취업제공, 그리고 창업서비스 등의 다양한 지역사회 프로그램들의 통합프로젝트를 추진하였다. 활동효과는 라 텐다의 활동과 연계된 15세에서 24세의 청년들은 700~800명이고, 이들 중에서 40여 명이 라 텐다에 의해서 운영되고 있는 노동자협동조합에 채용되었다(장원봉, 2005: 158). 라 텐다는 일자리 중심형과 서비스 중심형을 동시에 수행하는 통합형 사회적기업 형태로 볼 수 있다.

---

21) OECD, 1999:17.; 르몽드 디플로마티크 http://ilemonde.com/news/articleView. html?idxno=387.

⑤ Spazio Aperto

이 기업은 1984년에 장애인들의 취업기회를 마련하기 위해서 그들의 부모들과 친구들에 의해서 설립된 B유형의 사회적 협동조합이다. 주요한 활동은 장애인들의 직업훈련을 돕거나 혹은 청소, 부품조립, 조경녹화, 자료입력, 장애인 수송, 쓰레기 정리, 그리고 재활용 등의 영역에서 그들을 고용하는 것이다(장원봉, 2005: 158-9). 따라서 Spazio Aperto는 일자리 중심형 기업이다.

(4) 프랑스의 사회적기업

핵심 연구 프랑스는 '근접(지역밀착) 서비스'를 발전시키는 사회적기업으로 유명하다. 집단적 보육과 가정기반 보육, 가정도우미 등 제도는 사회복지 분야와 밀접한 분야이다(Laville, 2001: 102-104).

프랑스의 사회적기업은 협동조합, 상호공제단체, 민간단체로 볼 수 있다(Laville, 2001: 100). 유형별 사회적기업의 숫자는 대략 2,000개 이상이다.[22] 예를 들어, 노동시장 통합 사회적기업의 경우, 전체의 58%는 자발적 조직, 33%는 일반기업(공공 또는 민간 유한회사), 1%는 협동조합의 형태를 띠고 있다(OECD, 1999: 22). 그리고 2003년 현재 자활조직 4,900여 개소에서 연 인원 30만 명이 고용 중에 있다.

① 앙비(ENVIE)[23]

- 설립목적: 노동통합 기업인 '앙비(ENVIE)'의 활동영역은 중고가전제품을 재활용하는 사업으로, 이전에는 존재하지 않았던 품질 좋은 중고 가전제품 시장을 개척하여, 취약계층을 취업시키는 것이다. 앙비는 28개 이상의 지역에 기업을 설립하여 '앙비 네트워크'를 구축하여 운영하고 있다. 네트워크형 기업으로 볼 수 있다.
- 최초설립: 앙비 네트워크의 첫 번째 기업은 1985년 엠마우스 공동체의 사회적 근로자들과 지역 관리들의 주도로 스트라스부르그에 설립되었다. 뒤이어 1988년에는 전기 전자 소비재와 가전제품 판매사인 다티 프로방스(Darty Provence)의 제

22) 세부적으로는 EI(노동통합 기업)가 850개(1999년 기준), AI(인력파견협회)가 1천여 개(2000년 기준), RQ(지역사회 기업)이 약 130개(1999년 기준), ETTI(임시직 파견기업)이 263개(2002년 기준), GEIQ(사회통합과 훈련을 위한 사용자연합)이 100개(2003년 기준) 등이다(OECD 대표부, 2006: 13-15).

23) OECD, 1999: 22-23; 조영복, 2007: 69.

안에 따라 마르세이유에 또 하나의 앙비 기업이 설립되었고, 그 후 투르와 생 떼띠엔느에도 설립되었다.

- 설립확장: 1989년에는 앙비 기업들의 사회적 목적과 훈련 및 통합 수준을 유지하기 위해 'ENVIE Développement'가 설립되었다. 파리에 본거지를 두고 있는 ENVIE Developpement은 전략적 미래계획에 참여하고, 리더쉽을 발휘하며, 앙비 네트워크의 공통 서비스와 정규직원들에 대한 지원과 훈련을 제공한다. 또한 1993년에는 여러 분야의 선도기업들과의 굳건한 제휴관계를 통해서 공공유한회사인 'SAGE'(Societe anonyme de groupe ENVIE)가 설립되어 네트워크를 강화했고, 통합기회를 확대하기 위한 새로운 활동분야를 찾았으며, 사회적 소외를 해결하기 위해 애쓰는 기업들의 주식을 매입했다.
- 활동효과: 1997년 기준으로 프랑스 전역에 25개의 앙비 네트워크를 포함하고 있으며, 직원 수는 550명이고 그 중 400명이 취약계층이다. 1997년에는 거의 220,000개의 중고 가전제품이 수집되었으며, 연간 소득은 6천 5백만 프랑이고, 전체 예산이 1억 프랑 이상이었다. 12년 동안 1,600명 이상의 취약근로자들이 앙비의 도움으로 노동시장 복귀를 시작했다.

② 어린이·학부모·전문가의 공동체 연합(ACCEP)

서비스에서의 대표적인 기업으로 1990년 초에 설립된 '어린이·학부모·전문가의 공동체 연합(ACCEP)'이 있다. 이 기업은 부모가 선두에 서는 보육조직으로, 일부 부모가 보육서비스를 운영관리하며, 이들 조직은 전국적인 네트워크를 형성하고 있다(Defourny, 2006: 12). 원래 ACCEP는 1981년 설립된 '어린이·학부모 공동체 연합(ACEP)'에서 출발하였다. ACEP는 비공식적인 보육원이었으나 그해 공식적으로 인정을 받고 '부모보육원'으로 부르게 되었다. ACCEP의 숫자는 700개 이상이다(1994년 기준)(Laville, 2001: 125-6). 서비스 제공형이다.

③ 프리쉬(La Friche La Belle de Mai)

연극집단인 '시스템 프리쉬 테아트르(Système Friche Théâtre: SFT)'는 1992년 문화프로젝트를 진행하였으며, 2007년 사회적기업으로 설립된 이후로는 마르세이유시, 공공 부문 파트너와 함께 거버넌스 방식으로 운영하였다. 활동은 연간 500회 이상의 문화행사, 3만 시간 이상의 전문 문화예술교육, 180개 국제협력프로젝트(40개국 이상)를 진행하여 연간 120만 명 이상이 방문하였다(노동부, 2009.8.: 49-50). 지역사회 공헌형으로 구분할 수 있다.

④ Emplo+

이 기업은 대인서비스 및 기업서비스 인력파견 사회적기업이다. 이 기업의 서비스는 4가지로서, 모든 형태의 서비스를 제공하는 인력파견단체인 Emploi & Development, 가정지원 서비스를 특화하여 제공하는 Proxim' Services 75, 기업에 한시적 일자리를 파견하는 Objectif emploi, 근로계약운영 및 교육직업 훈련조직인 Relais Services로 구성되어 있다. 이른바 통합형 기업이라 볼 수 있다. 그리고 기관의 사업에 참여했던 사람 중 자활성공률(취업률)은 30%에 이르고 있다.[24] 순서대로 설명한다.

- Emploi & Development: 일자리와 개발을 위한 인력파견단체이다. 파견 대상자는 취업 및 건강, 주거 등 다양한 어려움을 겪고 자격증이 필요한 직업을 갖기 힘든 취약계층이 노동시장 진입과 사회적 정체성을 획득하도록 지원한다. 사업은 청소와 정원가꾸기 등이 전체의 50%이고 식당업으로 단체급식(학교, 기업 등)의 서빙, 요리보조, 설거지 등이 25~30%를 차지한다.
- Proxim' Services 75: 이 서비스는 가정지원 서비스를 특화하여 제공하는 근린서비스이다. 1992년에 설립하여 일상생활에 필요한 모든 서비스를 제공하는 대인서비스 전문인력 용역 및 알선단체로서, 직업경력이 있는 이들의 전문화 및 안정적 일자리 확보를 위해 노력한다. 운영방식은 서비스 제공자를 고용하여 개인 및 단체 등에 파견하는 용역사업과 개인이나 기업 등을 대상으로 하는 알선사업(컨설팅 포함)으로 구성되어 있다. 사업은 맞벌이 부부의 가사지원, 노인과 장애인 등의 재가서비스, 단시간 보육과 취약계층 아동의 가정위탁결연, 취업한 장애인 지원과 장애인을 채용한 기업 중개역할 등을 하고 있다.
- Objectif emploi: 기업에 대한 인력 파견서비스로서 한시적인 일자리 파견이다. 1996년에 설립하여 취약계층을 참여시켜 단계별로 맞춤 파견사업을 기대했었으나 처음 예상처럼 진행되지 않았다. 하지만 현재, 대기인력을 유기적으로 파견하

24) 이 부분은 고용노동부 사이트, 사회적기업 http://www.socialenterprise.go.kr./종전자료 참조.

여 서비스를 제공하고 있고 연간 130만 유로의 매출을 내고 있다.

- Relais Services: 이 서비스는 보조금지원 근로계약운영 및 교육직업 훈련이다. 최근 장애아동 자립지원을 위한 교육프로그램 개발을 위해 본격적인 운영을 준비 중에 있다.

⑤ Multi Services(지역관리기업 멀티서비스)

Multi Services는 1987년부터 건물 및 길거리 청소, 집수리 등의 활동을 하는 사회적기업이다. 기업의 최종 목적은 일자리 창출을 통한 지역 활성화에 초점을 두고 있으며, 살기 좋은 지역사회 만들기를 위한 다양한 활동 프로그램도 진행하고 있다. 이 기업에 소속된 직원은 90명이고, 제도적 인력파견단체로 40명이 일하고, 1년 매출이 140만 유로(20억 원)에 이른다. 주요활동은 청소업무, 길거리청소, 건물개보수이다. 청소업무는 매출의 총 50%를 차지하고 있는데, 지방자치단체의 소속건물, 초등학교 건물을 주로 청소한다. 길거리 청소는 월요일부터 금요일까지 하고 집수리는 OPAC(지역주택공급업체)와 함께 일한다.[25] 일자리 제공햐형과 지역사회 공헌형이다.

⑥ 에트르(Etre)

이는 가정도우미 네트워크를 구성하려는 기업으로서 노인이나 의존적인 사람을 위한 소규모 관리센터와 연계하여 가정도우미 네트워크를 구성하는 단체이다(Laville, 2001: 127). 네트워크형 기업이다.

(5) 미국의 사회적기업

핵심연구 미국 사회적기업은 사회적 목적을 위한 영리추구의 경향이 강하다.

미국의 사회적기업은 주로 비영리단체가 중심이며, 활동분야는 첫째, 일자리 창출로서 실업자와 복지 수혜자들을 노동시장에 통합, 둘째, 서비스 제공으로서 노인 돌보기와 '신종빈민'을 위한 새로운 서비스 제공, 셋째, 지역발전으로서 취약한 도시와 농촌지역의 발전 등 3가지이다(OECD, 1999: 34).

---

25) 이 부분은 고용노동부 사이트, 사회적기업 http://www.socialenterprise.go.kr./종전자료 참조.

① 루비콘 프로그램즈(Rubicon Programs Inc.)

대표적인 사회적기업으로서 루비콘 프로그램즈가 있다.[26] 이 기업은 1973년 캘리포니아주 리치몬드에서 설립되어, 호텔·리조트·공원 등의 조경, 베이커리 등을 통해 장애인과 노숙자의 자립을 지원하고 있다. 목적은 장애인, 노숙자, 또는 기타 경제적 취약 계층의 삶의 질을 향상시키고 자활을 할 수 있도록 하는 것이다. 활동분야는 조경사업과 베이커리사업이며, 이를 위해 '루비콘 조경서비스'와 '루비콘 베이커리' 2개 회사를 운영하고 있다. 이 2개 회사를 통해 장애인, 노숙자, 빈곤층을 고용하고 있고, 주거지원이나 정신건강 치료 서비스도 병행하고 있으므로, 루비콘은 통합형 기업이라 볼 수 있다. 고용 관련 활동효과로는 2006~2007년 동안 1,024명에게 근로지원프로그램을 실시하여 353명이 취업하였다.

② 클락슨 센터(Clarkson Center for the Human Services)

- 의의: 1970년 뉴욕 버팔로에 설립된 인간적인 서비스를 제공하는 '클락슨 센터(Clarkson Center for the Human Services)'가 있다(OECD, 1999: 37). 이 기업은 어린이와 노인을 포함하는 취약계층과 위험에 처한 사람들을 돕기 위한 비영리단체이다. 활동분야는 청·장년들에게 직업훈련 실시와 인턴으로 일할 수 있는 기회 제공, 실업자와 취약계층에게는 요식조달 훈련과정 등 직업훈련 시행이다. 1995년에는 훈련과정의 재원을 마련하기 위해 '클락슨 푸드 서비스(Clarkson Food Service)'라는 일반요식 조달회사를 설립했다.
- 활동효과: 1975년 이후 12,500명이 센터의 훈련과정에 참여하여 직업을 구했으며, 훈련을 마친 인턴과 직원들 중에서 78%가 흑인이었다. 이 센터는 이윤의 92% 가량을 사회교육 활동에 재투자한다. 따라서 Clarkson Center는 일자리 중심형 기업으로 볼 수 있다.

③ 파이오니어 휴먼 서비스(Pioneer Human Services)

- 의의: 이 기업은 미국 시애틀에서 1963년 설립된 후, 1966년 '파이오니어 인더스트리'라는 회사를 설립하여, 보잉사 협력회사로 활동하고 있다. 활동목적은 소외

26) OECD, 1999: 35; 조영복a, 2008: 68-75.

계층을 지원함으로써, 사회적응이 필요한 출소자나 장애인 등을 직접 채용해 제품을 생산하는 일자리 중심형 기업이다. 활동분야는 직업훈련, 취업, 사회상담, 주택, 약물중독 치료 등을 수행하고 있다.[27] 현재는 하나의 기업이 아니라 12개의 사회적기업을 운영하는 그룹으로 성장했으며, 활동효과로는 2004년 한 해 동안 8,000명 이상의 취업을 지원하고, 워싱턴주 48개소에서 10만 명 이상의 홈리스, 전과자, 약물중독자를 치료한 바 있으며, 2007년에는 11,000명을 지원하였다.

- 특징: 특징은 수익사업으로 이익이 발생하기 때문에, 정부나 기업의 기부를 거의 받지 않는다는 점이다. 이 같은 Pioneer Human Services의 성공원인은 대표를 비롯한 기관의 간부들이 기업경영의 경험이 많을 뿐만 아니라, 사회적기업으로서의 사명감 인식과 기업의 경영기법을 도입한 결과라고 볼 수 있다.

④ 기타 주요 사회적기업 현황과 관련단체들

〈표 2-8〉 미국 사회적기업의 현황

기업명	소재지	규모 및 특징	사업 내용
쥬마 벤처스 (Juma Ventures)	샌프란시스코	- 5개 사업체에서 청소년 100여 명이 훈련받고 200여 명 이상 고용 - 아이스크림 기업인 Ben&Jerry로부터 가맹비 없이 프랜차이즈받아 매장 운영	14~29세의 저소득청소년들에게 직업훈련 프로그램과 취업기회 제공
홈보이즈 인터랙티브 (Homeboys Interactive)	위스컨신, 밀워키	예수회 수사가 갱단에게 일자리 제공하기 위해 설립하여 10-20명 훈련받고 8~15명이 취업	약물 중독자에게 치료프로그램을 제공하고, 5~6개월 대입검정고시 과정을 거치면 컴퓨터 프로그래밍 교육
에스페란자 유니다 (Esperanza Unida Inc.)	위스컨신	라틴계 미국인을 위한 NGO; 지역사회의 니즈를 파악하고 지역의 전문가 및 자원 활용, 전문대학과의 파트너십; 2000년 200여 명 참여	자동차 수리업, 인쇄업, 건설, 보육서비스, 용접과 금속제조, 고객센터 서비스, 인터내셔널 빌딩 임대사업, 서점과 커피숍, 법률지원센터 운영

〈표 계속〉

27) 국정브리핑, 2006.5.15; 기획예산처, 숭실대학교, 2006: 139-140; 조영복, 2008a:54-67.

기업명	소재지	규모 및 특징	사업 내용
퍼 스콜라스 (Per Scholas)	뉴욕 브롱스	빈곤지역 학교에 컴퓨터를 보급하기 위하여 기업 및 재단 컨소시엄을 통해 설립	30만 개의 컴퓨터 재활용, 4만여 가구에 보급, 800명에게 직업훈련, 500여 명에게 고용기회 제공
바비 다드 인스티튜트 (Bobby Dodd Institute Inc.)	애틀랜타	1963년 성인장애인 직업훈련 시작, 1989년 비영리단체로 독립	2003년 정부계약을 비롯한 7개 사업에서 575만 불 수입
Women's Been Project	콜로라도 덴버	1989년 2명의 빈곤 여성대상 콩스프믹스 직업훈련	연간 15명 OJT 형식으로 6~12개월 훈련(출장요리, 보조지원, 주문접수, 배달 등)
바인딩 투게더 (Binding Together Inc.)	뉴욕	1987년 약물중독전력자, 전과자, 노숙자, 에이즈 양성 반응자 등을 위해 설립된 재활단체	최소 6개월 과정으로 인쇄, 복사, 컴퓨터 그래픽 등 분야에 매년 90명이 등록하여 75%가 수료
트로사 (TROSA)	샌프란시스코	1994년 1만 8천 달러의 자본과 직원 3명으로 약물중독에서 치유된 케빈 멕도널드가 약물중독자 5명의 재활 프로그램 시작	매년 300명의 약물 중독자들이 2년 동안 주거 재활 치료 프로그램에 참여하여 공동체 생활을 하면서 근로윤리교육을 강화
스쿠쿰 (Skookum)	워싱턴	특수교육교사가 장애학생의 작업치료를 위해 줄넘기 사업 시작 후 트렌드파악과 전문경영인 도움으로 사업확장	줄넘기, 인력파견사업, 유해물질 제거사업 등을 확장하며, 75%인 560명은 장애인, 25%는 저소득층 비장애인으로 구성
프로비던트 카운슬링 (Provident Counseling Inc.)	세인트 루이스	상담서비스, 청소년교육, 직업훈련으로 연 예산이 500만 달러, 1만 5천 명의 아동 및 가족에게 서비스 제공	직원상담 서비스의 포화로 홈케어 서비스, 사이버교육센터로 사업 확장
커뮤니티 웰스 벤처 (Community Wealth Venture)		이익을 창출하면 적절한 이자를 포함하여 설립 자본을 상환하는 조건으로 Share Our Strength 설립자인 빌 쇼어가 자본 모집 후 설립	비영리기관이 가진 자산을 활용하여 사회적 부를 창출. 사회적 기업 설립, 기업과의 파트너십, 라이센싱 외 연구 DB 구축을 통한 공익적인 지식 뱅크 역할. Taste of Nations 캠페인은 지금까지 3,700만 달러 모금
뉴먼스 오운 (Newman's Own)		영화배우 폴 뉴먼이 1982년, 샐러드 드레싱, 스테이크 소스 및 스낵류 제조 판매를 위해 4만 달러로 설립	2003년 1억 9천만 달러의 매출기록 후 세후 이익 100%를 기부, 1987년 병든 아동을 위한 무료 캠프시설 설립

자료: 정선희, 2004: 20-104. 요약.

(6) 독일의 사회적기업

핵심연구 독일의 사회적기업의 주된 목적은 고용 창출이다.

① 우파파브릭 베를린(ufaFabrik Berlin)

1976년 베를린에서 시작된 문화예술 공동체(International Center for Culture and Ecology)로서, 문화예술 특화 공동체실태 경험, 친환경 에너지 마을 아이템을 중심으로 하는 사회적기업이다(노동부, 2009.8: 45-6). 즉, 예술인들이 모여서 마을을 세우고 1층 또는 2층으로 되어 있는 7개 동의 건물을 모두 예술활동과 자족적 마을로 운영해 나가고 있다. 지역사회 공헌형 기업이다. 활동은 문화예술공동체로서 문화행사 장소 제공, 베이커리, 카페 운영 등이 있다.

② 3가지의 경과적 일자리 중심 노동통합형 사회적기업[28]

- 의의: 이 기업들은 해센주(州)의 기이센 지자체(Landkreis Gieβsen)에 소속된 '경과적 일자리 중심 노동통합형 사회적기업'(BGen)이다.[29] 그리고 이 기업은 3개의 기업이며 그 명칭은 '환경과 노동연계 센터'(ZAUG), '청소년 작업장'(JUWE), '청소년 직업훈련장'(IJB)이다.[30] 여기에서 '경과적 일자리 중심 노동통합형 사회적기업'이라 함은 실업자나 가까운 미래에 실업자가 될 위험에 처한 자에게 일반 노동시장의 안정된 일자리를 구할 때까지 임시 일자리를 제공하는 모든 형태의 기업을 말한다. 이러한 독일 2차 노동시장에서 활동하는 3기업의 법적인 형태는 유한책임회사(GmbH)와 등록협회(e.V.)이다.[31]
- 연혁: '환경과 노동연계 센터'(ZAUG)는 기이센지역 자치단체들이 출자하여 1988년 설립한 공익을 위한 유한책임회사(gGmbH)이고, '청소년 작업장'(JUWE)은 헤센과 나사우 지역 개신교 재단이 기이센 지역 미숙련 신규실업자의 유급훈련을 목

---

28) 이하에서는 박수지, 2010: 187-207. 참조.
29) 독일어로는 '베쉐프티궁스게젤샤프텐', Beschäftigungsgesellschaften(BGen)이며, 영어로는 temporary work-integration social enterprise이다.
30) ZAUG는 Zentrum für Arbeit und Umwelt gemeinnützige GmbH의 약자이고, JUWE는 Jugendwerkstatt e. V.의 약자, IJB는 Initiative für Jugendberufsbildung der sozialen Brennpunkte in Gießen e. V.의 약자이다.
31) 유한책임회사 GmbH는 Gesllachaft mit beschränkter Haftung의 약자(영어는 Limited liability company). 등록협회 e.V.는 eingetragene Verein의 약자(영어는 registered association).

적으로 1982년 설립한 등록협회형태의 작업장이며, '청소년 직업훈련장'(IJB)은 기이센지역 시민단체들이 공동체 사업으로 1985년 설립한 등록협회형태의 유급 훈련 작업장이다. 이 기업들은 지자체뿐만 아니라 주정부, 연방정부, EU차원의 다양한 지원을 통해 운영되고 있다.

• 활동현황: ZAUG은 기이센 지역의 가장 규모가 큰 기업으로 경영 및 운영진 134명과 경과적 일자리 노동자 447명, 총 581명을 고용하였다(2001년). ZAUG의 경과적 일자리 계약은 통상 1년 단위로 갱신된다. JUWE는 경영 및 운영진으로 22명, 경과적 일자리 노동자로 63명, 총 85명을 고용하였다(2001년). IJB는 경영 및 운영진으로 41명을 고용, 경과적 일자리 노동자로 121명, 총 162명을 고용하였다(2001년). JUWE와 IJB의 경과적 일자리는 청소년 및 장기실업자의 유급직업훈련 형태로 계약기간은 2년~5년 사이이다.

③ 쉬벨게른 쉬트라세(Schwelgernstrasse)

이 기업은 라인-루르지역 뒤스베르크(duisberg) 지자체의 마르슬로(Marxloh)지역에 있다. 이 기업은 도시지역 커피숍으로 비공식적인 만남의 장소로 운영되고 있으며, 스낵바로서 식사배달과 뷔페, 1주에 1회 저렴한 가격으로 식사를 제공한다(Evers & Schulze-Bőnig, 2001: 131). 서비스 중심형 기업이다.

④ 나트쉬텔레(Nahtstelle)

이 기업은 지역서비스 교환센터로 운영되며, 라인-루르지역 뒤스베르크(duisberg) 지자체의 마르슬로(Marxloh)지역에 있다. 이 기업은 직원들이 세탁하고 수리한 중고 장난감과 옷을 판매하고, 노인들을 위해 세탁서비스를 제공하며, 지역기관들을 위해 옷 수선 서비스를 한다(Evers & Schulze-Bőnig, 2001: 131). 서비스 중심형 기업이다.

⑤ 디아코니베르크 아르바이트 & 쿨투르(DW: Diakoniewerk Arbeit & Kultur)

이 기업은 복지단체에 의해 조직된, 좀 더 자율적인 사회적기업으로서 독일 북서부 루르지역에 위치하고 있으며, 가난한 사람에게 음식을 제공하고, 가구와 의류 및 재활용상품을 판매하고 있다. 그 예로는 중고품 할인매장 운영, 무상으로 기부된 식품배달, 사회부조수급자(한국의 국민기초생활 수급자)가 이 기업에서 1유로 일자리를 수행하도록 노력하고 있다(Nyssens, 2011: 345-7). 서비스 중심형 기업이다.

2. 한국 사회적기업의 현황

(1) 한국 사회적기업 개관

앞에서 한국 사회적기업의 4가지 유형을 일자리 제공형, 사회서비스 제공형, 일자리 및 사회서비스 통합 제공형, 혼합형 및 지역사회 공헌형으로 구분하고 있다고 설명하였다. 그리고 이러한 용어는 일자리 중심형, 서비스 중심형, 통합형으로 변경하는 것이 보다 타당하다고 지적하였다. 또한 외국의 경험과 한국의 상황을 고려하여 볼 때, 실무적으로 사회적기업의 발굴 또한 중요하므로 한국 5모형의 발전단계 순서는 잠재력 있는 예비 사회적기업형 ⇨ 예비 사회적기업형 ⇨ 일자리 중심형 ⇨ 서비스 중심형 ⇨ 통합형 ⇨ 네트워크형 순서로 진행하는 것이 더욱 효과적인 정책방안이라고 제시하였다.

(2) 한국 사회적기업의 현황

여기에서는 한국 사회적기업이 실무적으로 일자리 중심형, 서비스 중심형, 통합형, 지역사회 공헌형 중에서 어떤 형태로 운영하고 있는지를 살펴보기로 한다.[32] 잠재력 있는 예비 사회적기업과 예비 사회적기업은 이미 설명했으므로 생략한다.

① 일자리 중심형 사회적기업

- 함께일하는세상(주): 친환경청소전문 사회적기업으로서 2002년 자활공동체가 협력하여 설립되었고, 220여 명의 직원들과 사회적 협동조합으로의 다양한 업종의 '협동조합 복합체'를 지향하며, 노동으로부터 소외된 사람들과 함께 건강한 일자리를 만들어 가고 있다. 활동은 건물위생관리용역, 특수청소용역, 토털홈케어사업(인스케어), 물류유통사업, 교육 및 컨설팅사업, 인력파견관리 등이다.
- 메자닌아이팩(주): 기업주문에 따른 맞춤형 종이 BOX를 제작하여 납품하는 기업

32) 이 부분은 한국사회적기업진흥원의 자료를 참고한다. 유의할 사항은 선정기준으로 기업들이 기업운영 측면에서 탁월하거나 또는 선두주자인 측면으로 선정한 것이 아니라 단지 본서의 내용에 적합하다고 판단되어 하나의 사례로 소개한 것이다.

이다. 취약계층의 자립이라는 2차적 사회복지를 지향하고자 취약계층들이 믿고 오랫동안 다닐 수 있는 일터를 제공하면서 지속적으로 사회에 공헌하는 사회적기업이 되고자 한다. 카톤박스, 컬러박스, 싸바리박스, 정리함박스 등 각종 종이박스를 생산하는 기업으로서 취약계층들에게 일자리를 제공하여 경제적으로 자립하고 사회에 적응할 수 있는 기회를 제공하고 있다.

- 시각장애인뮤직컴퍼니 한빛예술단: 시각장애인 연주단의 전문적인 연주를 통하여 장애인 공연 예술을 발전시키고 장애인 예술 인재를 발굴 및 양성한다. 또한 시각장애인 연주단의 다양한 공연을 통하여 일반인들의 장애인식개선을 도모하고, 취약계층에게 지속적인 일자리나 사회서비스를 제공하여 삶의 질 향상에 기여한다. 그리고 지역사회와의 연대활동에 적극 참여함으로써 지역주민들의 경제적 안정과 자립기반 및 문화선진국으로서의 발돋움에 목적을 둔다.

② 서비스 중심형 사회적기업

- (사)충남교육연구소: (사)충남교육연구소는 삶의 교육, 상생의 교육을 화두로 삼아 교사 연수 및 연구, 농촌지역교육네트워크, 농촌생활문화공동체, 농촌 청소년 문화학교 느티나무 등을 운영하고 있다.
- (주)휴먼케어: (주)휴먼케어는 노인과 장애인의 이해와 요구를 우선 배려하면서도 직원의 근무여건 개선을 위해 노력하는 조정자 역할을 수행하여 지역사회 내 정직하고 질 좋은 사회서비스를 제공하는 '돌봄기업'이 되고자 한다.
- 사회복지법인 위캔: 사회복지법인 위캔은 샬트르 성바오로 수녀회에서 출연한 지적 장애인 직업재활시설이다. 2001년 2월 설립된 위캔은 지적 장애인을 대상으로 직업재활서비스를 제공해 그들의 경제적 자립과 장애인에 대한 사회 인식개선을 도모하고, 소비자의 건강과 환경을 생각하는 제품을 생산하면서 단순한 소비가 아니라 생산적 소비를 실현하는 것을 목표로 삼고 있다. 위캔은 지적 장애인들의 건강한 삶을 보여 줌으로써 국민들에게 희망과 꿈을 심어 주는 사회적기업이 되고자 한다.

③ 통합형 사회적기업

앞에서 통합형 사회적기업을 첫째, 통합형 전 단계인 지역사회 공헌형과 혼합형, 둘

째는 통합형, 셋째는 기타형으로 구분하였다. 통합형과 기타형을 보기로 한다.[33]

㉠ 통합형

- 오가니제이션요리: 오가니제이션요리는 청소년, 여성결혼이민자, 경력단절여성 등 희망을 가진 사람들이 더불어 성장하는 공동체회사다. '가르치면서 배우기', '배우면서 일하기', '여성의 삶과 함께하는 건강한 일터 만들기'를 중심으로 여성 친화적인 기업문화를 만들기 위해 노력하고 있다.
- 한국재가장기요양기관(주): 노인장기요양보험법 적용을 통하여 어르신께 노인복지서비스를 제공하고 있으며, 저소득층, 고령자, 장기실업자 등 취업 취약계층을 고용하여 안정적 일자리를 제공함으로써, 지역주민의 삶의 질을 높이고 '효를 실천하는 사업'으로 자리매김하려 한다.

㉡ 기타형

- (재)아름다운가게: 물건의 재사용과 순환을 통해 우리 사회의 생태적·친환경적 변화를 추구하고, 나눔을 통해 도움의 손길이 필요한 우리의 이웃들과 단체들의 공익활동을 지원하는 시민단체이다. 아름다운가게 매장은 단순히 물건을 사고파는 곳이 아닌 수익배분을 통한 나눔, 지역주민들의 기증을 통한 물품의 순환을 실천하는 지역공동체의 중심으로서 그 역할을 다하고자 노력하고 있다.
- (주)노리단: 내 몸, 자연, 문명의 재활용을 바탕으로 사회적 활력과 지속가능한 즐거운 디자인을 지향하는 공공적 문화예술 기업이다. 노리단은 산업자재와 생활용품을 재활용하여 누구나 즐길 수 있는 문화예술 상품을 창조한다. 노리단은 현재 매해 200여 회의 국내외 초청공연, 100여 회의 워크숍, 20여 곳의 커뮤니티 디자인 사업과 소리놀이터 설치를 진행하고 있다.
- (주)트래블러스맵: 지속 가능한 여행을 기획하는 국내의 첫 번째 공정여행 사회적 기업이다. 여행자에게는 최고의 경험, 지역에는 최선의 기여, 환경에는 최소의 영향이 되는 국내/국외 여행을 진행한다. 트래블러스맵은 경비 절감 및 과다 경쟁으로 지역경제 기반을 위협하고 문화/자연유산을 훼손하면서 여행할 수밖에 없는 기존의 관광산업구조 혁신을 위해 노력한다.

---

33) 한국사회적기업진흥원 사이트에는 혼합형으로 되어 있으나 편의상 통합형으로 보기로 한다. 지역사회 공헌형은 2012년 4월 현재 없다.

④ 네트워크형 사회적기업의 성공 사례

앞에서 네트워크형은 사회적기업 상호간 네트워크형과 사회적기업과 타조직 간 네트워크형으로 구분하였다. 이하에서 설명하는 기업은 사회적기업과 타조직 간 네트워크형을 충실히 이행하여 공공기관 우선구매 우수기업이 된 기업이다.[34)]

- 사회복지법인 손과손(핸인핸): 사회복지법인 손과손(핸인핸)은 칫솔생산에 첨단 생산장비 도입, 다양한 기능성 제품 개발 및 각종 품질인증 획득 등 고객만족 실현을 위해 최선의 노력을 해 왔다. 또한 2009년에는 재제조 카트리지 'BLU337'을 발족시켜 폐토너를 수거, 명품토너로 재생산함으로써 환경과 기업을 생각하는데 한 발짝 다가서고 있다. 그 결과, 공군중앙관리단, 성남교육청, 강남교육청 등 군부대 및 공기업의 입찰 계약에 성공을 거두었다.

공공기관 우선구매 우수기업이 된 이유

1. 장애인 업체라는 것을 밝히지 않고 품질 향상과 서비스 경쟁력 제고
2. 일반 업체와의 경쟁에서 이길 수 있는 생산능력 구축: 제품 사용 후 소비자의 신뢰 축적
3. 기능성 제품을 연구·생산하는 틈새시장전략으로 점유율 제고
4. 소품종 다량생산 시스템의 장점을 적극 홍보해 대형 유통업체와 OEM계약

- (주)함께일하는세상(앞 부분 참조)

공공기관 우선구매 우수기업이 된 이유

1. 직원들에게 청소에 대한 전문성 제고: '위생환경관리사 양성과정' 프로그램 운영
2. 회사 고급이미지 전달: 락스 대신 식물성 세제 사용, 물사용 최소화로 친환경 서비스 제공
3. 지역의 평판과 네트워크 중요시 및 직원들의 근태 철저관리
4. 입찰준비 시 계약담당자에게 사회적기업 위탁 근거법률제공, 타 협상계약사례 자료제공
5. 지자체 홈페이지나 입찰 관련 사이트에 방문해 맞춤형 입찰준비

34) 이 부분은 한국사회적기업진흥원, 2011.12.: 한국사회적기업진흥원, 2011. 해당부분 참조.

• 한국컴퓨터재생센터(주): 한국컴퓨터재생센터는 중고 PC 재사용을 통한 Green IT를 지향하는 사회적기업으로, PC정비기술 인력과 정비라인을 토대로 기업/공공기관의 중고 PC 정비·보급 용역서비스를 통한 정보격차 해소에 기여하고 있다. 한편, 중고 PC 매입·판매 및 불용전산장비의 자원재활용 사업 등을 통한 경제 취약계층의 일자리 창출에도 적극 참여하고 있다.

공공기관 우선구매 우수기업이 된 이유

1. 전문성 확보: 그 예로 컴퓨터의 경우 기업이나 공공기관에서 요구하는 데이터 삭제 문제를 해결
2. 대고객 마케팅: 중고 컴퓨터 경우 배달·설치해 주는 곳이 없었기 때문에 배달·설치
3. 업종별 네트워크 강화의 필요성: 재활용 공동브랜드 'RE-SEE'의 설립 및 운영

• (사)두레울장애인복지연합회: 두레울장애인복지연합회 장애인재활근로작업장은 장애인을 위한 복지이념을 바탕으로 기술 및 직업적 종합 사업을 통하여 잠재능력을 최대한 개발하고 그 기능성을 원활히 수행할 수 있도록 한다. 더 나아가 장애인들에게 다양한 재활서비스, 안정된 직업의식을 제공하여 자주력, 자활력, 자립심을 키워 인간다운 삶을 영위할 수 있게 한다. 관급쓰레기 봉투와 일반 쇼핑봉투, 위생봉투, 위생장갑을 주로 생산하며 이를 통해 창출된 이익은 지역사회 환원과 장애인 고용 창출 및 서비스를 제공함을 목적으로 한다.

공공기관 우선구매 우수기업이 된 이유

1. 판로개척인 홈페이지 활용: 조달청 납품자격을 획득, 나라장터 홈페이지에 29개의 제품을 등록
2. 사업파트너와의 협업: 대형마트의 경우 하나의 제품을 단독 계약하는 경우가 거의 없기 때문에 제품의 특성에 맞는 물류 유통업체의 사업 파트너를 찾는 것
3. 제품의 경쟁력 확보를 위해 다양한 아이디어, R&D

• 온디자인: 온디자인 주식회사는 '디자인으로 세상을 밝게 합니다'라는 모토 아래 웹디자인, 인쇄디자인을 주요사업으로 진행하고 있다. 특별히 미자립 비영리단체를 대상으로 디자인 재능 나눔사업을 진행하여 받은 사랑을 사회에 환원하고

있으며, 자체 쇼핑몰 운영과 외부기업 상품의 온라인 유통을 대행하는 '온라인 유통 대행사'로 사업영역을 확장하고 있다.

공공기관 우선구매 우수기업이 된 이유

1. 고객과의 소통을 중요시함
2. 전문인력의 채용으로 공공기관이나 기업체로부터 업무능력을 인정받아 판로개척에서 성공
3. 철저한 고객리스트 정리: 고객리스트를 공유할 수 있는 프로그램을 개발

Social Enterprise

제2부

사회적기업 관련법과 사회적기업

◆ ◆ ◆

사회적기업에는 11가지 운영수준이 있다. 먼저 7가지 운영수준은 사회적기업 육성법상 7대 인증요건, 즉 조직요건, 근로자요건, 목적요건, 의사결정요건, 수입요건, 정관이나 규약요건, 이윤분배요건이 있다. 그리고 4가지 운영수준은 마케팅 4Ps인 제품(product), 가격(price), 유통(place), 촉진(promotion)이다.

제 3 장

사회적기업의 설립요건과 인증

제1절 각국의 사회적기업 설립요건

1. EMES 네트워크의 설립기준

EMES 네트워크의 설립기준은 많은 국가의 사회적기업 설립요건에 대하여 영향을 끼친 기준으로서 그 의의가 있다. 그 기준은 이미 설명한 바와 같이 4가지 경제적 기준과 5가지 사회적 기준으로 구성되어 있다. 전자는 재화와 서비스의 지속적인 생산과 판매, 고도의 자치성, 경제적 위험의 존재(재정안정과 확보는 구성원 책임), 최소한의 유급노동이다. 그리고 후자는 지역사회에 공헌한다는 목적, 시민집단이 설립하는 조직(시민형), 자본소유에 의하지 않는 의사결정, 이해관계자들의 참여, 제한적인 이윤분배이다(Defourny, 2001: 16-18).

2. 영국의 설립기준

(1) 일반원칙

영국의 사회적기업의 설립기준은 회사법(Company Law)에 의거하여 보증에 의한 유한회사, 즉 보증유한회사(Company Limited by Guarantee: CLG) 또는 산업공제조합법(Industrial and Provident Societies Law: I&P)에 의거하여 산업공제조합으로 설립된다. 또한 자선단체(Charity)들은 자선사업법(1992/3년 Charity Law)에 의거하여 정부단체인 자선조직위원회(Charity Commission: CC)에 등록한다(Spear, 2001: 254). 이 같은 자선단체는 회사보다 많은 세금과 자금혜택을 받고 있다.[35] 이들은 모두 사회적기업에 속한다.

(2) 지역공동체 이익회사법의 기준(2005 CIC)

① 회사선택 기준

이 법은 비영리적 조직에게 상법상의 지위를 부여하는 법으로서, 지역공동체 이익회사로 등록하려는 조직은 '주식유한회사'나 '보증유한회사' 중 하나를 선택하여야 한다. 주식유한회사(Company Limited by Shares)란 주주가 주식을 보유하며 회사 도산의 경우에는 주식의 한도 내에서 책임지는 회사이며(이하 CLS), 보증유한회사(Company Limited by Guarantee)는 회사 도산의 경우에 구성원이 일정 금액에 대해서만 책임을 지는 회사를 말한다(이하 CLG).[36]

② 제도기준

- 제도기준 1(자산동결요건): 제도기준으로는 자산동결요건과 이익배당금 한도요건이 있다. 먼저 '자산동결요건'(The Asset lock)은 CLS와 CLG 모두에 해당되는 조건으로, 회사자산을 사적인 목적으로 함부로 처분하지 못하게 하는 이른바 공익성 요건을 말한다. 이 요건에 의하면 자산은 공동체 이익을 위해 유지되어야 하며, 만약 자산을 이전하는 경우에는 다음과 같은 요건 중 하나에 해당되어야 한다는 것이다(BIS, 2010: 14).[37]

---

35) 상세사항은 http://www.charitycommission.gov.uk/ 참조. 자선단체와 CIC의 차이점은 BIS, 2010: 23-4. 참고할 것. BIS는 영국 기업혁신기술부(BIS: Business Innovation and Skills)의 약자임.

36) CIC association 사이트 http://www.cicassociation.org.uk/about/what-is-a-cic와 한상진·황미영, 2010: 102-9. 참조.

37) BIS는 영국 기업혁신기술부(BIS: Business Innovation and Skills)의 약자임.

자산이전요건

1. 자산이전 시에는 시장가격 등을 고려하여 가치를 유지할 것(시장가치보다 낮은 가격으로 이전 금지)
2. 이전받을 조직은 CIC, 자선조직, 허가된 산업공제조합, 동등한 국외단체이라야 함
3. 이전받을 조직은 감독기관이 동의한 다른 자산동결 기관이라야 함
4. 공동체 이익을 위하여 다른 방법으로 이전해야 함

- 제도기준 2(이익배당금 한도요건): 또한 '이익배당금 한도요건'(The Dividend Cap)이 있다. 이는 CLS에 해당되는 조건으로 주당 이익을 제한하는 조건을 말한다. 즉, 1주당 배당액은 2010년 4월부터 은행대출금리보다 5%p 높은 수준으로 지급이 가능하며, 총 배당액은 배당 가능한 아윤의 35%까지 지급이 가능하다는 것이다(BIS, 2010: 16).

3. 이탈리아의 사회적기업법의 기준(Law 155/06)

이탈리아의 사회적기업의 3가지 조건은 '민간조직', '공익적 재화 및 서비스를 생산하는 기업가적 활동', '공동의 이해와 비영리목적을 위한 활동'이고, 사회적기업은 3가지 조건을 모두 구비하여야 한다. 이 부분은 제2장의 이탈리아 부분을 참조한다.

4. 프랑스의 집단이익 협동조합법의 기준(SCIC)

사회적기업의 새로운 법적 형태인 '집단이익 협동조합법'(SCIC)과 기존의 협동조합 관련법의 비교에서 SCIC의 가장 혁신적인 점은 의무적인 다수이해관계자 포함조건이다. 이는 최소한 3개 이상의 이익그룹이 회원구성에 포함되도록 규정한 것으로, 이익그룹은 이용자그룹(1그룹)과 직원그룹(2그룹), 그리고 자원봉사자, 공공기관, 개인 및 기업 서포터들로 구성된 그룹(3그룹)이다. 이용자그룹과 직원그룹이 반드시 포함되도록 한 이유는 의사결정과정이 이용자 중심이면서, 직원이 참여하도록 유도하기 위함이다. 그리고 투표는 '1인 1투표권'이 원칙이지만 특정한 경우, 선거인단을 통한 투표를 허용하고 있다(조영복 외, 2010: 74).

제2절 한국의 사회적기업 설립 및 인증요건

1. 설립 및 인증요건 개관[38)]

설립 및 인증요건은 사회적기업육성법상 7대 인증요건 측면에서 고찰하기로 한다. 먼저 사회적기업육성법상 7대 인증요건을 운영수준으로 채택한 이유는 본서의 연구대상이 한국 사회적기업이므로, 사회적기업을 규율하는 사회적기업육성법에서 운영수준을 찾아야 함은 논리상 당연한 결론이고, 실무에서도 활용가능성이 높기 때문이다.

또한 마케팅 4Ps도 한국 사회적기업가들이 필요로 하는 부분이고, 마케팅이 기업의 성패를 좌우할 중요한 요인으로 판단되고 있다. 그 예로는 영국에서도 사회적기업에 대한 마케팅 지원의 중요성을 강조하고 있고(UK OTSa, 2007: 38), 학자들은 사회적기업의 발전과제로 마케팅 4Ps의 하나인 제품과 서비스의 품질 보증을 언급하고 있다(Borzaga, Carlo & Solari, Luca, 2001: 336).

따라서 본서에서는 사회적기업의 7가지 운영수준으로 사회적기업육성법상 7대 인증요건, 즉 조직요건, 근로자요건, 목적요건, 의사결정요건, 수입요건, 정관이나 규약요건, 이윤분배요건을 채택하기로 한다. 그리고 나머지 4가지 운영수준은 마케팅 4Ps인 제품(product), 가격(price), 유통(place), 촉진(promotion)으로 결정한다. 이는 후술하기로 한다.

그리고 7가지의 운영수준의 수치나 범위는 영국, 이탈리아, 미국, 프랑스, 한국을 중심으로 하여, 각국의 법·제도, 학자들의 연구문헌과 주장, 각국의 현황조사와 설문조사 등을 근거로 제시하고자 한다. 상세한 설명은 후술한다.

2. 조직요건

(1) 사회적기업육성법상 조직형태

한국 사회적기업 조직형태는 크게는 5가지로 민법상 법인, 민법상 조합, 상법상 회사, 상법상 합자조합, 특별법상 법인 또는 비영리민간단체이다(법 제8조제1항제1호).

---

38) 이 부분은 현재 고용노동부에서 시행하고 있는 제도를 알기 쉽게 설명한 것으로서, 실제 적용 시에는 변경이 있을 수도 있으므로 반드시 재확인을 요한다.

2012.2.1.에 상법상 합자조합이 추가되었다. 유의할 사항은 개인은 절대로 규정상 사회적기업을 할 수 없다는 점이다. 여기서 특별법상 법인 또는 비영리민간단체의 세부 내역은 다음과 같다.

> 특별법상 법인 또는 비영리민간단체의 세부내역: 영 제8조각호
>
> 1. 「공익법인의 설립·운영에 관한 법률」 제2조에 따른 공익법인
> 2. 「비영리민간단체지원법」 제2조에 따른 비영리민간단체
> 3. 「사회복지사업법」 제2조제2호에 따른 사회복지법인
> 4. 「소비자생활협동조합법」 제2조에 따른 소비자생활협동조합
> 5. 그 밖에 다른 법률에 따른 비영리단체

(2) **사회적기업이 가능한 조직형태**

- ◇단체
  - ① 사단 →
    - ⑤ 사단법인
      - ⑦ 영리 → 상법상 회사(합명, 합자, 주식, 유한)
      - ⑧ 비영리 → 민법상 비영리 사단법인
    - ⑥ 비법인 사단
  - ② 조합 → 민법상 조합, 상법상 합자조합, 협동조합
- ◇기타
  - ③ 재단법인 → 비영리: 민법상 비영리 재단법인
  - ④ 비법인 재단

[그림 3-1] 민법상 법인의 구분

위 그림의 조직은 모두 사회적기업이 가능한 조직이다. 그리고 기업의 형태에 대해서는 1장에서 개괄적으로 설명하고, 회사부분을 설명하였다([그림 3-1] ⑦ 부분). 아래 설명에서 ( )의 숫자는 그림 번호와 같고 순서대로 설명한다.

- 민법상 법인: 민법상 법인은 비영리 사단법인(⑧)과 비영리 재단법인(③)을 말한다. 여기에서 사단(社團)은 사람들의 모임을 의미하고, 재단(財團)은 재산이 모인 것이며, 법인은 법인등기가 된 법인이고(⑤와 ③), 비법인은 법인등기가 없는 단체를 말한다(⑥과 ④).
- 상법상 회사: 영리사단법인으로서, 상법의 적용을 받는다(⑦).
- 조합: 민법상 조합은 2인 이상이 상호 출자하여 공동사업을 경영하기로 약정하는

계약으로서, 법인등기가 없는 경우이다(②). 그리고 상법상 합자조합, 협동조합이 있다.

- 공익법인: 재단법인이나 사단법인으로서, 사회 일반의 이익에 이바지하기 위하여 학자금·장학금 또는 연구비의 보조나 지급, 학술, 자선에 관한 사업을 목적으로 하는 법인을 말한다(공익법인의 설립·운영에 관한 법률 제2조). 특별법상 법인 또는 비영리민간단체에 속한다(이하 같다).
- 비영리민간단체: 영리가 아닌 공익활동을 수행하는 것을 주된 목적으로 하는 민간단체로서, 구성원 상호간에 이익분배 금지, 상시 구성원 수가 100인 이상, 최근 1년 이상 공익활동실적이 있을 것 등의 요건을 갖춰야 한다(비영리민간단체지원법 제2조).
- 사회복지법인: 사회복지사업을 행할 목적으로 설립된 법인을 말하고(사회복지사업법 제2조제2호), 생활협동조합은 소비자의 복지향상을 달성하기 위하여 소비자생활협동조합법에 의하여 설립된 비영리법인을 말한다(소비자생활협동조합법 제2조).

(3) 사회적기업의 판단기준[39)]

① 독립된 조직인 경우

- 판단기준

인증 가능	인증 불가
1. 사회적기업육성법에 따른 독립된 조직형태	1. 원칙적으로 조직의 부서·사업단 등은 불가
2. 독립법인 형태의 지부뿐만 아니라 등기부상에 지부가 명시되어 있고 회계·인사·의사결정 등이 중앙회 본부와 독립 운영된다는 사실을 입증하는 경우(예: 본부의 법인 이사회회의록 공증 제출 등) 인증 가능	2. 다만, 별도의 조직 독립이 안 되어 있고 정관 등도 별도가 아닌 중앙회의 것을 제출한 경우에는 불인증 3. 모법인에서 독립하여 분리 중이나, 행정적 절차가 완료되지 않은 경우는 불인증하고 추후 재신청하도록 지도
3. 영농조합 등: 농업법인 내에 사회적 목적 실현에 있어 편차가 크므로, 상법상 법인의 인증기준을 준용하여 공익성 높은 사	3. 개인사업자인 경우에는 불인증 4. 자발적으로 조직된 단체가 아닌 정부·공공기관의 출연기관 또는 자치단체의 출연

39) 이 부분은 고용노동부a, 2011. 해당부분을 수정·요약함. 이하 제2절에서는 같다.

업체만 사회적기업 진입 가능→ 일반적인 인증기준 외에 상법상 조직에 대한 인증 심사 시 준용하는 기준, 즉 인증신청일 직전 6개월간 조직의 주된 목적이 조합원 소득신장 외에 사회적 목적에 부합하는지와 이익재투자 기준을 준수하는지를 검토하여 충족 시 인증(사례 1)	을 받아 운영하는 장애인시설 등은 불인증(사례 2) 5. 정부출연연구기관의 설립·운영 및 육성에 관한 법률 제3조의 정부출연연구기관(정부가 출연하고 연구를 주목적으로 하는 기관)은 사회적기업 조직형태로 인정할 수 없음 6. 공공기관의 운영에 관한 법률 제4조의 '공공기관'의 경우, 사회적기업 조직형태로 인정할 수 없음(아래 별첨 참조)

【별첨】 공공기관의 운영에 관한 법률 제4조 제1항의 '공공기관'

1. 다른 법률에 따라 직접 설립되고 정부가 출연한 기관
2. 정부지원액이 총 수입액의 2분의 1을 초과하는 기관
3. 정부가 100분의 50 이상의 지분을 가지고 있거나 100분의 30 이상의 지분을 가지고 임원 임명권한 행사 등을 통하여 당해 기관의 정책 결정에 사실상 지배력을 확보하고 있는 기관
4. 정부와 제1호, 제3호의 어느 하나에 해당하는 기관이 합하여 100분의 50 이상의 지분을 가지고 있거나 100분의 30 이상의 지분을 가지고 임원 임명권한 행사 등을 통하여 당해 기관의 정책결정에 사실상 지배력을 확보하고 있는 기관
5. 제1호 내지 제4호의 어느 하나에 해당하는 기관이 단독으로 또는 두 개 이상의 기관이 합하여 100분의 50 이상 이상의 지분을 가지고 있거나 100분의 30 이상의 지분을 가지고 임원 임명권한 행사 등을 통하여 당해 기관의 정책 결정에 사실상 지배력을 확보하고 있는 기관
6. 제1호 내지 제4호의 어느 하나에 해당하는 기관이 설립하고, 정부 또는 설립기관이 출연한 기관

• 독립조직의 사례[40)]

사례 1: 영농조합이 공익성이 없어 불인증된 사례(2009년 3차)

→ 영농조합은 토지 1000㎡ 이상을 소유하고 있는 농민 2명 이상이 정관을 작성하여 법원에 등기를 하면 조합설립이 가능하므로, 보통 한시적인 수확과 관련된 소규모 유통과 한시적인 판매를 목적으로, 근로자 없이 조합원이 한시적인 노동을 제공하고 조합원끼리 배분

→ 조합원과 조합에 소속된 근로자가 혼재, 조합의 수익금 관리에 있어 관리감독의 부재, 조합원 소득신장 이외의 사회적 목적의 부재로 불인증

사례 2:

→ A장애인재활작업장은 A시 조례에 의한 지원근거가 있어 지자체 복지시설로 규정되어 불인증됨. 단 지자체시설을 위탁운영을 하는 기관은 인정할 수 있음(2010년 1, 2차부터 인정).

40) 이 부분은 함께일하는재단 해당부분을 참조함. 이하 제2절에서는 같다.

② 별도의 사업단 경우

- 판단기준: 사업단이 인사·회계·의사결정 등에 있어 모법인과 실질적으로 독립되어 자율적으로 운영되는 것이 객관적으로 확인되는 경우는 인증이 가능하다.
- 독립사업단의 사례

사례 1: 비영리법인 사업단의 형태에서 조직독립 후 인증하는 경우에는 모법인과 관계, 지역사회인식 정도, 업종 특성을 고려하여 신중하게 조직형태를 선택해야 한다; 예- 사회적기업 (유한)A의 경우 구청과 구의원의 인식 부족 및 지역자활센터의 관장의 교체로 인하여 유한회사를 폐기하고 다시 법인 내 사업단의 형태로 회귀한 사례가 발생함.

사례 2: 사회복지법인 A로 신청했다가 불인증된 이후 사회복지법인A의 장애인 보호작업시설로 신청하여 인증받은 경우(08년 3,4차).

사례 3: (사)A의 B사업단은 사업단의 수익금을 사업단의 운영위원회를 거치지 않고 모법인(A)에서 사용하여 독립운영 체계를 갖추지 않은 것으로 판단하여 불인증.

사례 4: 대규모 단체의 지부 사업단의 경우 대규모 단체의 총회 소집과 모든 사업단명의 명시가 쉽지 않아 모법인 이사회 회의록으로 대체한 경우. 관련부처가 정관개정을 불허한 경우에는 관련부처 정관개정 불허사유서와 모법인의 이사회 회의록으로 대체한 경우.

인증 가능과 인증 불가
1. 산하 사업단이 사회적기업 활동을 주목적으로 하고 있는 경우에는 '법인 내 사업단' 이름으로 인증 가능 ① 신청도 '법인 내 사업단' 이름으로 하고, 제출서류도 사업단의 것을 제출해야 함(사례 2). ② 이 경우, 모법인의 정관에 사업단명을 기재하는 것을 원칙으로 하되, 불가피한 경우 모법인과 회계·인사·의사결정 등에 있어 실질적으로 독립 운영된다는 모법인의 이사회회의록을 공증받아 제출하면 인증가능(사례 4). ③ 모법인 산하 지부의 사업단이 사회적기업 인증을 신청하는 사업단 3중 구조(예: A여성회-B여성인력개발센터-C사업단, A사회복지법인-B복지관-C사업단)에서는 가장 상위법인의 정관(A)에 인증신청하려는 사업단 명칭(C)이 규정됨을 원칙으로 함 → 바로 위의 단체(B)의 정관 제출시에는 불인정
2. 사업단은 모법인으로부터 회계·인사 등 운영이 실질적으로 독립되어 있어야 함(사례 3). ① 인증신청일까지 회계장부 및 통장 분리, 모법인의 사업단 수익금 전용금지 준수, 급여대장 분리, 별도 운영규정을 제정시 인정 ② 다만, 사업단이 모법인으로부터 외형적으로 분리 독립하는 경우에도 모법인이 실질적인 창업자로서 설립이념 준수를 내부강제할 수 있다는 점과 정부재정 지원 시 계약주체로서 사회적 책임을 이행할 법적 책임이 존재함을 고려할 때, 모법인 임직원의 사업단 비상임 임원직 겸임은 인정 가능 → 다만 다수의 대표직 겸임은 불가 → 또한 기술지원 등 모법인이 사업단 활동을 지원하여 모법인과 실질적 독립이 어려운

경우, 모법인의 사업단 지원에 대한 정당한 대가 지불은 2년의 범위 내에서 한정적으로 허용하되 이 경우는 한국사회적기업 진흥원, 권역별 지원기관의 특별모니터링(지도점검)을 실시하도록 함 → 모법인은 사업단과 관련된 지원에만 수익금을 사용하는 것을 원칙으로 하고, 수익금은 사용내역 및 증빙서류를 별도로 보관하여야 함. ③ 사회적기업의 독립성과 책임성 확보를 위하여 법인 내 사업단 인증신청 시 2년 이내 '분리독립 계획서'(독립절차 및 추진일정 등)를 별첨하도록 함. → 사회적기업으로 인증받은 경우 2년 이내에 독립 조직으로 전환하도록 유도하되, 모법인의 시설·교육지원 등으로 사업의 특성상 분사·독립이 매우 곤란한 특수한 경우에만 사업단 형태 유지를 인정
3. 납세의 투명성 확보를 위하여 법인 내 사업단의 경우, 일반적인 조직형태 증빙서류(법인설립허가증, 비영리민간단체등록증, 법인등기부등본 중 택일)와 별개로 인증신청일까지 사업자등록증을 제출하여야 함. → 경미한 하자의 경우, 불가피한 경우 육성전문위원회 개최 전까지 제출 시 인정 가능
4. 동일 모법인 산하에 여러 사업단들이 사회적기업으로 인증신청하는 경우에 있어서도 인증요건을 충족할 경우 사업단 형태로 인증이 가능 → 단 사업단 내 사업단은 인증 불가
5. 법인·단체의 목적사업이 대부분이고 수익사업이 차지하는 부분이 극히 일부인 경우에는 사업단을 별도로 구성하여 신청해야 하고, 법인 자체로 신청한 경우에는 인증 불가 → 하지만 신청기관의 주된 목적사업과 부대(수익)사업이 긴밀한 연관관계를 가지고 있으며, 사업단을 분리하는 경우 오히려 사업의 효율적 운영이 저해받는 특수한 경우에는 기관자체로 인증 가능
6. 인증 사회적기업이 독립적이고 차별적인 사업목적을 위하여 지역 또는 업종을 달리하여 사업단을 구성하고 다시 인증신청하는 경우 인정 가능 → 다만, 인증 사회적기업 내 인건비 배정인력이 별도 사업단의 근로자로 이전하여 인증신청하는 경우 등, 인건비 계속 지원을 위한 유형으로 판단되는 경우 불인증

【참고사항】

- 증명서류: 법인설립허가증이나 비영리민간단체등록증(주무부처, 허가(등록)날짜 기재) 또는 법인등기부등본중 하나 제출, 단 사업자등록증은 필수 제출
- 불인정: 사업자등록증(개인사업자·간이과세자), 고유번호증, 장애인복지시설 신고증, 자활공동체인정서만 제출하는 경우
- 공증에 필요한 문서

1) 본인이 촉탁할 때: 인장, 본인의 주민등록증 또는 사진이 첨부되어 있는 관공서 발행의 신분증명서(법인이 촉탁인일 때는 대표자의 법인 인감증명서와 등기부등본 또는 초본)
2) 대리인 촉탁: 본인의 인감증명서 1통(발행일 6개월 이내), 위임장 1통, 대리인의 주민등록증과 인장

3. 근로자요건

유급근로자를 고용하여 재화와 서비스의 생산·판매 등 영업활동을 해야 한다(법 제8조제1항제2호).

(1) 근로자의 개념

근로자란 직업의 종류와 상관없이 임금을 목적으로 사업이나 사업장에서 근로를 제공하는 자를 의미한다(근로기준법 제2조제1호). 근로기준법상의 근로자에 해당하는지 여부는 그 계약의 형식에 관계없이 그 실질에 있어 근로자가 사업 또는 사업장에 임금을 목적으로 종속적인 관계에서 근로를 제공하였는지 여부에 따라 결정되며, 사용자가 근로자에게 상당한 지휘·감독권을 행사해야 한다.

(2) 유급근로자의 인정범위

① 사회적기업에서의 유급근로자: 인증신청일을 기준으로 적용제외대상이 아닌 한 4대 보험을 가입하여야 하고, 최저임금법에서 정한 임금 이상을 지급받아야 한다. 인정 가능한 범위는 월 평균 60시간 미만의 단시간 근로자, 노인장기요양법에 의한 요양보호사, 장애인근로사업장 소속 근로자(직업재활 프로그램 참여로 훈련수당을 받는 장애인 제외), 사업주로부터 업무·복무·임금 등 직접 지도감독을 받는 파견형태의 근로자이다. 단, 유급근로자성 판단이 어려운 경우 진흥원에서 해당 고용센터 또는 근로감독과에 자문을 요청하고, 자문 의견에 따라 판단한다.

② 단기간 근로자(월 60시간 미만): 이 경우 4대보험 및 근로기준법 일부조항 적용이 제외되나 임금을 목적으로 근로를 제공한다면 유급근로자 고용으로 인정한다.

③ 파견근로자: 법상 개념으로는 파견사업주가 근로자를 고용한 후 그 고용관계를 유지하면서 근로자파견계약의 내용에 따라 사용사업주의 지휘명령을 받아 사용사업주를 위한 근로에 종사하게 하는 것을 의미한다(고용과 사용이 분리된 근로형태로 파견업 허가를 받아야 하며, 대상업무에 대한 제한이 있음). 개별 사안에 따라 판단하나 업무지시 및 복무관리 등을 사업주가 직접 관리한다면 근로자로 인정한다. 단, 고용과 사용사업주가 일치되어 사업장이 아닌 장소에 파견되어 근로를 제공하거나 위탁(용역, 하도급 등)사업에 종사하는 경우는 부정한다.

④ 요양보호사 인정요건(2009.12. 요양보호사 근로자성 판단지침)

• 사업주가 지정한 장소에서 지정된 시간에 근무하고, 근무시간을 변경하기 위해서는 사업주에게 사전에 통보하여 조정해야 하며, 장기요양급여제공기록지 등을 통

해 사업주에게 근무상황을 보고해야 하는 등 사용자의 상당한 지휘·감독을 받아야 함.

- 제3자를 고용하여 업무를 대행케 하는 등 독립하여 자신의 계산으로 사업을 할 수 없어야 함.
- 시간당 일정액에 정해진 근무시간을 곱한 금액을 보수로 지급받을 뿐, 노무제공을 통한 이윤의 창출과 손실의 초래 등 위험을 스스로 안고 있지 아니할 경우 근로자로 인정
- 노인장기요양보험제도가 정하는 바에 따라 근무할 경우 위 기준에 해당

⑤ 간병사 인정(근로기준팀-5557, 2006.10.10)

간병사연합회 소속 간병인: ㅇㅇ간병사연합회(이하 '연합회')에서 병원 용역계약을 체결하고 간병사를 모집·교육한 후, 동 연합회 소속의 간병사로 등록하여 월 40,000원의 회비를 받고 간병사들을 병원에 보내 근무하게 하고 병원으로부터는 용역금액을 받아 간병사에게 지급하는 경우도 근로자성 인정.

(3) 근로자 판단기준

근로자 인정	근로자 부정
1. 유급근로자와 영업활동	1. 단순히 자원봉사자만으로 구성되어 있거나 실적이 아닌 사업 계획만 있는 경우
2. 정규직 근로자뿐만 아니라 기간제 근로자, 파트타임 근로자 등 사업을 수행하기 위해 고용된 인원은 고용형태와 상관없이 인정 2-1. 정부재정 일자리사업의 경우: 사회적 일자리사업의 참여근로자뿐만 아니라 관련 사업수행을 위해 고용된 사람 모두 유급근로자로 인정(함께일하는재단: 21. 우측 2-1도 동일).	2. 유급형태가 아닌 자원봉사자, 인증신청한 사회적기업 활동과 무관한 근로자, 기관대표(사업단의 경우에는 단장 혹은 사업을 총괄하는 자)는 유급근로자에 포함되지 않음 → 유급근로자 소속여부는 근로계약서 및 고용 보험 전산망 조회를 통해 판단 2-1. 정부재정 일자리사업의 경우: 자활근로사업의 수급자, 차상위 계층은 근로기준법상의 근로자가 아니므로 유급근로자의 범위에 포함되지 않으나 사회적기업의 취약계층 범위에는 포함됨.
3. 자활공동체, 비영리단체 등이 상법상회사로 전환되면서 사회적 일자리사업 참여자격에 문제가 발생할 우려가 있는 등의 특별한 사유가 인정되는 경우에 한해 인증 후 2주 이내에 근로자를 당해 기관의 소속	3. 유급근로자의 소속이 당해기관이 아닌 다른 단체의 소속으로 되어 있는 경우에는 원칙적으로 인증이 불가. → 모법인의 사업단이 신청한 경우에는 근로계약서 및 고용보험 전산망 조회 등을 통해 근로자가

으로 전환하는 것을 조건으로 인증(고용승계 2주간 유보) →구비서류(공증의무): 모법인과 신설 영리법인 간 고용 및 사업실적을 승계한다는 포괄적 양수양도계약서, 인증 2주이내 고용승계 완료 확인서 →인증 2주 이내 고용승계 완료 후 한국사회적기업진흥원, 사회적기업 지원기관에 통보하여야 하며, 해당기관에 현장실사 또는 고용보험망 조회를 통하여 2주 이내 승계 완료가 확인되지 않는 경우 자동 인증 취소 조치(진흥원은 고용보험 조회, 취소 요청 등 해당 고용센터와 협조)	모법인 소속인지 사업단 소속인지를 구분하여 표시할 것
4. 유급근로자 수 제한 여부는 사회적기업육성전문위원회에서 심의·결정토록 하였으며, 1인 이상 근로자를 고용한 경우에는 일단 인증요건을 갖춘 것으로 판단→ 다만, 재정지원 일자리 창출사업을 통해 설립된 사업단이 포괄양도·양수하여 고용승계한다는 조건으로 사회적기업 인증을 신청하는 경우 최소 고용인력 1인 이상 조건은 불필요	4. 일자리 제공형: 일자리 창출이라는 사회적 목적 실현을 위하여 유급근로자를 5인 미만 고용한 경우 불인증 ① 다만, 혼합형 등으로 변경을 추진하고 있음이 명백하고, 사업계획 등을 통해 2년 이내 변경이 가능한 것으로 판단될 경우 조건부 인증 ② 통상적인 정규직 근로자가 없어도 단시간 근로자가 5인 이상 고용된 경우 인증 가능 ③ 유급근로자가 5인 미만이더라도 특정 취약계층(중증장애인, 노숙자)을 2인 이상 고용하면 인증 가능
5. 유급근로자 수는 월 단위를 기준으로 산정하며, 일정기간 계속 충족하여야 인증이 가능하며, 특정월만 충족하는 경우에는 불인증	5. 다만, 유급근로자 수가 지극히 적어 영업활동의 실적을 판단하기가 어려운 영세 사업장의 경우에는 매출·자산 및 부채규모, 지역사회·기업과의 네트워크 구축 등을 통한 자원동원 역량, 향후 수익창출의 가능성 등을 종합적으로 검토하여 인증여부를 결정한다.
【근로자 증명서류】 유급근로자 명부, 근로계약서, 4대 보험 가입 확인서(적용 제외는 불요), 임금대장	

(4) 정책적인 관점에서 본 적정 유급근로자 고찰

① 필요성

여기에서는 한국 사회적기업 5대모형의 발전단계별로 근로자를 어느 정도 채용하여야 적정한 채용숫자인가를 판단하는 것이 필요하다고 판단된다.

그 이유는 첫째, 한국법 규정에서는 적정한 채용숫자가 모호하게 규정되어 있기 때문이다. 즉, 인증요건으로는 '유급근로자를 고용하는 것'이라고 규정되어 있을 뿐 적정한 숫자는 제시되지 않고 있다(법 제8조제2호). 또한 사회적 목적 실현의 구체적 판단기준에서도 유형별로 전체 근로자 대비 취약계층비율만 규정되어 있고 근로자의 적정한 숫자는 없다.

둘째, 연도별로 유급근로자가 감소추세에 있다는 점이다. 즉, 사회적기업당 평균 유급근로자는 2007년의 경우 49.9명, 2008년에는 39.3명, 그리고 2009년에는 38.9명으로 감소하고 있다는 것이다(곽선화, 2010: 75).

따라서 정책입안자에게 일자리 창출의 목적을 위한 하나의 근거수치를 제공할 뿐만 아니라 모호하게 규정된 법규정을 시행 측면에서 보완하기 위하여, 외국기업의 예와 한국의 중소기업법을 참고하여 한국 사회적기업 5대모형을 발전단계별로 적정한 근로자 수를 제시하고자 한다.

② 외국의 현황

먼저 외국에서 사회적기업과 사회적기업으로 전환이 가능한 기업의 총 숫자를 기준으로, 기업 1개소가 채용하는 평균 유급근로자 수는 영국이 14.4명, 이탈리아가 13.2명, 프랑스가 11.4명, 미국이 6.8명으로, 4개국 평균은 11.6명 수준이다. 상세한 국가별 기업 수와 근로자 현황은 〈표 3-1〉과 같다.

〈표 3-1〉 외국 사회적 경제의 숫자와 고용 현황

국 가	협동조합	상호 공제조합	민간단체	계(A)	전체임금 노동자(B)	평균임금 노동자수(B/A)
영국	190,458	47,818	1,473,000	1,711,276	24,568,280명	14.4명
이탈리아	837,024	*	499,389	1,336,413	17,725,710명	13.2명
프랑스	439,720	110,100	1,435,330	1,985,150	22,725,763명	11.4명
미국				1,375,000	9,300,000명	6.8명
계	1,467,202	157,918	3,407,719	6,407,839	74,319,753명	11.6명

자료: 엄형식, 2008: 85. 수정·인용.
설명: – 사회적기업을 포함한 숫자임.
– *표시는 상호 공제조합을 협동조합 수에 포함.

③ 한국의 현황

- 현황조사: 한국의 경우, 예비 사회적기업의 근로자는 50인 이상이 25개(34%), 11~15인이 18개(24%), 6~10인이 15개(20%), 20~50인이 13개(18%), 5인 이하 2개(3%)이다(노동부a, 2007: 143-4). 그리고 인증된 사회적기업의 수는 218개, 유급근로자는 6,565명이므로 기관 평균 유급근로자는 30명이고, 100인 이상인 사업장이 8개, 10인 이하의 소규모 사업장이 27개이다(노동부, 2009: 12-3). 또한 한 조사에서도 사회적기업당 평균 유급근로자는 2007년의 경우 49.9명, 2008년에는 39.3명, 그리고 2009년에는 38.9명으로 판단하고 있다(곽선화, 2010: 75).
- 중소기업기본법 기준: 그리고 한국에서 중소기업을 상시근로자를 기준으로 분류하면, 제조업과 사회복지사업은 300명 미만이고, 농업과 임업 및 어업은 200명 미만, 부동산업 및 임대업은 50명 미만으로 규정되어 있다(중소기업기본법 제2조제1항, 영 제3조제1호별표1).

④ 정책적으로 적정한 유급근로자 기준

따라서 한국 사회적기업의 유급근로자는 다음과 같이 제안하고자 한다.

㉠ 예비 사회적기업형과 사회적기업

- 판단기준: 예비 사회적기업형과 사회적기업 인증 시의 유급근로자는 실무적으로 가능한 범위의 숫자로 결정되어야 한다. 예비 사회적기업의 관리 및 운영능력을 넘는 근로자의 숫자 제시는 탁상행정에 불과할 뿐만 아니라, 예비 사회적기업가에게 사회적기업으로 인증받고자 하는 의지를 봉쇄하는 역기능으로 작용할 경우가 있기 때문이다.
- 적정한 유급근로자 수: 외국의 경우, 앞에서 언급한 4개국 유급근로자의 평균이 11.6명 수준인 점, 영국의 사회적 회사의 일자리 창출이 10명 정도인 점(Aiken, 2006: 25), 한국의 인증된 사회적기업 중 10인 이하의 소규모 사업장도 있다는 점 등을 감안한다면, 첫 단계는 10인 이하가 합리적이고 적정한 수준으로 판단된다. 그러므로 예비 사회적기업형과 사회적기업 인증 시의 유급근로자는 10인 미만으로 제시하기로 한다.

ⓛ 일자리 중심형, 서비스 중심형, 통합형, 네트워크형 경우

- 판단기준: 일자리 중심형, 서비스 중심형, 통합형, 네트워크형 경우, 실무에서는 활동분야별로 차이가 있으므로 적절하게 탄력적으로 운영함이 바람직하리라 생각된다. 그 이유는 사회적기업이 지역별 또는 영업분야별, 그리고 미래지향적인 경영여부에 따라 천차만별의 다양한 형태로 운영되리라 예상되기 때문이다.
- 판단근거: 세부적으로 살펴보면, 30인, 50인, 100인, 300인이 기준숫자이다. 먼저, 30인 기준은 인증된 사회적기업의 평균 유급근로자가 30명인 점을 고려하였다. 그리고 50인 기준은 중소기업 중에서 부동산업 및 임대업이 50명 미만인 점, 예비 사회적기업 중에서 50인 이상인 기업도 존재한다는 점을 근거로 도출하였다. 또한 100인 기준은 인증된 사회적기업 중 100인 이상인 사업장이 8개인 점, 중소기업 중에서 농업, 임업 및 어업이 200명인 점, 중소기업 중에서 제조업과 사회복지사업은 300명 미만인 점 등을 고려하여 기준으로 삼았다.
- 적정한 유급근로자 수: 결과를 보면, 10인 이상~30인 미만, 30인 이상~50인 미만, 50인 이상~100인 미만, 100인 이상~300인 미만의 단계로 운영함이 바람직하다고 판단된다. 따라서 일자리 중심형, 서비스 중심형, 통합형, 네트워크형의 유급근로자 수는 각각의 상황에 따라 2단계는 10인 이상~30인 미만, 3단계는 30인 이상~50인 미만, 4단계는 50인 이상~100인 미만, 5단계는 100인 이상~300인 미만으로 제시한다. 물론 이 숫자는 하나의 기준치로 제시할 뿐이고, 사회적기업에 대한 정책결정의 방향이나 인증시기별 사회적기업의 현황, 향후 사회적기업의 운영결과에 따라 탄력적으로 운영되어야 한다.

4. 사회적 목적 요건

(1) 외국의 사회적 목적 개념

외국에서는 사회적기업을 사회적 목적을 실현하는 기업으로 정의하고 있으며, 사회적 목적은 대체로 실업과 빈곤에 대처, 부족하거나 새로운 사회서비스 제공(사회복지 서비스 포함), 지역개발 추진 등 3가지라고 볼 수 있다.

먼저, EMES 네트워크는 사회적 목적을 '사회적 소외와 실업에 혁신적인 해결책을

제시하는 것'으로 보고 있다(OECD, 1999: 5). 그리고 영국의 통산산업부는 사회적인 목적을 '사회의 불공평과 사회적 배제와 같은 문제를 극복하는 것'으로 정의하고 있다(UK DTIc: 10). 세부적으로는 '정신지체 장애인, 노숙자, 장기실직자 등, 비즈니스에서 고용할 수 없거나 또는 고용하지 않는 취약계층을 위해 보조적인 비즈니스 환경에서 취업 및 훈련 기회를 제공'하는 것이라고 보고 있다(Aiken, 2006: 26).

한편, 이탈리아는 '사회적 배제'를 사회적인 목적으로 보고 그 역할을 사회적 협동조합이 수행하도록 하였고(Borzaga & Santuari, 2001: 177-8), 사회적 배제를 위하여 B형 협동조합에는 일정비율로 취업취약계층 고용의무를 부여하고 있다. 또한 A형 협동조합은 사회적 배제자 유형을 노인, 가족 문제가 있는 미성년자, 장애자 등으로 보고 있으며, 최근에는 전통적인 불리한 취약계층(마약 중독, 정신병)뿐 아니라 집행유예 중의 과인(科人), 알코올 중독자, 노숙자 및 영구적으로 사회 및 고용의 기회를 박탈당할 위기에 놓인 사람에게까지 확대하고 있다(Loss, 2006: 35).

미국에는 다양한 비영리단체가 있으므로 사회적인 목적도 다양하다. 즉, 예를 들면 일자리 창출, 소외된 지역을 되살리기 위해서 구상된 지역사회 개발, 실업자와 복지수혜자들을 노동 시장에 통합시키기, 취약한 도시와 농촌 지역의 발전, 노인 돌보기와 신종 빈민을 위한 새로운 서비스 등이 사회적인 목적으로 제시되고 있다(Defourny, 2006: 4-5; OECD, 1999: 34; 김정원, 2009: 60-61). 로버츠기업개발재단(REDF: Roberts Enterprise Development Fund)은 저소득자에게 경제적인 기회를 제공하는 것을 사회적인 목적으로 생각하고 있다(Sutia Kim Alter, 2004: 4). 또한 사회적기업 컨설팅업체인 버추벤처스(Virtue Ventures LLC)는 사회적 목적을 시장실패나 사회문제를 감소시키거나 완화시키는 것이라고 보고 있다(Sutia Kim Alter, 2004: 5).

(2) 한국 사회적기업육성법 규정

동법에서는 사회적 목적 요건에 대하여 '취약계층에게 사회서비스 또는 일자리를 제공하거나 지역사회에 공헌함으로써 지역주민의 삶의 질을 높이는 등 사회적 목적의 실현을 조직의 주된 목적'으로 해야 한다고 규정하고 있다(법 제8조제1항3호). 따라서 사회적 목적 요건을 세분화하면 대상은 취약계층이고, 사회적 목적의 실행방법이 사회서비스 또는 일자리를 제공하거나 지역사회에 공헌하는 것이며, 사회적 목적의 효과로는 지역주민 삶의 질적 향상 등으로 보고 있다. 이하 순서대로 설명한다.

(3) 대상: 취약계층(영 제2조)[41)]

① 개념: 취약계층은 앞에서 설명한 유급노동자와는 다른 개념이다. 취약계층은 자신에게 필요한 사회서비스를 시장가격으로 구매하는 데에 어려움이 있거나 노동시장의 통상적인 조건에서 취업이 특히 곤란한 계층을 말한다. 취약계층의 범위는 아래 참조.

취약계층 범위

1. 가구 월평균 소득이 전국 가구 월평균 소득의 100분의 60 이하(저소득자)
2. 「고용상 연령차별금지 및 고령자고용촉진에 관한 법률」 제2조제1호에 따른 고령자
3. 「장애인고용촉진 및 직업재활법」 제2조제1호에 따른 장애인
4. 「성매매알선 등 행위의 처벌에 관한 법률」 제2조제1항제4호에 따른 성매매피해자
5. 「청년고용촉진 특별법」 제2조제1호에 따른 청년 중 또는 「경력단절여성 등의 경제활동 촉진법」 제2조제1호에 따른 경력단절여성 등 중 「고용보험법 시행령」 제26조제1항 및 별표 1에 따른 신규고용촉진 장려금의 지급대상이 되는 사람
6. 「북한이탈주민의 보호 및 정착지원에 관한 법률」 제2조제1호에 따른 북한이탈주민
7. 「가정폭력방지 및 피해자보호 등에 관한 법률」 제2조제3호에 따른 피해자
8. 「한부모가족 지원법」 제5조 및 제5조의2에 따른 보호대상자
9. 「재한외국인 처우 기본법」 제2조제3호에 따른 결혼이민자
10. 「보호관찰 등에 관한 법률」 제3조제3항에 따른 갱생보호 대상자
11. 다음 각 목의 어느 하나에 해당하는 사람
    가. 「범죄피해자 보호법」 제16조에 따른 구조피해자가 장해를 입은 경우 그 구조피해자 및 그 구조피해자와 생계를 같이 하는 배우자, 직계혈족 및 형제자매
    나. 「범죄피해자 보호법」 제16조에 따른 구조피해자가 사망한 경우 그 구조피해자와 생계를 같이 하던 배우자, 직계혈족 및 형제자매
12. 그 밖에 1년 이상 장기실업자 등 고용노동부장관이 취업 상황 등을 고려하여 「고용정책 기본법」 제10조에 따른 고용정책심의회(이하 '정책심의회'라 한다)의 심의를 거쳐 취약계층으로 인정한 사람

41) 고용노동부a, 2011: 21이하 해당 부분. 자료는 2011. 9. 기준임.

② 취약계층 세부설명과 확인방법

취약계층 세부설명과 확인방법

• 제1호. 저소득자

구 분	1인	2인	3인	4인	5인 이상
'10년 가구 월 평균소득(원)	1,404,151	2,498,333	3,687,363	4,228,752	4,685,492
60%(원)	842,491	1,499,000	2,212,418	2,537,251	2,811,295

〈출처〉 통계청 가수원수별 가구당 월평균 가계수지 중 '10년 분기별 소득 평균임

* 확인방법: 근로소득원천징수영수증, 각종근로소득에 대한 소득세 원천징수 확인서(세무서), 수급자 증명서, 복지대상자 급영신청결과통보서, 건강보험료 납입고지서(납부영수증), 소득금액증명(국세청), 급여명세표 등

• 제2호. 고령자: 55세 이상인 사람, 주민등록번호(주민등록증, 운전면허증 사본 등)

• 제3호. 장애인: 장애인등록증, 전문의가 발행한 장애진단서 등

• 제4호. 성매매피해자: 성매매피해여성 쉼터·보호시설 이용자 또는 상담 및 심리치료기관 등 확인서

• 제5호. 청년, 경력단절여성 중 고용촉진지원금('11.1.1. 시행, 前신규고용촉진 장려금) 지급대상자

- 청년 중 고용촉진지원금 지급대상자: 고용노동부장관이 지정한 취업지원 프로그램을 이수하고, 구직등록한 사람. 단, 취업성공패키지를 이수한 29세 이하의 청년이 우선지원대상기업이 아닌 기업에 취업한 경우 구직기간이 12개월 미만이면 지원대상에서 제외
- 경력단절여성 중 고용촉진지원금 지급대상자: 고용노동부장관이 지정한 취업지원 프로그램을 이수하고, 구직등록한 사람
- 현재 외부자료를 통한 확인이 불가능하므로 진흥원에서 해당 고용센터에 의뢰하여 확인. 고용센터는 의뢰 요청 시 사실관계를 파악하여 14일 이내 의견 송부

• 제6호. 북한이탈주민: 주소, 직계가족, 배우자, 직장 등을 두고 있는 사람으로서 북한을 벗어난 후 외국 국적을 취득하지 아니한 사람(보호대상자): 북한이탈주민 등록 확인서

• 제7호. 가정폭력 피해자: 가정폭력피해보호시설(60여 개) 입소 확인서, 상담 확인증

• 제8호. 한부모가족 지원법상 보호대상자: 한부모가족 증명서(읍·면·동 발급)

• 제9호. 결혼이민자

- 대한민국 국민과 혼인한 적이 있거나 혼인관계에 있는 재한외국인
- 확인방법: 국적취득자의 경우 가족관계등록부의 혼인관계증명서, 국적미취득자의 경우 외국인등 증 상 F-2 또는 F-5

• 제10호. 갱생보호 대상자: 형사처분 또는 보호처분을 받은 사람으로서 자립갱생을 위한 숙식 제공, 여비 지급, 생업도구와 생업조성 금품의 지급 또는 대여, 직업훈련 및 취업알선 등 보호의 필요성이 인정되는 사람: 한국법무보호복지공단, 갱생보

호법인(민간법인 7개소)의 지원확인서

• 제11호. 범죄구조피해자: 타인의 범죄행위로 피해를 당한 사람과 그 배우자(사실상의 혼인관계를 포함한다), 직계친족 및 형제자매: 범죄피해자보호법 시행규칙 별지 16호 서식(결정통지서), 가족관계증명서
• 제12호. 1년 이상 장기실업자 등 고용노동부장관이 취업 상황 등을 고려하여 「고용정책 기본법」 제10조에 따른 고용정책심의회(이하 "정책심의회"라 한다)의 심의를 거쳐 취약계층으로 인정한 사람
  - 장기실직자는 취업 비경력자를 고려하여 고용보험 피보험자격 이력내역 조회뿐만 아니라 고용지원센터 또는 민간 취업알선기관(직업소개소 포함) 등의 구직등록일로부터 1년이 지난 자를 인정(단, 예비 사회적기업 일자리 창출사업에서 장기실직자로 인정된 경우 구직등록하지 않았더라고 인정)
  - 「형의 집행 및 수용자 처우 등에 관한 법률」에 따른 수형자로서 출소 후 6월이 경과되지 아니한 자, 「보호소년 등의 처우에 관한 법률법」에 따른 소년원생으로서 퇴원 후 6월이 경과되지 아니한 자, 「보호관찰 등에 관한 법률」에 따른 보호관찰 청소년도 관련 증명서로 확인되는 경우에는 인정(법무부 의견 반영)
• 사회서비스 제공형 사회적기업의 경우, 제공하는 서비스 특성에 따라 기존 취약계층 외에 조손가정, 외국인근로자, 금융채무불이행자 및 저신용자(신용등급 7~10등급) 등을 포함하여 탄력적으로 인정
• 인증신청 당시 취약계층 인정에 있어서, 자활사업, 사회적 일자리사업 등과 같이 타 사업을 수행하고 있던 기관의 경우, 취약계층에 대한 최초 고용 또는 사회서비스 제공일을 기준으로 3년 이내에는 사회적기업에의 취약계층으로 인정

【취약계층 서류확인】

구분	서류
저소득층	근로소득원천징수영수증·갑종근로소득에 대한 소득세 원천징수 확인서(세무서)·수급자증명서·차상위계층확인서·복지대상자 급여신청결과통보서·건강보험료납입고지서(납부영수증)·소득금액증명(국세청)·급여명세표 등
장애인	복지카드·상이군경회원증·장애인증명서
고령자	주민등록번호(주민등록번호, 주민등록증·운전면허증 사본 등)
기타	한부모가정증명서, 탈북자증명서(북한이탈주민 등록 확인서), 여성가장 및 청년 실업자(고용보험상 신규고용촉진장려금 지급 대상자 기준에 준하여 확인), 장기실업자(고용노동부 고용센터 담당자 고용보험전산망 및 민간취업알선기관의 구직등록일 이후 실업기간 확인), 결혼이주 여성(외국인등록증상 F-2, 국적취득에 의한 신규등록이 표시된 주민등록등본, 기타 외모, 언어, 주변인 확인 가능), 출소자증명서(출소자) 등

【위 기준 이외 사회서비스 수혜자로서의 취약계층 서류확인】

구분	서류
불특정 다수대상	△조손가정, 금융채무불이행자 및 저신용자(신용등급 7~10등급) △서비스 수혜인원등이 기재되거나 추정 가능한) 물품공급(용역)계약서, 사회서비스 의뢰서, 서비스 위탁관련 계약서·협약서 △다만, '간병인 파견을 위한 환자의뢰서'/'간병신청서'(서비스 수혜자의 성명, 서명/날인이 기재)나 진료기록부(성명, 주민번호, 담당의사 등 서명/날인 기재)는 인정

- 노숙자는 노숙인 쉼터에서 발급받은 확인서로 증명.

(4) 사회적 목적 실행방법[42]

이는 사회서비스 또는 일자리를 제공하거나 지역사회에 공헌하는 것이다. 현재 정부는 사회적기업을 일자리 제공형, 사회서비스 제공형, 지역사회 공헌형, 혼합형, 기타형으로 운영하고 있다(법 제8조제1항제3호후단, 영 제9조제1,2항). 순서대로 각 요건을 살펴본다.

사회적 목적 실행방법의 일반 심사기준

1. 목적부분: 조직의 "주된 목적"이 사회적 목적을 추구해 온 경우에만 인정
2. 실행기간: 6개월 동안의 사회적 목적 달성 실적을 제출해야 함; 6개월간 평균이 아닌 매월 취약계층 고용비율을 충족해야 인증 가능
3. 정관 등 부분: 정관·규약의 개정으로 법인·단체의 설립목적을 현저히 훼손 시 불인증
4. 서류부분: 제출한 사실관계 확인 서류를 통해 확인
   - 기타 불특정다수를 대상으로 하는 서비스 제공의 경우 물품공급(용역)계약서와 같이 서비스 수혜 인원 등이 기재된 위탁계약서 등 제출 가능
   - 정부 등 공공기관에서 발행한 취약계층 개인별 사실확인서 외에 수혜대상 범주를 명기한 B2B 계약서, 핵심 사업대상이 제도적으로 규정된 민간 복지기관과의 서비스 공급계약서 등을 인정하고, 인증 실사를 통하여 서비스 공급계약 기관과 관련한 사회적 기능 확인으로 대체 가능

설명: B2B(Business to Business)는 기업 간 전자상거래를 말한다.

① 일자리 제공형(영 제9조제1항2호)

조직의 주된 목적이 취약계층에게 일자리를 제공하는 것이다. 2013년 12월 31일까지는 취약계층의 고용비율이 30% 이상, 2014년 1월 1일부터는 50% 이상이라야 한다. 조직별 일자리 제공형 판단기준은 다음과 같다.

조직별 일자리제공형 판단기준

1. 공통사항: 1회성 기부 및 근로자 복리후생 개선성과만으로는 사회적 목적 불인정. 특별 종교적 목적 실현 실적은 사회적 목적으로 불인정.
2. 상법상 회사(청소·경비업체 등): 취약계층의 단순고용 이외에 복리후생 개선, 지

42) 고용노동부a, 2011: 16. 이하 해당부분.

역사회 재투자 실적 등 별도 증빙이 있어야 함.

3. 재활용업종
- 별도의 사회적 목적 실현 실적이 필요한지 여부는 단순 수거·판매로 취약계층 고용이 유리한 직종인지 중간 제조·가공으로 일정 전문성이 요구되는 직종인지 등을 사안별로 육성전문위원회에서 탄력적으로 판단
- 다만, 사회적으로 가장 취약하다고 인정되는 중증장애인, 노숙자를 고용하는 기관의 경우 취약계층 고용만으로 사회적 목적 실현 실적을 인정(별도의 사회적 목적 실현 불필요): 전체 취약계층 중 특정 취약계층(중증 장애인, 노숙자)을 30% 이상 고용하면 별도의 사회서비스 실적 불필요

3. 장애인시설 등
- 타 법을 위반하지 않는 범위 내에서 장애인 직업재활시설(장애인복지법) 중 근로작업장, 자회사형 표준사업장(한국장애인고용공단에서 지정) 등은 사회적기업의 사회적 목적 실현으로 인정 가능. 따라서 타 인증요건만 충족한다면 사회적기업으로 인증 가능
- 장애인직업재활의 경영 수탁기관이 변경되더라도, 물적 시설과 조직형태 등이 그대로 유지되는 경우에는 인증이 자동 승계되는 것으로 판단(단, 수탁기관 변경 시 근로자 고용승계가 되어야 함)

4. 소비자생협 등
- 온·오프라인상의 친환경 생산품 유통업의 경우, 유통 대상물품 선정기준상 지역 고용 창출 및 취약계층 노동조건 개선효과 고려 여부, 투명하고 공정한 제품선정 절차, 적정한 유통마진율, 사회적기업 등 취약계층 생산물 거래비중도, 타 기업사회공헌과의 차별성 등을 고려하여 사회적 목적 실현 인정

② 사회서비스 제공형(영 제9조제1항1호)

• 의의: 사회서비스를 제공받는 사람 중 취약계층의 비율이 2013년 12월 31일까지는 30% 이상, 2014년 1월 1일부터는 50% 이상이라야 한다.
• 사회서비스 5개념: 사회서비스란 △교육, △보건, △사회복지, △환경 및 문화 분야의 서비스, △기타 서비스를 말한다. 기타 서비스는 8가지로서 △보육 서비스, △예술·관광 및 운동 서비스, △산림 보전 및 관리 서비스, △간병 및 가사 지원 서비스, △문화재 보존 또는 활용 관련 서비스, △청소 등 사업시설 관리 서비스, △직업안정법에 따른 고용서비스(직업소개, 직업지도 등), △그 밖에 고용노동부장관이 정책심의회의 심의를 거쳐 인정하는 서비스를 말한다(법 제2조제3호, 영 제3조). 조직별 판단기준은 다음과 같다.

조직별 사회서비스제공형 판단기준

1. 공통사항: 취약계층에게 시장가격보다 20~30% 낮은 가격으로 사회서비스를 제공하는 것을 기준으로 하되, 지역특성, 수혜대상자의 범위, 수혜대상자의 특성, 다른 대체재의 존재여부 등을 감안.
2. 직업훈련기관, 노인장기요양기관 등(예: 한국음주문화연구센터 알코올중독자 재활 프로그램 등)
   - 정부가 정한 훈련단가에 의해 구직자 등에게 서비스를 제공하고 있는 직업훈련기관, 정부 제도기준에 의거하여 서비스 대상자 및 서비스 단가가 정해지는 노인장기요양기관 등의 경우, 기본 활동 이외에 사각지대 계층 서비스 제공실적 및 지속성 여부, 지역사회 재투자, 일반노동시장으로의 취업실적, 별도의 일 경험 및 심층상담 제공 등의 별도 증빙이 있어야 인증 가능.
3. 노인장기요양보험기관
   - 노인장기요양보험법에 의거, 장기요양보험기관(기관이 시·도에 등록)은 법에서 정한 수혜대상과 서비스 단가에 따라 사업을 수행하고 영업활동수익을 건강보험공단에서 지급받는 체계임.
   - 시설급여제공기관(노인의료복지시설) 3,369개소, 재가급여제공기관(재가노인복지시설) 11,625개소
   - 수혜자가 대부분 고령자로 취약계층에 당연히 해당(전체수혜자 대비 혜택수혜자 비율이 90%를 상회)하므로, '별도의 취약계층에 대한 무료 또는 저가의 서비스 제공 실적'으로 인증여부를 판단
   - 인증유형과 무관하게(일자리 제공형 포함), 별도의 취약계층에 대한 사회서비스 제공실적을 최소한 혼합형 수준(20%)으로 제출하여야 함.
   - 사회서비스 제공형으로 신청 시에는 별도 취약계층에 대한 30% 이상의 서비스를 제공하여야 함.
   - 서비스 제공 실적 계산방법: 20~30% 이상의 서비스 제공 실적을 계산할 때, ① 서비스 제공 대상(전체 10명에 서비스 제공 시 별도 취약계층 2명에 서비스 제공), ② 서비스 제공 시간(총 100시간 서비스 제공 시 별도 취약계층에 20시간 이상 서비스 제공), ③ 서비스 제공 횟수(총 100회 서비스 제공 시 별도 취약계층에 20회 서비스 제공) 등의 기준으로 가능. 단 이 경우에는 일자리 및 서비스 제공 실적의 구체화가 가능하므로 기타형으로 인증신청 불가

③ 지역사회 공헌형(영 제9조제1항3호)

지역의 인적·물적 자원을 활용하여 지역주민의 소득과 일자리를 늘리는 것으로서, 해당지역에 거주하는 취약계층(지역취약계층)의 고용비율이나 해당조직으로부터 사회서비스를 제공받는 사람 중 지역취약계층의 비율이 20% 이상이라야 한다.

지역사회공헌형 판단기준

1. 공통사항:
- 지역취약계층의 고용 또는 사회서비스 제공 증빙서류 제출하는 경우에만 인정 가능
- '지역'이라 함은 장관이 정책심의회의 심의를 거쳐 사회적기업에 의한 지역사회 공헌이 필요하다고 인정하는 경우에만 인정(해당 지역에서 사회적기업이 필요한 이유, 지역 특성 등을 제출하여야 함)
- 지역의 인적·물적 자원활용 현황과 지역주민의 소득과 일자리를 늘리는 구체적 실적이 필요.

2. 인증 시 참고하는 기준
① 지역의 인적·물적자원 활용(지역 자원연계): 읍·면, 기초자치단체, 광역자치단체 등 구분
② 지역에서 사업으로서의 경영모델 구축
③ 일자리와 소득을 창출하여 지역활성화에 기여
④ 이익의 지역 내 재투자
⑤ 취약계층 고용비용 또는 서비스 제공실적이 20% 이상
⑥ 기타 지역 경제구조 등

지역사회 공헌형의 예시[43]

1. 농촌·도시지역의 발전을 위해 지역사회를 개발하여 낙후 지역경제 활성화에 기여 (예: 여행상품)
2. 특정지역의 사회적 건강·환경·일자리창출·지역경제 향상을 목적으로 친환경 생산·가공·분배·지역소비 촉진 등의 로컬푸드 활동 수행
3. 작성 예: 지역사회(ㅇㅇ도 ㅇㅇ시) 저소득층 자녀 무상급식과 노인정 무료식사 제공 등 ㅇㅇ도 무한돌봄 등을 통한 현물(계육 가공품 등) 지원(10회, 약 000만 원 상당), ㅇㅇ시 저소득층 자녀(50명)에 대한 원어민 화상영어교육 지원(000만 원)

④ 혼합형(영 제9조제1항4호)

조직의 주된 목적이 취약계층 일자리 제공과 사회서비스 제공이 혼합된 형태로서, 취약계층의 고용비율과 사회서비스를 제공받는 취약계층의 비율이 2013년 12월 31일까지는 각각 20% 이상, 2014년 1월 1일부터는 각각 30%이상이라야 한다. 세부사항은

43) 함께일하는재단, 16.: 고용노동부, 2012: 20. 이 부분은 참고자료로 활용할 것. 이하 같다.

일자리 제공형과 사회서비스 제공http://www.yoon.in/형 참조.

⑤ 기타형(영 제9조제2항)

취약계층 고용비율과 사회서비스 제공 비율 등으로 판단하기 곤란한 경우 정책심의회의 심의를 거쳐 고용노동부장관이 판단한다.

기타형 판단기준

1. 공통사항: 불특정 다수에게 사회서비스를 제공하거나 사업의 특성상 취약계층 고용 또는 서비스 제공의 법정 비율을 계량화하기는 곤란하지만, 지역주민의 삶의 질 향상에 기여하는 특별한 사회적 목적을 실현한다고 인정하는 경우에 인증 가능
   - 조직의 설립취지, 조직이 해결하고자 하는 사회문제와 그 문제를 해결하는 방식, 취약계층 참여 및 지원정도, 지역사회 기여·공헌도, 참여자·수혜자에 대한 복지 프로그램 구비여부 등을 종합 판단
   - 또한 일자리 제공형 또는 사회서비스 제공형에 준하는 구체적인 실적증빙자료를 제출하여야 함
2. 재활용·가사간병·제조업: 계량화가 일정 정도 가능하므로 원칙적으로 기타형으로 인정하지 않음

기타형의 예시44)

1. 문화·예술활동을 통해 특정지역 문화소외계층에게 공연서비스를 제공하거나 문화재 보호 등의 업무
2. 산림분야 문화·휴양서비스, 산물수집 등을 통한 신재생에너지 생산·가공·판매 및 저소득층 연료지원 사업을 수행
3. 현지 생산자들의 안정적인 상품 생산·소득 보장을 위해 공정한 가격으로 생산품을 구매 및 특정 빈곤국가 개발(공정무역)
4. 기업의 사회공헌활동의 일환으로 자회사 등을 설립하여 취약계층의 삶의 질 제고 위한 경제활동
5. 작성 예: "친환경 회오리 세차법"을 개발하여 일반세차 대비 획기적으로 물을 절약하고 환경오염 최소화

44) 함께일하는재단, 16; 고용노동부, 2012: 20. 이 부분은 참고자료로 활용할 것.

(5) 사회적 목적 실행방법에서의 운영방안

본서에서는 사회적 목적 실행방법에서 2가지 방안을 제시하고자 한다(김봉화·김재호a, 2010: 196-7). 하나는 사회적기업의 인증요건을 대폭 간소화하여 사회적기업의 수를 늘리되 운영감독을 강화하는 것이다. 다른 하나는 사회적기업 인증 시에는 취약계층 의무 고용비율을 50%로 하고, 1~2년 후에는 70%로 올리는 방법도 있다.

그 근거는 이탈리아의 사회적 협동조합의 경우, 평균 고용인원은 17명이고, 그 중 취약계층은 7명 정도로 40% 수준이므로(조영복, 2007: 57), 한국 의무 고용비율을 50%로 하는 것도 큰 무리가 없는 것으로 판단된다. 또한 70%로 올리는 경우에는 50%를 초과하는 인원 1인당 2년 동안 인건비 전액을 지원하는 방안도 있다.

따라서 예비 사회적기업형에서 사회적기업으로 인증 시에는 취약계층 의무고용비율을 50%로 하고, 일자리 중심형, 서비스 중심형, 통합형, 네트워크형의 경우는 의무고용비율을 70%로 상향하는 방안을 제안한다.

5. 의사결정요건

(1) 외국의 의사결정요건

① 의사결정의 의의

- EMES 네트워크 구분: EMES 네트워크에서 채택하고 있는 사회적기업의 일반적 특징은 경제적 측면과 사회적 측면으로 구분하고 있다. 그 중에서 후자인 사회적 측면 중 하나가 '자본소유에 근거하지 않는 의사결정 방식', 즉 민주주의적인 의사결정 방식이다.
- 민주주의적 의사결정 개념: 민주주의적인 의사결정이란 조직의 회원들은 출자분에 상관없이 의사결정에서 '1인 1표(one number, one vote)'만을 행사하는 것을 말한다. 만약 출자분에 비례하여 의사결정을 한다면 '1주(株) 1표(one share, one vote)제'가 된다. 그러므로 민주주의적인 의사결정에서는 '1주(株) 1표제'를 배제하는 의미이며, 최고의사결정기관인 이사회에서 자본소유(capital ownership)에 근거하지 않는 의사결정 방식을 의미한다. 그 이유는 사회적기업에서 자본소유도 중요하나 의사결정 권한은 다른 이해관계자들과 공유해야 하기 때문이다(Defourny, 2001:

7, 17-8; OECD 대표부, 2006: 7-8).

- 영국 사례: 영국에서도 사회적기업인 '산업공제조합(industrial provident society)'은 조합원이 주식을 보유하는 것은 인정하나, 의사결정은 민주주의적인 의사결정방식인 '1인 1표제(one vote each)'를 채택하고 있다(Spear, 2001: 254-5).
- 이탈리아 사례: 그러나 이탈리아 경우, 2006년 3월 24일에 제정된 사회적기업에 대한 새 이탈리아 법(2006년 3월 24일 법률 제155호)에는 민주주의적인 의사결정규정이 없다. 이 규정이 없는 이유는 새 이탈리아 법이 사회적기업의 법적 자격을 제한하지 않기 때문이다. 따라서 새 이탈리아 법은 협동조합(조합원이 종업원이든, 생산자이든, 소비자이든), 기업법인, 혹은 협회나 재단법인 같은 전통적 비영리회사 등을 사회적기업으로 인정하고 있다(사회투자지원재단b, 2009: 65).

(2) 한국의 요건: 민주적 의사결정(법 제8조제1항제4호)

① 민주적 의사결정의 법규정

반면, 한국 사회적기업의 의사결정구조는 서비스수혜자, 근로자 등 이해관계자(stakeholder)가 참여하는 의사결정구조이다(법 제8조제1항제4호). 따라서 주주, 근로자, 서비스 수혜자, 지역사회인사, 후원자 대표 등의 참여로 민주적 의사결정방식을 채택하고 있다(노동부b, 2007: 6). 주주가 있는 이유는 상법상 회사, 즉 합명회사, 합자회사, 주식회사, 유한회사도 사회적기업으로 활동할 수 있기 때문이다.

② 법규정의 문제점

문제는 법 규정은 의사결정구조로 표현하고 있고, 정부자료에는 민주적 의사결정방식이라고 언급하고 있는 점이다. 또한 이와 관련규정으로는 중요사항의 의결방식은 정관이나 규약에 기재한다는 점이다(법 제9조제1항제6호). 따라서 이를 해석하면, 법 규정상 의사결정구조는 민주적 의사결정방식과 동일한 의미이고, 중요사항의 의결방식은 정관이나 규약에 기재하는 방식을 취한다는 의미로 볼 수 있다. 부연하면, 의사결정구조(민주적 의사결정방식)라 함은 정관, 규약 등의 서면에 이사회, 총회, 별도회의체 구성과 중요 의사결정사항 등을 규정함이 바람직하다는 것이다(노동부 b, 2007: 29).

③ 2가지 개념해석의 보완[45]

• 중요사항 의결방식의 개념해석: 그러므로 여기에서는 추가로 2가지의 개념해석이 더 필요하다. 첫째, 조직별로 정관이나 규약에 기재하는 '중요사항의 의결방식'에 대한 개념해석이 필요하다. 그 이유는 상법상 회사와 그 이외의 조직은 의사결정방식이 전혀 다르기 때문이다. 이는 2가지 관점에서 해석해야 된다고 본다. 하나는 상법상 회사 관점이고, 또 하나는 그 이외의 조직관점이다. 먼저 상법상 회사 관점에서 보면, 회사는 사회적기업을 하부조직으로 또는 회사와 별도로 독립된 조직으로 설립할 수 있다. 이 경우에서 의사결정방식은 사회적기업이 회사의 하부조직이면 '1주(株) 1표제'로, 독립조직이면 '1인 1표제'를 취할 수 있다는 결론을 도출할 수 있다. 다음으로 그 이외의 조직은 당연히 '1인 1표제'로 운영되어야 한다.

• 중요사항 의결방식의 해석: 둘째, '중요사항의 의결방식'에서 의사정족수와 의결정족수 결정이 필요하다. 의사정족수는 회의를 진행하는 데 필요한 구성원의 출석수를 말하며, 의결정족수는 의사를 결정하는 데 필요한 구성원의 출석수를 말한다. 전자는 회의가 정당하게 개최(성립)되었는가의 문제이고, 후자는 그 회의에서 결정이 효력이 있는가의 문제이다.

보통 의사정족수와 의결정족수 결정은 보통결의나 특별결의 방식을 취한다. 보통결의는 의결권자 과반수의 출석(의사정족수)과 출석자 과반수의 찬성(의결정족수)으로 의결하는 것이 원칙이다. 특별결의의 예를 들면, 의결권자 과반수의 출석(의사정족수)과 출석자 2/3 이상의 찬성(의결정족수)으로 의결하는 것이다. 따라서 국회의 절차와 같이 사회적기업의 중요사항은 보통결의로 하고, 특히 중대한 사항은 특별결의로 함이 바람직하다고 본다.[46]

따라서 예비 사회적기업형, 일자리 중심형, 서비스 중심형, 통합형, 네트워크형 등 모든 사회적기업이 중요사항은 보통결의로 하고, 특히 중대한 사항은 특별결

---

45) 김봉화·김재호a, 2010: 200-1.

46) 먼저, 의사정족수는 한국 국회에서는 재적의원 과반수의 출석을 필요로 한다. 상법에서는 총회의 결의는 정관에 다른 정함이 있는 경우를 제외하고는 의사정족수에 대한 제한이 없다(제368조). 그리고 의결정족수는 국회의 경우, 원칙적으로 재적의원 과반수의 출석과 출석의원 과반수의 찬성이 필요하다(헌법 제49조, 국회법 제109조). 다만, 법률안의 재의(再議)는 재적의원 과반수의 출석과 출석의원 2/3 이상의 찬성을, 헌법의 개정은 재적의원 2/3 이상의 찬성을 필요로 한다(헌법 제53조, 제130조). 상법에서는 보통결의의 경우는 의결권의 과반수(상법 368조 1항), 특별결의는 상법이나 정관에 특별규정이 있을 때만 가능하며 의결권의 2/3 이상이다.

의로 할 것을 제시한다.

(3) 한국 민주적 의사결정의 요건[47)]

① 일반기준: 사회적기업과 상법상 회사로 구분한다.

• 사회적기업

심사기준

1. 사회적기업은 다양한 이해관계자가 실질적으로 참여하는 민주적인 의사결정구조(총회, 주주총회, 이사회, 운영위원회, 운영협의회 등)를 갖추어야 한다. 이에 대해서는 공증된 정관, 이사회 및 운영위원회 구성 및 운영현황, 회의록 등을 종합적으로 검토하여 판단한다.
- 기관의 의사결정에 서비스수혜자, 후원자 등 다양한 구성원이 참여할 수 있도록 회의체가 구성되어 있는지 확인
- 운영위원회 등 각종 위원회, (주주)총회 등에 관한 사항이 정관 등에 규정되어 있는지와 실제 회의 참석자 명단 등을 확인하여 판단
- 정관과 운영위원회 규약, 회의록 등은 모두 공증을 받아야만 효력을 인정, 정관을 변경하는 경우에는 주무관청의 허가 필요
- 정관 등에 임원·이사만으로 구성된 이사회만 있는 경우 동 요건을 갖추지 못한 것으로 판단
- 회의체의 형식적 운영이 아닌 실질적 운영 여부로 판단

• 상법상 회사

심사기준

1. 상법상 회사의 경우 주식 소유지분에 대한 제한은 없음
- 상법상 회사의 경우 대표 개인과 그 친인척이 과반수 이상 소유 지분 혹은 주식을 소유하였더라도 인증 가능
- 향후 매년 사업성과보고서 제출 시에 주식등변동상황명세서의 공증 후 제출을 의무화하여 지분율 변화 등 사후 관리를 강화하고, 향후 지분이양을 유도
- 기존에는 상법상 회사는 대주주 주식소유지분을 50% 미만으로 제한
- 기업사회 공헌형 사회적기업의 경우 자회사의 이익이 모회사로 편입되지 않으며 이윤의 2/3 이상을 사회적으로 재투자하는 경우 인증

---

47) 고용노동부a, 2011: 26. 이하 참조.

• 다양한 이해관계자 중 최소 또는 필수 참여자 범주: 의사결정과정에 사회적기업 대표나 설립자 대표 이외에 근로자 대표, 서비스수혜자 대표, 연계기업이나 연계 자치단체 담당자, 사업 관련 전문가, 후원자, 지역사회인사 등이 참여하는 민주적 경영을 유도하되, 참여 가능한 다양한 이해관계자의 참여 범위와 참여 단위는 상이할 수 있다.

심사기준

1. 서비스 제공형은 서비스 수혜자 대표 포함, 일자리 제공형은 근로자 대표 포함, 혼합형 및 기타형, 지역사회 공헌형은 자율적으로 이해관계자를 구성할 수 있음.
2. 주주총회만 있고 별도의 총회 구성원(이해관계자)이 나열되지 않은 경우 불인증

참여자 예시

1. 구성: 임원, 자원활동가, 사무처, 지역본부 등에서 추천한 위원으로 구성
2. 설치 및 운영: 이해당사자 간의 의결기구인 10명 이내의 위원회를 둘 수 있다. 위원회에는 노동자 대표 1인, 이용자 그룹대표 1인 또는 그 대변조직의 성원 1인을 반드시 포함하도록 한다.
3. 장애인을 과반수로 구성, 당연직위원은 소장(장애인)과 근로자 대표 1인, 이용자 대표 1인으로 둔다.
4. 선임: 위원회 근로자 대표하는 자, 사용자 대표하는 자, 정부를 대표하는 자, 노동·노사관계 업무에 15년 이상 재직한 자, 공인된 대학에서 교수로 5년 이상 재직한 자 중에서 선임한다.
5. 총회: 비영리법인, 단체의 경우 정회원으로 구성되며 ~로 기재 시 → 회원 요건이 정관 등에 규정되어 있는지 여부 및 실제 회원 명부 확인 필요

【작성 예시】 A 사업단의 운영규정

제14조(운영위원회 구성)

1. 위원장
2. 위원
   가. 근로자 대표
   나. 후원자 대표
   다. 서비스 이용자 대표
   라. 관련 분야의 교수, 전문가
   마. 연계기업이나 연계지자체 담당자
   바. 지역사회 참여자

【작성 예시】 사단법인 B의 정관

제13조(임원의 종류와 수)

1. 대표이사 1인　2. 상임이사 1인
3. 이사 8인　4. 감사 2인

제14조(임원의 선임)

① 이사, 감사는 총회에서 선출한다.
② 대표이사는 이사회에서 선출, 상임이사는 대표이사가 지명 등.
③ 이사에는 근로자 대표 1인, 서비스 수혜자 대표 1인, 연계기업 대표 1인 등을 포함한다.

② 민주적인 의사결정 구조의 작성(예)[48]

아래의 예시는 대의원 총회와 이사회, 그리고 대의원 총회 운영 작성사례이다. 주의할 점은 예비 사회적기업형 경우에는 사회적기업에서 탈락사례를 참작하여 의사결정 구조를 구성해야 한다는 점이다. 탈락사례를 보면, 첫째로 의사결정구조를 구성하지 않거나 구성에 대한 내용을 정관 등에 명시하지 않은 경우, 둘째로 특정 이해관계자를 배제하는 경우, 즉 근로자 대표가 배제되는 경우, 셋째로 부적합한 이해관계자로만 구성되는 경우로서, 사업과 관계가 없는 단순 외부인사로 구성한 사례 등이다(실업극복국민재단, 2008, 5: 21)(〈표 3-2〉 참조).

대의원 총회 운영 작성사례: 지역사회 사회공헌활동을 위해 결의하고 해당 내용을 실천

- 2009년 대의원 총회에서 매출의 5%를 지역사회 취약계층 의료지원 등의 사회공헌활동에 사용하기로 총회에서 결의함에 따라 2010년에 이를 실현하기 위해 노력함.
- 2010년에 2009년 매출액 109,817만 원의 5%에 해당하는 약 5,490만 원을 초과하여 7,006만 원에 해당하는 사회공헌활동을 수행
- 해당 금액은 취약계층 노인 무료/저가 요양 서비스 제공, 치과 진료 지원 등에 사용

〈표 3-2〉 민주적인 의사결정 작성사례

의사결정 기구	구성	세부내용
대의원 총회	• 총 110인 - 91명: 선거구(동)별로 대의원 선출 - 6명: 사업단 및 소모임에서 선출(0모임과 직원) - 13명: 이사(당연직)	• 직접민주주의(조합원총회)에서 대의민주주의인 대의원 제도 실시(조합원의 증가에 따른 현실적 필요) - 정관변경, 규약 제정·변경·폐지, 임원 선출 및 해임, 사업계획 및 예산 확정 등 논의 및 결정 - 직접민주주의 보완을 위해 연 1회 조합원대회를 정관에 규정함. • 경영성과관리, 의견수렴, 조직활동 및 지역사회 공헌사업 참여 등 ※ 조합 해산, 합병 및 분할에 관한 사항을 제외한 모든 사항에 대해 조합원 총회를 대신함.
이사회	• 총 14인 - 이사장 1인 - 부이사장 1인	• 조합재산 및 업무집행, 총회 소집 및 의안, 제 규정·규칙 제정 및 변경, 소요자금 차입, 사업계획 및 예산안 작성, 등 논의 및 결정

〈표 계속〉

48) 고용노동부, 2012, 19.

의사결정 기구	구성	세부내용
	- 전무이사 1인 - 교육이사 1인 - 보건복지이사 3인 - 경영이사 3인	• 재무성과, 고객현황 등 조합 제반활동 현황 검토 • 이사들은 누구나 각 분야별 위원회 활동을 하며, 각 위원회는 해당 분야의 전문적인 논의결과를 제출하여 이사회의 의사결정을 지원함.

자료: 고용노동부, 2012, 19. 수정·인용.

6. 수입요건

(1) 수입조건의 의미

사회적기업은 사회복지를 지향하는 기업임을 전술하였다. 기업이라는 의미는 영업활동을 통해 수익을 창출해야 한다는 의미이다. 영업활동이란 사회적기업이 단순히 공익적 재화와 서비스를 전달만 하는 것이 아니고 기업가적 방식을 따라 공익적 재화와 서비스를 전달해야 한다는 의미이다.

외국과 한국 사회적기업들은 시장에서 상품과 서비스를 팔거나 정부에 서비스를 제공하는 계약을 체결하여 매출을 올리고 있다. 또한 기업이라는 의미는 영업활동이 최소한 손익분기점에 위치하여야 조직이 장기적으로 운영될 수 있다는 의미이기도 하다. 손익분기점(BEP: break-even point)은 일정 기간의 매출액이 총 비용과 일치하는 점으로, 기업의 손실이 없는 상태이며 또한 이익이 발생하는 시점이기도 하다.

따라서 사회적기업의 수입조건은 매출액을 의미하나 실제 기업운영에는 매출액과 후원금, 기부금 등을 포함하여 운영한다고 볼 수 있다.

(2) 외국의 수입요건

사회적기업에 대한 새 이탈리아 법(Law 155/06)에서는 사회적기업의 주요업무는 기업활동으로 구성되어야 하고, 영업수입이 전체 수입의 70% 이상이어야 한다고 규정하고 있다(사회투자지원재단b, 2009: 61). 즉, 전체수입 중 영업수입은 70% 이상, 후원금 등 기타수입이 30% 미만이라는 의미이다. 그리고 매년 일반적인 재정 대차대조표 외에 사회적 목표의 달성 현황을 입증하는 '사회적 대차대조표'까지 작성해 공공장부에 기록하고 보관하도록 하고 있다(동법 제10조).

(3) 한국의 2가지 수입요건(법 제8조제1항제4호, 영 제10조)[49]

• 법 내용: 사회적기업으로 인증받을 경우에는 신청 전 6개월 동안 영업 총 수입이 총 노무비의 30% 이상을 요건으로 하고 있다(영 제10조). 따라서 조건은 2가지이다. 하나는 영업활동 기간이 최소 6개월 이상 계속되어야 한다는 점이다. 그러므로 7월에 신청한다면 1~6월간에 영업활동을 하여야 한다. 또 하나는 총 노무비에 대한 영업 총수입의 비율이 30% 이상이라는 점이다. 예를 들어, 7월에 신청한다면 1~6월간에 총수입/총노무비≥30%이라야 하므로 예를 들어, 총 노무비가 1억원이라면 총 수입은 3천만 원 이상이라야 한다. 순서대로 본다.

• 영업활동 기간(6개월): 판단기준은 다음과 같다.

영업활동 기간 판단기준

1. 영업활동 기간을 판단할 때에는 사회적 목적 실현과 관련된 영업활동 기간만을 산입함.
   - 영리 목적, 혹은 사회적 목적 실현과 관계없는 사업을 위해 영업활동을 한 기간은 불산입
   - 재무제표 제출 시 신청기간 직전 월을 포함한 6개월의 실적을 제출하는 것을 원칙으로 하되, 영업활동 기간이 1년 이상일 경우에는 최소 1년 이상의 사업기간의 재무제표를 제출하도록 함.
2. 사실상 동일한 사업을 수행해 오면서 사회적기업 인증을 위해 새로운 조직형태를 갖추는 경우 종전조직에서의 영업활동 실적은 인정 가능하지만,
   - 유급 근로자 소속 등 나머지 사항은 새로운 조직으로 승계가 완료되어 있어야 하고 정관 등도 새로운 조직의 것이어야 함.
   - 개인사업자로서의 과거 실적은 불인정
   - 다만, 자활공동체는 현실적으로 개인사업자 형태를 가지고 운영되는 경우가 많아, 예외적으로 자활공동체 운영 당시 영업실적은 인정
   - 향후 예비 사회적기업군으로 포함되는 지역개발사업(마을기업, 농어촌공동체회사, 전문예술법인·단체, 사립박물관·미술관 등)도 개인사업자 형태이므로 동일기준 적용(인정)
3. 법적 최소 필요기간은 6개월이나 계절수요를 가진 업종(예: 농업)과 6개월 이상 운영된 업체의 경우는 가능하면 전년도 결산서와 신청직전 월까지 재무상태 등을 감안하여 판단

49) 고용노동부a, 2011: 28. 이하.

4. 영업활동 영위 여부는 객관적이고 입증 가능한 회계자료 및 각종 증빙자료를 근거로 판단
   - 반드시 외부기관(회계사, 세무사 등)의 검토를 거친 자료만 인정(아래 참조)
   - 인증신청기관 내 재무전담인력이 부재하거나 세무법인 아웃소싱이 부족한 기관의 경우, 고용노동부 지정 권역별 지원기관(15개소)을 활용하여 증빙서류 준비 대행 및 사전 검토 지원
5. 계산 예시
   - 기관에서 제시한 금액의 기간이 6개월 초과인 경우나, 금액 구분이 안 되는 경우에는 6개월로 안분하여 계산: 기관에서 1~8월간 총 노무비·총 수입 등을 합산한 금액으로 기재한 경우에서 월별로 각각 증빙서류를 제시한 경우에는 최근 6개월 것으로 판단, 단 월별 금액 구분이 안 되는 경우에는 6/8으로 환산하여 계산함.
   - 수입금액 기간보다 노무비 기간이 적은 경우 수입금액기간으로 안분하여 계산(의도적 누락을 방지하기 위함)
   - 수입금액 기간이 적은 경우에는 신청기관이 제시한 기간으로 판단
   - 계절적 수요 등으로 영업활동 판단이 곤란한 업종의 경우 1년간의 재무제표 등으로 평가

• 영업 총 수입의 개념: 영업 총 수입은 매출액이나 지자체 등과의 위탁계약에 따른 수입이다. 그러므로 공공매출(공공기관과의 위탁계약을 통한 재화 및 용역의 제공)에 의한 수입, 바우처 사업 참여를 통한 수입 등은 포함한다. 단, 순수한 정부나 자치단체의 보조금, 민간 후원금, 회비는 제외한다.

영업 총 수입 판단기준

1. 발주처가 경쟁공모를 통해 사회서비스 제공기관을 선정하고 계약한 경우에는 지원금, 보조금 등의 용어를 사용하는 경우라도 인정(예: 경쟁공모를 통한 자치단체 급식사업 수행)
2. 단, 법령에 의해 독점적으로 사업을 위탁받는 경우, 또는 정부가 운영비를 별도 지원하는 서비스 전달체계는 배제
3. 수입액에 포함하지 않는 경우: 통장사본 등만 제시한 경우, 통장에 입출금 내역이 혼재되고 동일인에게 여러 번 지출되는 경우, 통장에 후원금과 보조금, 그리고 영업수입이 혼재되어 구분이 정확하지 않은 경우
4. 영업수입은 영업매출액에서 원·부자재 구입비용 등을 공제하여 자립성을 검토

- 총 노무비의 개념: 사회적기업의 서비스나 생산에 투입되는 인력에 대한 비용으로서 임금, 급여, 정부의 인건비 지원금, 퇴직급여 등을 말한다. 따라서 총 노무비는 정부의 인건비 보조 유무와 상관없이 실제 근로자에게 지급되는 임금총액을 의미한다. 세부적으로는 기관대표의 급여, 시간 외 수당, 잡급(일용직)은 노무비에 포함한다. 그러나 법인부담 사회보험료, 퇴직급여 충당금은 노무비에서 제외한다. 그리고 외부 법인체에 임가공 용역제공 시에도 노무비에서 제외하고, 직접 수익사업을 담당하는 근로자 외에 법인의 사무처(행정업무 담당) 관련 인건비는 제외한다.
- 증빙서류: 아래 참조

총수입	1. 재무제표(대차대조표, 손익계산서, 제조원가명세서): 필수 2. 부가가치세 과세표준증명(세무서): 필수 3. 총계정원장(계정별원장, 매출장, 현금출납장 등): 필수 4. 일반과세자 부가가치세(세무서): 선택 5. 현금출납부: 선택 6. 결산보고서 등: 선택
총 노무비	1. 재무제표(손익계산서): 선택 2. 임금(급여)대상: 필수

- 재무제표는 직전 월을 포함한 6개월의 실적을 제출하는 것을 원칙으로 하되, 영업활동기간이 1년 이상일 경우에는 최소 1년 이상의 사업기간의 재무제표를 제출.

(4) 수입조건 관련 제안

따라서 일자리 중심형, 서비스 중심형, 통합형의 경우는 일정 기간 유예 기간을 두고 총 수입 비율을 증가시키는 방안이 필요하다. 예를 들어, 인증 시에는 총 수입 비율이 30% 이상이지만, 인증 후 1년 이내에는 50% 이상으로, 2년 이내에는 70% 이상으로, 3년 이내에는 100%로 자립시키는 방안도 필요하다. 3년을 기준으로 한 근거는 중소기업이 그 규모의 확대 등으로 중소기업에 해당하지 아니하게 된 경우, 그 사유가 발생한 연도의 다음 연도부터 3년간은 중소기업으로 본다는 규정을 원용하였다(중소기업기본법 제2조제3항). 그리고 네트워크형은 사회적기업으로 안정적인 활동단계에 있으므로 이탈리아처럼 영업수입이 전체수입의 70% 이상으로 규정하는 방안도 제시하고자 한다(김봉화·김재호a, 2010: 203).

7. 정관이나 규약요건

(1) 외국요건

이탈리아 사회적기업은 내규에 들어갈 기본사항을 예시하고, 내규는 서면으로 작성해 공증을 거쳐야 하며, 적립금은 공공장부에 기록하도록 의무화하고 있다(이탈리아법 제5조). 그러나 한국은 정관이나 첨부서류를 제출하여 사회적기업으로 인증을 받는 절차를 거친다(법 제8, 9조).

(2) 한국요건

사회적기업으로 인증신청하는 경우에는 정관이나 규약에 10가지 사항을 기재하여야 한다(법 제9조, 영 제11조).[50](〈표 3-3〉 참조).

〈표 3-3〉 정관·규약요건

구 분	세부내용(예시)
1. 목적	- 취약계층 일자리 제공 또는 취약계층 사회서비스 제공 등 사회적 목적 명시 - (예) 다문화가족들에게 다문화가족지원센터의 교육, 상담, 문화 프로그램 등을 통해 한국에서 안정적인 정착과 원만한 가족관계 제고
2. 사업내용	- 주식회사의 경우에는 등기부에 '목적'란만 있으므로 등기신청 시에는 목적과 사업내용의 내용을 통합하여 등기부상 목적란에 기재 - (예)결혼이민자 영농기술교육사업 - 국제결혼 정보제공프로그램
3. 명칭	(주) ○○○ 사회적기업 ○○○
4. 주 사무소 소재지	경기도 ○○시 ○○구 ○○○ ○○빌딩 000호
5. 기관 및 지배 구조의 형태와 운영 방식 및 중요사항의 의사결정 방식	- 이사회 - 운영위원회 - 총회 - 주주총회
6. 수익배분 및 재투자에 관한 사항	- 재정, 재산 및 회계(수익사업, 잉여금 처분, 수익의 처분 및 관리), 이익배당, 수익 나눔 등 - 상법상 회사의 경우 회계연도별 배분 가능한 이윤의 2/3 이상을 사회적 목적에 재투자해야 함.

〈표 계속〉

50) 고용노동부a, 2011: 32. 이하.

구 분	세부내용(예시)
7. 출자 및 융자에 관한 사항	재산 및 회계, 지정, 주식, 사채, 출자와 적립금
8. 종사자의 구성 및 임면에 관한 사항	회원(조합원), 조직과 임원(이사·감사), 사무처, 사무국 직원에 대한 임면에 관한 사항 명기(별도 규정 언급 가능)
9. 해산 및 청산에 관한 사항	상법상 회사인 경우에는 배분 가능한 잔여재산이 있을 경우 잔여재산의 2/3 이상을 다른 사회적기업 또는 공익적 기금 등에 기부하는 내용 포함
10. 기타	사회적기업의 지부, 재원 조달, 회계에 관한 사항

자료: 고용노동부a, 2011: 32–; 고용노동부, 2012; 함께일하는재단의 해당 부분.

심사기준

1. 정관이나 규약에 위 항목이 반드시 포함되어야 함.
2. 법인 내 사업단의 경우에는 모법인의 정관과 별개로 사업단의 규약이나 운영규정 속에 사회적기업육성법 제9조에서 정한 기재사항이 모두 포함되어야 함.
   - 위 기재사항에서 별도 규정으로 처리한 경우에는 부속서류까지 모두 제출해야 함.
   - 사회적기업육성법(제9조) 및 동법 시행령(제11조)에서 정한 정관 등의 기재사항이 구비되지 못한 경우에는 불인증
3. 비영리법인의 경우 등기소 등기 또는 공증 반드시 필요, 영리법인의 경우 등기가 되므로 등기를 조건으로 하여 공증 불필요
   - 정관과 회의록의 공증절차를 완화하더라도 사업단의 고용승계, 개인사업자의 법인전환 등에 따른 양수도계약, 포괄승계 등 사안에 따라 공증절차는 필수적임.
   - 제출한 정관이 법무법인 등의 '공증'을 받은 것인지 등 확인(기관 자체에서 임의로 만든 것, 즉 내부출력물은 불인정)

(3) 한국 모형별 기재사례[51)]

① 일자리 중심형

사회적기업이 일자리 중심형이라면, 목적을 '일자리 창출과 유지'로 하고, 사업내용은 수개를 구체적으로 기재하는 것이 중요하며, 종사자 채용은 세부적으로 '00년 00명 이상 신규채용'과 같이 수량적으로 설정하는 것이 바람직하다. 각 연도별로 일자리 제공의 목표를 정하지 않으면 목표달성에 대한 조직전체 구성원들의 책임감이 떨어질

51) 김봉화·김재호a, 2010: 206-7.

뿐만 아니라 일자리 중심형으로서의 정체성도 모호해지기 때문이다. 또한 수익의 재투자도 수익을 새로운 일자리를 창출할 수 있는 신규영업 분야의 개척이나 영업판로를 지역적으로 넓혀 일자리 수를 늘리는 방향으로 최우선 투자하도록 유도해야 한다.

② 서비스 중심형

사회적기업이 서비스 중심형이라면, 목적을 '○○지역에 부족한 ○○서비스 00회 제공' 또는 '○○지역에 새로운 ○○서비스 00회 제공'으로 명확히 설정하는 것이 바람직하다. 불투명하고 모호한 목표설정은 목표에 대한 정확한 활동을 제시하지 못하므로, 조직전체 구성원들의 단합된 능력을 집약시킬 수 없다. 수익의 재투자도 어떠한 서비스가 어느 정도 부족한지, 어떠한 새로운 서비스가 어느 정도 필요한지를 조사하는 연구조사에도 적극 투자하여야 한다. 이는 후술하는 제품개발전략이다.

③ 통합형 등

통합형은 일자리 중심형과 서비스 중심형을 상황에 맞는 수준으로 운영하고, 네트워크형에서는 목적, 재투자, 종사자에 대한 관점을 지역에서 벗어나 전국적인 차원에서 운영함이 필요하다. 이 모형에서는 본점과 지점, 본사와 체인점 또는 가맹점이라는 연계조직이 발생할 수 있고, 제품판매 연합체이나 총판 같은 대규모 조직이 파생될 수 있다.

8. 이윤분배요건

(1) 외국의 이윤분배 조항

- 의의: 이윤분배란 사회적기업 운영 결과 이윤이 발생한 경우, 이윤을 누구에게 어느 정도 배분할 것인가를 결정하는 것이다. 유럽의 사회적기업은 대체로 조합원에게 합리적인 분배를 인정하고 있다. 반면, 미국의 비영리단체는 어떠한 분배도 부정하고 있다(Defourny, 2001: 9).
- 영국과 프랑스: 영국의 사회적기업은 지역공동체 이익회사법(CIC)에 의거 지역공동체 이익회사도 될 수 있다. 지역공동체 이익회사는 사적인 자산·영업 양도로부터 기업을 보호하고, 회사의 이윤과 자산을 공동체의 이익을 위해 사용한다(사

회투자지원재단b, 2009: 11). 그러나 영국의 보통 사회적기업은 35%(공공기관이 상한선 설정), 프랑스는 50% 이상을 배분할 수 없다(고용노동부, http://www.socialen terprise.go.kr/).

- 이탈리아: 이탈리아에서는 사회적협동조합법에서 회원에게 이익배분을 부분적으로 허용하고 있으나, 전체 이익의 80% 이상을 배분할 수 없고, 주식당 이익배분율도 2%를 초과할 수 없도록 규정되어 있다(Borzaga & Santuari, 2001: 170-171; Loss, 2006: 33-35).

  그러나 2006년 3월에 제정된 사회적기업에 대한 새 이탈리아 법(Law 155/06)은 사회적기업의 비영리 목적을 중요시하여, 2가지 이윤 분배금지 형태를 규정하였다. 하나는 이윤이나 자산분배 금지로서, "사회적기업은 수입을 핵심 사업이나 자산 증가에 투자해야 한다"(동법 제3조제1항)와 "사회적기업은 직접적이든 간접적이든 어떤 형태의 이윤이나 자산도 이사, 투자자, 회원, 종업원, 합자인에게 분배할 수 없다"(동법 제3조제2항)는 규정이다. 또 하나는 간접적 이윤 분배금지로서, 동종업계가 지급하는 보수보다 사회적기업의 이사진 임금이 20% 이상 많으면 간접적 이윤분배로 간주한다는 조항이다(동법 제3조제3항).

(2) 한국의 이윤분배 조항의 특징

한국 사회적기업은 상법상 회사를 제외하고는 이윤분배와 관련한 규정이 없다. 다만, 상법상 회사는 회계연도별로 배분 가능한 이윤이 발생한 경우에는 이윤의 2/3 이상(67%)을 사회적 목적을 위하여 사용해야 한다(법 제8조제7호). 취지는 상법상 회사에게 이익분배를 자유롭게 하게 한다면 영리기업인 사회적기업은 한편으로는 정부의 다양한 지원을 받으면서, 한편으로는 이윤을 추구하고 배당하여 일반기업과의 형평성에 문제가 발생할 수 있기 때문에 이를 방지하고자 함이다(고용노동부, http://www.socialenterprise.go.kr/).

따라서 상법상 회사가 아니면 이윤분배를 다양하게 할 수 있으므로, 앞에서 언급한 정관 등 기재사항인 '수익배분 및 재투자 사항'이 중요한 것이다. 그러나 비영리조직은 필수규정은 아니나 대부분 기재하고 있고, 그 예로 "잉여금의 70% 이상을 사회적 목적을 위하여 사용한다"는 조직도 있다(실업극복국민재단, 2008.5.: 28).

심사기준

1. 정관이나 운영규정 등의 수익배분·재투자, 이익금의 처분에 관한 조항에 이윤의 2/3 이상을 사회적 목적을 위해 사용한다는 내용이 있는지 확인(아래 4번 참고): (정관예시)이익금의 처리, 이익배당
   - 회사의 해산 및 청산 시에도 배분 가능한 잔여재산이 있는 경우 잔여재산의 2/3 이상을 다른 사회적기업 또는 공익적 기금 등에 기부하도록 하는 내용 포함
   - 영농조합, 농업회사, 협동조합 등도 상법상 회사에 준하여 동일하게 적용
2. 상법상 회사의 당기순이익 발생 시 '1/3에 한해 주주 및 질권자에 대한 배당'이 허용되나 계량적 기준을 정관에 미기재 시 불인증 처리
3. 정관상의 형식적 명기뿐 아니라 주주동의서 작성 여부, 지난 회계연도 이윤 사용 및 재투자 내역을 종합적으로 평가하여 인증
4. 이윤의 재투자 범위 예시
   - 지역사회 환원, 설비재투자·기술개발 등을 통한 사업확장을 통한 추가 인력 고용, 취약계층에 대한 봉급 인상으로 근로여건 개선(복지 강화), 직업훈련 프로그램 개발 등(이를 위한 적립금도 허용)
   - 대표, 임원, 직계존비속에 대한 성과급 지급은 사회적 목적으로 불인정
   - 사회적기업에서 발생한 수익을 특정 종교조직으로 기부하거나 선교사업에만 사용하는 것을 '사회적 재투자'라고 볼 수 없음
5. 인증 이후 모니터링 시, 1년 이상된 기업에 대해서는 이윤의 2/3 이상 사용처 확인 및 주주가 동의하였는지 여부의 확인을 위해 주주총회의 의결을 거쳐 배당에 따른 배분내역확인서 제출 필요

9. 인증절차

인증절차는 [그림 3-2]와 같다.

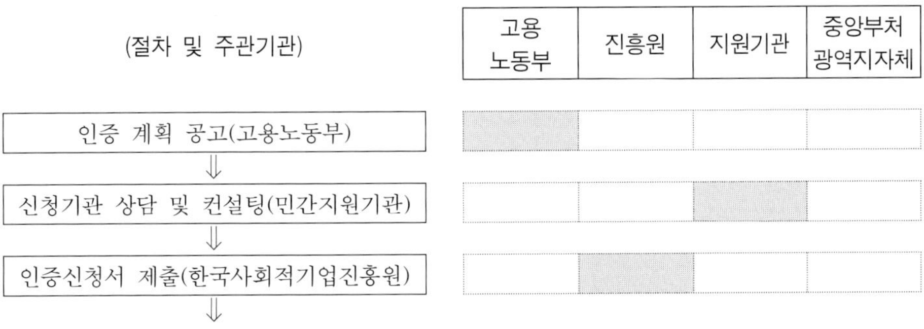

[그림 3-2] 사회적기업 인증절차(계속)

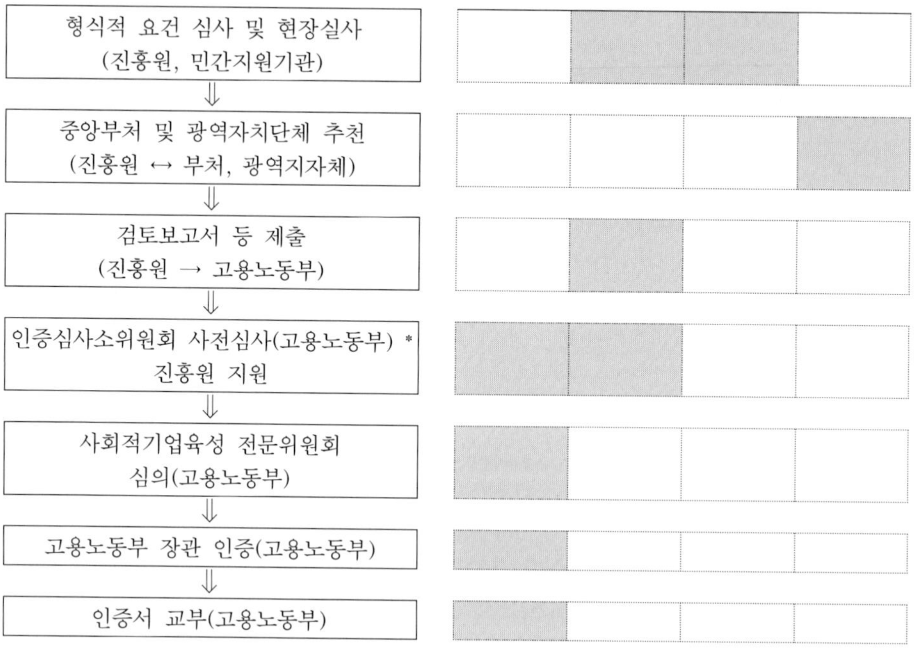

[그림 3-2] 사회적기업 인증절차

자료: 고용노동부a, 2011: 36. 수정·인용. 해당연도에 따라 변경이 있을 수 있으니 실무 시에는 확인요망.

제 4 장

사회적기업의 지원제도

제1절 각국의 사회적기업 지원제도

1. 유럽연합(EU)의 사회적기업 지원제도

유럽연합(European Union)의 지원제도는 다음과 같이 9가지로 살펴볼 수 있다(조영복 외 2010: 41-52).

1. 기업과 기업가정신을 위한 수개년 계획: 사회적기업 진흥의 모범사례를 홍보함으로써 기업역할에 대한 이해증진을 목표로 하며, 유럽협동조합법(European Co-operative Statute) 시행을 위한 행동계획을 포함
2. 유럽고용전략: 구직자 및 소외계층을 위한 포용적 노동시장 구축, 사회적 부가가치지표(indicators of social added value) 도입 가능성
3. 이퀄(EQUAL): 노동시장 내 불평등과 차별문제를 해결하기 위한 사업. 주로 일반적 기업지원, 노동시장 통합기업 개발, 경영·직업기술 교육훈련, 근린서비스, 농촌·도시개발 등의 분야에서 활동
4. 지역별 정책: 신규 가입국 개발에 관여, 접경지역 개발 주도세력을 운영·관리
5. 회원국 간 사회통합정책 상호검토: 사회적 배제문제 해결을 위한 행동프로그램의 일환
6. 공익서비스(services of general interest: SGI): 통신, 철도산업 등 서비스는 자유경쟁으로 하고, 보건, 복지 등 사회서비스는 공익서비스이므로 다르게 적용
7. 교육훈련 정책

8. 기업의 사회적 책임(Coporate Social Responsibility): 이는 유럽위원회 산하 여러 부처에 공통으로 관련되는 사안임
9. 연구정책: 특정사회경제 연구사업, 사회경제 지식기반 개선사업 등

2. 영국의 사회적기업 지원제도

영국의 지원제도에 대해서는 제2장에서 영국의 4가지 정책, 즉 문화육성정책, 사회적기업가에 대한 정보·조언제공정책, 자금조달지원정책, 정부와의 협력지원정책에서 각각 정책의 사례로 소개하였으니 참고하기 바란다.

3. 이탈리아의 사회적기업 지원제도

이탈리아에서 최초의 사회적기업 등장은 1970년 말에 설립된 사회적 협동조합(social co-operative)이며, 이탈리아는 협동조합 중심형 지원정책임을 전술하였다.

- 1980년대: 1980년대부터는 사회적 협동조합은 컨소시엄 형태로 발전되어 왔다. 이러한 컨소시엄 형태의 기능은 3가지이다. 첫째, 개별 협동조합에 지원 서비스를 제공하는 기능으로 예를 들면, 트레이닝 서비스, 기술관리 서비스, 지식 및 정보전달 서비스를 들 수 있다. 둘째, 협동조합의 이익을 대변하는 기능을 수행한다. 즉, 사회적 협동조합의 설립과 확장과 관련하여 정책과 지침개발에 관여하는 것이다. 셋째, 경제정책 촉진기능이 있다. 부연하면 회원들의 생산적 활동을 장려할 수 있는 다양한 조치를 취한다는 것이다(Borzaga & Santuari, 2001: 168-172).
- 1990년대: 1991년 11월 제정된 사회적 협동조합을 규제하는 법(Law381/91)에서 사회적협동조합의 활동형태는 A형과 B형으로 분류되었다. A형은 사회서비스 형태이고, B형은 취약계층에 대한 일자리 제공을 통한 노동통합 형태이다. B형은 법에 의해 종업원의 30% 이상을 취업취약계층으로 고용할 의무가 있으며, 그 대신 정부는 세제혜택과 보조금을 제공한다. 세부적으로는 세제혜택의 경우 부동산 관련 대부·매입·임대차 계약체결시 등록세와 저당세의 1/4을 감면한다. 그리고 취약계층 관련 사회적 협동조합 부담분의 법정 사회보험료 감면이 있다. 또한 각 주에서 사회적 협동조합 관리 및 직업훈련·재정지원 등을 위한 조례공포 및 협약

체결도 있다(Borzaga & Santuari, 2001: 171-172; OECD 대표부, 2006: 11; Loss, 2006: 34).

- 2000년대: 2006년 3월 24일에는 사회적기업에 대한 새 이탈리아 법(Law155/06)이 제정되었다. 그러나 유의할 점은 이 법에는 사회적기업에 대한 세금우대 규정이 없으므로, 세금우대 조치는 1997년 법률 제460호인 '비상업적 법적기구와 공익적 비영리조직에 관한 법률'에 의한다(사회투자지원재단b, 2009: 59-65). 그리고 유럽연합(EU)의 이퀄(EQUAL) 자금 지원에서 보면 이탈리아는 사회적기업 주제분야에서 1차 시행기간 중 예산의 40%를 차지할 만큼 최대지원을 받고 있다(조영복 외, 2010: 115).

4. 프랑스의 사회적기업 지원제도

사회적기업에 대한 지원은 첫째, 국가와 노동통합기업과의 협정을 체결하여 보조금 제공이 가능하나, 계약기간은 24개월을 넘지 못하며 이 기간 중 2회까지 갱신이 가능하다. 둘째, 민법상 법인과 협정 체결 시 최저임금의 전부 또는 일부에 대해, 사회보험 및 가족수당에 대한 보험료를 면제한다. 셋째, '경제적 활동을 통한 사회통합' 재정지원을 위한 지역기금을 조성한다(OECD 대표부, 2006: 15).

5. 미국의 사회적기업 지원제도

(1) 지원제도

- 프로젝트 지원제도: 이는 사회적기업이 프로젝트 제출을 통해 중앙·지방 차원의 정부지원을 활용하는 것이다(OECD 대표부, 2006: 19).
- 기업 세제 혜택: 취약계층을 고용한 기업에 대해서 세제 혜택도 있다. 예를 들어, 9개의 목표집단(취업 취약계층)을 고용한 기업에 대해서 1인당 2,400달러까지 소득세를 공제해 주는 것이다(OECD 대표부, 2006: 19).
- 자선기부금 세금면제: 미국은 높은 수준의 자선 기부금을 지원하기 위해 국세청으로 하여금 125만 개 조직에게 세금 면제를 하고 있다. 공공자선단체는 501(C)

조 (3)항에 의거해 세금을 면제 받고, 민간재단 역시 동 규정에 의거해 세금을 면제 받는다. 또한 기타 유형의 세금 면제 조직으로는 사회복지조직[501(C)(4)], 노동·농업협회 [501(c)(5)]. 비즈니스연맹[501(C)(6)], 공제수익조합[fraternal beneficiary societies, 501(c)(8)] 등이 있다(조영복 외, 2010: 160-1).

- 비영리 부문 보조금 지원: 정부는 또한 보조금을 통해 비영리 부문을 지원하기도 한다. 단, 지원금액은 활동을 보고하는 전체 자선단체에 대해 수익의 8%, 약 590억 달러에 불과하다. 또한 이 금액은 메디케어(Medi-care)나 메디케이드 (Medicaid) 등의 정부서비스 계약(수익금)을 포함하지 않는다(조영복 외, 2010: 161).
- 자선단체 간접지원: 비영리조직이 제공하는 서비스 및 제품 구입비용에 대한 보조금을 개개인에게도 지급한다(예: 초·중등 교육 바우처 혹은 대학장학금)(조영복 외, 2010: 161).
- 교육제도: 사회적기업 지원을 위하여 영국의 '사회적기업가 학교'와 마찬가지로 대학 및 고등교육기관에서 관련교육을 실시하고 있다. 즉, 1993년부터 하버드 대학 MBA과정에 사회적기업 교육이 설치된 후, 60개 이상의 대학 및 고등교육기관들이 비영리 경영교육 운동(Non-Profit Management Education Movement)과 사회적기업 리더십운동(Social Enterprise Leadership Movement)을 시행하고 있다 (OECD 대표부, 2006: 19).

(2) 법률 지원제도

- 우선구매 제도: 장애인기업이 사회적기업인 경우 그 생산품에 대해서 우선 구매하는 제도이다(Javits-Wagner-O'Days법). (OECD 대표부, 2006: 19). 장애인은 시각장애인이나 중증 장애인을 의미한다.[52)]
- 금융기관 활용제도: 지역사회재투자법(Community Reinvestment Act)을 통해 사회적기업이 금융기관을 활용하는 방법도 있다(OECD 대표부, 2006: 19). 이 법은 지역사회 재투자(CRA)를 이행하고 지역사회의 신용거래 필요에 부응할 수 있도록 해당지역 은행들의 원조를 장려하기 위하여 1977년 제정된 법이다. 이 법령은

52) http://www.ableinfo.co.kr/new_ableinfo/statute/status_view.php?catCode=1110&range=&size=10&searchValue=&align=&orderbykind=&page=1&law_code=46&no=7#.

은행과 저축금융기관이 각 지역사회의 특정 인종이나 수입 정도에 따라서 대출을 제한하거나 상류층 지역주민에게만 대출제안하는 것을 금지하며, 미개발지 주택 융자와 상업융자를 지급하는 것을 장려하도록 하는 데 목적이 있다.[53)]

- 봉사활동 지원제도: 2009년 4월에 오바마 정부는 백악관에 '사회혁신실(Office of Social Innovation)'을 설치하고, '미국봉사법'(Serve America Act)에 서명했다. 백악관 사회혁신실의 임무는 미국 비영리 부문에서 혁신적 사회문제 해결 방법을 개발하는 '사회적기업가 정신'을 독려하고 지원하는 일이다. '미국봉사법'은 전문 지식을 갖춘 미국인이 교육·의료·환경 등의 영역에서 마음 놓고 봉사활동을 할 수 있도록 생계비를 지원하는 것이다.[54)]

(3) 지원기관

- 유형: 지원기관으로는 동업조합(trade association, 同業組合)이 대표적이며, 이는 주(州) 차원의 비영리조직 활동을 지원한다. 동업조합의 예로는 미국 병원협회(American Hospital Association), 재단위원회(Council on Foundations), 독립섹터(Independent Sector)가 있다. 그리고 연합으로는 공동모금(United Way), Goodwill Industries도 있다. 또한 기업조직으로는 미국 적십자(American Red Cross)나 소아마비 구제 모금운동(March of Dimes)이 있다(조영복 외, 2010: 162-3)(상세내용은 아래 참조).

1. 독립섹터: 전국의 조직, 재단 및 기업의 자선활동 사업 700개 이상으로 구성되는 비영리·초당적 연합으로서 미국 전 주(州)에 분포된 수만 개의 자선그룹을 대표. 미션은 비영리 부문 및 자선 커뮤니티 진흥·강화·발전을 통해 공익을 위한 민간의 자발적 활동을 촉진하는 것.
2. 재단위원회: 기부재단 및 기부사업 2,000여 개로 이루어진 회원조직으로서 회원 및 일반 대중을 대상으로 리더십 관련 전문지식, 법률 서비스, 네트워크 구축 기회 등 다양한 서비스를 제공.
3. 재단센터(Foundation Center): 자선사업에 대한 지식향상을 통해 비영리 부문을 강화.

---

53) http://en.wikipedia.org/wiki/Community_Reinvestment_Act#Legislative_changes_2008.
54) 한겨레, 2009.04.29. http://www.hani.co.kr/arti/opinion/column/352484.html.

4. 비영리 경영연합(Alliance for Nonprofit Management): 비영리조직의 경영 및 지배구조 역량 강화를 위한 개인 및 조직의 전문적인 연합.
5. NCBA(National Cooperative Business Association): 전국 협동조합 사업협회. 전체 유형의 협동조합을 대표하는 가장 주요한 전국 회원조직. 민주적으로 조직되며 협동조합 원칙에 따라 운영. 제공하는 서비스는 교육, 협동조합개발, 통신, 공공정책, 회원서비스, 국제개발사업, 국회 로비활동 등.
6. Cooperation Works!: 미국 협동조합비즈니스 개발센터 21개가 참여하는 전국적 조직. 효율적인 협동조합 기업개발을 통해 지역사회를 활성화하고자 협력함.

제2절 한국의 사회적기업 지원제도

핵심연구 한국의 사회적기업 지원제도는 사회적기업육성법상 9가지 지원제도, 중소기업기본법상 11가지 지원제도, 사회복지관련법상 2가지 지원제도 등 총 22가지 이상 지원제도가 있다. 절세(節稅)의 법리와 함께 지원제도를 적극 활용하는 유비무환의 자세가 경쟁에서 승리하는 현명한 경영자의 기본자세이다.

1. 사회적기업육성법상 지원제도(9가지)[55]

핵심연구 사회적기업육성법상 9가지 지원제도에는 경영지원, 교육훈련지원, 시설비지원, 공공기관의 우선구매지원, 조세감면 및 사회보험료의 지원, 사회서비스 제공, 사회적기업에 대한 재정지원, 사업개발비 지원, 사회공헌일자리 사업지원, 연계기업 지원이 있다.

(1) 경영지원

① 법 규정

고용노동부장관은 사회적기업의 설립 및 운영에 필요한 경영·기술·세무·노무(勞務)·회계 등의 분야에 대한 전문적인 자문 및 정보 제공 등 지원을 할 수 있다. 이러한 지원업무는 정부출연기관이나 민간단체에 위탁할 수 있다(법 제10조). 민간단체는 상근(常勤) 컨설턴트를 3명 이상 보유한 경영컨설팅 회사, 인적·기술적 능력을 갖춘 법

---

55) 이 부분은 실제 실무적용에서는 연도별로 법·제도나 숫자 등 내용변경이 있을 수 있으므로 반드시 관련기관에 재확인을 요한다.

인, 사립대학의 부설 연구기관, 사회적기업이나 사회서비스 부문에서 일자리 창출 사업에 참여하는 법인·단체를 1년 이상 지원한 실적이 있는 민간단체이다(영 제12조).

② 현재 경영지원의 내용: 3단계별 지원

〈표 4-1〉 3단계 경영지원

창업단계	성장단계	자립단계
예비 사회적기업, 신규인증 사회적기업	인증 사회적기업	인증 사회적기업
기초컨설팅(경영진단)	전문컨설팅(멘토링형 컨설팅)	전문컨설팅(프로젝트형 컨설팅)
회계·노무관리	경영전반(판로개척, 시장진입 등을 위한 정보제공, 문제점 진단 등)	특정분야(마케팅·홍보·영업전략, 디자인, 직무분석 및 성과평가 등)
300만 원 이하 지원	300만~1,000만 원 지원(자부담 10%)	300만~2,000만 원 지원(1,000만 원 초과분은 자부담 20%)
회계법인 권역별 지원기관	진흥원 등록 컨설팅기관 및 컨설턴트	

자료: 한국사회적기업진흥원 사이트 수정·인용.

③ 현재 경영지원의 문제점

사회적기업의 영세성은 규모 면에서 영세한 기업이 많기 때문으로 나타나고 있다(곽선화, 2010: 279-80). 이 같은 상황에서 사회적기업의 지속가능성을 추구한다면 무엇보다도 재정자립여부가 관건이고 이는 매출과 정부지원 등으로 결정된다. 그러나 정부지원의 한계를 고려한다면 매출증가가 반드시 필요하며, 이는 마케팅·홍보·영업전략에 의한 매출증가를 의미한다. 따라서 신규인증 단계부터 마케팅·홍보·영업전략에 의한 매출전략을 수립·시행하도록 지원해야 함에도 불구하고 기초컨설팅(경영진단)이나 회계·노무관리 등 기초적인 차원에서 관리하고 있다.

④ 단계별 운영방안

- 창업단계 운영방안: 창업단계에서는 제품이나 서비스에 대한 마케팅·홍보·영업전략에 의한 매출전략 수립·시행을 중심으로 활동하면서 회계·노무관리와 경영전반도 동시에 시행해야 한다. 이 시기에 마케팅·홍보·영업전략의 예로는 벤치마킹(benchmarking)을 들 수 있다.[56)]

• 성장단계 운영방안: 성장단계에서는 신제품 개발이나 기존제품의 보완전략, 기업의 제품이나 서비스에 맞는 독자적인 홍보전략, 효율성 있는 영업(판매)전략을 구사하여야 한다.

• 자립단계 운영방안: 자립단계에서는 블루오션 개발전략(blue ocean, 신규개척시장 등), 판매와 관련하여 관련기업 즉 동종(同種) 기업 간 또는 이종(異種) 기업 간의 판매 제휴전략 등을 준비해야 한다.

(2) 교육훈련 지원

고용노동부장관은 사회적기업의 설립·운영에 필요한 전문인력의 육성, 사회적기업 근로자의 능력향상을 위하여 교육훈련을 실시할 수 있다(법 제10조의2).

☞ 【법령변경】 2010.6.8. 신설

(3) 시설비 지원

국가 및 지방자치단체는 사회적기업의 설립 또는 운영에 필요한 부지구입비·시설비 등을 지원·융자하거나 국유·공유 재산 및 물품을 대부하거나 사용하게 할 수 있다(법 제11조)(아래 참조).

시설비 지원내역

1. 미소금융재단 지원사업
   - 열매나눔재단: 1억 원 이내, 5년, 연리 4% 이내
   - 민생경제정책연구소: 2억 원 이내, 5년, 연리 3% 이내
   - 민생포럼: 2억 원 이내, 5년, 연리 2% 이내
   - 함께 일하는 재단: 2억 원 이내, 6년, 연리 2% 이내
   - 사단법인 사람사랑: 1억 원 이내, 5년, 연리 4% 이내
2. 중소기업청 정책자금
   - 창업기업지원자금-창업기업지원, 1인 창조기업지원, 재창업, 청년전용창업으로 구분 지원

56) 벤치마킹(benchmarking)이라 함은 2등전략으로서 어느 특정분야에서 우수한 상대를 표적으로 삼아 자기기업과의 차이를 비교하고, 이를 극복하기 위해 그들의 뛰어난 운영 프로세스를 배우면서 부단히 자기혁신을 추구하는 경영기법이다. 즉, 1등 기업이나 우월한 기업에게서 배울 것을 찾아 배우는 것이다.

- 범위: 시설자금, 운전자금
- 대출금리(변동금리): 공자기금 대출금리에서 0.45%p 차감(기준금리), 청년전용창업자금은 연 3.0% 이내 고정금리
- 대출기간
  - 시설자금: 8년 이내(거치기간 3년 이내 포함)
  - 협동화 및 협업사업 승인기업: 10년 이내(거치기간 5년 이내 포함)
  - 운전자금: 5년 이내(거치기간 2년 이내 포함), 1인 창조기업지원자금 및 재창업자금(생산지원금융)은 구매기업의 대금지급일 이내(최대 180일)
  - 청년전용창업자금: 시설, 운전 구분 없이 3년 이내(거치기간 1년 이내 포함)
- 대출한도: 기업당 연간 30억 원(운전자금 5억 원. 단, 20억 원 이상 시설투자기업의 운전자금은 7억 원)
  - 협동화 승인기업: 추진주체 50억 원(운전 5억 원), 참가기업 45억 원(운전 5억 원) 단, 협업화는 추진주체 40억 원(운전 30억 원), 참가기업 30억 원(운전 5억 원)
  - 협업사업 승인기업: 추진주체 45억 원(운전자금 5억 원), 참가기업 40억 원(운전자금 5억 원)
  - 1인 창조기업지원자금 및 재창업자금(생산지원금융)은 회전한도내에서 계약금액의 90% 이내(최대 5억 원)
  - 청년전용창업자금: 기업당 5천만 원(융자상환금 조정형) 또는 7천만 원(민간금융매칭형). 단, 제조업은 기업당 1억 원

자료: 한국사회적기업진흥원 사이트 수정·인용. 이하 같다.

(4) 공공기관의 우선구매 지원

① 법 규정

공공기관의 장은 사회적기업이 생산하는 재화나 서비스(사회적기업제품)의 우선구매를 촉진하여야 한다. 공공기관의 장은 사회적기업제품의 구매 증대를 위한 구매계획과 전년도 구매실적을 고용노동부장관에게 통보하여야 하고, 장관은 구매계획과 구매실적을 종합하여 공고하여야 한다(법 제12조).

☞ 【법령변경】 장관의 공고는 2012.2.1. 신설.

② 사회적기업 제품을 구매해야 할 공공기관

다음을 참조한다(한국사회적기업진흥원, 2012: 4, 11).

우선구매 대상 공공기관 범위

- 국가단체: 국가단체, 그 본부 및 소속기관, 공기업, 준 정부기관 등.
- 지자체:
  - 특별시장·광역시장·도지사 및 특별자치도지사
  - 특별시·광역시·도 및 특별자치도의 교육감
- 특별법에 설립된 법인:
  - 농업협동조합중앙회
  - 중소기업중앙회
  - 수산업협동조합중앙회
  - 산림조합중앙회
  - 한국은행
  - 지방공사 및 지방공단
  - 대한상공회의소
- 공공기관의 운영에 관한 법률에 규정된 자

(5) 조세감면 및 사회보험료의 지원

① 조세감면

국가 및 지방자치단체는 사회적기업에 대하여 「법인세법」, 「조세특례제한법」 및 「지방세특례제한법」이 정하는 바에 따라 국세 및 지방세를 감면할 수 있다(법 제13조제1항). 법인세 감면(세무서)은 4년간 50%를 감면한다(2013.12.31.까지). 또한 기부금(고용센터)은 일반법인과 개인은 지정기부금으로 인정하고, 한도는 법인은 10%, 개인은 30%이다.

② 사회보험료의 지원

국가는 사회적기업에 대하여 「고용보험 및 산업재해보상보험의 보험료 징수 등에 관한 법률」에 따른 고용보험료 및 산업재해보상보험료, 「국민건강보험법」에 따른 보험료 및 「국민연금법」에 따른 연금보험료의 일부를 지원할 수 있다(법 제13조제2항). 고용과 산재는 1인당 월 6,000원 4년간 지원이고, 건강보험은 1인당 월 27,000원 4년간, 국민연금은 1인당 월 40,000원 4년간이다.

(6) 사회서비스 제공 사회적기업에 대한 재정지원

- 고용노동부장관은 사회서비스를 제공하는 사회적기업에 대하여 예산의 범위에서 공개모집 및 심사를 통하여 사회적기업의 운영에 필요한 인건비, 운영경비, 자문비용 등의 재정적인 지원을 할 수 있다. 또한 연계기업 또는 연계지방자치단체로부터 지원받고 있는 사회적기업에 지원을 할 때에는 그 연계기업이나 연계지방자치단체의 재정 지원 상황을 고려하여 사업비를 추가로 지원할 수 있다(법 제14조).
- 인건비는 1인당 98만 원(1년차 90%, 2년차 80%, 3년차 70%)이고, 전문인력 지원은 2~3인으로 1인당 150만 원 한도로 1년간 지원(최대 3년간)한다. 참고로 벨기에의 사회적기업 유형의 하나인 EI(enterproses d'insertion)의 경우, 취약구직자 1명당 4년간 지원을 하는 바 둘째 해는 첫해 지원금의 75%, 셋째 해는 첫해 지원금의 50%, 넷째 해는 첫해 지원금의 25%를 지급받는다.[57)]

(7) 사업개발비 지원

브랜드, 기술개발, 홍보, 마케팅, 품질 등을 위해 예비 사회적기업은 3천만 원, 인증사회적기업은 7천만 원 지원한다.

(8) 사회공헌일자리 사업지원

해당기관은 (예비)사회적기업, 비영리민간단체, 사회복지법인 등이며, 참여가능자는 3년 이상의 전문지식이나 실무경력을 보유한 은퇴자, 경력단절여성, 전공분야가 있는 청년 등이다.

(9) 연계기업 지원

연계기업이란 특정한 사회적기업에 대하여 재정지원, 경영자문 등 다양한 지원을 하는 기업으로서 그 사회적기업과 인적·물적·법적으로 독립되어 있는 자를 말한다(법 제2조제5호). 국가 및 지방자치단체는 사회적기업에 기부하는 연계기업·법인 또

57) 김혜원(2010), 사회적기업 지원정책의 발전방향, 2010~2014년 국가재정운용계획-일자리 창출 분야-, 국가재정운용계획 일자리 창출 분야 작업반. 55.

는 개인에 대하여 「법인세법」, 「소득세법」, 「조세특례제한법」 및 「지방세법」에서 정하는 바에 따라 국세 및 지방세를 감면할 수 있다(법 제16조). 참고로 연계기업은 사회적기업의 근로자에 대하여 고용상의 책임을 지지 아니한다(법 제15조).

(10) 현재 시행 중인 제도 비교

〈표 4-2〉 국가 및 지자체별 지원내역 비교

예비 사회적기업	예비 사회적기업: 경기도 관할	사회적기업: 고용노동부 관할
1. 지자체 관할 2. 창업자금 또는 인프라 구축비: 업체당 최대 10,000천 원 (예산 20,000천 원) 등	1. 인건비(지자체): 인건비 및 보험료 부담금 → 1인당 98만 원(1년차 90%, 2년차 80%, 3년차 70%) 2. 사업개발비(지자체): 브랜드, 기술개발, 홍보, 마케팅, 품질 등 → 예비사회적기업은 3천만 원, 인증 사회적기업은 7천만 원 3. 시설, 운영비 대부: 부지, 시설비 (미소금융 재단지원, 중소기업청 정책자금): 6. 공공기관 우선구매 → 상품, 서비스 모두 7. 특례보증 지원(2011. 1. 26. 시작): 업체당 1억 원, 금리 연 3.7% (고정), 상환기간 4년(1년거치 3년 균분), 경기신용보증재단 기술평가부	△ 좌측 1, 2, 3, 6, 7은 공통사항 4. 세제지원: (1) 법인세 감면(세무서) → 4년간 50% 감면(2013.12.31.까지) (2) 기부금 인정(고용센터) - 일반법인(10%)과 개인(30%)은 지정기부금 - 법인 소득금액 10%, 개인은 30% 한도로 손금산입 허용 - 지정기부금 한도는 법인은 10%, 개인은 30% 5. 사회보험료 지원 - 고용, 산재: 1인당 월 6,000원, 4년간 - 건강보험: 1인당 월 27,000원, 4년간 - 국민연금: 1인당 월 40,000원, 4년간

설명: 지자체 관할 예비 사회적기업 경우에는 지자체별로 다를 수 있으니 적용 시에는 확인 요망.

2. 관련법상 일자리 창출사업[58)]

(1) 일자리 창출사업 관련법령

관련법령으로는 「고용정책기본법」 제28조(사회적 일자리 창출 및 사회적기업육성), 「사회적기업 육성법」 제10조(경영지원 등) 및 제14조(사회서비스 제공 사회적기업에 대한 재정지원), 「국가재정법」 및 「보조금의 예산 및 관리에 관한 법률」, 「지역

58) 이 부분은 고용노동부b, 2011. 해당부분을 참조함. 연도별로 변경이 있을 수 있으므로 실제 업무수행 시에는 재확인을 요함.

형 예비 사회적기업 지정제 운영지침」(고용노동부, 2010. 8)이 있다.

(2) 일자리 창출사업의 내용(고용노동부)

① 사업대상자

- 예비 사회적기업: 지역형 예비 사회적기업 지정제 운영지침」(고용노동부, 2010년 8월)에 따라 광역자치단체장이 지정한 예비사회적기업, 단 조직형태는 사회적기업육성법 제8조 및 같은 법 시행령 제8조의 요건에 해당되어야 한다.
- 사회적기업: 고용노동부 장관이 「사회적기업 육성법」상 사회서비스를 제공하는 기업으로 인증한 기업. 단 일자리 제공형, 지역사회 공헌형, 기타형으로 인증받은 사회적기업은 환경·문화·보건·취약계층 지원 등 사회서비스를 제공하는 사실을 입증하여야 한다.
- 재정지원 (예비)사회적기업: 사업신청 이전에 국가 또는 지방자치단체로부터 재정지원을 받았던 기관이 최대 지원기간(예비 사회적기업 2년, 사회적기업 3년) 범위 내에서 다시 재정지원을 받고자 하는 (예비)사회적기업을 말한다.

참여 제외 대상

- 사회서비스를 제공하지 않는 기관
- 취업취약계층 고용계획비율이 50%에 미달하는 경우
- 공고일 기준으로 최근 3개월 이내에 근로자 고용조정(감원) 또는 고용유지
- 의료법인 및 학교법인(사회서비스를 제공하기 위한 의료 및 학교법인 부설기관 제외)
- 동 지침 시행 이전에 이미 고용노동부나 지방자치단체의 재정지원사업에 참여하고 있는 기관은 중복 참여 불가(1기관 1사업만 참여 가능). 다만, 예비 사회적기업을 사회적기업으로 전환하여 분리·독립시킨 경우 새로운 사업을 신청하는 것은 가능
- 국가나 지방자치단체에서 동일하거나 유사한 재정지원을 받고 있는 경우
- 보건복지부, 국민건강보험공단 등 공적 사회복지제도가 부담하는 바우처, 노인요양사업(사회적기업 포함).
  * 보건복지부 바우처 사업: 가사간병서비스, 산모신생아도우미, 장애아동재활치료, 장애인활동보조, 노인돌보미 등
- 참여근로자의 최소·최대 고용요건을 갖추지 못한 단체·기관. 최초 사업개시 기준 5인 이상 30인 이하를 원칙으로 함.
  * 중앙부처·지방자치단체·공공기관 등과 연계가 확실하거나 대기업의 충분한 물

적·판로지원 등이 명확한 경우에는 심사위원회에서 기관의 역량과 모델을 감안, 기관당 30인을 초과하여 지원하는 것을 결정할 수 있음(단, 법인의 부설기관·사회적기업 지부 및 모법인 사업단은 제외).

- 4대 사회보험에 가입하지 않은 기관: 4대 사회보험 가입을 조건으로 재정지원대상 수행기관으로 선정할 수 있으나, 지원약정 체결 시까지 가입하지 않을 경우 선정 취소
- 계절적·일시적 업무로 지속적·안정적인 일자리가 확보되지 않는 사업
- 업무의 주된 내용이 참여자에 대한 훈련인 사업
- 이미 지역사회에서 시장이 형성된 영역(예: 택배, 가사서비스 등)
  - 서비스 수혜계층이 일반 시장과 대상이 중복되지 않는 취약계층으로서 시장가격보다 저렴한 요금으로 제공하는 사실을 입증하거나
  - 참여근로자의 상당수(예: 60% 이상)를 취약계층으로 선발할 계획임을 심사 시 계획서 등에 명확히 제시해야 함(단, 재정지원사업 선정 후 매월 취약계층 비율을 확인하여 심사 시 제시한 비율에 미달하는 경우에는 경고 및 시정지시 후 미 이행 시 약정해지)
- 기타 위에 준하는 요건을 명백히 갖추지 못한 경우

  * 다만, 기획재정부, 보건복지부 등 관계부처가 전략적으로 육성할 필요가 있다고 인정하는 사업은 예외적으로 참여 허용

② 일자리 창출사업의 3종류

기업연계형, 지역연계형, 모델발굴형이 있다. 이는 앞에서 언급한 예비 사회적기업의 사업형태와 같다. 즉, 기업연계형이라 함은 비영리단체·민간기업·지역사회가 적절하게 역할을 분담하여 일자리를 창출하는 사업으로 기업의 다양한 자원(현금·현물·전문성 등)을 활용하여 자립을 지향하는 모델을 말한다. 그리고 지역연계형이라 함은 지방자치단체·대학·연구소·공공기관·다른 비영리단체 등 민간기업 이외의 지역사회 내 다양한 자원과의 결합을 통하여 일자리를 창출하고 자립을 지향하는 모델이다.

또한 모델발굴형이라 함은 새로운 사업모델을 발굴하여 인큐베이팅하는 초창기 일자리 창출사업으로 기업·지역사회 등과의 연계나 수익 창출 구조는 다소 미흡하나 향후 기업 또는 지역연계형으로 전환이 가능한 사업모델을 말한다.

단, 사회적기업육성법에 따라 고용노동부장관의 인증을 받은 사회적기업이 재정지원사업에 참여하는 경우에는 위의 연계요건을 충족하지 않아도 된다.

모델발굴형의 지역특화 예시

1. 취업지원형: 취약계층 대상으로 일 경험 및 취업지원, 직업훈련, 복지서비스 등을 제공하여 더 나은 시장일자리로 이동시키는 매개 역할을 수행하는 모델(아래 참조)
2. 농산어촌형: 농산어촌의 지역 내 자원을 활용, 사업화하여 지역 내 소득 창출 및 취약계층 일자리·사회서비스 제공 등을 수행하는 모델

취업지원형 예시

1. 추진배경: 자치단체에서 지역 내 취약계층의 일자리 창출을 위한 취업지원형 사회적기업 모델을 발굴, 인큐베이팅하는 것이 필요
2. 사업목적: 취약계층이 더 나은 일자리로 이동하도록 지원하는 취업지원형 사회적기업 모델 발굴을 통해 지역 내 대기업, 비영리단체 및 지역주민의 지원 확보. 그동안 문화, 환경 등 5대 전략분야 중심으로 사회적기업을 육성하였으나, 2011년부터는 고용분야 육성을 위한 사업추진을 도모
3. 사업내용: 취약계층에게 일 경험 및 직업훈련, 고용알선 서비스 등의 제공을 통해 더 나은 시장일자리로 이동시키는 역할을 수행하는 사회적기업 모델. 경력단절여성·고령자 등에게는 보육 및 간병서비스를 동시에 제공하고, 노숙인 등에게는 주거지원 및 의료서비스 등의 제공과 인문학 강의를 통한 기본소양 함양도 동시에 수행

③ 취약계층 고용비율

- 사업수행기관은 전체 참여근로자의 50% 이상을 취약계층으로 고용하여야 함(의무사항, 2011년도 재정지원 일자리사업 가이드라인, 고용노동부).
  * 취약계층 고용비율: {매월 말일 취약계층 참여자 수(월 평균) ÷ 매월 말일 참여자 수(월 평균)} × 100
- 취약계층으로서 저소득자, 장애인, 고령자, 장기실업자 등 2개 이상의 범주에 해당하거나 가족부양 책임이 있는 자는 최우선 선발하여야 함.
- 전체 참여근로자 중에 장애인 3%, 기초생활수급자 1%, 국가유공자 1% 이상이 고용될 수 있도록 적극 노력하여야 함(2011년도 재정지원 일자리사업 가이드라인, 고용노동부).
  * 예시: 전체 참여근로자 수가 30명인 경우, 장애인 1명, 기초생활수급자 1명, 국가유공자 1명 이상을 고용

④ 지원금 및 지원기간

- 지원내용: 최저임금 수준 인건비 + 사업주부담 사회보험료 8.5%
- 지원금 산정방법
  - 참여근로자의 인건비: 법정(소정) 근로시간 범위 내에서 참여근로자의 실제 근로시간에 비례하여 당해연도 시간급 최저임금을 곱한 금액
  - 사업주부담 사회보험료: 사업주부담분은 참여근로자의 지원금(인건비) 총액에 8.5%를 곱한 금액
- 지원수준 : 지원연차에 따라 지원금의 지원비율을 차등 적용
  - 예비 사회적기업: 1년차 100%, 2년차 90%
  - 사회적기업: 1년차 90%, 2년차 80%, 3년차 70%

  * 최대 5년(예비 기업 2년, 사회적기업 3년) 범위 내에서 매 1년 단위로 재심사를 거쳐 계속 지원여부가 결정됨.

3. 중소기업기본법상 지원제도(11가지)

핵심연구 중소기업기본법상 11가지 지원제도에는 정책자금지원, 기술지원, 인력지원, 판로지원, 수출지원, 정보화지원, 창업지원, 벤처기업 지원, 소상공인 지원, 재래시장 활성화 지원, 세제지원이 있다.

중소기업기본법은 중소기업 지원분야의 모법(母法)이다. 이 법이 2011.7.25. 개정되면서 사회적기업이 중소기업자의 범위에 포함되어 사회적기업도 일반적인 중소기업자와 같이 중소기업지원을 받을 수 있다(2012.1.26.부터 시행). 앞에서 언급한 바와 같이 사회적기업이 받을 수 있는 중소기업기본법상 지원제도 11가지를 순서대로 설명한다.[59]

(1) 정책자금 지원

- 종류: 정책자금은 용도에 따라 창업자금, 시설자금, 시장개척자금, 경영안정자금

59) 이하에서는 비즈인포, http://www.bizinfo.go.kr/bizguide2.do?filename=2-6-4. 참조함. 상세한 내용은 사이트를 참조할 것. 그리고 정책자금 부분은 중소기업청 사이트 http://www.smba.go.kr/를 참조할 것.

및 기술개발자금 등이 있고, 이들 자금은 조건에 따라 융자금, 보조금(출연금 포함), 투자금, 보험 및 신용보증 등으로 운영되고 있다.

중소기업청 소관의 중소기업 정책자금[60)]

◇개념: 우수한 기술력과 사업성은 있으나 자금력이 부족한 중소·벤처기업의 창업을 활성화하고 고용 창출을 도모(내용은 아래 참조)

1. 창업기업지원자금: 우수한 기술력과 사업성은 있으나 자금력이 부족한 중소·벤처기업의 창업
2. 개발기술사업화자금: 우수기술의 사장 방지, 개발기술의 제품화, 사업화를 촉진
3. 신성장기반자금: 사업성과 기술성이 우수한 성장유망 중소기업의 생산성 향상, 고부가가치화 등
4. 긴급경영안전자금: 생산 및 판매 활동에 소요되는 자금을 지원
5. 사업전환자금: 경쟁력이 약화된 중소기업의 구조조정에 필요한 자금지원
6. 투융자복합금융자금: 기술성과 미래 성장가치가 우수한 중소기업
7. 소상공인지원자금: 소상공인의 창업과 경영안정 지원
8. 매출채권보험제도: 구매기업으로부터 취득한 매출채권(어음)을 보험에 가입하고, 향후 구매기업의 채무불이행 시 보험금 지급을 통해 중소기업의 연쇄부도 방지 및 경영안정 지원
9. 중소기업 신용보증지원제도: 자금대출을 받을 수 있도록 각종 채무이행에 대하여 신용보증을 지원
10. 소기업·소상공인 신용보증: 지역신용보증재단을 통하여 신용상태가 양호하지만 담보력이 취약한 지역 내 소기업 및 소상공인에 대한 신용보증 지원
11. 소상공인 일자리 창출 및 성장산업 특례보증: 일자리 창출 기업에 대한 보증지원 강화, 실업난 해소 및 성장산업(수출업, 1인 창조기업, 지식 서비스업)에 대한 보증지원 확대
12. 서민지원 햇살론 사업: 사금융·제도권 금융회사보다 금리와 이용도 면에서 유리한 조건
13. 사회적기업 전용 특별보증: 사회적기업에 특화된 전용보증 지원
14. 청년 전용 창업 특례보증: 고용 창출 효과가 큰 지식 서비스산업 등에서의 젊은 인재 창업유도

• 신청: 정부위탁 융자금과 보조금은 중앙부처·시·도 또는 공공기관이 연말이나 연초에 신청기간·접수처 등을 정하여 관보·신문 등에 공고하는 경우가 대부분이

60) 이 부분은 중소기업청 사이트, 금융부분을 참조함. http://www.smba.go.kr/. 이하 같다.

므로 시기를 놓치지 않는 것이 중요하다. 투자금과 보험금 및 신용보증은 신정기간이 정해져 있지 않아 언제든지 이용이 가능하며, 투자금은 창업투자회사나 벤처투자회사 등에 신청을 해야 하고, 보험은 해당보험 회사에, 신용보증서는 신용보증기관을 이용하여야 한다.

- 신청조건: 업자금은 5년 미만인 창업자에게만 지원하고, 소상공인자금은 자영업 또는 소기업(제조업은 50인 미만, 서비스업은 10인 미만)에만 지원하는 자금이며, 고용보험기금의 창업자금은 실직자 또는 퇴직자가 자영업을 할 경우에만 이용할 수 있다. 신용보증기금과 기술신용보증기금은 모든 중소기업을 대상으로 하고, 지역신용보증재단은 소기업, 자영업자를 대상으로 보증서를 발급하며, 수출보험공사는 수출신용보증, 이행보증, 수출보험 등 수출에 관한 업무를 전담하는 등 다소 차이가 있다.

(2) 기술지원

- 종류: 초기 아이디어 단계부터 기술개발 및 사업화에 이르는 단계적인 지원체제 구축에 초점이 맞추어져 있다. 이에 따라 연구개발 역량이 부족한 중소기업에게 연구개발에 대한 투자 요인을 제공하고, 기술개발에 필요한 자금 및 인력, 장비와 함께 기초기술을 공급하는 한편, 개발된 기술의 사업화에 필요한 제반환경을 조성해 주고 있다

중소기업청의 지식 서비스 사업[61)]

1. 1인 창조기업 팀 기술개발 지원사업	2. 중소기업 간 협업사업지원
3. 중소기업 컨설팅 지원사업	4. 아이디어 상업화지원사업
5. 1인 창조기업 지원사업	6. 앱 개발 교육지원
7. 참살이 서비스기업 육성	8. 지도사 자격증 관리 및 운영
9. 1인 창조기업 비즈니스센터	

- 신청: 단계별로 지원하는 자금은 대부분 정부 또는 공공기관이 중소기업에게 비

61) 중소기업청 사이트 http://www.smba.go.kr/.

용의 일부를 무상으로 보조(출연)하는 형태로 지원된다. 이러한 보조(출연)금은 중앙부처·시·도 또는 공공기관이 연말이나 연초에 신청기간·접수처 등을 정하여 관보·신문 등에 공고하고 있어 시기를 놓치지 않는 것이 중요하다. 접수기관에서 평가를 하여 지원하며, 신청방법·절차 등은 자금의 종류에 따라 다소 차이가 있다.

(3) 인력지원

• 종류: 여기에는 인력의 직접채용 지원, 인재알선, 각종 인력 관련 지원금 지급, 인력활용 관련 세제지원, 인력양성지원, 직업능력개발훈련지원, 고용환경개선지원 등의 사업이 있다. 현재 각 중앙행정기관 및 그 산하 단체, 지방자치단체 등에서는 약 110여 개의 인력지원사업을 실시하고 있다(아래 참조).

인력지원제도의 종류

1. 인력 직접 채용사업: 「외국인산업연수제('06.12월까지)」, 「고용허가제」, 중소기업에 일정 기간 성실히 근무하면 병역 의무를 대체해 주는 「전문 연구요원제도」, 「산업기능요원제도」, 외국 전문가를 활용할 수 있도록 하는 「해외기술인력지원사업」 등.
2. 인재 알선사업: 고용안정센터를 통한 「중소기업에 적합한 인재 알선사업」, 「이공계 인력중계센터」, 「IT여성인력채용박람회」, 「취업정보센터(인천광역시)」, 「취업(채용) 박람회(인천 및 대구)」.
3. 인력 관련 지원금 지급사업
   - 전문인력을 채용할 경우 인건비의 일부를 지원하는 「중소기업 전문인력채용장려금(고용노동부)」
   - 청년실업자 등을 신규채용하는 경우 인건비의 일부를 지원하는 「신규고용촉진장려금(고용노동부)」
   - 「청소년 직장체험프로그램」, 「중소기업근로시간단축지원금」, 「교대제전환 지원금」(고용노동부)
   - 「중소기업 연구인력고용지원」, 「중소기업 석박사급연구인력고용지원」 등
4. 인력활용 관련 세제지원
   - 기업이 근로자의 주거안정 등 복지 증진을 위하여 무주택종업원 임대용 주택, 기숙사, 직장보육시설, 장애인 등 편의시설을 취득하는 경우 7% 세액공제를 하는 「근로자 복지 증진시설 투자세액 공제」
   - 「연구 및 인력개발비 세액공제」, 「연구 및 인력개발준비금 손금산입」(이상 기획

재정부) 등
5. 인력 양성지원: 「기능사 양성(고용노동부 한국산업인력공단)」, 「한국영화아카데미 영상전문인력 양성(문화관광부」, 「지역혁신인력양성사업(지식경제부)」, 「S/W 신기술 전문인력양성(지식경제부)」, 「공업고등학교를 통한 기능인력양성(중소기업청)」 등
6. 직업능력개발훈련지원
- 사업주가 당해 사업장 소속근로자에 대해 직업능력개발훈련을 실시하는 경우 훈련비용 및 임금을 지원하는 「유급휴가훈련지원」
- 대기업 또는 사업주 단체 등이 중소기업과 컨소시엄으로 직업능력개발훈련을 실시하는 경우 인건비, 운영비 등을 지원해 주는 「중소기업 직업능력개발훈련 컨소시엄사업」(이상 고용노동부)
- 「문화콘텐츠 현장인력 연수과정(문화관광부)」, 「현장기술인력재교육(지식경제부)」 등
7. 고용환경개선 지원사업:
- 사업주가 당해 사업장에 고용환경개선 시설 또는 설비를 설치한 후 이전보다 월평균 근로자 수가 증가한 경우 지원금을 지급하는 「중소기업고용환경개선지원금」
- 사업주가 근로자의 안전보건을 위한 시설 등을 설치할 경우 지원금을 지급하는 「CLEAN사업장 조성지원사업」, 「직장보육시설 설치비용 융자지원사업」(이상 고용노동부)
- 「중소기업 장기근속자 주택특별공급사업 (중소기업청)」 등
8. 이외에도 장애인근로자의 고용을 지원하기 위한 「장애인표준사업장 지원(고용노동부, 한국장애인 고용촉진공단)」, 사업장 내 노사관계발전 프로그램에 대한 지원을 위해 「노사관계발전프로그램 재정지원사업(고용노동부)」 등

• 신청: 대부분의 인력지원사업은 특별한 신정기간은 없으며 당해 사업장이 각 지원요건에 해당하는 경우는 수시로 신청할 수 있다. 다만 「전문연구 및 산업기능요원 인력지원사업」이나 「취업박람회」 등과 같이 이벤트사업 등 일부 사업의 경우에는 신청 기간이 정해져 있거나 수시 공고 등을 통해 시행하고 있다. 따라서 수시로 「중소기업 맞춤형 정책정보 시스템」에 방문하여 필요한 정보를 확인하는 것이 필요하다. 이 시스템에 수록된 모든 사업은 각 사업별 지원요건을 충족한 중소기업이라면 모두 해당된다. 특히 고용노동부에서 지원하는 사업의 경우에는 고용보험법상 우선지원업종(중소기업기본법상 중소기업보다 광범위)에 해당되는 경우에는 일반 대기업에 비해 더욱 우대지원을 하고 있다.

(4) 판로지원

• 종류: 사업은 크게 민간 부문의 수요 확대를 위한 시장개척사업과 공공 부문의 구매를 확대하기 위한 공공구매제도의 운영으로 구분되며, 시장개척사업은 지원 내용에 따라 브랜드 지원사업, 홍보지원사업, 판매공간확대 지원사업으로 구분된다.

중소기업청의 판로사업[62]

1. 중소기업 공동 A/S센터 운영	2. 중소기업 공동상표 지원사업
3. 중소기업제품 홍보지원사업	4. 중소기업 구매상담회지원
5. 중소기업 마케팅 기반 조성	6. 마케팅정보시스템
7. 중소소모성자재납품업 종합지원센터	8. 중소기업제품 판매전시관 운영
9. 중소기업전용 TV홈쇼핑 지원사업	10. 공예산업지원(대한민국공예품대전)
11. 중소기업제품 공공구매제도	

(5) 수출지원

• 종류: 중소기업의 해외시장 개척활동에 필요한 시장정보, 자금과 인력, 기타 각종 인프라를 지원하여 중소기업의 수출경쟁력을 제고함으로써 수출을 촉진시키기 위한 정책이다.

(6) 정보화지원

• 종류: 다양한 형태의 교육을 무상으로 제공, 정보화 컨설팅, 하드웨어, 소프트웨어, 네트워크 등 기업환경의 도입을 지원

(7) 창업지원

• 종류: 우수한 기술과 사업성 있는 아이템을 보유한 사람이면 누구나 신속하게 창업을 통한 기업활동을 전개할 수 있도록 컨설팅, 정보제공, 교육, 보육, 자금 등을 지원하는 제도이다.

---

62) 중소기업청 사이트 http://www.smba.go.kr/.

중소기업청의 창업, 벤처사업[63]

1. 중소벤처기업 인수합병(M&A) 지원	2. 창업투자회사등록 관리
3. 창업투자조합결성승인 및 관리	4. 가업승계지원
5. 기업회생 컨설팅 지원	6. 유휴설비·공장거래 알선사업
7. 대한민국 실전창업리그	8. 신기술창업집적지역 지원
9. 예비 기술창업자 육성사업	10. 벤처기업확인제도
11. 협동화사업지원제도	12. 벤처기업집적시설 지원제도
13. 벤처기업육성 촉진지구 지정·지원제도	14. 개인투자조합결성 및 투자확인서 발급
15. 모태펀드투자관리	16. 중소기업상담회사 등록 및 변경
17. 창업사업계획 승인제도	18. BI 입주기업 경쟁력 강화 사업
19. 기술창업 아카데미	20. 창업대학원
21. 청소년 비즈쿨 지원사업	22. 창업보육센터 지원
23. 사업전환 지원사업	24. 대한민국 창업대전
25. 제조업 창업중소기업의 부담금 면제	26. 실패기업인 재창업자금지원
27. 창업선도대학 육성사업	28. 대학창업 교육패키지 사업
29. 시니어 창업지원	30. 중소·벤처기업 문화경영 활성화사업

(8) 벤처기업지원

- 종류: 벤처기업이라 함은 중소기업 중에서 성장 유망한 혁신형 기업을 기술력 등 일정기준에 의거하여 선별한 기업을 의미하며, 「벤처기업육성특별조치법」상 지원을 받을 수 있다. 즉, 벤처기업에 대한 투자, 산업재산권의 출자 특례, 법인세 감면 등의 조세특례 제도를 두고 있고, 기업활동 및 인력공급의 원활을 위해 벤처기업 주식교환제도 특례, 교수·연구원의 휴·겸직 스탁옵션 특례를 적용하고 있다. 또한 입지공급의 원활화를 위해 벤처기업촉진지구, 벤처기업집적시설, 창업보육센터, 실험실공장 특례를 통해 벤처기업이 사업 공간 확보를 지원하고 있다. 이 밖에도 벤처법 이외의 여타 제도에 의한 벤처기업지원을 위해 벤처기업이 광고를 할 경우 요금이 할인 적용된다. 그리고 대기업이 벤처기업에 출자할 경우, 출자총액한도의 적용에서 배제된다. 그리고 코스닥에 상장 시에는 일반기업보다 완화된 요건이 적용된다.

63) 중소기업청 사이트 http://www.smba.go.kr/.

(9) 소상공인지원

• 종류: 소상공인은 「소기업 및 소상공인 지원을 위한 특별 조치법」 시행령 제2조의 제1항에 의거, 광업·제조업·건설업·운수업의 경우 상시근로자 10인 미만, 기타 업종의 경우 상시근로자 5인 미만의 사업자로 그 범위를 정하고 있다. 대상자에 따라 일반자영업자 지원, 여성 및 장애인 기업활동지원, 재래시장의 시설 및 경영현대화를 지원하는 사업 등으로 구분된다. 또한 지원내용에 따라 상담·교육, 자금, 정보제공 등으로 구분되며, 그 외에도 재래시장 활성화를 위한 제도적 지원 및 여성기업 활성화지원 등이 있다.

(10) 재래시장 활성화지원

• 종류: 주차장 설치, 진입로 개설, 아케이드 설치 건물 리모델링 등의 시설현대화에 필요한 자금지원, 경영현대화사업, 이벤트 홍보사업 등.

(11) 세제지원

• 중소기업 창업과 세금지원 혜택

1. 법인세(소득세) 감면: 수도권 과밀억제권 외에 창업한 중소기업 등에 대하여 창업 후 소득발생 연도부터 4년간 매년 납부해야 할 법인세(소득세P의 50%) 감면
2. 등록세 감면:
   - 창업 후 2년 간 취득한 사업용 재산에 대한 등록세 면제
   - 창업 중소기업의 법인 설립등기에 대한 등록세 면제(창업 중에 벤처기업으로 확인받은 경우 6월 내 행하는 법인설립등기 포함)
3. 취득세 면제: 창업 후 2년 내 취득한 사업용 자산에 대한 취득세 면제
4. 인지세 면제: 창업 후 2년 내 금융기관의 융자 관련 문서에 대해 인지세 면제
5. 재산세 감면: 창업 후 5년간 재산세 50%면제
6. 창업기업 투자에 대한 소득공제 등
   - 창업투자조합 및 벤처기업 등에 출자한 금액의 15% 소득공제
   - 벤처기업에 출자한 주식을 5년 이상 보유 후 양도 시 양도세 비과세

• 중소기업에 한하여 적용되는 지원제도

1. 중소기업 경영컨설팅 쿠폰구매에 대한 세액공제: 사용금액의 70% 세액공제

2. 중소기업에 대한 특별세액 감면: 제조업 등 소득에 대한 법인세(소득세)의 5~30%를 매년 납부할 세금에서 공제
3. 기업구매 전용카드 등에 대한 소득공제: 물품구입자가 중소기업이거나 중소기업으로부터 구입하면서 기업구매 전용카드 등으로 결제 시 사용액의 0.15~0.3% 세액공제
4. 설비투자지원 투자금액의 3% 세액공제: 사업용 자산 및 판매시점 정보관리시스템, 정보보호 시스템설비, 중소기업정보화 지원사업에 대해 과세 특례

• 일반기업과 함께 적용되는 세금감면

1. 공장(본사) 지방 이전에 대한 세금감면
   - 공장(본사) 이전 연도와 그 후 6년간 세금감면
   - 이전연도와 그 후 4년간 면제, 그 후 2년간 50% 감면
   - 공장(본사) 지방 이전에 대한 취득세·등록세 면제
2. 연구·인력 개발에 대한 지원
   - 수입금액의 3%, 5%를 연구 및 인력개발준비금으로 손금산입
   - 연구·인력개발비 대하여 15%(또는 초과발생액의 50%) 세액공제
   - 투자금액의 7%를 납부세금에서 공제
   - 기술 이전 소득의 50% 감면 및 특허권 등 취득금액 3%(중소기업은 7%)를 세액공제

• 세제 및 세정상의 편의 제공

1. 농공단지 등 입주 기업에 대한 감면: 입주 후 소득이 발생한 사업연도부터 4년간 세금 50% 감면
2. 시설투자에 대한 감면
   - 생상성 향상시설 투자금액의 3%(중소기업은 7%) 세액공제
   - 환경·안전설비 투자금액의 3% 세액공제
   - 에너지절약시설 투자금액의 10% 세액공제
3. 고용증대를 위한 조세지원
   - 고용창출형 창업기업에 대해 4년간 50~100% 세금감면
   - 고용증대·유지인원 1인당 50만 원, 100만 원 세액공제
4. 화물운송비 세액공제: 공동전산망을 이용한 위탁운송비의 0.3% 세액공제
5. 지급조서에 대한 세액공제: 국세정보통신망 이용 지급조서 제출 시 1만 원 ~ 300만 원 세액공제
6. 전자신고 세액공제: 소득세, 법인세, 부가가치세 제출 시 1만 원 ~ 300만 원 세액공제
7. 기업도시개발구역: 기업도시개발구역 입주기업 등에 대해 5년간 25~100% 감면
8. 성실신고사업자 조세지원: 수입금액 증가비율 해당 산출세액의 50~100% 등을 공제

4. 사회복지법상 기부금 지원제도

(1) 사회복지법상 지원제도의 의의

한국의 후원금(기부금)은 방식은 2가지이다. 첫째는 안전행정부가 관할하는 재난구휼사업의 모금(가뭄 등)으로 「기부금품의 모집 및 사용에 관한 법률」이 있고(국가주도), 둘째는 보건복지부 산하의 사회복지 공동모금회가 관할하는 자선사업의 모금(불우이웃돕기 등)으로 「사회복지공동모금회법」이 있다(민간주도). 이들 중 사회복지공동모금회가 본 내용과 관계있는 부분이다.

(2) 사회복지공동모금의 기부금 지원제도

① 의의

사회복지공동모금이란 국민의 자발적인 성금으로 조성된 재원을 효율적이고 공정하게 관리·운용함으로써 사회복지증진에 이바지함을 목적으로 하는 것이다. 주체는 사회복지공동모금회이고 관계법은 「사회복지공동모금회법」이다.

② 대상자

대상자는 사회복지사업 기타 사회복지활동을 행하는 법인·기관·단체 및 시설(개인 신고시설 포함)이나 사회복지서비스를 필요로 하는 개인이다. 공동모금회의 배분사업은 다음과 같다.

〈표 4-3〉 공동모금회의 배분사업

구 분	사업내용	배분규모
신청사업	사회복지 증진을 위하여 자유주제 공모형태로 복지사업을 신청받아 배분하는 사업	프로그램사업 및 기능보강사업
기획사업	모금회가 그 주제를 정하여 배분하는 사업 또는 배분대상자로부터 제안 받은 내용 중에서 선정하여 배분하는 시범적이고 전문적인 사업	별도지정
긴급지원사업	재난구호 및 긴급구호, 저소득층응급지원 등 긴급히 지원해야 할 필요가 있는 경우에 배분하는 사업	별도지정

〈표 계속〉

구 분	사업내용	배분규모
지정기탁 사업	사회복지 증진을 위하여 기부자가 기부금품의 배분지역·배분대상자 또는 사용용도를 지정한 경우 그 지정취지에 따라 배분하는 사업	별도지정

자료: 사랑의열매(2011). 2012 배분사업 안내. 금액이나 제도는 해당연도를 확인할 것.

설명: 프로그램사업은 지역사회의 변화와 지역주민의 삶의 질 향상을 중심으로 사회복지기관 등에서 계획하여 진행 예정인 사업이다. 기능보강사업은 장비 및 이동수단 구입, 시설 개·보수 등의 사업을 말한다.

③ 사회적기업 관련

따라서 사회적기업은 배분사업을 신청하여 선정이 되면 지원받을 수 있다. 처음에는 신청사업 중 프로그램사업 및 기능보강사업부터 시작하여 기획사업이나 지정기탁 사업으로 신청하는 것이 바람직하다고 판단된다. 또한 이러한 사업을 시행함에 있어서 활동분야의 결정에는 아래의 예시를 참조 바란다.

지역사회분야

1. 군(軍)사회복지 활성화를 위한 지원사업
2. 볼런티어리더십 아카데미 지원사업
3. 지역사회역량강화 지원사업
4. 지역단위 복지과제해결 지원사업
5. 마이크로크레디트 사회적기업 모델 구현사업
6. ㅇㅇ지역 복지활동가 네트워크 지원사업
7. ㅇㅇ지역 복지활동가 교육훈련사업
8. ㅇㅇ지역 지역복지활동가를 위한 "위대한 활동가 학교"
9. 군(軍)사회복지 지원사업
10. 넘버원 지역사회 활동가 육성 지원사업
11. 지역주민의 관계망 형성 및 확장을 통해 장애가 장애가 되지 않는 ㅇㅇ동 마을공동체 만들기
12. 정의로운 국제개발협력을 위한 시민 아웃리치
13. 나눔문화캠페인 지원사업
14. 나눔문화활성화 지원사업

자료: 사랑의열매 사이트. 수정·인용.

5. 기부금품 관련법상 기부금 지원제도

① 의의

전술한 바와 같이 이 제도는 안전행정부가 관할하는 「기부금품의 모집 및 사용에 관한 법률」이 적용된다. 그러므로 이 제도의 목적은 국가주관으로 성숙한 기부문화를 조성하고 건전한 기부금품 모집제도를 정착시키며, 모집된 기부금품이 적정하게 사용될 수 있도록 하는 것이다.

② 기부금품모집 대상자와 모집분야

기부금품 모집등록은 개인, 법인, 단체가 가능하며, 1천만 원 이상의 기부금품을 모집하려는 자는 안전행정부장관 또는 특별시장·광역시장·도지사·특별자치도지사에게 등록하여야 한다(법 제4조제1항). 모집분야는 아래와 같다(법 제4조제2항).

모집분야

1. 국제적으로 행하여지는 구제사업
2. 천재지변이나 그 밖의 이에 준하는 재난(「재난 및 안전 관리기본법」 제3조제1호 가목에 따른 재해는 제외한다)의 구휼사업(救恤事業)
3. 불우이웃돕기 등 자선사업
4. 영리 또는 정치·종교 활동이 아닌 사업으로서 다음 각 목의 어느 하나에 해당하는 사업
   가. 교육, 문화, 예술, 과학 등의 진흥을 위한 사업
   나. 소비자 보호 등 건전한 경제활동에 관한 사업
   다. 환경보전에 관한 사업
   라. 사회적 약자의 권익 신장에 관한 사업
   마. 보건·복지 증진을 위한 사업
   바. 남북통일, 평화구축 등 국제교류·협력에 관한 사업
   사. 시민참여, 자원봉사 등 건전한 시민사회 구축에 관한 사업
   아. 그 밖에 공익을 목적으로 하는 사업으로서 대통령령으로 정하는 사업

③ 사회적기업 관련

등록한 기부금품 모집 대상자가 기부금품을 모집하는 경우, 그 용도는 앞에서 설명하였다. 또한 위에서 설명한 모집분야와 마찬가지로 사회적기업의 활동분야도 광범위하다. 따라서 기부금 연계전략이 필요하다. 부연하면 자신의 사회적기업의 활동분

야에 적합한 모집 대상자와 연계를 할 수 있다면 기부금 지원을 받을 수 있다고 판단된다.

Social Enterprise

제3부

한국 사회적기업의 설립

◆ ◆ ◆

한국 사회적기업 조직형태는 5가지로 민법상 법인, 민법상 조합, 상법상 회사, 상법상 합자조합, 특별법상 법인 또는 비영리민간단체이다. 또한 유의할 사항으로 개인은 절대로 규정상 사회적기업을 할 수 없다.

제 5 장

사회적기업 설립이 가능한 조직

제1절 법인 및 단체설립과 분야

1. 설립 관련 개관

앞에서 설명한 바와 같이 한국 사회적기업 조직형태는 5가지로 민법상 법인, 민법상 조합, 상법상 회사, 상법상 합자조합, 특별법상 법인 또는 비영리민간단체이다(법 제8조제1항제1호). 또한 유의할 사항으로 개인은 절대로 규정상 사회적기업을 할 수 없다는 점도 언급하였다. 그리고 제1장에서 상법상 기업부분을, 제3장의 인증요건에서 나머지 부분을 설명하였다. 그러므로 여기에서는 전술한 내용을 종합하여 전체적인 개관을 하기로 한다. 사회적기업으로 설립이 가능한 조직은 아래와 같다. 순서대로 설명한다.

단체
- ① 법인 →
  - ③사단법인
    - ⑤ 영리 → 상법상 회사(합명, 합자, 주식, 유한)
    - ⑥ 비영리 → 민법상, 특별법상 비영리 사단법인
  - ④재단법인 → ⑦ 비영리 → 민법상, 특별법상 비영리 재단법인
- ② 비법인 → 민법상 조합, 상법상 합자조합, 협동조합, 비영리민간단체 등

[그림 5-1] 사회적기업으로 설립이 가능한 조직

2. 법인과 비법인

① 권리주체인 자연인과 법인

민법상 권리주체란 법에 의하여 인정된 권리를 부여받는 개인 또는 법인을 말한다. 권리주체인 자연인(自然人) 또는 사람은 생존하는 동안 권리주체가 되며, 단체는 법률의 규정에 의하여 적법하게 성립하여야 법인(法人)으로서 권리주체가 된다. 권리의 주체는 동시에 의무(義務)의 주체도 된다. 그리고 이와 같이 권리와 의무의 주체가 될 수 있는 지위 또는 자격을 권리능력(權利能力)이라고 한다.

② 법인(法人)과 비법인(非法人)

단체는 법인(法人)과 비법인(非法人)으로 구분된다(그림 ①②). 법인은 주무관청의 허가와 설립등기가 있어야 한다. 설립등기가 없으면 비법인이다. 이 경우 법인등기는 법인을 대표할 자가 「비송사건절차법(제5장)」에 의거하여 관할등기소에 신청한다. 특히 법인등기는 거래의 안전을 위해서 법인의 내용을 공시하는 것으로서, 법인과 거래 시에는 반드시 법인등기부등본으로 확인하여야 한다.

법인과의 거래 시 유의할 사항

1. 거래는 법인이사와 계약을 하여야하므로 법인등기부등본에서 이사의 성명과 주소, 그리고 이사의 대표권을 제한여부 등을 확인하여야 한다.
2. 재단법인의 대표자가 거래 시 이사회의 결의를 있어야 한다는 등기가 있는 경우, 재단법인의 대표자가 이사회의 결의 없이 제3자와 거래한 경우 제3자는 법인에게 대항할 수 없다(대법원 1992.2.14. 선고 91다24564 판결의 반대해석).

3. 사단법인과 재단법인

① 사단법인의 의의

사단법인(incorporated association, 社團法人)은 일정한 목적을 위하여 결합한 사람의 단체를 실체로 하는 법인이다. 사단법인은 근거법령에 따라 민법상의 사단법인, 상법상의 사단법인 곧 상사회사(商事會社), 기타 특별법상의 사단법인 등으로 구별할 수 있다(그림 ③). 또한 영리목적에 따라 비영리사단법인과 영리사단법인으로 구별할 수 있으나 보통은 민법상의 비영리사단법인을 말한다. 민법상의 영리사단법인에 대하여는 상사회사에 관한 규정을 준용한다(민법 제39조).

② 재단법인의 의의

재단법인(incorporated foundation, 財團法人)이란 일정한 목적에 바쳐진 재산(재단)에 법적 인격이 부여된 법인이다(그림 ④). 목적재산을 그 출연(出捐) 목적에 적합하도록 관리하기 위한 조직으로서 대륙법에서 발달한 제도이며, 영미법에서 발달한 신탁제도와 그 기능이 같다. 법인의 차이점은 다음과 같다.

〈표 5-1〉 사단법인과 재단법인의 비교(민법)

구 분	사단법인	재단법인
의 의	사람의 단체로서 법인격을 가진 것	재산을 구성요소로 법인격을 가진 것
설립행위	2인 이상의 설립자가 정관작성(제40조)	재산의 출원과 정관작성(제43,48조)
정관변경	총회결의 + 주무관청허가	① 변경방법을 정관에 정하고 있을 때 한함(제45조제1항) ② 명칭, 주소지는 일정 경우 정관에 정하고 있지 않아도 변경가능(제45조제2항) ③ 목적달성 불가능: 주무관청허가로 변경가능(제46조)
기 관	이사, 감사, 사원총회	이사, 감사
의사결정	사원총회	정관에 정한 목적
해산사유	① 법인 공통사유: 존립기간의 만료, 목적의 달성·달성 불능, 그 밖의 정관에 정한 해산사유의 발생, 파산, 설립허가의 취소 ② 특유한 해산사유: 사원이 한 사람도 없게 된 경우, 총회의 해산결의(제77조)	① 법인 공통사유: 존립기간의 만료, 목적의 달성·달성 불능, 그 밖의 정관에 정한 해산사유의 발생, 파산, 설립허가의 취소

4. 영리법인과 비영리법인

① 비영리법인

우리 민법은 법인을 영리법인과 비영리법인으로 구분하고 있다(제32조, 제39조). 그리고 비영리법인(非營利法人)이란 학술·종교·자선·기예·사교·기타 영리 아닌 사업, 즉 경제적 이익을 도모하는 것이 아닌 사업을 목적으로 하는 사단법인 또는 재단법인을 말한다(그림 ⑥⑦). 이러한 비영리법인에는 비영리법인과 공익법인이 있다. 공익법인(public service corporation)은 공익, 즉 사회전반의 이익을 목적으로 하되 영리를 목적으로 하지 않는 법인이다. 비영리법인의 설립은 허가주의를 따르고 있다.

② 영리법인

합명회사·합자회사·주식회사·유한회사 등이 이에 해당한다. 영리법인(營利法人)이란 법인이 수익사업을 할 뿐만 아니라 이윤을 구성원에 귀속시키려는 것을 말한다. 이와 같이 영리법인은 구성원의 존재를 전제로 하므로 사단법인에 한하고 재단법인에는 인정되지 않는다(그림 ⑤). 영리법인은 상행위를 목적으로 하는 상사회사(商事會社)와 기타 상행위가 아닌 영리행위(농업·어업·광업 등)를 목적으로 하는 민사회사(民事會社)로 나눌 수 있다. 영리법인의 설립은 준칙주의(準則主義)를 취하고 있다.

5. 설립분야의 예시

사회적기업으로 설립할 수 있는 분야는 매우 광범위하며 동시에 다양하다. 법규정상 설립분야는 이미 설명하였으므로 여기에서는 실무적인 예시로 중앙정부별로 추진하고 있는 사회적기업 분야를 살펴보면서 그 가능성을 판단하기로 한다.

〈표 5-2〉 관계부처의 사회적기업 육성현황

중앙부서	사업명	사업내용 및 추진계획
교육부	방과 후 학교 사회적기업 발굴·육성	공공성이 담보된 방과 후 학교 사회적기업을 발굴·육성 → 공교육의 보완기능 수행
통일부	북한이탈주민 사회적기업 지원사업	북한이탈주민 사회적기업 설립을 지원, 안정적 일자리 제공과 사회서비스 제공

〈표 계속〉

중앙부서	사업명	사업내용 및 추진계획
안전행정부	희망의 집수리사업 등 사회적기업 발전 유도	- '희망의 집수리사업' 등 Post~희망근로 '지역공동체 일자리사업' 추진 - 사업종료 후 취약계층 일자리 제공형 사업에 대해 지역밀착형 사회적기업으로 육성
문화체육관광부	문화분야 사회적기업육성	- 재정지원 일자리사업의 사회적기업 전환 추진 및 문화예술분야 사회적기업 활성화 * MOU 체결('09.6.16), 40개(449명)의 예비사회적 기업 창출
농림축산식품부	농어촌 공동체회사 활성화	- '15년까지 농어촌 공동체회사 사업 3천개소 육성, 11,200개의 일자리 창출 → 사회적기업으로 유도 - 우수한 회사에 농어촌 지역개발 등 관련사업 연계 지원 및 교육·컨설팅 지원
산업통산자원부	저소득층 에너지효율 개선사업 사회적기업참여 확대	- 저소득층 가구당 100만 원 한도 내에서 단열·바닥 배관 시공('10년 예산 292억 원) - 시공업체 선정 시 타경쟁업체와 동일조건(동점 시)이라면 사회적기업을 우선적으로 선정하여 성장을 지원
보건복지부	자활공동체 활성화	- 사회적기업 인증요건을 충족할 수 있는 자활 공동체는 인증을 받을 수 있도록 최대한 지원
환경부	환경분야 사회적기업 활성	- '12년까지 환경 분야 사회적기업 300개 육성, 1만여 개 일자리 창출
여성가족부	여성 사회적기업 육성 시범사업	- 결혼이민자, 경력단절여성 등 취약계층 여성의 일자리지원을 위한 여성 사회적기업 모델 발굴
중소기업청	사회적기업에 대한 중소기업지원제도 적용	- '창업기업지원자금' 내 사회적기업 지원금을 별도 신설·운영('10년 50억 원 → '11년 100억 원), 영리형 사회적기업의 성장 지원 - 사회적기업의 제품구매실적을 중소기업제품 구매실적에 포함시켜 의무구매비율(50%) 적용
문화재청	문화재분야 사회적기업 활성화	- 문화재 분야 사회서비스 확대와 신규 일자리 창출을 위해 기존 문화재 관리방법을 개선, 문화재관리·활용의 사회적기업 정책모델 개발 * '09년도 문화재 분야 사회적 일자리 창출사업 시행(230여 명)
산림청	산림분야 사회적기업	- 산림분야 일자리사업 중 수익 가능한 모델에 대한 사회적기업 집중 육성(숲체험 교육, 도시녹지 조성·관리, 목제품 생산, 산림바이오매스 가공 분야 등) - 산림분야 사회적기업 육성 네트워크 구축 및 협의회 구성, 관계부처 MOU 체결 예정

자료: 노동부(2010.6). 사회적기업 활성화 방안. 단 부서명칭은 2013.7. 기준으로 변경함.

제2절 민법 등 법인 설립절차

1. 비영리사단·재단법인 설립

(1) 비영리 사단법인의 설립

① 비영리 사단법인의 의의

• 비영리 사단법인의 개념: 이 부분은 민법과 특별법상 비영리 사단법인을 말한다(그림 ⑥ 참조). 특별법상 비영리 사단법인의 예로는 사회복지사업법에 의한 사회복지법인, 공익법인의 설립 및 경영에 관한 법률에 의한 공익법인, 의료법에 의한 의료법인 등이 있다. 이러한 특별법은 특별법 우선원칙에 의하여 일반법에 우선하여 적용하고 있다.

• 비영리 사단법인의 설립: 비영리법인의 설립은 관련 법률에 따라 다소간 차이가 있으나 일반적으로 목적의 비영리성, 주무관청의 허가, 등기의 과정을 거쳐야 법인으로 성립한다. 따라서 본서에서는 민법상 비영리 사단법인과 사회복지법인을 순서대로 살펴보기로 한다.

② 민법상 비영리 사단법인의 설립요건(4가지)

• 목적의 비영리성: 목적은 학술, 종교, 자선, 기예, 사교 기타 영리 아닌 사업(제32조).

• 정관작성(설립행위): 설립자는 정관을 작성하여 기명날인하여야 한다. 정관기재에는 필요적, 임의적 기재사항이 있다(제40조). 필요적 기재사항은 반드시 기재할 사항이다(정관 작성방법은 〈부록 1〉을 참조).

필요적 기재사항 1. 목적 2. 명칭 3. 사무소의 소재지 4. 자산에 관한 규정 5. 이사의 임면에 관한 규정 6. 사원자격의 득실에 관한 규정 7. 존립시기나 해산사유를 정하는 때에는 그 시기 또는 사유

임의적 기재사항 1. 이사의 대표권에 대한 제한 2. 정관의 변경 등

• 주무관청의 허가(제32조)

• 설립등기: 설립등기를 하여야 법인으로 성립된다(제33조).

③ 사회복지사업법상 사회복지법인 설립요건

• 설립절차: 사회복지법인을 설립하려면 시·도지사의 허가를 받아야 한다. 즉, 법인설립허가신청서에 필요한 서류를 첨부하여 사회복지법인의 주된 사무소의 소재지를 관할하는 시장·군수·구청장을 거쳐 시·도지사에게 제출하여야 한다(법 제16조, 영 제8조). 설립절차는 다음과 같다.

〈표 5-3〉 사회복지법인 설립절차

1 단계	신청인의 법인설립 신청(신청인→시·군·구)
조치사항	► 사회복지법인을 설립하고자 하는 자는 사회복지사업법 시행규칙 제7조에 규정되어 있는 사회복지법인 설립허가 신청서와 기타 구비서류를 완비하여 시·군·구에 제출
참고사항	► 신청인은 신청서 제출 전 법인 주사무소가 소재할 시·도 및 시·군·구와 법인설립 필요성 등에 대해 충분하게 협의하여 추후 절차가 원만하게 수행되도록 지도 ► 시·도 및 시·군·구는 사회복지법인 설립에 대한 문의가 있을 경우 신속하고 정확하게 안내할 것
2 단계	검토의견 등 첨부하여 시·도 제출(시·군·구→시·도)
조치사항	► 시군구는 설립허가를 신청한 법인에 대한 기초자료(예: 자산에 관한 실지조사 결과, 법인설립 필요성에 관한 검토의견서 등)를 첨부하여 시도에 신청서를 제출
참고사항	• 신청서를 접수한 시·군·구는 해당 법인이 소재할 사무소 및 기본재산 등을 직접 엄격하게 확인할 것(필요 시 방문) • 시·도에서 조례 및 규칙 등으로 법인업무와 관련한 시·군·구의 권한 및 위임사항을 정하였을 경우 그에 따르되 법인의 허가 등 법인관리 업무의 중요사항은 반드시 시·도지사가 행할 것
3 단계	시도에서 최종 허가여부 결정
조치사항	► 시·도는 법인설립 신청서와 시·군·구의 기초자료, 시·도의 복지여건 등을 종합적으로 검토하여 법인설립허가 최종 결정
참고사항	• 법인허가 시 법인의 목적사업에 해당하는 기본재산을 갖추었는지 여부를 엄격하게 심사 • 목적사업이 2 이상의 시·도에 걸쳐 있는 법인에 대해서는 관련 시·도의 의견을 충분히 수렴

자료: 보건복지부, 2005.5.: 8.

• 제출서류: 제출서류는 다음과 같다(규칙 제7조). 정관은 〈부록 2〉을 참조.

1. 설립신청서 1부
2. 설립취지서 1부
3. 정관 1부
4. 재산출연증서 1부
5. 재산의 소유를 증명할 수 있는 서류 1부
6. 재산의 평가조서 1부
7. 재산의 수익조서 1부
8. 임원의 취임승낙서 및 이력서 각 1부
9. 임원 상호간 특별한 관계에 있는 자가 아님을 입증하는 각서 1부

(2) 비영리 재단법인의 설립

• 비영리 재단법인의 개념: 이 부분은 민법과 특별법상 비영리 재단법인을 말한다(그림 ⑦ 참조). 특별법상 비영리 재단법인의 예로는 사회복지사업법에 의한 사회복지법인, 공익법인의 설립 및 경영에 관한 법률에 의한 공익법인, 사립학교법에 의한 학교법인 등이 있다.

• 비영리 재단법인의 설립: 비영리 사단법인의 설립요건과 비슷하다. 그러나 정관의 필요적 기재사항에 사원자격의 득실에 관한 규정과 존립시기나 해산사유는 기재하지 않는다. 그리고 재산출연을 하여야 한다(정관은 〈부록 3〉을 참조).

(3) 기타 사단·재단법인의 설립

① 안전행정부 관할 법인인 경우(구 행정안전부)

• 설립요건: 비영리성이 있어야 하고, 비영리법인의 목적과 사업이 실현가능해야 하며, 목적하는 사업을 할 수 있는 충분한 능력이 있고, 재정적 기초가 확립되어 있거나 확립될 수 있어야 하며, 다른 법인과 같은 명칭이 아니라야 한다(안전행정부 및 그 소속청소관 비영리법인의 설립 및 감독에 관한 규칙 제4조).

• 신청서류: 아래와 같다(규칙 제3조)

1. 설립허가 신청서
2. 설립발기인의 성명·주민등록번호·주소 및 약력을 적은 서류(설립발기인이 법인인 경우에는 그 명칭, 주된 사무소의 소재지, 대표자의 성명·주민등록번호·주소와 정관을 적은 서류) 1부
3. 설립하려는 법인의 정관 1부
4. 재산목록(재단법인의 경우에는 기본재산과 운영재산으로 구분하여 적어야 한다) 및 그 증명서류와 출연(出捐) 신청이 있는 경우에는 그 사실을 증명하는 서류 각 1부
5. 해당 사업연도분의 사업계획 및 수입·지출 예산을 적은 서류 1부
6. 임원 취임 예정자의 성명·주민등록번호·주소 ·약력을 적은 서류 및 취임승낙서 각 1부
7. 창립총회 회의록(설립발기인이 법인인 경우에는 법인설립에 관한 의사 결정을 증명하는 서류) 1부

② 고용노동부 관할 법인인 경우

안전행정부 관할 법인인 경우와 같다(고용노동부 소관 비영리법인의 설립 및 감독

에 관한 규칙 제3,4조).

2. 법인설립 후 행정 등 절차

법인설립 후 절차로는 법인등기, 사업자등록, 취업규칙신고, 사회보험 등의 신고를 하여야 한다. 즉, 해당 주무관청으로부터 설립허가를 받은 법인은 법인의 주된 사무소 소재지를 관할하는 법원등기소에 설립등기를 한 후, 세무서에 법인 설립신고를 해야 한다. 순서대로 설명한다.

① 법인등기(관할하는 법원등기소)

사단법인이나 재단법인은 관할하는 법원등기소에 설립등기를 하여야 법인으로 성립한다. 신청서는 〈부록 4〉 참조.

② 사업자등록(관할세무서)

- 신청자 등: 사업자등록은 사업을 시작한 날로부터 20일 이내에 구비서류를 갖추어 관할세무서(민원봉사실)에 신청하여야 하며, 사업개시 전에도 신청이 가능하다. 그리고 사업자등록은 사업장마다 하여야 하며, 사업자등록신청서는 사업자 본인의 자필서명이 필요하다. 만약 대리인이 신청할 경우에는 대리인과 위임자의 신분증을 필히 지참하고 사업자등록신청서에 사업자 본인 및 대리인 모두 인적사항을 기재하고 자필서명하여야 한다. 그리고 2인 이상의 사업자가 공동사업을 하는 경우에는 공동사업자 중 1인을 대표자로 하여 대표자 명의로 신청해야 한다(국세청 사이트).
- 신청서류: 아래와 같다(국세청 사이트)(법인설립신고 및 사업자등록신청서는 〈부록 5〉 참조).

비영리 내국법인 신청서류(본점)

1. 법인설립신고 및 사업자등록신청서 1부
2. 법인등기부 등본 1부
   * 담당 공무원의 확인에 동의하지 아니하는 경우 신청인이 직접 제출하여야 하는 서류
   * 등기부에 등재 안 된 지점법인은 지점 설치 사실을 확인할 수 있는 이사회의사록

사본(직매장 설치 등 경미한 사안으로 이사회소집이 어려운 경우 대표이사 승인을 얻은 서류 사본)
3. 임대차계약서 사본(사업장을 임차한 경우에 한함) 1부
4. 사업허가·등록·신고필증 사본(해당 법인에 한함)
- 허가(등록, 신고) 전에 등록하는 경우: 허가(등록)신청서 등 사본 또는 사업계획서

• 관할관청의 허가, 신고, 등록대상 업종: 단, 관할관청의 허가, 신고, 등록대상 업종인 경우에는 사업자등록 신청 시 허가(신고, 등록)증 사본을 제출하여야 한다(업종은 아래 참조).

관할관청의 허가, 신고, 등록대상 업종

- 건강기능식품일반판매업 - 건설기계매매업 - 건축사 - 결혼중개소 - 경비업 - 공인중개사 - 고시원, 전화방, 화상대화방 - 수면방, 휴게텔, 콜라텍 - 관광숙박업 - 교습소 - 노래연습장업 - 다단계 판매업 - 단란주점 영업 - 담배수입판매업 - 대부중개업 - 독서실 - 동물병원 개설 - 목욕탕 - 미용업(일반, 피부, 종합, 네일아트 포함) - 보험대리점 - 비디오방 - 산후조리원 - 이용업 - 안경업소 개설 - 인쇄소 - 일반여행업 - 학원

자료: 국세청, 2012, 창업자 세금가이드, 3-4.

• 면세사업자와 과세사업자 확인: 사업자등록 신청 시 먼저 사업내용이 부가가치세가 면제되는 면세사업자인지 또는 부과되는 과세사업자인지 확인하여야 한다(면세사업자는 아래 참조).

면세사업자

1. 곡물, 과실, 채소, 육류, 생선 등 가공되지 아니한 식료품의 판매
   • 연탄, 무연탄, 복권의 판매
2. 도서, 신문, 잡지(광고 제외)
3. 허가 또는 인가 등을 받은 학원, 강습소, 교습소 등 교육용역업(무도학원은 2011.7.1부터, 자동차운전학원은 2012.7.1부터 과세)
4. 병·의원 등 의료보건 용역업(2011.7.1부터 성형수술, 수의용역은 과세)

자료: 국세청, 2012, 사업경영자가 알아두면 유익한 세금정보, 2

• 간이과세자와 일반과세자 선택: 그리고 부가가치세가 과세되는 사업의 과세유형에서 법인이 아닌 개인사업자는 간이과세자와 일반과세자를 선택해야 한다. 법인은 일반과세자이다(차이는 아래 참조).

〈표 5-4〉 간이과세자와 일반과세자 구분

구 분	일반과세자	간이과세자
개 념	1년간 매출액 4,800만 원 이상이거나 간이과세 배제되는 업종·지역인 경우*	1년간 매출액 4,800만 원 미만이고 좌측에 해당되지 않은 경우
매출세액	공급가액 × 10%	공급대가 × 업종별부가가치율 × 10%
세금계산서발급	발급의무 있음	발급할 수 없음
매입세액 공제	전액공제	매입세액 × 업종별부가가치율
의제매입세액 공제	모든 업종에 적용	음식업 사업자만 공제

설명: 광업·제조업·도매업·전문직 사업자, 다른 일반과세 사업장을 이미 보유한 사업자, 간이과세배제기준(종목·부동산임대업·과세유흥장소·지역)에 해당되는 사업자 등은 간이과세 적용이 배제됨.
자료: 국세청, 2012, 사업경영자가 알아두면 유익한 세금정보, 2.

③ 취업규칙의 작성·신고(해당 지방고용노동청)

• 취업규칙 개념: 사용자가 근로계약관계에 적용되는 근로조건이나 복무규율 등에 대하여 일방적으로 작성하여 근로자들에게 공통적으로 적용하는 규칙을 의미하며, 복무규율과 임금 등 근로조건에 관한 준칙의 내용을 담고 있으면 그 명칭을 불문한다(고용노동부 사이트).

취업규칙 개념

- '상시근로자 10인 이상'이라 함은 근로기준법의 전부 또는 일부를 적용받는 근로자가 상태적으로 보아 10인 이상인 경우를 의미한다(2002.12.17., 근기 68207-3367).
- 전 근로자의 근로계약서가 일률적으로 작성되고 근로조건과 복무규율 등에 관한 통일적인 준칙으로 볼 수 있는 경우 취업규칙으로 볼 수 있다(2002.11.16., 근기 68207-3234).
- 사용자에 의한 제정 후 노사 쌍방의 합의를 거쳐 개정된 사고처리규정은 취업규칙에 해당한다(1997.04.25., 대법 96누 5421).
- 취업규칙은 복무규율과 임금 등을 규정한 것으로 명칭과는 무관하다(1994.05.10., 대법 93다 30181).

▸ 복무규율과 임금 등 근로조건에 관한 내용을 담고 있는 노역계약서는 취업규칙이며 1개 사업장에서 직종의 특수성에 따라 별도의 취업규칙을 정할 수 있다(1992. 02.28, 대법 91다 30828).
▸ 동일 사업장이라 하더라도 근로기준법 제5조 및 제28조에 저촉되지 않는다면 직종 등에 따라 별도의 취업규칙을 정할 수 있다(1991.05.20., 근기 01254-7148).
▸ 사용자가 취업규칙을 작성, 변경할 때 근로자측의 의견청취 등 절차를 취하지 아니하였다 하여 효력이 없다고 할 수는 없다(1989.05.09., 대법 88다카4277).

• 취업규칙 내용: 상시 10명 이상의 근로자를 사용하는 사용자는 아래사항에 관한 취업규칙을 작성하여 고용노동부장관에게 신고하여야 한다(근로기준법 제93조)(표준취업규칙안 등에 대해서는 고용노동부 사이트 참조).

취업규칙 내용

1. 업무의 시작과 종료 시각, 휴게시간, 휴일, 휴가 및 교대 근로에 관한 사항
2. 임금의 결정·계산·지급 방법, 임금의 산정기간·지급시기 및 승급(昇給)에 관한 사항
3. 가족수당의 계산·지급 방법에 관한 사항
4. 퇴직에 관한 사항
5. 「근로자퇴직급여 보장법」 제4조에 설정된 퇴직급여, 상여 및 최저임금에 관한 사항
6. 근로자의 식비, 작업 용품 등의 부담에 관한 사항
7. 근로자를 위한 교육시설에 관한 사항
8. 출산전후휴가·육아휴직 등 근로자의 모성 보호 및 일·가정 양립 지원에 관한 사항
9. 안전과 보건에 관한 사항
9의2. 근로자의 성별·연령 또는 신체적 조건 등의 특성에 따른 사업장 환경의 개선에 관한 사항
10. 업무상과 업무 외의 재해부조(災害扶助)에 관한 사항
11. 표창과 제재에 관한 사항
12. 그 밖에 해당 사업 또는 사업장의 근로자 전체에 적용될 사항

• 취업규칙 실무(판례)

취업규칙 실무(판례)

1. 취업규칙의 변경
▸ 통상근무를 하여 온 특정 직종 근로자를 교대제근무자로 변경할 경우 취업규칙 불

이익변경에 해당한다(2003.07.23., 근기 68207-935).

- 일부 근로자에게는 불리하고 일부 근로자에게는 유리한 임금체제 변경은 전체적으로 보아 불이익변경에 해당된다(2002.04.24., 근기 68207-1760).
- 인사고과에 따라 임금이 삭감될 수도 있는 형태의 연봉제 도입 시 취업규칙 불이익변경의 절차를 거쳐야 한다(2002.03.06., 근기 68207-928).
- 취업규칙이 근로자에게 불이익하게 변경된다 해도 사회통념상 합리성이 있다고 인정되는 경우에는 그 적용을 부정할 수 없다(2001.01.05., 대법 99다70846).
- 노조가입대상이 아닌 간부직원에게만 적용되는 취업규칙 변경이 불이익할 경우 그 적용을 받는 직원의 과반수의 동의를 얻는 외에 그 외의 근로자나 노동조합의 의견도 청취해야 한다(1999.09.22., 근기 68207-108).
- 근로자 과반수의 동의가 없는 한 「근로자참여및협력증진에관한법률」에 의한 근로자위원은 근로기준법상 취업규칙의 불이익 변경에 대한 동의권을 가진 자로 볼 수 없다(1999.09.01., 근기 68207-2144).
- 취업규칙의 개정이 근로자들에게 불리하였어도 사정변경에 의하여 기존 근로자들의 기득의 이익을 침해하지 않게 된 경우 기존의 근로자들에게 적용될 취업규칙은 개정된 취업규칙이다(1997.08.26., 대법 96다 1726).
- 사용자가 근로자의 동의 없이 취업규칙을 근로자에게 불리하게 변경한 후 노동조합과 체결한 새 단체협약에 따라 취업규칙을 재개정한 경우, 그 취업규칙은 유효하다(1997.06.10., 대법 95다 34316).
- 취업규칙에 정년규정이 없던 회사에서 55세 정년규정을 신설한 것은 취업규칙의 불이익한 변경에 해당된다(1997.05.16., 대법 96다 2507).
- 근로자에게 불리하게 개정된 보수규정에 관하여 추인을 받는 경우, 추인 당시 근로자들의 집단적 의사결정방법에 의한 동의를 받아야 한다(1997.02.11., 대법 95다 55009).
- 취업규칙이 근로자집단의 동의 없이 근로자에게 불이익하게 변경된 경우에도 법규적 효력을 가진 취업규칙은 변경된 취업규칙이고, 기득이익이 침해되는 기존 근로자에 대해서는 종전 취업규칙이 적용된다(1996.12.23., 대법 95다 32631).

2. 취업규칙의 효력

- 사용자가 취업규칙에서 정한 근로조건을 근로자에게 불리하게 변경함에 있어서 근로자의 동의를 얻지 않은 경우에 그 변경으로 기득이익이 침해되는 기존의 근로자에 대한 관계에서는 그 변경의 효력이 미치지 않게 되어 종전 취업규칙의 효력이 그대로 유지되지만 그 변경 후에 변경된 취업규칙에 따른 근로조건을 수용하고 근로관계를 갖게 된 근로자에 대한 관계에서는 당연히 변경된 취업규칙이 적용되어야 하고, 기득이익의 침해라는 효력배제사유가 없는 변경 후의 취업근로자에 대해서까지 그 변경의 효력을 부인하여 종전 취업규칙이 적용되어야 한다고 볼 근거가 없다(대판 1992.12.22. 선고91다45165 전원합의체 판결).

► 인사관리규정과 같은 취업규칙은 이를 제정, 시행하고 있는 당시에 근무하고 있는 근로자에게만 적용되는 것이고, 그 취업규칙 시행 당시에 이미 퇴직한 직원에게까지 소급하여 적용되는 것은 아니다(대판 1991.4.9, 90다16245).
► 자동차운수사업법 등 법령위반의 취업규칙은 그 부분에 한하여 무효이나 법령에 위반되지 아니하는 범위 내에서 근로조건이 불일치할 경우에는 우선순위에 관계없이 근로자에게 유리한 조건이 우선하여 적용된다(1990.12.27, 감독 01254-21566).
► 근로조건의 기준을 정하는 사항은 법령, 단체협약, 취업규칙, 근로계약이 있는 바 일반적인 우선순위는 법령, 단체협약, 취업규칙, 근로계약 순으로 되어 있으나 위의 어느 사항에 상위의 근로조건이 정하여져 있을 때에는 그 부분이 우선적으로 적용되는 것이다(1982.3.23., 근기 1455-8215).
► 취업규칙에서 단체협약의 내용을 보완한 경우에는 단체협약을 위반하지 않기 때문에 유효한 규정이다(대판 1993.7.16., 92누16508).
► 취업규칙에서 단체협약의 내용에 대해 근로자에게 불리하게 예외를 규정하는 것은 단체협약의 규정에 위반하여 무효이다(대판 1993.10.22., 92다49935).

자료: 고용노동부 사이트.

④ 사회보험 등의 신고

5대 사회보험(국민연금, 건강보험, 노인장기요양보험, 고용보험, 산재보험)의 신고는 사업장에 가까운 기관들 중 한 곳에만 신고하거나 인터넷(www. 4insure.or.kr)으로 신고하면 된다(세부사항은 〈표 5-5〉 참조).

〈표 5-5〉 5대 사회보험 비교

구분	국민연금	건강보험	고용보험	산재보험
적용 사업장	근로자 1명 이상	상시근로자 1인 이상	상시근로자 1인 이상	상시근로자 1인 이상
부과소득 상한선	368만 원 (등급없음)	7,810만 원 (등급 없음)	상한선 없음	상한선 없음
보험료 부담	사용자와 근로자가 각 1/2부담	사용자와 근로자가 각 1/2부담	실업급여: 각 1/2 기타사업: 사업주가 전액부담	사업주가 전액부담
담당기관	국민연금공단	국민건강보험공단	고용센터	근로복지공단

설명: 노인장기요양보험은 건강보험과 같이 부과.

제3절 상법상 법인 설립절차

1. 영리사단법인(회사) 설립절차

(1) 회사의 종류

핵심연구 합자조합은 합자회사와 민법상 조합이 결합한 형태이고, 유한책임회사는 합명회사와 주식회사가 결합한 형태로 볼 수 있다.

① 회사의 연혁적 변화

이전에는 상법상 회사 종류가 합명회사, 합자회사, 유한회사, 주식회사의 4가지 형태로 운영되어 왔다. 이러한 상황에서 대부분의 기업은 주주의 유한책임, 자금조달의 편의, 소유와 경영의 분리, 주식의 자유양도 등의 편리성을 감안하여 주식회사 형태로 운영하였다. 그러나 최근 인적자산의 중요성이 높아짐에 따라 인적자산을 적절히 수용(收用)할 수 있도록 공동기업 또는 회사 형태를 취하면서 내부적으로는 조합의 실질을 갖추고 외부적으로는 사원의 유한책임이 확보되는 기업형태가 필요하게 되었다. 따라서 2011년 4월 14일 공포되고 2012년 4월 15일 시행된 개정상법은 새로운 공동기업형태로서 총칙편에 합자조합을, 회사편에 유한책임회사를 새로 도입하였다(상법 제170조).

② 합자조합과 유한책임회사

- 합자조합: 합자조합은 조합의 업무집행자로서 조합의 채무에 대하여 무한책임을 지는 조합원(무한책임조합원)과 출자가액을 한도로 하여 유한책임을 지는 조합원(유한책임조합원)이 상호출자하여 공동사업을 경영할 것을 약정함으로써 그 효력이 생긴다(법 제86조의2). 따라서 합자조합은 합자회사와 민법상 조합이 결합한 형태이고, 기업과 학계 간 산학연계 사업에 적합한 형태라고 볼 수 있다.
- 유한책임회사: 유한책임회사는 사원에게 유한책임을 인정하면서도 회사의 설립·운영과 기관 구성 등의 면에서 사적 자치를 폭넓게 인정하고 있다(법 제287조의2). 즉, 출자자가 투자액 한도 내에서만 채무변제 등 법적인 책임을 부담하는 회사이고, 최소자본금 요건이나 사원총수 제한 등 여러 가지 제한을 폐지해 최대한 자

율성을 인정해 준다. 유한회사는 주식회사를 닮은 면이 많지만 유한책임회사는 내부적으로는 조합의 형태를 유지하면서 외부적으로는 유한책임을 지므로 유한회사나 주식회사보다 더 쉽게 설립과 운영이 가능한 회사이다. 따라서 유한책임회사는 합명회사와 주식회사가 결합한 형태로 볼 수 있다. 이러한 유한책임회사의 도입의 가장 큰 목적은 주식회사의 설립 단점을 완화하고 회사설립을 쉽게 할 수 있도록 하는 것이다. 따라서 사모(私募)투자펀드와 같은 펀드나 벤처기업과 같은 청년창업에 적합한 형태로 볼 수 있다.

③ 기존의 상법상 회사

합명회사, 합자회사, 주식회사, 유한회사에 대해서는 앞에서 설명하였다. 여기에서는 차이점을 간략히 보기로 한다.

〈표 5-6〉 회사유형별 비교

구 분	합명회사	합자회사	주식회사	유한회사
법적 근거	상법	상법	상법	상법
책 임	무한책임	유한, 무한책임	유한책임	유한책임
발기인 수, 사원 수	2인 이상	2인 이상	제한 없음	2인 이상 50인 이하(벤처기업은 300인 이하)
출자의 종류	금전, 현물, 노무, 신용	금전, 현물, 노무, 신용	금전, 현물 -	금전, 현물 -
정관인증	불필요	불필요	필요	필요
의결기관	무한책임 사원의 동의	무한책임 사원의 동의	주주총회 (1주1의결권)	사원총회
조직변경	합명회사로 변경가능	합명회사로 변경가능	유한회사로 변경가능	주식회사로 조직변경가능
합병	전 사원의 동의 필요	전 사원의 동의 필요	자 유	유한, 주식회사와 합병 가능

(2) 합명회사 설립

• 개념: 합명회사(合名會社)는 모든 사원이 무한책임사원임을 원칙으로 회사의 업무를 집행할 권리와 의무를 가지며, 회사채권자에 대하여 직접·연대·무한의 책

임을 부담하고, 그 지위를 타인에게 자유로이 이전할 수 없는 회사이다(상법 제197, 200, 212조). 따라서 사원의 회사에 대한 관계가 깊고, 인적인 신뢰 관계가 있는 소수 사람의 공동기업에 적합하다.

- 설립절차: 회사 본점의 소재지를 관할하는 법원등기소에서 설립등기를 한다(상업등기법 제56조 이하). 참고로 이전에는 비송사건절차법에 규정되었으나 2007. 8.3.,에는 상업등기법이 제정되어 2008.1.1. 이후 회사등기는 상업등기법에 의거하여 시행되고 있다(이하 같다)(등기신청서는 〈부록 6〉 참조, 정관 및 작성방법은 〈부록 13〉 참조).[64]

(3) 합자회사 설립

- 개념: 합자회사(合資會社)는 합명회사와 같은 무한책임사원과 유한책임사원으로 구성되는 회사이다. 회사채권자에 대하여 무한책임사원은 무한책임을 지고, 유한책임을 부담하는 사원은 출자액을 한도로 책임을 진다. 무한책임사원은 기업경영을 담당하나 유한책임사원은 업무집행에 참여하지 아니한다. 그러나 회사채권자에 대하여는 모두 직접·연대책임을 부담한다(상법 제268, 278, 279조). 따라서 사원은 인적으로 결합되어 있고 사원 수가 적은 것이 특징이다.
- 설립절차: 대표사원이 회사 본점소재지를 관할하는 법원등기소에서 설립등기를 한다(상업등기법 제17조제2항, 제77조 이하)(등기신청서는 〈부록 7〉 참조, 정관 및 작성방법은 〈부록 14〉 참조).

(4) 주식회사 설립

- 개념: 주식회사(株式會社)는 주주만으로 성립하는 회사이다. 주주는 간접·유한책임이므로 주주총회의 결의에는 참가하나 업무집행에는 당연히 참여하지 못한다. 또한 주식양도는 원칙으로 자유이다(상법 제4장). 대기업에 적합하다.
- 설립방법: 설립방법에는 발기설립과 모집설립이 있다. 발기설립에서는 발행주식

64) 회사의 정관은 법무부 표준양식과 온라인재택창업시스템의 양식을 상법 변경사항에 맞게 수정하여 참조하였다. 유의할 사항은 정관은 법 개정에 따라 항상 변경될 수 있으므로 실무에서는 해당일자의 상법을 확인하여야 한다. 이하 같다.

전부를 발기인만이 인수하여야 하나 모집설립에서는 각 발기인이 주식의 일부만을 인수하고, 나머지는 주주를 모집하여 설립하는 방식이다(상법 제293조, 301조).

- 설립절차: 발기설립 시에는 발기인이 회사의 설립경과조사가 종료된 날로부터 2주 내에 본점소재지에서, 모집설립 시에는 발기인이 창립총회종결일 또는 변태설립사항의 변경이 종료된 날로부터 2주 내에 본점소재지에서 설립등기를 하여야 한다(상법 제317조, 상업등기법 제17조제2항, 제79조이하)(발기설립 등기신청서와 작성방법은 〈부록 8〉 참조, 발기설립의 정관 및 작성방법은 〈부록 15〉 참조, 모집설립 등기신청서와 작성방법은 〈부록 9〉 참조, 모집설립의 정관 및 작성방법은 〈부록 16〉 참조).

(5) 유한회사 설립

- 개념: 유한회사(有限會社)는 주식회사의 주주와 같이 출자액만 책임지는 간접·유한책임을 부담하는 사원만으로 성립하는 회사이다(상법 제5장). 중소기업에 적합하도록 주식회사의 복잡한 조직을 간단하게 하여 합명회사와 같은 점을 가지고 있는 점에서 주식회사와 다르다. 중소기업에 적합하다.
- 설립절차: 대표자가 회사 본점소재지를 관할하는 법원등기소에서 설립등기를 한다(등기신청서와 작성방법은 〈부록 10〉 참조, 정관 및 작성방법은 〈부록 17〉 참조).

(6) 합자조합과 유한책임회사

- 개념: 앞 설명 참조
- 설립절차: 합자조합 정관은 합자회사 정관과 민법상 조합의 정관을 합하여 구성한다. 그리고 유한책임회사 정관은 합명회사 정관과 주식회사 정관을 결합하여 작성한다(등기신청서는 〈부록 11〉과 〈부록 12〉 참조).

2. 회사설립 후 행정 등 절차

회사설립 후에는 법인과 마찬가지로 사업자등록, 취업규칙신고, 사회보험 등의 신고를 하여야 한다. 법인과 다른 점은 사업자등록 신청 시 제출서류가 다르다는 점이다.

영리 내국법인 신청서류(본점)

1. 법인설립신고 및 사업자등록신청서 1부
2. 법인등기부 등본 1부
   * 담당 공무원의 확인에 동의하지 아니하는 경우 신청인이 직접 제출하여야 하는 서류
3. (법인명의)임대차계약서 사본(사업장을 임차한 경우에 한함) 1부
4. 주주 또는 출자자명세서 1부
5. 사업허가·등록·신고필증 사본(해당 법인에 한함) 1부
   - 허가(등록, 신고) 전에 등록하는 경우: 허가(등록)신청서 등 사본 또는 사업계획서
6. 현물출자명세서(현물출자법인의 경우에 한함) 1부

자료: 국세청 사이트.

제 6 장

사회적기업의 창업절차

지금까지 앞부분에서는 첫째, 한국 사회적기업으로 가능한 조직에 대한 고찰, 둘째, 한국 사회적기업으로 가능한 조직을 신청서와 설립등기로 성립하는 것, 셋째, 이와 같이 성립된 조직이 사회적기업으로 인증받기 위한 법령규정 등을 관련 부분에서 설명하였다. 이 장에서는 사회적기업가가 사회적기업을 실제로 창업하는 부분에 초점을 맞춰 설명하기로 한다. 따라서 성공적인 창업전략을 3가지, 즉 성립조건, 필수조건, 충분조건으로 구분하기로 한다.

제1절 사회적기업을 현명하게 창업하는 법

핵심연구 사회적기업의 성공전략은 성립조건, 필수조건, 충분조건의 3박자를 갖추는 것이다.

1. 사회적기업은 어떠한 형태로 설립해야 하는가? (성립조건)

성립조건은 설립자가 어떠한 조직과 분야로 사회적기업을 설립해야 하는가의 문제이다. 즉, 조직형태와 업무분야(주력업무)에 관한 조건이다.

(1) 사회적기업의 조직형태

① 사회적기업육성법상 조직형태

- 법규정: 앞부분에서 한국 사회적기업으로 가능한 조직형태는 5가지로 민법상 법인, 민법상 조합, 상법상 회사, 상법상 합자조합, 특별법상 법인 또는 비영리민간단체이며, 유의할 사항은 개인은 절대로 규정상 사회적기업을 할 수 없다는 점을 설명하였다. 그리고 특별법상 법인 또는 비영리민간단체는 공익법인, 비영리민간단체, 사회복지법인, 소비자생활협동조합, 기타 비영리단체라고 설명하였다.
- 조직형태 현황: 사회적기업은 총 828개(2012.7. 기준)로서, 지역별로는 전체의 40% 정도가 서울 및 경기지역 등 수도권지역에 분포하고 있다. 그리고 조직형태로는 상법상 회사(42.9%)가 대다수이며 그중에서도 주식회사(32.2%)의 형태가 많다. 민법상 법인은 25%, 사회복지법인은 15%, 비영리단체는 13% 순이다.

② 잠재력 있는 예비 사회적기업 조직형태

이는 전술한 바와 같이 전통적인 기업과 새로운 기업으로 구분하여, 영업 측면에서의 전환가능성을 설명하였다. 먼저 전통적 기업은 농협·수산업·산림·신용협동조합과 새마을금고, 민간단체 등이고, 새로운 기업은 소비자생활협동조합, 노동자협동조합, 의료생활협동조합 등이다.

(2) 사회적기업의 업무분야

- 법규정: 제2장에서 설명한 바와 같이 정부는 사회적기업을 일자리 제공형, 사회서비스 제공형, 지역사회 공헌형, 혼합형, 기타형으로 운영하고 있다(법 제8조제1항제3호후단, 영 제9조제1, 2항). 그리고 사회서비스란 △교육 △보건 △사회복지 △환경 및 문화 분야의 서비스 △기타서비스를 말한다. 기타서비스는 8가지로서 △보육 서비스 △예술·관광 및 운동 서비스 △산림 보전 및 관리 서비스 △간병 및 가사 지원 서비스 △문화재 보존 또는 활용 관련 서비스 △청소 등 사업시설 관리 서비스 △직업안정법에 따른 고용서비스(직업소개, 직업지도 등) △그 밖에 고용노동부장관이 정책심의회의 심의를 거쳐 인정하는 서비스를 말한다(법 제2조제3호, 영 제3조).

- 업무분야 현황: 업종을 살펴보면 기타분야 38%, 환경분야 21%, 간병가사지원분야 16%, 문화예술 관광운동 17%, 보건 10%, 사회복지와 교육, 그리고 보육이 7% 순이다. 사회적 목적 실현유형으로 보면 일자리 제공형 46%, 혼합형 27%, 지역사회 공헌형 14%, 사회서비스 제공형 13% 순으로 나타나고 있다(한국사회적기업진흥원, 2011).

(3) 사회적기업 설립의 조직전략

사회복지를 추구하는 사회적기업도 기업이므로 사회적기업가는 자신의 능력과 주위 상황에 맞는 조직을 구상하여 사회적기업으로 창업하여야 한다. 이는 2가지 관점, 즉 사회적기업가가 신규조직을 조직하는 경우와 기존조직을 활용하는 경우로 살펴본다.

① 사회적기업가가 신규조직을 조직하여 사회적기업을 하는 경우

이 경우에는 5가지 조직형태 중에서 사회적기업가 자신에게 적합한 조직을 선택하는 것이 가장 바람직하다. 그러나 여기에서는 민법상 조합이나 비영리민간단체를 설립하여 사회적기업으로 전환하는 방법을 소개하기로 한다.

- 민법상 조합: 조합(組合)이란 2인 이상이 상호 출자하여 공동사업을 경영하기로 약정하는 계약을 말한다(제703조). 따라서 조합의 재산은 조합원의 합유(合有)에 속하고, 조합 해산 시까지 분할청구를 할 수 없다(제704조). 조합채무는 출자액의 비율에 따라 각 조합원이 부담하고, 채권자가 채권발생 당시 그 비율을 몰랐을 때에는 균분하여 부담시킬 수 있다(제712조).
- 비영리민간단체: 안전행정부 소관의 「비영리민간단체지원법」에 의한 비영리민간단체를 말한다. 단체 수는 대략 총 10,200개로 중앙행정기관에 1,180개, 시·도에 9,020개가 있다(2011.12. 기준, 안전행정부사이트)(등록요건과 등록기관 예시는 다음 참조, 등록신청서는 〈부록 18〉 참조).

비영리민간단체 등록요건

영리가 아닌 공익활동을 수행하는 것을 주된 목적으로 하는 민간단체로서 다음 각호의 요건을 갖춘 단체를 말한다(동법 제2조).

1. 사업의 직접 수혜자가 불특정 다수일 것
2. 구성원 상호간에 이익분배를 하지 아니할 것
3. 사실상 특정정당 또는 선출직 후보를 지지·지원할 것을 주된 목적으로 하거나 특정 종교의 교리전파를 주된 목적으로 설립·운영되지 아니할 것
4. 상시 구성원 수가 100인 이상일 것
5. 최근 1년 이상 공익활동실적이 있을 것
6. 법인 아닌 단체의 경우에는 대표자 또는 관리인이 있을 것

비영리민간단체 등록기관 예

1. 농촌청소년ㅇㅇ재단 → 불우청소년 연수 및 후원가족 결연사업
2. 한국ㅇㅇ시민연합 → 다문화가정의 한국사회 가정 일원화를 위한 가족단위 교육
3. 미래ㅇㅇ발전연대 → 사회적기업지원 육성 및 영세 소상공인 지원사업
4. 한국다문화가족ㅇㅇ연대 → 다문화가족과 함께하는 질 높은 사회통합
5. 전국귀농운동본부 → 청년 100일 귀농 학교
6. 좋은학교만들기학부모모임 → 교육기부 문화 확산을 위한 학부모 자원봉사 및 교육프로그램

자료: 안전행정부, 2012: 2-4.

② 사회적기업가가 기존조직을 사회적기업을 하는 경우

- 기존조직 활용: 이 경우에는 사회적기업가 자신의 조직을 선택하는 것이 가장 바람직하다. 그러나 조직형태로는 상법상 회사(42.9%)가 대다수이며 그중에서도 주식회사(32.2%)의 형태가 많은 점을 고려해 볼 때, 회사를 사회적기업으로 전환하는 것이 가장 유리하다고 판단된다.
- 기존조직의 독립된 조직: 기존조직으로부터 독립된 조직으로 분리하여야 한다(예는 다음 참조).[65]

65) 이 부분은 고용노동부a, 2011. 해당부분을 수정·요약함.

독립된 조직의 예

1. 사회적기업육성법에 따른 독립된 조직형태
2. 독립법인 형태의 지부뿐만 아니라 등기부상에 지부가 명시되어 있고 회계·인사·의사결정 등이 중앙회 본부와 독립 운영된다는 사실을 입증하는 경우(예: 본부의 법인 이사회회의록 공증 제출 등) 인증 가능
3. 영농조합 등: 농업법인 내에 사회적 목적 실현에 있어 편차가 크므로, 상법상 법인의 인증기준을 준용하여 공익성 높은 사업체만 사회적기업 진입 가능 → 일반적인 인증기준 외에 상법상 조직에 대한 인증심사 시 준용하는 기준, 즉 인증신청일 직전 6개월간 조직의 주된 목적이 조합원 소득신장 외에 사회적 목적에 부합하는지와 이익재투자 기준을 준수하는지를 검토하여 충족 시 인증

- 기존조직의 별도 사업단 경우: 사업단이 인사·회계·의사결정 등에 있어 모법인과 실질적으로 독립되어 자율적으로 운영되는 것이 객관적으로 확인되는 경우는 인증이 가능하다(예는 아래 참조).[66]

별도의 사업단 예

1. 산하 사업단이 사회적기업 활동을 주목적으로 하고 있는 경우에는 '법인 내 사업단' 이름으로 인증 가능
2. 사업단은 모법인으로부터 회계·인사 등 운영이 실질적으로 독립되어 있어야 함
3. 동일 모법인 산하에 여러 사업단들이 사회적기업으로 인증신청하는 경우에 있어서도 인증요건을 충족할 경우 사업단 형태로 인증이 가능
4. 법인·단체의 목적사업이 대부분이고 수익사업이 차지하는 부분이 극히 일부인 경우에는 사업단을 별도로 구성하여 신청해야 하고, 법인 자체로 신청한 경우에는 인증 불가
5. 인증 사회적기업이 독립적이고 차별적인 사업목적을 위하여 지역 또는 업종을 달리하여 사업단을 구성하고 다시 인증신청하는 경우 인정 가능

66) 이 부분은 고용노동부a, 2011. 해당부분을 수정·요약함. 상세사항은 제3장 참조.

(4) 사회적기업 설립의 분야전략[67)]

① 의의

아래에서 설명하는 일자리 제공형, 사회서비스 제공형, 지역사회 공헌형, 혼합형, 기타형 등의 예를 참조하여 조직에 맞는 분야를 선택하여야 한다.

② 일자리 제공형

- 한국기준: 2013년 12월 31일까지는 취약계층의 고용비율이 30% 이상, 2014년 1월 1일부터는 50% 이상이라야 한다(조직별 일자리제공형의 예는 아래 참조).

조직별 일자리제공형 예

1. 상법상 회사(청소·경비업체 등): 취약계층의 단순고용 이외에 복리후생 개선, 지역사회 재투자 실적 등 별도증빙이 있어야 함.
2. 재활용업종
   - 별도의 사회적 목적 실현 실적이 필요한지 여부는 단순 수거·판매로 취약계층 고용이 유리한 직종인지 중간 제조·가공으로 일정 전문성이 요구되는 직종인지 등을 사안별로 육성전문위원회에서 탄력적으로 판단
   - 다만, 사회적으로 가장 취약하다고 인정되는 중증장애인, 노숙자를 고용하는 기관의 경우 취약계층 고용만으로 사회적 목적 실현 실적을 인정(별도의 사회적 목적 실현 불필요); 전체 취약계층 중 특정 취약계층(중증장애인, 노숙자)을 30% 이상 고용하면 별도의 사회서비스 실적 불필요
3. 장애인시설 등
   - 타 법을 위반하지 않는 범위 내에서 장애인 직업재활시설(장애인복지법) 중 근로작업장, 자회사형 표준사업장(한국장애인고용공단에서 지정) 등은 사회적기업의 사회적 목적 실현으로 인정 가능. 따라서 타 인증요건만 충족한다면 사회적기업으로 인증 가능
4. 소비자생협 등
   - 온·오프라인상의 친환경 생산품 유통업의 경우, 유통 대상물품 선정기준상 지역고용 창출 및 취약계층 노동조건 개선효과 고려 여부, 투명하고 공정한 제품선정 절차, 적정한 유통마진율, 사회적기업 등 취약계층 생산물 거래비중도, 타 기업사회공헌과의 차별성 등을 고려하여 사회적 목적실현 인정.

67) 이 부분은 고용노동부a, 2011. 해당부분을 수정·요약함. 상세사항은 제3장 참조.

③ 사회서비스 제공형

• 한국기준: 사회서비스를 제공받는 사람 중 취약계층의 비율이 2013년 12월 31일까지는 30% 이상, 2014년 1월 1일부터는 50% 이상이라야 한다(예는 아래 참조).

조직별 사회서비스 제공형 예

1. 공통사항: 취약계층에게 시장가격보다 20~30% 낮은 가격으로 사회서비스를 제공하는 것을 기준으로 하되, 지역특성, 수혜대상자의 범위, 수혜대상자의 특성, 다른 대체재의 존재여부 등을 감안.
2. 직업훈련기관, 노인장기요양기관 등(예: 한국음주문화연구센터 알코올중독자 재활 프로그램 등)
   - 기본 활동 이외에 사각지대 계층 서비스 제공실적 및 지속성 여부, 지역사회 재투자, 일반노동시장으로의 취업실적, 별도의 일 경험 및 심층상담 제공 등의 별도 증빙이 있어야 인증 가능.
3. 노인장기요양보험기관
   - '별도의 취약계층에 대한 무료 또는 저가의 서비스 제공 실적'으로 인증여부를 판단
   - 인증유형과 무관하게(일자리 제공형 포함), 별도의 취약계층에 대한 사회서비스 제공실적을 최소한 혼합형 수준(20%)으로 제출하여야 함.
   - 사회서비스 제공형으로 신청 시에는 별도 취약계층에 대한 30% 이상의 서비스를 제공하여야 함.
   - 서비스제공실적 계산방법: 20~30% 이상의 서비스제공실적을 계산할 때, ① 서비스 제공 대상(전체 10명에 서비스 제공 시 별도 취약계층 2명에 서비스 제공), ② 서비스 제공시간(총 100시간 서비스 제공 시 별도 취약계층에 20시간 이상 서비스 제공), ③ 서비스 제공 횟수(총 100회 서비스 제공 시 별도 취약계층에 20회 서비스 제공) 등의 기준으로 가능. 단 이 경우에는 일자리 및 서비스 제공 실적의 구체화가 가능하므로 기타형으로 인증신청 불가.

• 외국의 사회서비스 사례: 사회서비스 제공형으로 신청하는 경우 참고할 개인서비스는 다음과 같다(Defourny, 2006: 12).

외국의 사회서비스 사례

1. 오스트리아: 아동그룹(Children's Groups); 부모의 활발한 참여지원되는 보육(childcare)서비스.
2. 프랑스: 부모가 선두에 서는 보육조직; 일부 부모가 이끌고 관리하는 보육서비스.

이들 조직은 전국적 네트워크를 형성한다(ACCEP).

3. 덴마크: 사회적 주거(social residences); 불우 아동과 청소년을 위한 기존 기관의 대안으로 디자인된 주거 기관. 훈련 및 케어 서비스에 초점을 맞춘다.
4. 영국: 홈 케어(Home Care) 협동조합; 파트 타임으로 구성원을 고용하는 협동조합. 주로 부양할 가족이 있는 여성이 고용된다.
5. 스웨덴: 전국 레벨에서 조직된 협동조합 로컬 개발 에이전시(FKU); 그 목적은 정신적 장애가 있는 개인의 재활과 재통합에 있다.
6. 이탈리아: A 타입 사회적 협동조합; 보건, 훈련 또는 개인서비스 분야에서 활동하는 협동조합으로 1991년 이탈리아 국가 의회에서 채택한 법적 프레임워크로 관리된다.
7. 포르투갈: 장애 아동의 훈련과 재활을 위한 협동조합; 1985년 전국적 연합으로 통합되었다.

④ 지역사회 공헌형

- 한국기준: 지역의 인적·물적 자원을 활용하여 지역주민의 소득과 일자리를 늘리는 것으로서, 해당 지역에 거주하는 취약계층(지역취약계층)의 고용비율이나 해당조직으로부터 사회서비스를 제공받는 사람 중 지역취약계층의 비율이 20% 이상이라야 한다(예는 아래 참조).

지역사회 공헌형 판단기준

1. 공통사항:
   - 지역취약계층의 고용 또는 사회서비스 제공 증빙서류 제출하는 경우에만 인정 가능
   - '지역'이라 함은 장관이 정책심의회의 심의를 거쳐 사회적기업에 의한 지역사회 공헌이 필요하다고 인정하는 경우에만 인정(해당 지역에서 사회적기업이 필요한 이유, 지역 특성 등을 제출하여야 함)
   - 지역의 인적·물적 자원활용 현황과 지역주민의 소득과 일자리를 늘리는 구체적 실적이 필요.
2. 인증 시 참고하는 기준
   ① 지역의 인적·물적자원 활용(지역 자원연계): 읍·면, 기초자치단체, 광역자치단체 등 구분
   ② 지역에서 사업으로서의 경영모델 구축
   ③ 일자리와 소득을 창출하여 지역활성화에 기여
   ④ 이익의 지역 내 재투자

⑤ 취약계층 고용비용 또는 서비스 제공실적이 20% 이상
⑥ 기타 지역 경제구조 등

지역사회 공헌형의 예시68)

1. 농촌·도시지역의 발전을 위해 지역사회를 개발하여 낙후 지역경제 활성화에 기여 (예: 여행상품)
2. 특정 지역의 사회적 건강·환경·일자리창출·지역경제 향상을 목적으로 친환경 생산·가공·분배·지역소비 촉진 등의 로컬푸드 활동 수행
3. 작성 예: 지역사회(ㅇㅇ도 ㅇㅇ시) 저소득층 자녀 무상급식과 노인정 무료식사 제공 등 ㅇㅇ도 무한돌봄 등을 통한 현물(계육 가공품 등) 지원 (10회, 약 000만 원 상당), ㅇㅇ시 저소득층 자녀(50명)에 대한 원어민 화상영어교육 지원(000만 원)

• 외국의 지역사회 공헌형 사례: 지역사회 공헌형으로 신청하는 경우 참고할 개인 서비스는 다음과 같다(Defourny, 2006: 13).

외국의 지역사회 공헌형 사례

1. 핀란드: 지역별 노동협동조합이 9개의 협동조합 개발 에이전시(Cooperative Development Agencies: CDA)로 조직되어, 로컬과 지역 레벨 경제 발전에 있어 중요한 역할을 담당하고 있다. 이들 협동조합은 그 구성원의 용역을 다른 기업으로 하청 준다는 점에서 전통적인 근로자 협동조합과 다르다.
2. 네덜란드: 지역 관리 기업(neighbourhood management enterprises); 근접 서비스(proximity service)를 개발하는 독립 기업; 불우 지역주민들에게 공유 인프라와 개인 주택을 유지관리·개선하거나 해당 지역에서 사회적 서비스를 제공하는 유급 일자리를 제공한다.
3. 그리스: 농장 관광 협동조합(farm tourism cooperative); 관광 가능성이 있는 시골 지역에 살고 있는 여성들이 세운 협동조합; 숙박, 케이터링, 작은 공예품 서비스를 제공한다.
4. 아일랜드: 다양한 법적 지위를 가진 로컬 공동체 개발 기업으로 사회적 주택(social-housing), 노동 통합(work integration), 신용조합(credit union), 근접서비스 등의 다양한 서비스를 제공한다.

68) 함께일하는재단, 16.: 고용노동부, 2012: 20. 이 부분은 참고자료로 활용할 것. 이하 같다.

지역사회 공헌형으로서 '지역공동체 마을기업'의 새로운 도입[69]

'지역공동체 마을기업'(community business)은 영국의 WISE 일종인 '지역사회 공동체 비즈니스'(community business)와 같다.

1. 영국의 1974년 설립된 문화유산보호단체 '뉴 라나크 트러스트'(New Lanark Trust)는 스코틀랜드 사우스 라나크셔(South Lanarkshire) 지역의 방직공장들을 근대문화유산으로서 보존하고자 하는 운동을 전개함. 방직공장들을 관광산업과 연계하여 공방, 레스토랑 등 각종 상업시설에 임대해 줌으로써, 보존자원을 활용하는 동시에 지역의 새로운 산업 및 고용을 창출시켰다.
2. 영국 뉴튼 책포드(Newton Chagford) 지역의 지역주민들은 정원 폐기물과 음식물 쓰레기 등 유기성 폐기물을 비료로 만들어 자원을 재생하여 사용하는 지역 환경운동인 '책포드 커뮤니티 비료 만들기 운동'(the Chagford Community Composting Project: CCCP)을 전개하고 1995년 'Proper Job'이라는 유한회사를 책포드 지역에 설립하였다.
3. 일본 도쿄 도와긴자(東和銀座) 시장이 쇠퇴하자 시장상인들은 1990년 도와지역의 병원에 병원식당을 운영하기 위한 마을기업으로서 1990년 (주)아모르도와(AMORU 東和)를 설립하였다. 이후 도시락 급식, 청소사업 등의 사업 등을 운영하여, 마을기업이 벌어들인 수익으로 시장의 폐업된 생선가게 및 빵집 등을 인수하여 경영하기 시작하였다. 일상적 상행위가 일어나는 빵집과 생선가게만큼은 시장의 활력을 위해서도 지역 공동체 간 소통을 위해서도 필요하다는 판단에서였다.

⑤ 혼합형

조직의 주된 목적이 취약계층 일자리 제공과 사회서비스 제공이 혼합된 형태로서, 취약계층의 고용비율과 사회서비스를 제공받는 취약계층의 비율이 2013년 12월 31일까지는 각각 20% 이상, 2014년 1월 1일부터는 각각 30% 이상이라야 한다(세부사항은 일자리 제공형과 사회서비스 제공형 참조).

⑥ 기타형

취약계층 고용비율과 사회서비스 제공 비율 등으로 판단하기 곤란한 경우 정책심의회의 심의를 거쳐 고용노동부장관이 판단한다(예는 다음 참조).

---

69) 이소영, 2011, 참조.

기타형 판단기준

1. 공통사항: 불특정 다수에게 사회서비스를 제공하거나 사업의 특성상 취약계층 고용 또는 서비스 제공의 법정 비율을 계량화하기는 곤란하지만, 지역주민의 삶의 질 향상에 기여하는 특별한 사회적 목적을 실현한다고 인정하는 경우에 인증 가능
   - 조직의 설립취지, 조직이 해결하고자 하는 사회문제와 그 문제를 해결하는 방식, 취약계층 참여 및 지원 정도, 지역사회 기여·공헌도, 참여자·수혜자에 대한 복지 프로그램 구비여부 등을 종합 판단
   - 또한 일자리 제공형 또는 사회서비스 제공형에 준하는 구체적인 실적증빙자료를 제출하여야 함.
2. 재활용·가사간병·제조업: 계량화가 일정 정도 가능하므로 원칙적으로 기타형으로 인정하지 않음.

기타형의 예시[70)]

1. 문화·예술활동을 통해 특정 지역 문화소외계층에게 공연서비스 제공하거나 문화재 보호 등의 업무
2. 산림분야 문화·휴양서비스, 산물수집 등을 통한 신재생에너지 생산·가공·판매 및 저소득층 연료지원 사업을 수행
3. 현지 생산자들의 안정적인 상품 생산·소득 보장을 위해 공정한 가격으로 생산품을 구매 및 특정 빈곤국가 개발(공정무역)
4. 기업의 사회공헌활동의 일환으로 자회사 등을 설립하여 취약계층의 삶의 질 제고 위한 경제활동
5. 작성 예: '친환경 회오리 세차법'을 개발하여 일반세차 대비 획기적으로 물을 절약하고 환경오염 최소화

2. 사회적기업은 어떠한 조건에서 중소기업으로 지원받을 수 있나? (필수조건)

(1) 필수조건의 의의

한국 사회적기업은 외국과는 달리 국가정책으로 시행된 제도이면서 도입단계이기 때문에 사업상 모험이 항상 존재한다. 그러므로 국가적인 지원이 반드시 필요한 상황이다. 따라서 성공조건 중 하나인 필수조건은 사회적기업이 국가로부터 지원을 받을

70) 함께일하는재단, 16; 고용노동부, 2012: 20. 이 부분은 참고자료로 활용할 것.

수 있는 조건에 관한 것이다. 즉, 사회적기업에 관한 중소기업조건과 국가의 지원형태를 의미한다.

(2) 중소기업으로 지원받을 수 있는 사회적기업의 규모

① 중소기업기본법 규정

사회적기업이 중소기업으로 인정받으려면 아래와 같이 규모기준 및 독립성 기준을 모두 충족해야 한다(중소기업기본법 제2조, 시행령 제3조). 그러므로 현행 사회적기업의 상황을 보면 거의 대다수가 중소기업으로 인정받을 수 있다.

- 규모기준(외형적 판단기준): 업종에 관계없이 상시 근로자 수가 300명 미만 또는 매출액 300억 원 이하 중 하나의 기준을 충족해야 한다. 단 상한기준으로 상시 근로자 수가 1,000명 이상이거나 3년간 평균 매출액이 1,500억 원 이상이 되지 않아야 한다.
- 독립성 기준(계열관계에 따른 판단기준): 이는 상호출자 제한기업 집단에 속하는 사회적기업이거나 자산총액 5,000억 원 이상인 법인(외국법인 포함)이 주식 등의 30% 이상을 직접적 또는 간접적으로 소유하면서 최다출자자인 사회적기업 중 하나에 해당되면 인정될 수 없다.

② 법령상 사회적기업 총괄지원제도

사회적기업가는 제4장에서 언급한 각 지원제도의 세부사항을 참조하여 최대한 지원을 받을 수 있도록 사업계획 및 운영계획을 수립하여야 한다(3가지의 사회적기업 지원제도는 〈표 6-1〉 참조).

〈표 6-1〉 법령상 사회적기업 지원제도 비교

구 분	사회적기업 지원제도	
중소기업 기본법 등 지원	1) 중소기업 정책자금 지원제도	2) 중소기업 기술지원제도
	3) 중소기업 인력지원제도	4) 중소기업 판로지원제도
	5) 중소기업 수출지원제도	6) 중소기업 정보화지원사업
	7) 중소기업 창업지원사업	8) 벤처기업 지원제도
	9) 소상공인 지원제도	10) 재래시장 활성화 지원
	11) 중소기업 세제지원	

〈표 계속〉

구 분	사회적기업 지원제도
사회적기업 육성법상 지원	1) 경영지원 2) 교육훈련지원 3) 시설비지원 4) 공공기관의 우선구매 5) 조세감면 및 사회보험료의 지원 6) 사회서비스 제공 사회적기업에 대한 재정지원
사회복지사업법 규정	사회복지법인이나 시설의 경우 후원금 모집이 가능

자료: 중소기업 지원제도의 상세한 사항은 http://www.bizinfo.go.kr/bizguide2.do?filename=2-6-4, http://www.fkilsc.or.kr. 참조.

제2절 사회적기업의 성공적인 창업절차 개관(충분조건)

핵심연구 사회적기업의 성공전략 중 충분조건은 창업절차와 관련한 창업전략이다. 그중에서도 창업 실패사례 분석을 통한 창업대비전략과 마케팅전략이 중요한 충분조건이다.

1. 사회적기업 창업의 의의

(1) 사회적기업 창업의 개념

① 중소기업 개념

- 중소기업 개념: 중소기업은 2가지 형태이다. 첫째는 「중소기업기본법」상 규모기준 및 독립성 기준을 모두 갖추고 영리를 목적으로 사업을 하는 기업(동법 제2조 제1항제1호), 둘째는 사회적기업으로 규모기준 및 독립성 기준을 모두 갖춘 기업(동법시행령 제3조제2항)을 말한다.
- 소기업과 중기업의 구분: 업종별 근로자로 구분한다(동법시행령 제8조). 소기업은 첫째, 주된 업종이 광업, 제조업, 건설업, 운수업, 출판·영상·방송통신 및 정보서비스업, 사업시설관리 및 사업지원 서비스업, 보건업 및 사회복지 서비스업, 전문·과학 및 기술 서비스업인 경우에는 상시 근로자 수가 50명 미만인 기업을 말한다. 둘째, 그 외의 업종을 주된 업종으로 하는 경우에는 상시 근로자 수가 10명 미만인 기업이다. 중기업(中企業)은 소기업을 제외한 기업을 말한다.
- 벤처기업: 벤처기업도 중소기업이다. 벤처기업은 다른 기업에 비해 기술성이나

성장성이 상대적으로 높아 정부에서 지원할 필요가 있다고 인정하는 기업으로, 벤처투자기업이나 연구개발기업 또는 기술평가보증·대출기업을 말한다(벤처기업육성에 관한 특별조치법 제2조의2제1항).

- 사회적기업과의 관계: 대기업이나 중소기업 모두 사회적기업이 가능하다. 그러나 사회적기업은 대다수가 중소기업이므로 중소기업 지원을 받을 수 있는 장점이 있다. 사회적기업의 요건은 앞에서 설명하였다.

② 중소기업(벤처기업)의 창업 개념

사회적기업은 대체로 중소기업에 포함되므로 사회적기업의 창업은 중소기업의 창업과 비슷하다. 따라서 본서에서는 사회적기업의 창업을 중소기업의 창업 개념으로 설명하기로 한다. 중소기업에서 창업이란 중소기업을 새로 설립하여 사업을 개시하는 것을 말한다(중소기업창업 지원법 제2조제1호).

(2) 중소기업 창업범위의 사회적기업에 적용

① 창업범위 제외조건

중소기업에서는 타인으로부터 사업을 승계하여 승계 전의 사업과 같은 종류의 사업을 계속하는 경우, 또는 폐업 후 사업을 개시하여 폐업 전의 사업과 같은 종류의 사업을 계속하는 경우 등은 창업에 해당하지 않으며, 숙박 및 음식점업, 금융 및 보험업, 부동산업, 무도장운영업, 골프장 및 스키장운영업 등 일정한 범위의 업종은 중소기업 창업의 범위에서 제외된다(중소기업창업지원법 시행령 제2조제1항, 시행규칙 제2조).

② 사회적기업에의 적용

중소기업의 창업범위 제외조건은 사회적기업에 적용되지 않는다.

2. 성공적인 창업절차 개관

(1) 창업환경 검토단계

창업환경 검토는 창업자의 창업동기, 창업여건, 창업자 적성, 가정환경, 창업교육 등을 검토하는 단계이다. 순서대로 본다.

① 창업자의 창업동기

- 창업동기 3유형: 이는 창업자의 창업이유와 방향설정을 파악하는 것이다. 창업동기로는 3유형이 있다(소상공인진흥원, 2010: 24). 첫째, '경력개발형'이다. 이는 기존 근무하던 사업체나 업무영역과 연관된 업무지식, 경험 및 인적네트워크 등을 활용하여 창업하는 경우를 말한다. 둘째, '경력전환형'은 기존에 근무한 사업체나 업무와는 전혀 관계없는 분야로 창업하는 경우이다. 셋째, '취미발전형'으로서 자신의 취미를 발전시켜 창업하는 것이다. 이 같은 창업동기가 중요한 이유는 창업동기가 창업아이템 선정 및 창업실무의 접근에 많은 영향을 주는 것으로 나타나고 있기 때문이다(소상공인진흥원, 2010: 31).
- 사회적기업에의 적용: 3유형의 특징을 고려하여 사회적기업으로 창업하는 경우에는 경력개발형, 취미발전형, 경력전환형 순서로 창업하는 것이 타당한 선택으로 판단된다. 특히 경력전환형의 경우에는 창업실패의 위험이 많으므로 철저한 대비를 하여야 한다(창업동기 3유형의 특징은 아래 참조).

〈표 6-2〉 창업동기 3유형의 특징

3유형	유형별 특징	추천순위
경력개발형	• 경력 목표에 대한 구체적인 목표 상정 • 구체적인 인력 구성 및 영업목표 설정 및 확보 • 창업 시 면밀한 시장 조사가 선행	1순위
경력전환형	• 창업 시 장기적인 경력전환에 필요한 시간과 자본이 다른 유형보다 많은 경향 • 창업자 본인이 가장 많이 주도하며, 다른 유형과 비교 시 상대적으로 주변의 구성원 참여가 낮음	3순위
취미발전형	• 장기간 동안 취미에 대한 숙련 및 참여도가 축적된 후 사업으로 전개 • 장기간 준비로 인적 네트워크와 시장조사 등 사업준비가 선행된 경우가 많음	2순위

자료: 소상공인진흥원, 2010: 31. 수정·인용.

② 기타 검토사항

이외에도 자금, 능력, 건강 등의 창업여건과 창업자의 능력과 경험 등을 파악하여야 한다. 또한 창업에 대한 가족의 동의와 이해, 지지여부 등 가정환경과 창업 관련 교육 등의 필요여부도 검토하여야 한다.

(2) 사회적기업 경영이념 설정단계

경영이념을 설정하는 것은 사업의 미션이나 목적을 정립한다는 것과 어떻게 사회에 기여할 것인지를 검토한다는 것이다. 사회적기업의 취지는 사회복지의 실현인 만큼 일반기업이 추구하는 사회적 책임과는 차이가 있다는 점은 제1장에서 설명하였다(예시는 아래 참조).

경영이념의 예시

1. 기업운영의 목표인 정직한 경영을 바탕으로 지역사회의 발전과 일자리 창출에 두고 이익의 사회환원과 봉사를 실천한다.
2. 취약계층에게 일자리를 제공하여 지역사회의 삶의 질 향상에 기여하며, 참여/공개/투명/나눔의 원칙을 실현하고 기업윤리를 강화하여 사회적 책임과 목적을 달성한다.
3. 고품질, 고객만족, 가치, 지역사회공헌을 최우선으로 고객에게 감동과 신선함을 제공하며, 취업·창업 상담 및 알선과 제품 무료 제공, 그리고 일자리 제공 등 사회적 목적 실현을 위한 서비스를 사회 취약계층에게 제공한다.
4. 저소득층 및 사회취약계층의 보건과 생태적 살림확대를 목적으로 한다.
5. 일터와 생활터전에서 질병의 발생 원인을 사전에 제거하는 보건 예방 의료를 실천하고, 환자의 권리 존중과 생명가치를 우선하는 의료를 실현하고자 한다.

(3) 사업구상 단계[71)]

사업구상 단계는 실제로 사업을 구상하는 단계이다(중요한 순서와 내용은 〈표 6-3〉 참조).

〈표 6-3〉 사업구상 단계

단계별 순서	유의할 내용
1. 업종 및 아이템 선택(사업 핵심요소)	창업 트렌드 분석, 자신에 적합한 아이템 여부, 성장성과 안정성 있는 후보 아이템(3~5개)을 선정하고 꾸준히 시장조사 후 최종 아이템 선택
1-1. 인·허가사항 점검	면허, 지정, 허가, 신고, 등록업종 확인
1-2. 사업규모 결정	중기업, 소기업 결정

〈표 계속〉

71) 이하에서는 소상공인진흥원, 2012: 35-.해당부분을 참조함.

단계별 순서	유의할 내용
1-3. 상호결정	점포의 성격이 명확히 드러나도록 결정, 특정한 이미지 창출과 상표등록
2. 사업타당성 검토	사업의 성공 가능성에 대한 정보를 파악하기 위하여 선택 아이템에 대한 상품성, 시장성, 수익성, 안전성(위험요소) 등을 자세하게 검토
3. 시장조사 분석	시장규모, 경쟁사 제품의 경쟁력과 유사제품 분석, 목표고객 및 수요층의 니즈분석, 소비자 구성분포와 변화추세 조사, 수요예측 등
4. 상권, 입지선정	입지선정 이유와 경쟁점포 극복방안, 상권 내의 가시성, 경제성, 편의성 분석, 유동인구와 배후상권, 도로구조 분석
4-1. 사업장 확보 (점포계약)	상가건물임대차보호법 확인, 건물주의 성격과 주위의 평판 및 현재의 직업 등 파악, 계약조건 검토
5. 자금계획 수립	창업자금의 용도를 시설자금과 운전자금으로 구분, 자금의 용도와 조달 가능한 자금규모 결정, 창업을 추진하기 위해서 세부적인 자금의 용도와 조달 가능한 자금 규모 설정
6. 사업계획서 작성	사업의 개요와 내용, 시장조사분석, 마케팅계획, 자금수지계획, 사업추진일정 등을 나타내는 자료로 구체적인 내용으로 작성. 예상 매출액, 매출원가, 영업이익, 당기순이익, 손익분기점 등을 산출
7. 인테리어 공사, 종업원 채용	고객 편의와 상품이 돋보이는 디스플레이전략, 고객의 접근성에 유의한 매장의 인테리어, 고객 친화력이 높은 채용관리 시스템 가동, 고객 서비스 경쟁력 강화를 위한 반복 교육
8. 행정 절차	사업자등록, 별도의 영업신고, 소방설비 신고, 인·허가사항(법인사업자, 개인사업자) 등 검토
9. 창업 및 경영	디스플레이, 간판, 집기 설치, 개업식, 창업 홍보, 업무활동, 영업활동, 인력관리, 경영 계수관리, 주기적 점검 및 보완

자료: 소상공인진흥원, 2012: 35. 수정·인용.

① 업종 및 아이템 선택(사업 핵심요소)

- 의의: 아이템(item)이란 업종이나 상품 또는 서비스를 말한다. 이러한 아이템 선정은 창업의 성패가 달려 있는 사업 핵심요소이다. 아이템은 시대흐름에 맞추어 세분화, 전문화되고 있으며 그 예로는 사양업종, 유행업종, 호황기에 잘 되는 업종, 불황기에 잘 되는 업종이 있다.
- 아이템 정보 수집방법: 방법에는 사업자 및 경험자 면담, 인터넷을 통한 정보습득, 최근 5년 이내 외국 등에서 유망했던 아이템 조사, 시장의 흐름의 방향, 사업보고서와 기타정보 등으로 수집한다.

• 아이템 고려사항: 자신의 전문지식이나 경력 또는 적성을 활용할 수 있는 아이템, 자신의 자본규모에 맞는 아이템, 도입기나 성장기의 아이템, 자신이나 주변사람들과 연관된 아이템, 투자 대비 수익성이 높은 아이템, 타인의 신규참여가 어려운 아이템을 선택한다. 상세한 내용은 후술한다.

② 인·허가사항 점검

• 의의: 창업하려는 해당 사업이 인·허가 대상인 경우에는 준비서류의 종류와 인·허가 승인절차를 미리 숙지하여 관할관청에 신청해야 한다. 그 이유는 인·허가를 취득하여야 완전하게 등기와 사업자등록을 신청할 수 있기 때문이다.
• 종류: 인·허가에는 면허업종, 지정업종, 허가업종, 신고업종, 등록업종이 있다. 허가업종에는 숙박업(공중위생법), 식품접객업(식품위생법), 유기장(오락)업(공중위생법), 유료직업소개사업(직업안정법) 등이 있다. 또한 신고업종에는 체육시설업(체육시설설치이용법), 건강보조식품판매(식품위생법), 무역대리업(대외무역법) 등이 있다. 그리고 등록업종에는 학원(학원설립운영법), 무역업(대외무역법) 등이 있다.

③ 사업규모 결정

• 의의: 중소기업은 소기업(小企業)과 중기업(中企業)으로 구분할 수 있다. 업종 및 사업아이템에 따라 다르나 보통 소기업은 근로자가 10명 미만, 50명 미만인 기업이고, 그 이상인 기업은 중기업으로 구분할 수 있다(중소기업기본법 시행령 제8조). 사회적기업은 대부분 중소기업이므로 아래의 표를 참조하여 국가나 지자체에서 정한 근로자 기준을 충족해야 한다.

〈표 6-4〉 소기업(小企業) 기준

주된 업종	상시 근로자 수
광업, 제조업, 건설업, 운수업, 출판·영상·방송통신 및 정보서비스업, 사업시설관리 및 사업지원 서비스업, 보건업 및 사회복지 서비스업, 전문·과학 및 기술 서비스업	50명 미만
그 이외의 업종	10명 미만

④ 상호결정

• 의의: 상호(商號)란 상인이 영업상 다른 상인과 식별되고 자기를 표시하기 위하여 사용하는 명칭이다. 상호는 명칭이므로, 문자로 표시되고 발음될 수 있는 것이어야 하므로 기호나 도안 등은 상호가 될 수 없다. 반면 브랜드(brand)는 제품 및 서비스를 식별하는 데 사용되는 명칭·기호·디자인 등의 총칭 개념이다. 상호는 사업의 성격과 이미지를 함축적으로 나타내는 수단이므로 매력이 있어야 하고 사업의 특성을 담고 있어야 한다(아래 참조).

상호결정 방법

1. 상호는 사업에 대한 실질적이고 정서적인 느낌을 모두 집약해야 할 뿐만 아니라 고객에게 제공할 수 있는 이익을 암시할 수 있어야 한다.
2. 회사 편지지나 명함 등을 인쇄하여 계속 유지할 수 있는 이름을 택한다. 짧고 기억하기 쉬우며 설명력이 있는 이름이 좋다.
3. 재미난 이름을 붙여야 한다. 부르기 쉽고, 듣기 좋고, 쓰기 편한 이름은 오래 기억되므로 외우기 쉽다. 또한 독창적이며 매장분위기를 단번에 느낄 수 있어야 한다.

자료: 소상공인진흥원, 2012: 182-3, 수정·인용.

⑤ 사업타당성 검토

이는 사업의 성공 가능성에 대한 정보를 파악하기 위하여 선택 아이템에 대한 상품성, 시장성, 수익성, 안전성(위험요소) 등을 자세하게 검토하는 것이다. 상세한 내용은 후술한다.

⑥ 시장조사 분석

이는 시장규모, 경쟁사 제품의 경쟁력과 유사제품 분석, 목표고객 및 수요층의 니즈 분석, 소비자 구성분포와 변화추세 조사, 수요예측 등을 하는 것이다. 상세한 내용은 후술한다.

⑦ 상권, 입지선정

입지선정 이유와 경쟁점포 극복방안, 상권 내의 가시성, 경제성, 편의성 분석, 유동인구와 배후상권, 도로구조를 분석하는 것이다.

⑧ 사업장 확보(점포계약)

- 의의: 상가건물임대차보호법을 확인하고, 건물주의 성격과 주위의 평판 및 현재의 직업 등 파악하고, 계약조건을 검토해야 한다.
- 유의사항: 아래 참조(소상공인진흥원, 2012: 156. 수정·인용)

1. 점포 입지는 반드시 직접 현장 확인을 해야 한다.
2. 법률관계를 확인한다(상가건물임대차보호법).
3. 계약은 임차인과 임대인(소유자)이 직접 하는 게 원칙이다.
4. 계약서에 기록해야 할 사항은 빠뜨리지 않는다.
5. 공증 또는 전세권 설정으로 선순위 채권 확보가 가능한지를 따져 본다.
6. 건축물 관리대장 등으로 건물의 용도와 목적물을 확인한다.

- 상가건물 임대차보호법 주요내용

1. 임대차 존속기간의 보장: 최대 5년간의 계약갱신 요구권 보장(법 제10조제2항). 쌍방간에 합의하면 계약기간은 1년 단위, 2년 단위, 5년 단위 등 상관없다. 계약갱신 요구권이 인정되려면 계약기간 만료 전 6월~1월 이내에 계약갱신을 임대인에게 요구(내용증명 등) 해야 한다(법 제10조제1항). 이 기간 내에 요구하지 않고 있다가 임대인이 계약기간 만료시점에서 계약종료를 통보하면 점포를 비워 줘야 한다. 따라서 5년간 무조건 존속기간을 자동으로 보장받는 것이 아니다.
2. 대항력 발생: 임차인이 건물을 인도받고 사업자등록을 신청하면 이후 건물소유주가 바뀌어도 새로운 소유주에 대해 임차권을 주장할 수 있다(법 제3조제1항).
3. 우선변제권 보장: 대항력을 취득하고 확정일자를 받은 경우 전세권 등기와 같은 효력을 인정해 경매 및 공매 시 후순위 채권자 및 기타 권리자보다 우선 변제(법 제5조제2항)
4. 임대료 인상 상한선 설정: 연 9% 이내의 범위에서 인상 가능(영 제4조).
5. 임차인이 계약갱신 요구를 할 수 없는 경우(법 제10조제1항)
   - 임차인이 3기에 달하도록 차임을 연체한 사실이 있는 경우
   - 임차인이 거짓, 그 밖의 부정한 방법으로 임차한 경우
   - 쌍방의 합의하에 임대인이 임차인에게 상당한 보상을 제공한 경우
   - 임차인이 임대인의 동의 없이 목적 건물의 전부 또는 일부를 전대한 경우
   - 임차인이 임차한 건물의 전부 또는 일부를 고의 또는 중대한 과실로 파손한 경우
   - 임차한 건물의 전부 또는 일부가 멸실되어 임대차의 목적을 달성하지 못할 경우
   - 임대인이 목적건물의 전부 또는 대부분을 철거하거나 재건축하기 위해 목적건물의 점유회복이 필요한 경우
   - 그 밖에 임차인이 임차인으로서의 의무를 현저히 위반하거나 임대차를 존속하기

어려운 중대한 사유가 있는 경우

⑨ 자금계획 수립

이는 창업자금 조달 가능성을 파악하는 것으로서 창업자금의 용도를 시설자금과 운전자금으로 구분하여 자금의 용도와 조달 가능한 자금규모를 결정하는 것이다. 즉, 임차보증금, 권리금, 인테리어비용, 인건비, 재료비, 경비 등으로 세분하여 산출하여 각각에 대하여 자기자금 규모, 정책자금 또는 은행 차입가능금액 등을 세부적으로 산출하여 조달가능성을 검토한다.

⑩ 사업계획서 작성

이는 사업의 개요와 내용, 시장조사분석, 마케팅계획, 자금수지계획, 사업추진일정 등을 나타내는 자료로 구체적인 내용으로 작성하는 것이다. 또한 예상매출액, 매출원가, 영업이익, 당기순이익, 손익분기점 등을 산출해야 한다. 상세한 내용은 후술한다.

제3절 업종대상별 사회적기업의 창업절차

1. 업종대상별 창업절차 개관

한국의 업종은 다양하므로 창업절차 또한 업종에 따라 다양하게 진행된다. 한국표준산업분류 기준으로 본 업종별 구분은 다음과 같다(통계청 고시 2007-53호).

한국표준산업분류

A. 농업, 임업 및 어업 B. 광업 C. 제조업 D. 전기, 가스, 증기 및 수도 사업 E. 하수·폐기물처리 원료재생 및 환경복원업 F. 건설업 G. 도매 및 소매업 H. 운수업 I. 숙박 및 음식점업 J. 출판, 영상, 방송통신 및 정보서비스업 K. 금융 및 보험업 L. 부동산업 및 임대업 M. 전문 과학 및 기술서비스업 N. 사업시설관리 및 사업지원서비스업 O. 공공행정, 국방 및 사회보장행정 P. 교육 서비스업 Q. 보건업 및 사회복지서비스업 R. 예술, 스포츠 및 여가 관련 서비스업 S. 협회 및 단체, 수리 및 기타 개인서비스업 T. 자가소비 재화 및 서비스 생산활동

2. 제조업 분야 관련 창업절차

(1) 제조업의 의의

① 제조업 개념

제조업(製造業, the manufacturing industry)이란 1차 산업에서 생산된 원재료를 인력이나 기계 등의 힘으로 가공하여 제품을 대량으로 생산하거나 제공하는 산업을 말한다.

② 주요한 제조업의 유형

제조업 분류
1. 식료품 제조업 2. 음료 제조업 3. 섬유제품 제조업 4. 의복·의복 액세서리 및 모피제품 제조업 5. 가죽, 가방 및 신발 제조업 6. 목재 및 나무제품 제조업 7. 펄프, 종이 및 종이제품 제조업 8. 인쇄 및 기록매체 복제업 9. 코크스, 연탄 및 석유정제품 제조업 10. 화학물질 및 화학제품 제조업 11. 의료용 물질 및 의약품 제조업 12. 고무제품 및 플라스틱제품 제조업 13. 비금속 광물제품 제조업 14. 1차 금속 제조업 15. 금속가공제품 제조업 16. 전자부품, 컴퓨터, 영상, 음향 및 통신장비 제조업 17. 의료, 정밀, 광학기기 및 시계 제조업 18. 전기장비 제조업 19. 기타 기계 및 장비 제조업 20. 자동차 및 트레일러 제조업 21. 기타 운송장비 제조업 22. 가구 제조업 23. 기타 제품 제조업

자료: 대한민국정부 사이트.

(2) 제조업 창업절차

① 공장

- 공장 개념: 제조업 창업에는 공장설립이나 공장 매입과정이 있는 점이 특징이다. 공장이란 건축물 또는 공작물, 물품제조공정을 형성하는 기계·장치 등 제조시설과 그 부대시설을 갖춘 사업장을 말한다(산업집적활성화 및 공장설립에 관한 법률 제2조제1호, 산업입지 및 개발에 관한 법률 제2조제1호).
- 공장 종류: 사회적기업의 공장으로는 보통 도시형공장과 지식산업센터가 있다. 도시형공장은 지식경제부장관이 결정하며, 첨단산업의 공장, 공해발생정도가 낮은 공장 및 도시민생활과 밀접한 관계가 있는 공장 등을 말한다(산업집적활성화

및 공장설립에 관한 법률 제28조). 지식산업센터는 동일 건축물에 제조업, 지식산업 및 정보통신산업을 영위하는 자와 지원시설이 복합적으로 입주할 수 있는 다층형 집합건축물이다(동법 제2조제13호). 지식산업센터에는 지상 3층 이상이라야 하고, 6개 이상의 공장이 입주할 수 있어야 한다(동법 영 제4조의6).

- 공장부지: 사회적기업의 공장이 설립될 수 있는 부지(땅)는 산업단지, 개인이나 단체가 소유하는 개별입지가 있다. 먼저 산업단지는 국가산업단지, 일반산업단지, 도시첨단산업단지 및 농공단지를 말한다(동법 제2조제14호). 그리고 개별입지에는 도시지역, 관리지역, 농림지역, 자연환경보전지역이 있다(국토의 계획 및 이용에 관한 법률 제6조).[72] 사회적기업의 창업 경우, 후술하는 창업사업계획의 승인제도를 이용하는 것이 편하다.

② 창업사업계획의 승인제도

- 제도취지: 이는 창업 중소기업의 신속한 공장설립을 지원하기 위해 관련 인·허가 사항을 '창업사업계획승인'으로 일괄 처리하여 20일 내에 승인여부를 결정하는 제도이다(중소기업창업지원법 제33조, 중소기업청의 창업사업계획의 승인에 관한 통합업무처리지침).
- 대상 기업: 창업일로부터 7년이 경과하지 아니한 중소기업자, 등록된 공장을 가지고 있지 아니한 사업자가 대상이다.
- 업무절차: 창업자(업체)(사업계획승인신청) ⇒ 시·군·구 창업민원실(소관 인·허가사항 검토 및 다른기관 소관사항 해당기관에 협의요청) ⇒ 창업 관련 인·허가 사항 처리기관(인·허가 검토 및 시·군·구에 결과통보) ⇒ 시·군·구(승인여부 결정 및 신청자에게 통보)

---

72) 1. 도시지역: 인구와 산업이 밀집되어 있거나 밀집이 예상되어 그 지역에 대하여 체계적인 개발·정비·관리·보전 등이 필요한 지역. 2. 관리지역: 도시지역의 인구와 산업을 수용하기 위하여 도시지역에 준하여 체계적으로 관리하거나 농림업의 진흥, 자연환경 또는 산림의 보전을 위하여 농림지역 또는 자연환경보전지역에 준하여 관리할 필요가 있는 지역. 3. 농림지역: 도시지역에 속하지 아니하는 「농지법」에 따른 농업진흥지역 또는 「산지관리법」에 따른 보전산지 등으로서 농림업을 진흥시키고 산림을 보전하기 위하여 필요한 지역. 4. 자연환경보전지역: 자연환경·수자원·해안·생태계·상수원 및 문화재의 보전과 수산자원의 보호·육성 등을 위하여 필요한 지역(국토의 계획 및 이용에 관한 법률 제6조).

③ 제조업 창업절차

절차는 [그림 6-1]을 참조한다.

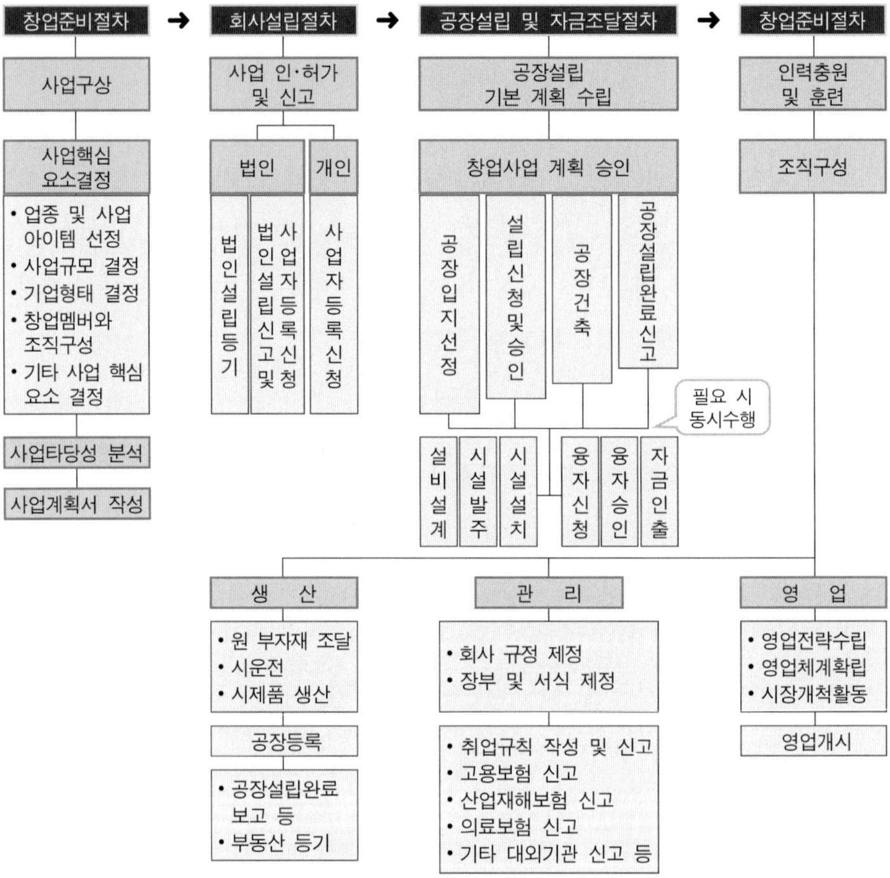

[그림 6-1] 제조업 창업절차

자료: 중소기업청, 2012: 106.

3. 유통업 분야 관련 창업절차

(1) 유통업의 의의

① 유통업 개념

유통업(流通業, distribution industry)이란 생산자와 사용자의 중간에서 물건이나 서비스의 이동이 보다 원활하도록 중간 역할을 해 주는 업종을 말한다. 그러므로 물건을 전달하는 물적유통(물류)과 이윤을 목적으로 하는 상거래유통이 있다. 보통 유통업은 상거래유통을 의미하며, 도매업이나 소매업을 말한다.

② 소매업과 도매업

소매업(retail trade, 小賣業)은 상품을 일반 소비자에게 재판매하는 산업활동이다. 소매업의 형태는 크게 3가지로 일반소매업, 종합소매업, 특수소매업으로 분류할 수 있다. 일반소매업은 동일한 주된 품목을 계속적으로 취급하는 사업체를 말한다. 종합소매업에는 백화점, 슈퍼마켓, 대형할인점, 쇼핑센터 등과 같이 단일 경영체계를 갖고 각종 상품을 판매하는 활동을 말한다. 특수소매업(전문점)은 매장을 개설하지 않고 특정상품을 전문적으로 소매하는 산업활동을 말한다. 도매업(wholesale business, 都賣業)은 생산자와 소매상 사이 유통의 중간단계의 상업으로서, 재화를 소매업자 기타의 중간상인 등에게 판매하는 사업을 말한다.

③ 유통업의 판매형태

보통 점포 판매업과 무점포 판매업, 인터넷 쇼핑형태로 구분할 수 있다. 무점포 판매업은 방문 판매, 통신 판매, 자동 판매기 등이 있고, 인터넷 쇼핑형태는 통신 판매, 홈쇼핑, 인터넷 판매(전자상거래) 등을 들 수 있다(세부사항은 아래 참조).

유통업 명칭(유통산업발전법 제2조)

1. 대규모점포: 하나 또는 2 이상의 연접되어 있는 건물 안에 하나 또는 여러 개로 나누어 설치되는 매장일 것. 매장면적의 합계가 3천제곱미터 이상일 것
2. 준대규모점포: 대규모점포를 경영하는 회사 또는 그 계열회사가 직영하는 점포
3. 체인사업

① 같은 업종의 여러 소매점포를 자신이 직영하는 경우(자기가 소유하거나 임차한 매장에서 자기의 책임과 계산 아래 직접 매장을 운영)

② 같은 업종의 여러 소매점포에 대하여 계속적으로 경영을 지도하고 상품·원재료 또는 용역을 공급하는 사업

가. 직영점형 체인사업: 체인본부가 주로 소매점포를 직영하되, 가맹계약을 체결한 일부 소매점포(가맹점)에 대하여 상품의 공급 및 경영지도를 계속하는 형태의 체인사업

나. 프랜차이즈형 체인사업: 독자적인 상품 또는 판매·경영 기법을 개발한 체인본부가 상호·판매방법·매장운영 및 광고방법 등을 결정하고, 가맹점으로 하여금

그 결정과 지도에 따라 운영하도록 하는 형태의 체인사업
다. 임의가맹점형 체인사업: 체인본부의 계속적인 경영지도 및 체인본부와 가맹점 간의 협업에 의하여 가맹점의 취급품목·영업방식 등의 표준화사업과 공동구매·공동판매·공동시설활용 등 공동사업을 수행하는 형태의 체인사업
라. 조합형 체인사업: 같은 업종의 소매점들이 중소기업협동조합을 설립하여 공동구매·공동판매·공동시설활용 등 사업을 수행하는 형태의 체인사업
4. 상점가: 일정 범위 안의 가로 또는 지하도에 대통령령이 정하는 수 이상의 도매점포·소매점포 또는 용역점포가 밀집하여 있는 지구
5. 전문상가단지: 같은 업종을 영위하는 여러 도매업자 또는 소매업자가 일정 지역에 점포 및 부대시설 등을 집단으로 설치하여 만든 상가단지
6. 무점포판매: 상시운영되는 매장을 가진 점포를 두지 아니하고 상품을 판매하는 것으로 지식경제부령이 정하는 것

④ 판매수단에 따른 유통업 관련 법률

유통업 관련 법률

1. 방문판매 등에 관한 법률: 방문판매, 전화권유판매, 다단계판매, 후원방문판매, 계속거래 및 사업 권유거래 등에 의한 거래
2. 할부거래에 관한 법률: 할부계약, 선불식 할부계약에 의한 거래
3. 전자상거래 등에서의 소비자보호에 관한 법률: 전자상거래, 통신판매(우편·전기통신 등) 거래

(2) 유통업 창업절차

유통업은 점포입지가 중요한 경우가 많으므로 점포입지에 유의해야 한다([그림 6-2] 참조).

4. 서비스업 분야 관련 창업절차

(1) 서비스업의 의의

• 서비스업 개념: 재화, 즉 물건을 만드는 산업이 제조업이라면 용역을 만들어 내는 산업이 서비스업(service, 用役)이다. 따라서 서비스업은 용역, 즉 인간의 만족을 충족시켜 주는 사람들의 활동이나 작용으로서 무형재를 생산하는 산업이다.

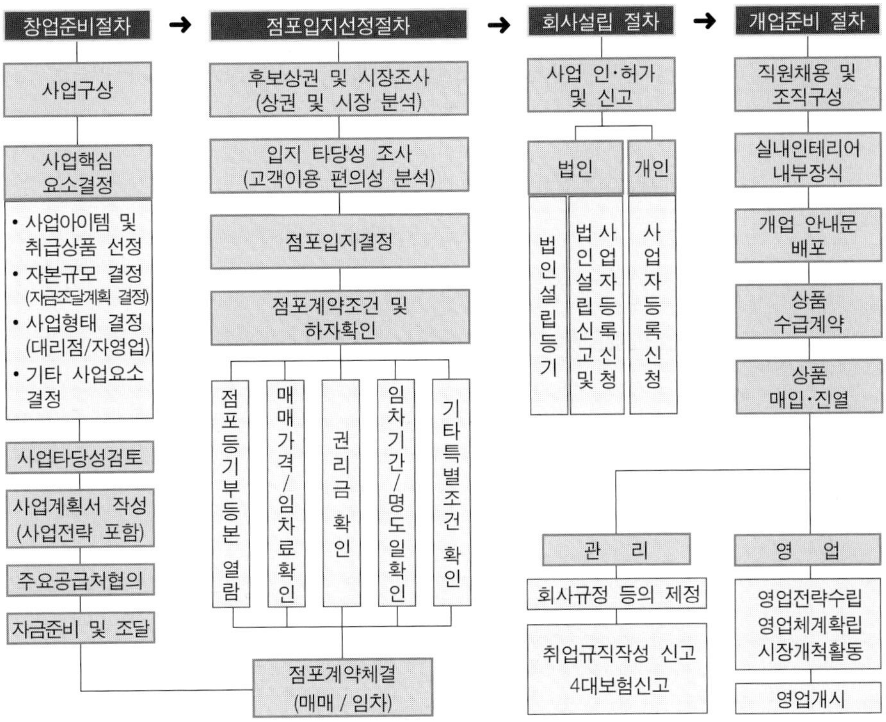

[그림 6-2] 도소매업 창업절차

자료: 중소기업청, 2012: 105.

- 서비스업의 중요성: 서비스업은 그 자체적으로 부가가치를 창출하는 것은 물론, 제조업 부문의 부가가치 창출에 결정적인 영향을 미친다.
- 서비스업의 종류: 서비스업에는 도·소매업이나 음식·숙박업에서부터 유통업, 금융업, 컨설팅업, 의료업 등 부가가치가 높은 부문까지 포함된다(세부내역은 아래 참조).

한국표준산업분류 중 서비스업

G. 도매 및 소매업 H. 운수업 I. 숙박 및 음식점업 J. 출판, 영상, 방송통신 및 정보서비스업 K. 금융 및 보험업 L. 부동산업 및 임대업 M. 전문 과학 및 기술서비스업 N. 사업시설관리 및 사업지원서비스업 O. 공공행정, 국방 및 사회보장행정 P. 교육 서비스업 Q. 보건업 및 사회복지서비스업 R. 예술, 스포츠 및 여가 관련 서비스업 S. 협회 및 단체, 수리 및 기타 개인서비스업 T. 자가소비 재화 및 서비스 생산 활동

- 사회 서비스 5개념: 사회 서비스란 △교육, △보건, △사회복지, △환경 및 문화 분야의 서비스, △기타 서비스를 말한다. 기타 서비스는 8가지로서 △보육 서비스, △예술·관광 및 운동 서비스, △산림 보전 및 관리 서비스, △간병 및 가사 지원 서비스, △문화재 보존 또는 활용 관련 서비스, △청소 등 사업시설 관리 서비스, △직업안정법에 따른 고용서비스(직업소개, 직업지도 등), △그 밖에 고용노동부장관이 정책심의회의 심의를 거쳐 인정하는 서비스를 말한다(사회적기업육성법 제2조제3호, 영 제3조).

(2) 서비스업 창업절차

이는 유통업 창업절차와 비슷하다([그림 6-3] 참조).

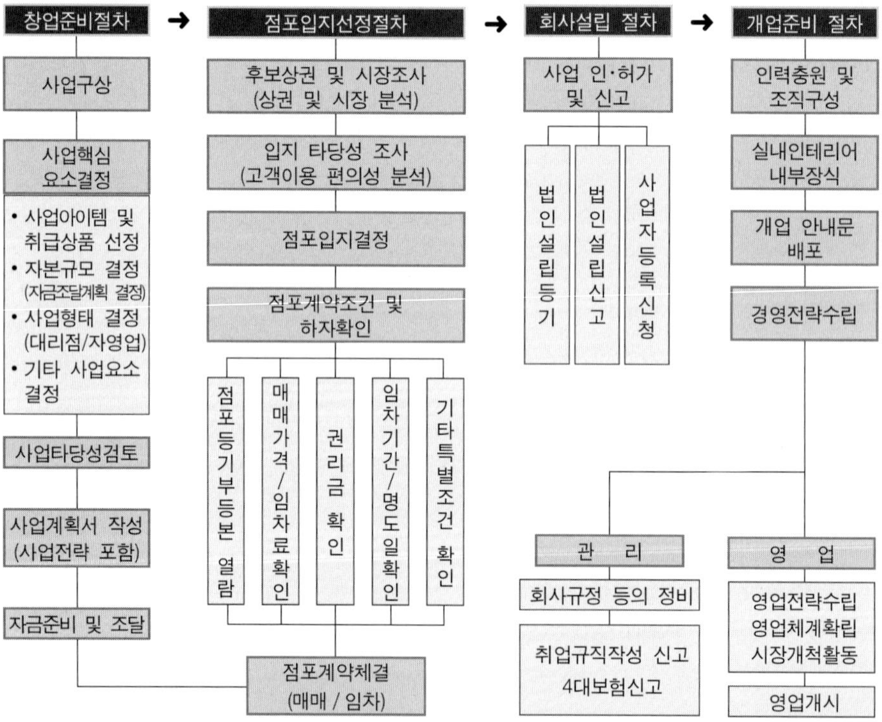

[그림 6-3] 서비스업 창업절차

자료: 중소기업청 창업제도과, 76.

5. 소비자생활협동조합 창업절차

① 협동조합의 의의

- 개념과 유형: 협동조합(協同組合)은 공동으로 소유되고 민주적으로 관리되는 사업체를 통해 공통의 경제적·사회적·문화적 필요와 욕구를 해결하기 위해 자발적으로 조직된 사람들이 만든 자율적인 조직이다. 협동조합(Cooperative)은 그 주체와 기능에 따라 소비자생활협동조합(Consumer cooperative), 노동자생산협동조합(Workers cooperative), 신용협동조합(Credit Union), 농업협동조합(Agricultural cooperative) 등으로 나눌 수 있다.
- 한국의 현황: 이전에는 소비자협동조합이란 용어보다는 생활협동조합(생협)이란 용어를 사용하였으나 1999.2.5., 제정된 「소비자생활협동조합법」에 의해서 소비자협동조합으로 통일되었다. 현재 한국에는 음식재료 유통을 위주로 하는 소비자생활협동조합과 생활협동조합, 의료보건활동이 주요사업인 의료생활협동조합, 대학시설운영을 중심으로 하는 대학생활협동조합 등으로 나뉘어 있다.

② 창업절차

- 창업순서: 30인 이상의 조합원 자격을 가진 자가 발기인(發起人)이 되어 정관을 작성하고 창립총회의 의결을 거친 후 사업구역을 관할하는 특별시장·광역시장·도지사 또는 특별자치도지사의 인가를 받아야 한다. 이 경우, 조합의 사업구역이 2 이상의 시·도에 걸쳐 있는 경우에는 주된 사무소의 소재지를 관할하는 시·도지사의 인가를 받아야 한다(법 제21조).
- 창업요건: 조합원 자격이 있는 설립동의자 300명 이상의 요건과 조합원 자격이 있는 설립동의자의 출자금 납입총액이 3천만 원 이상의 요건이 필요하다(영 제4조). 또한 설립등기를 하여야 한다(영 제8조).

③ 협동조합의 사업

협동조합의 사업은 소비물자, 서비스 제공, 교육·문화, 보건·의료, 위탁, 부대사업 등이다(법 제45조, 영 제10조)(상세한 내용은 다음 참조).

협동조합사업

1. 조합원의 소비생활에 필요한 물자를 구입·생산·가공하여 공급하는 사업
2. 조합원의 소비생활에 필요한 공동이용시설을 설치하여 서비스를 제공하는 사업
3. 조합원의 생활개선 및 교육·문화사업
4. 조합원의 건강 개선을 위한 보건·의료사업
5. 국가·지방자치단체 또는 연합회나 전국연합회로부터 위탁받은 사업
6. 제1호부터 제5호까지의 사업과 관련된 부대사업
7. 그 밖에 조합의 목적달성에 필요한 사업으로서 대통령령으로 정하는 사업
   - 생산자·생산자단체 및 문화단체와 사업을 공동으로 추진하는 사업
   - 정부, 지자체 및 「공공기관의 운영에 관한 법률」에 따른 공공기관과 공동으로 추진하는 사업

④ 신청서(양식)

[별지 1호서식]

<table>
<tr><td colspan="2">□ 조 합
□ 연 합 회 설립인가 신청서
□ 전국연합회</td></tr>
<tr><td>조 합 명</td><td></td></tr>
<tr><td>소재지</td><td>(전화번호:)</td></tr>
<tr><td>설립동의자 수</td><td></td></tr>
<tr><td>총 출 자 금 액</td><td></td></tr>
<tr><td>사업 구역</td><td></td></tr>
<tr><td>발기일 및
창립총회 개최일</td><td></td></tr>
<tr><td colspan="2">「소비자생활협동조합법」 제21조제1항, 제60조제1항 또는 제72조제1항에 따라
위와 같이 설립인가를 신청합니다.

년 월 일

신청인(발기인대표) (서명 또는 인)

공정거래위원회
특별시장·광역시장·도지사·특별자치도지사 귀하</td></tr>
<tr><td colspan="2">※ 구비서류
1. 정관 사본 1부
2. 창립총회 의사록 사본 1부
3. 사업계획서 1부
4. 임원 명부 1부
5. 설립동의자 명부 1부
6. 출자금 납입증명서 1부
7. 합병 또는 분할을 의결한 총회의사록(「소비자생활협동조합법」 제52조에 따른 합병 또는 분할에 의한 설립의 경우에만 해당합니다) 1부.</td></tr>
</table>

제 7 장

업종 및 아이템 선택

제1절 업종 선택

핵심연구 업종과 아이템 선택은 기업은 물론 사회적기업의 가장 중요한 핵심요소이다.

1. 사회적기업에 적합한 업종 개관

(1) 한국표준산업분류의 업종 기준

한국에서는 한국표준산업분류 기준으로, 본 업종별 구분은 다양하며 포괄적이다. 그러므로 사회적기업은 일자리 제공형, 사회서비스 제공형, 지역사회 공헌형, 혼합형, 기타형을 막론하고 이 기준에 해당한다. 한국표준산업분류 기준으로 본 업종별 구분은 다음과 같다(통계청 고시 2007-53호).

한국표준산업분류

A. 농업, 임업 및 어업 B. 광업 C. 제조업 D. 전기, 가스, 증기 및 수도 사업 E. 하수·폐기물처리 원료재생 및 환경복원업 F. 건설업 G. 도매 및 소매업 H. 운수업 I. 숙박 및 음식점업 J. 출판, 영상, 방송통신 및 정보서비스업 K. 금융 및 보험업 L. 부동산업 및 임대업 M. 전문 과학 및 기술서비스업 N. 사업시설

관리 및 사업지원서비스업 O. 공공행정, 국방 및 사회보장행정 P. 교육 서비스업 Q. 보건업 및 사회복지서비스업 R. 예술, 스포츠 및 여가 관련 서비스업 S. 협회 및 단체, 수리 및 기타 개인서비스업 T. 자가소비 재화 및 서비스 생산활동

(2) 사회적기업으로 제외될 수 있는 업종

사회적기업으로 제외될 수 있는 업종은 선량한 풍속 기타 사회질서나 공공복리에 반할 염려가 있는 업종으로서, 그 예로는 게임업종, 도박업종, 사행성업종, 불건전소비업종, 환경공해유발업종 등을 들 수 있다. 세부적인 사례는 아래와 같고 이는 하나의 예시로 참조하길 바란다.

사회적기업으로 제외될 수 있는 업종

1. 불건전 영상게임기 제조업 2. 도박게임장비 등 불건전 3. 오락용품 제조업 4. 담배 중개업 4. 주류, 담배 도매업 5. 숙박업 및 주점업 6. 불건전 게임소프트웨어개발 및 공급업 7. 경주장 운영업 8. 골프장 및 스키장 운영업 9. 오락장 운영업 10. 갬블링 및 배팅업 11. 기타 오락관련 서비스업

이하에서는 사회적기업으로 가능한 업종을 지면관계상 전부 소개하기는 어려우므로 제조업 분야, 음식업 분야, 지식 서비스 분야, 유통업 분야 순서로 설명하기로 한다.

2. 제조업 분야 관련업종

제조업에서 사회적기업이 가능한 업종은 다양하나 본서에서는 주요한 제조업의 유형 소개와 그 사례로 식료품 제조업, 의복 등 제조업, 기타제품 제조업, 선도적인 기술혁신 업종을 소개하기로 한다.

(1) 제조업 개관

① 제조업 개념

제조업(製造業, the manufacturing industry)이란 1차 산업에서 생산된 원재료를 인력이나 기계 등의 힘으로 가공하여 제품을 대량으로 생산하거나 제공하는 산업을 말

한다.

② 주요한 제조업의 유형

제조업 분류

1. 식료품 제조업 2. 음료 제조업 3. 섬유제품 제조업 4. 의복·의복 액세서리 및 모피제품 제조업 5. 가죽, 가방 및 신발 제조업 6. 목재 및 나무제품 제조업 7. 펄프, 종이 및 종이제품 제조업 8. 인쇄 및 기록매체 복제업 9. 코크스, 연탄 및 석유정제품 제조업 10. 화학물질 및 화학제품 제조업 11. 의료용 물질 및 의약품 제조업 12. 고무제품 및 플라스틱제품 제조업 13. 비금속 광물제품 제조업 14. 1차 금속 제조업 15. 금속가공제품 제조업 16.전자부품, 컴퓨터, 영상, 음향 및 통신장비 제조업 17. 의료, 정밀, 광학기기 및 시계 제조업 18. 전기장비 제조업 19. 기타 기계 및 장비 제조업 20. 자동차 및 트레일러 제조업 21. 기타 운송장비 제조업, 22. 가구 제조업 23. 기타 제품 제조업

자료: 대한민국정부 사이트.

(2) 식료품 제조업

① 개념

이는 농업, 임업 및 어업에서 생산된 산출물을 사람이나 동물이 먹을 수 있는 식료품 및 동물용 사료로 가공하는 산업활동이다.

② 현황 및 추이

웰빙에 대한 관심이 높아지면서 기능성 식품과 웰빙식품, 유기농식품 등의 꾸준한 성장이 기대되고, 「식품산업진흥법」에서 전통식품 품질인증품에 대한 정기심사제도가 도입되었다(2011.7.). 그리고 식료품 제조업의 긍정·부정적 측면은 다음과 같다.

〈표 7-1〉 식료품 제조업의 긍정·부정적 측면

긍정적 측면	부정적 측면
1. 최근 식품 소비욕구가 고도화되고 식품관련 연구가 활발해지면서 BT·NT 등 첨단기술을 활용한 기능성 식품 개발로 해당 분야에서는 막대한 부가가치를 창출하고 있음.	1. 유기농, 건강보조식품, 기능성식품 등을 제외한 일반 식료품의 생산 및 출하가 둔화될 전망임. 2. 국내 시장의 경쟁심화가 지속될 예상이며 해외시장의 개척이 절대적으로 필요함.

〈표 계속〉

긍정적 측면	부정적 측면
2. 부가가치와 고용을 창출하고 수출확대에 기여하는 등 정부의 보호육성산업으로 부각되고 있음. - 농어업의 발전을 이끌고 국가 브랜드 경쟁력 강화에 기여하는 등 새로운 가치로서도 주목받고 있음. 3. 현재 식품산업의 글로벌 트렌드는 △식품안전 및 건강식에 대한 관심이 고조되고 △건강 증진에 기여하는 식품을 개발하는 과정에서 식품·화학·제품 등 관련 산업 간의 융·복합 현상이 활발히 진행.	3. 재료비의 원가 구성비가 높아 획기적으로 원가관리가 필요함.

자료: 대한민국정부 사이트, http://www.korea.go.kr/filedown/venture/1.pdf.

③ 사회적기업의 식료품 제조업

사회적기업에서 가능한 식료품 제조업의 업종분류는 다음과 같다(한국표준산업분류).

식료품제조업 분류

1. 수산물 관련: • 수산동물 훈제·조리 및 유사 조제식품 제조업 • 수산동물 건조 및 염장품 제조업 • 수산동물 냉동품 제조업 • 수산식물 가공 및 저장 처리업
2. 과일 관련: • 과실 및 채소 절임식품 제조업 • 기타 과실·채소 가공 및 저장 처리업
3. 곡물류 관련: • 제과용 혼합 분말 및 반죽 제조업 • 기타 곡물가공품 제조업 • 떡류 제조업 • 빵류 제조업 • 면류, 마카로니 및 유사식품 제조업
4. 발효 등 관련: • 식초, 발효 및 화학 조미료 제조업 • 장류 제조업 • 기타 식품 첨가물 제조업
5. 기호식품: • 커피 가공업 • 차류 가공업
6. 음식물 관련: • 수프 및 균질화식품 제조업 • 두부 및 유사식품 제조업
7. 건강보조 식품: • 인삼식품 제조업 • 건강보조용 액화식품 제조업 • 건강기능식품 제조업
8. 식사류: • 도시락 및 식사용 조리식품 제조업 • 기타 식료품 제조업 • 동물용 사료 및 식품제조업

④ 사회적기업 창업 시 유의사항[73)]

• 생산계획과 인증마크 획득: 식품분야는 대부분 계획생산 형태의 품목이므로, 마

73) 이 부분은 대한민국정부 사이트, http://www.korea.go.kr/filedown/venture/1.pdf. 참조.

케팅 부서의 수요예측에 의하여 생산계획을 수립해야 하며, HACCP, 친환경제품과 같은 인증마크 획득을 통한 소비자 신뢰성 제고를 반드시 계획하는 것이 필요하다.

- 종합 시스템 구축: 원자재의 구입에서 소비자에게 배송되는 단계에 이르기까지 소비자의 안전이 고려된 생산계획을 수립하고 원재료 공급 및 검수일정, 시간계획까지 고려한 시스템을 구축하여야 한다.
- 공장입지 선정: 품목에 따른 제조공정상 다량의 용수확보, 오폐수 처리, 제품의 이미지 등을 고려한 공장입지를 선정해야 한다.
- 건강식품 경우: 건강식품의 경우 성분을 표기할 수 있으나 효능을 표기할 수 없다(건강기능식품에 관한 법률 제17조, 제18조제1항).
- HACCP인증: HACCP 인증 시 일반건축 설계가 아닌 HACCP 규격에 맞는 건축설계가 이행되어야 한다. HACCP은 위해요소 분석(Hazard Analysis)과 중요 관리점(Critical Control Point)의 약자로서 '해썹' 또는 '위해요소 중점관리기준'이라 한다.

(3) 의복 등 제조업

① 개념

이는 구입한 각종 직물, 가죽 및 기타재료를 재단·재봉하여 의복류, 모자 및 의복액세서리를 제조하는 업종을 말한다.

② 현황 및 추이

부가가치가 높은 산업이며 위험 부담률이 높은 산업이다. 인터넷 쇼핑몰을 활용한 창업 활성화와 고객들의 홈쇼핑 및 인터넷 등을 통한 구매증가 등으로 유통 채널별 상장세가 차별화되고 있다. 아웃도어 스포츠웨어 시장은 건강에 대한 관심이 증폭되고, 레저문화가 빠르게 정착되고 있으며, 여성인구의 참여도가 증가 추세에 있어 양호한 성장세를 지속하고 있다. 의복 등 제조업의 긍정·부정적 측면은 다음과 같다.

〈표 7-2〉 의복 등 제조업의 긍정·부정적 측면

긍정적 측면	부정적 측면
1. 소비자의 구매 패턴 변화로 다양한 의류 유통판매 채널이 형성 2. 레저 활동인구의 급증으로 아웃도어 스포츠웨어시장이 확대되고 있으며, 골프의 대중화로 해당부문의 높은 성장세 예상	1. 글로벌 브랜드와 마케팅, 글로벌 유통망 등에서 세계 대비 국내 글로벌화 수준은 낮은 편 2. 국내 의류업체의 영세성으로 규모의 경제 달성이 미진하여 패션선진국의 브랜드와 개도국 중심의 중저가 범용의류시장의 양분에서 애로

자료: 대한민국정부 사이트, http://www.korea.go.kr/filedown/venture/4.pdf.

③ 사회적기업의 의복 등 제조업

사회적기업에서 가능한 의복 등 제조업의 업종분류는 다음과 같다(한국표준산업분류).

의복 등 제조업 분류

• 남자용 정장 제조업 • 여자용 정장 제조업 • 내의 및 잠옷 제조업 • 한복 제조업 • 셔츠 및 체육복 제조업 • 근무복, 작업복 및 유사의복 제조업 • 가죽의복 제조업 • 유아용 의복 제조업 • 그외 기타 봉제의복 제조업 • 원모피 가공업 • 천연모피제품 제조업 • 인조모피 및 인조모피 제품 제조업 • 편조의복 제조업 • 스타킹 및 기타양말 제조업 • 기타 편조의복 액세서리 제조업 • 모자 제조업 • 그 외 기타 의복액세서리 제조업

④ 사회적기업 창업 시 유의사항74)

의복분야는 구매자의 양극화로 정확한 목표집단에 대한 요구와 마케팅 계획을 수립하여야 한다. 그리고 구매자의 니즈를 정확하게 맞추어서 그에 맞는 제품을 기획하여 판매하여야 한다. 또한 유행이 지난 생산 재고물량에 대한 유통 및 처리방안에 대한 계획 수립이 필요하다.

(4) 기타제품 제조업

① 개념

이는 특정 산업영역에서 분류되지 않은 제품, 즉 귀금속제품, 악기류, 운동·경기용

74) 이 부분은 대한민국정부 사이트, http://www.korea.go.kr/filedown/venture/4.pdf. 참조.

구 및 오락용품, 모조 장신품 및 장식품, 흥행 및 유희용품, 사무용품, 회화용품 및 기타제품을 제조하는 업종이다.

② 현황 및 추이

이 업종은 지식 집약적 산업으로 인적자원 활용도가 높고, 특히 노하우 및 기술이 축적된 전문개발 인력에 대한 의존도가 높다. 그리고 교육용 장난감은 아이들이 놀이를 통해 기술과 지식을 습득하도록 도와주는 역할을 하고 있다. 긍정·부정적 측면은 다음과 같다.

〈표 7-3〉 기타제품 제조업의 긍정·부정적 측면

긍정적 측면	부정적 측면
1. 게임은 영화, 음악, 광고 등 여러 가지 콘텐츠와 연계, 융합화되어 더 큰 부가가치를 창출 2. 우리나라는 유·무선 통신 인프라와 정보기술의 발전에 힘입어 '디지털 생태계'의 선도국가로 인정받고 있으며 온라인게임, 모바일콘텐츠 및 솔루션 산업 분야를 구심점으로 하여 전 세계 디지털콘텐츠 산업을 리드해 나갈 수 있는 신흥강국으로 부상 3. 정부의 문화콘텐츠 산업 육성에 따른 게임업체의 수혜 폭 증대	1. 불법 복제로 인한 시장 수익 구조 악화 2. 온라인게임 시장의 증대에 따른 오프라인 게임시장 위축 3. 버그에 대한 실시간 A/S 취약 4. 게임 산업에 대한 정부의 각종 규제(사행성 문제, 지나치게 선정적이고 폭력적인 내용의 상업적 게임의 출현 문제 등이 발생)

자료: 대한민국정부 사이트, http://www.korea.go.kr/filedown/venture/23.pdf.

③ 사회적기업의 기타제품 제조업

사회적기업에서 가능한 기타제품 제조업의 업종분류는 다음과 같다(한국표준산업분류).

기타제품 제조업 분류

• 귀금속 및 관련제품 • 모조 귀금속 및 모조 장신용품 • 악기 제조업 • 체조, 육상 및 체력단련용 장비 제조업 • 놀이터용 장비 제조업 • 낚시 및 수렵용구 제조업 • 기타 운동 및 경기용구 제조업 • 인형 및 장난감 제조업 • 영상게임기 제조업 • 기타 오락용품 제조업 • 간판 및 광고물 제조업 • 사무 및 회화용품 제조업 • 가발 및 유사 제품 제조업 • 조화 및 모조장식품 제조업 • 표구 및 전사처리 제조업 • 교시용

모형 제조업 • 우산 및 지팡이 제조업 • 단추 및 유사 파스너 제조업 • 라이터, 연소물 및 흡연용품 제조업 • 비 및 솔 제조업 • 기타 분류되지 않은 제품 제조업

④ 사회적기업 창업 시 유의사항[75)]

먼저, 소비자의 눈높이에 맞게 제품의 질을 향상시키고 디자인 경쟁력을 확보해야 하며, 장난감의 경우에는 학습활동을 돕는 장난감으로 필수제품이라는 인식을 심어주는 마케팅 전략이 필요하고, 구매자 수준별로 세분화하고 목표시장을 명확히 하여 그에 맞는 생산 및 유통시스템을 구축하여야 한다.

(5) 선도적인 기술혁신 업종

지금까지는 한국표준산업분류 기준으로 사회적기업에 적합한 업종을 고찰하였다. 그러나 정부는 선도적인 기술혁신을 통해 세계적인 수준의 기술경쟁력을 보유한 중소기업으로 육성하기 위한 업종을 개발하고 있다. 이 같은 전략업종은 사회적기업의 미래업종으로 활용될 수 있는 부분이므로 개괄적으로 소개하고자 한다(아래 참조).

〈표 7-4〉 사회적기업의 미래 전략업종(예)

전략 업종	정 의	범 위
1. 풍력	풍력발전 시스템(HW중심)	풍력발전시스템 기술, 풍력기반 기술, 풍력응용 기술
2. 태양전지/태양광	태양전지 전반	실리콘, 화합물, 유기 태양전지 및 관련 소재/모듈/주변장치 등
3. 바이오매스 에너지	(1) 바이오매스에너지화 (바이오디젤)	(1) 석유계 디젤을 대체할 수 있는 바이오매스 유래 디젤 대체연료 (1) 동식물의 지방 또는 재생유지를 원료로 제조된 디젤 대체연료
	(2) 바이오매스에너지화 (바이오가솔린)	(2) 석유계 가솔린을 대체할 수 있는 바이오매스 유래 가솔린 대체연료 (2) 당질 및 전분질계 유래의 1세대인 바이오에탄올 및 목질계(셀룰로오스) 바이오 가솔린 포함
	(3) 바이오매스에너지화 (바이오매스가스화)	(3) 저급(고체)연료를 고급연료로 전환하는 공정 (3) 고체상태 바이오매스를 원료로 합성가스를 생성하고, 이를 원하는 형태로 변환하는 기술 전반

〈표 계속〉

75) 이 부분은 대한민국정부 사이트, http://www.korea.go.kr/filedown/venture/23.pdf. 참조.

전략 업종	정 의	범 위
4. 친환경 생산 및 신소재	친환경 공정 및 소재 개발	친환경적이며 에너지효율을 향상시키는 원료·소재·생산·수송·사용·재활용·폐기등 제품의 전 과정
5. 차세대조명/LED	LED 응용 전반	LED를 이용한 일반조명, 특수조명, 디스플레이 광원 및 관련된 소재/부품/주변장치 등
6. 고효율 이차전지	전기에너지를 고효율로 저장하는 기술 및 소재	이차전지 및 슈퍼커패시터의 소재/소자 관련 기술
7. 폐기물 에너지	가연성 폐기물의 재생에너지	가연성 폐기물 고형연료화(RDF) 기술, 폐플라스틱열분해, 폐타이어 열분해 등
8. 그린 IT + 첨단주택도시	IT 부문의 친환경 활동(기기, 부품, 시스템)과 IT를 활용한 친환경 활동 분야	에너지 절감기기/부품/시스템, 에너지절감 차량시스템, 에너지 하베스팅, 스마트 그리드, 고효율주택 에너지 제어관리, 고효율 주택 에너지 융합
9. 수소연료 전지	수소연료전지	수소연료전지 소재, 스택, M-BOP, E-BOP 등
10. 콘텐츠SW	콘텐츠/SW	(1) 게임, 차세대영상, 가상현실, 융복합 콘텐츠, 창작공연전시 등 (2) 공개SW, 임베디드 SW, 지능형 인터페이스, 차세대 웹, 사회안전시스템
11. IT융합	IT융합	차세대의 융합네트워크 무선통신, 차세대 센서네트워크
12. 로봇응용	로봇응용	전문서비스로봇, 산업용로봇, 개인서비스로봇
13. 바이오	바이오의약품, 바이오자원, 신소재, 장기개발, 고령친화의료기기	노인성 질환 극복의료기기, 고령친화 이동·생활지원 기기 및 시스템
14. 고부가가치 식품	기능성식품, 고부가가치 전통식품	건강기능성 식품, 개인맞춤형 식품, 천연첨가물 및 대체식품, 명품천일염, 저염화 전통 발효식품, 건강기능강화 전통식품
15. 신소재 나노융합, 16. 6대제조기반, 17. 화학소재공정		

자료: 중소기업청(2011), 2012년 중소기업통합기술로드맵 I, 107-108, 참조.

3. 음식업 분야 관련업종

(1) 음식업 분야 개관

음식업 분야의 업종은 다양하나 사회적기업에 적합한 업종을 살펴보면 다음과 같다(한국표준산업분류).

음식업 분류

- 일반 음식점업: 한식, 중식, 일식, 서양식 음식점업, 기타 외국식 음식점업
- 기관구내식당업: 기관구내식당업
- 출장 및 이동 음식업: 출장 음식 서비스업, 이동 음식업
- 기타 음식점업: 제과점업, 피자, 햄버거, 샌드위치 및 유사 음식점업, 치킨 전문점, 분식 및 김밥 전문점, 그외 기타 음식점업
- 주점 및 비알코올음료점업

(2) 사회적기업 창업 시 유의사항[76)]

① 신고 및 허가 등 업종 파악

- 구분: 음식점 영업은 「식품위생법」에서는 '식품접객업'으로 표시되며 그 세부영업의 종류는 6가지, 즉 휴게음식점, 일반음식점, 단란주점, 유흥주점, 위탁급식, 제과점으로 분류된다.
- 신고 및 허가 등 업종: 시장·군수·구청장에게 신고할 업종은 휴게음식점, 일반음식점, 위탁급식 및 제과점 등이다. 반면, 허가를 받아야 할 업종은 단란주점과 유흥주점이다.

② 용도지역별 음식점 가능지역

전 국토는 도시지역, 관리지역, 농림지역, 자연환경보전지역의 4종류로 구분하고, 위 용도지역 중에서 도시지역은 주거지역, 상업지역, 공업지역, 녹지지역으로 관리지역은 보전관리지역, 생산관리지역, 계획관리지역으로 지정하고 있다(국토의 계획 및 이용에 관한 법률 제6조, 제36조)(음식점별 가능지역은 다음 〈표 7-5〉 참조).

---

76) 이 부분은 법제처, 알기 쉬운 생활법령정보 부분을 참조. 그러나 실제 창업 시에는 법령이나 판례의 변경이 있을 수 있으므로 재삼 확인을 요한다.

〈표 7-5〉 음식점별 가능지역

제과점, 휴게음식점	일반음식점	단란주점, 유흥주점
- 도시지역(보존녹지지역은 일부제한) - 조례로 정한 관리지역에서 영업 가능	- 도시지역(생산녹지지역과 보전녹지 지역은 일부 제한) - 조례로 정한 관리 지역에서 영업 가능	- 도시지역 중에서 상업지역에서만 영업 가능

③ 음식점 영업이 가능한 용도별 건축물

음식점 창업자는 물색한 점포의 건축물관리대장상 건축물용도가 선택한 업종으로 영업 허가 또는 신고를 받을 수 있는 건축물용도인지 여부를 반드시 확인해야 한다(건축법 시행령 제3조의4 및 별표 1). 즉, 건축물관리대장을 발급받아 무허가건물 여부, 면적, 건축물의 용도 등을 확인하여 자신이 선택한 업종의 영업행위가 가능한 건축물인지를 반드시 확인하고 계약을 체결해야 한다. 그 이유는 무허가 건물이면, 비록 그 건물이 「식품위생법」이 규정하는 물적 시설요건을 갖추었다고 하더라도 적법한 식품접객업의 영업허가를 받을 수 없기 때문이다(대법원 1999. 3. 9. 선고 98두19070 판결)(아래 참조).

〈표 7-6〉 음식점 업종별 건축물의 용도

업 종	건축물의 용도
휴게음식점, 제과점	1종 근린생활시설(동일한 건축물 안에서 당해 용도에 쓰이는 바닥면적의 합계가 300㎡ 미만인 것)
일반음식점	2종 근린생활시설

④ 학교환경 위생정화구역 확인

점포의 지역이 「학교보건법」상의 학교환경 위생정화 구역 내에 있는지, 또한 동 정화구역 중에서도 절대 정화구역 내에 있는지, 상대 정화구역 내에 있는지 등의 여부와 해당 구역에서 영업하려는 음식점이 금지되는 것이 아닌지를 확인한 후 계약을 체결해야 한다(학교보건법시행령 제3조제1항).

⑤ 위생교육과 건강진단

음식점 영업을 하려는 자는 사전에 위생교육을 받아야 하며(식품위생법 제41조제2항), 음식점 영업자 및 그 종업원은 건강진단을 받아야만 영업에 종사할 수 있다(식품위생법 제40조).

⑥ 농수산물의 원산지 표시

과거에는 원산지 표시에 관한 관련규정이 「농산물품질관리법」, 「수산물품질관리법」 및 「식품위생법」으로 분산되어 있었으나 이를 통합하여 2010.2.4. 「농수산물의 원산지 표시에 관한 법률」을 제정하여 2010.8.5.부터 시행하고 있다.

4. 지식 서비스 분야 관련 업종

(1) 지식 서비스 업종 개관

- 지식 서비스의 연혁: 20세기 초반은 생산성과 대량생산을 키워드로 하는 하드웨어의 시대였으나 20세기 말인 1990년대는 정보와 통신을 중심으로 하는 디지털 시대였다. 그러나 2000년대에서는 단순 데이터가 아닌 지식으로, 즉 소프트웨어와 지식정보로 승부해야 하는 지식기반 경제(knowledge-based economy)의 시대로 볼 수 있다. 지식과 아이디어가 경제 활동의 핵심적인 역할을 하고 지식이 21세기 경제의 키워드로 자리 잡고 있는 것이다.
- 지식 서비스의 의의: OECD는 지식기반 경제를 '지식과 정보의 생산, 분배, 사용에 직접적으로 기반하고 있는 경제'라고 하고 있다. APEC은 '모든 산업에서 지식의 생산, 분배, 사용의 성장, 부의 창조 및 고용의 핵심 동인(動因)이 되는 경제'라고 정의하고 있다. 즉, 지식기반 경제란 지식이 경제성장을 주도하는 것을 의미한다. 이러한 지식기반 경제에서는 지식과 기술 등이 중시되고, 제품과 서비스의 투입, 프로세스, 산출 등 가치 창출 모든 단계에서 지식이 활용된다(지식경제부, 정보통신산업진흥원, 2010: 43, 101).

(2) 사회적기업 창업 관련

① 사회적기업으로 창업해야 하는 이유[77]

- 사회적기업에 적합한 규모: 서비스업은 산업 특성상 유리한 부분이 있음에도 불

77) 이 부분은 지식경제부·정보통신산업진흥원(2010), 지식 서비스산업백서, 49 이하 부분 참조.

구하고 소규모업체의 비중이 높다. 국내 지식 서비스업체 중 2005년 종사자 수 19명 이하 업체 비중은 98.2%로 소규모업체가 거의 대부분을 차지하고 있는 것으로 나타났다. 이 점이 사회적기업에 적합하다고 볼 수 있는 부분이다.

- 시장규모 확대로 영업기회 증가: 지식 서비스업의 시장규모는 증가하고 있다. 2000년대 이후 시장규모가 지속적으로 증가하고 있으며, 특히 2004년 이후부터는 빠른 속도로 증가하고 있다. 국내 지식 서비스업의 매출액 규모는 2000년 약 277조 원에서 2007년 약 407조 원으로 1.5배 증가하였으며, 매출비중도 전 산업의 1/5, 제조업의 2/5, 서비스업의 약 2/3를 차지한다.
- 높은 고용창출 기여도: 지식 서비스업의 사업체 수는 2000년 약 38만 개에서 2007년 47만 개로, 종사자 수는 2000년 253만 명에서 2007년 394만 명으로 크게 증가하였다. 2007년 전 산업 대비 제조업의 사업체 비중은 10.4%, 서비스산업은 86.4%, 지식 서비스업은 14.7%이다. 또한 지식 서비스업의 종사자 수는 서비스산업의 1/3 규모로, 종사자 수 비중 역시 매우 빠르게 증가하고 있다. 제조업의 경우 종사자 수 비중이 2000년 24.5%에서 2007년 21.5%로 감소한 반면, 지식 서비스업의 경우 2000년 18.7%에서 2007년 25.1%로 크게 증가하였다. 따라서 지식 서비스업이 차후 신규업체의 창업을 주도할 것으로 보이며, 국내 고용창출에 크게 기여할 것으로 전망된다.
- 고학력의 일자리 창출능력에 적합: 지식 서비스업은 전문지식과 기술을 요하는 직종이 많아 다른 서비스업에 비해 양질의 고학력 일자리 창출이 가능하다. 따라서 지식 서비스업의 성장은 경제 전체의 일자리 수준 고도화에 기여할 것으로 전망된다. 산업별 전체 취업자에서 대졸 이상의 고학력자가 차지하는 비중은 2005년 전 산업 31.7%, 제조업의 23.0%인 반면, 지식 서비스업은 36.6%로 2000년 21.6%에 비해 크게 증가한 것으로 나타났다.

② 사회적기업에 적합한 서비스업종

사회적기업에 적합한 업종을 광의개념에서 지식 서비스분야와 일반 서비스분야로 구분하면 다음과 같다(이건우, 2010: 56).

> 서비스의 업종분류
>
> 1. 지식 서비스분야:
>   • 통신 및 방송 • 금융 및 보험 • 연구개발 • 사업관련 전문서비스 • 광고 • 건축 및 공학관련서비스 • 컴퓨터관련서비스 • 교육 • 의료 및 보건 • 출판, 문화, 오락
> 2. 일반 서비스분야
>   • 도소매 • 음식점 및 숙박 • 운수 및 보관 • 부동산 • 기타사업서비스 • 공공행정 및 국방 • 사회복지 • 개인서비스 • 기타서비스

③ 사회적기업에 적합한 유망 서비스 업종

앞에서 언급한 광의개념 중에서 유망 서비스 업종에는 3가지 측면으로 살펴볼 수 있다. 첫째는 제조업과 동반 성장이 가능한 업종으로서 디자인, 컨설팅, 패키징, 연구개발 전문업, 시험분석 등 5개 업종이다. 둘째는 고용 창출에 기여할 것으로 기대되는 업종으로 유통, 프랜차이즈, 패션, 이러닝, 전시산업, 에너지 절약 전문업의 6개 업종이다. 셋째는 방송광고, 통신, 문화, 엔지니어링, 법률회계 등 5개 업종이다. 따라서 전체적으로는 16개의 서비스 업종을 유망 서비스 업종으로 보고 있다(지식경제부·정보통신산업진흥원, 2010: 89). 그러므로 사회적기업 창업 시에는 적합한 서비스 업종과 유망 서비스 업종을 고려하여 창업하는 지혜가 필요하다.

5. 유통업 분야 관련 업종

(1) 유통업 업종 개관

• 개념: 유통업(流通業, distribution industry)이란 생산자와 사용자의 중간에서 물건이나 서비스의 이동을 보다 원활하게 중간역할을 해 주는 업종을 말한다. 따라서 물적 유통업과는 달리 상거래유통을 전문으로 하는 업종으로서 도매업이나 소매업을 말한다.

• 현황: 대형 유통기업의 시장지배력이 강화됨에 따라 소매업태별 양극화도 진전되고 있다. 대형마트, 편의점, 홈쇼핑 등 기업형 유통이 지배적인 업태의 경우 매출액 및 점포 수가 크게 증가한 반면, 규모가 영세한 중소유통업은 급격한 시장 환경

변화에 대한 대응능력의 부족으로 경쟁력이 약화되면서 전체 유통산업에서 차지하는 비중이 감소하였다. 따라서 국내 유통산업에서 상당한 비중을 차지하고 있는 중소유통업의 주된 문제점은 영세성 때문에 발생한 낮은 경쟁력이라고 볼 수 있다(김숙경 외, 2011: 17).

(2) 사회적기업 창업 관련

유통업 업종의 창업은 다른 분야보다는 쉽고, 주된 초점은 소비자와 점포에 있다. 즉, 소비자 트렌드를 파악하는 것과 점포 컨셉의 특화전략이 필요하다.

① 소비자 트렌드 파악

소비자 트렌드(trend)란 고객의 욕구를 말한다. 그러므로 소비자의 트렌드를 파악한다는 것은 곧 이를 상품이나 서비스로 전환시켜 이윤을 창출할 수 있는 능력이 생긴다는 뜻이다. 따라서 트렌드를 파악하여 목표를 설정할 수 있고, 새로운 비즈니스의 개념 또는 완전히 새로운 브랜드나 사업의 아이디어로 이용할 수 있다. 이는 후술한다.

뉴욕의 음식 트렌드: 그린마켓

유행을 선도하는 미국 '뉴요커'들의 최근 음식 트렌드는 로컬(local)이다. 비료와 농약을 쓰지 않는 유기농(organic) 농산물을 넘어 얼마나 가까이에서 직접 기른 과일, 채소, 쇠고기, 돼지고기인지를 확인하는 것이다. 신선한 식품 재료로 식단을 꾸미는 까다로운 뉴요커들에게 뉴욕 인근의 소규모 농장들은 곧바로 소비자들을 만나 적정한 이윤을 챙긴다. 이를 반영한 뉴욕 시에서 반경 200마일(약 321㎞) 이내의 농장과 목초, 바다의 농부와 어부만이 참여할 수 있는 뉴욕 시 '그린마켓'이 인기다. 그린마켓은 뉴욕 시의 '윈윈(win-win) 도농(都農)협력 모델'인 셈이다.

자료: 네이버.

세계 트렌드의 동향

1. 할인정보 제공(DEALER-CHIC): 할인 혜택 정보 제공
2. 보상판매(RECOMMERCE):
   - 프랑스: 사용하던 운동 용품을 가져오면 6개월간 유효한 쿠폰으로 교환
   - 싱가포르: 고객이 입던 청바지를 반납하고 새 제품을 사는 경우, 50싱가포르 달

러 할인과 다음 구매 시 사용할 수 있는 50싱가포르 달러, 또는 상품권의 형태로 100싱가포르 달러를 제공
- 학생이라면 책, DVD, 게임, 전자제품의 바코드를 스캔해 보상판매 가격을 확인할 수 있다. 제품이 수용되면, 배송전표가 생성되고 Amazon 상품권이 제공된다.

자료: trendwatching.com.

② 점포컨셉의 특화전략

- 의의: 점포컨셉(concept)의 특화전략이란 점포가 상품이나 서비스에서 차별적 우위를 갖추어 많은 사람들이 선호하고 기억에 남도록 종합적인 이미지를 구축하는 것이다. 예를 들면, 생활용품전문점, 배달전문 소매점 등이 있다.
- 특화전략 수립방안: 첫째, 시장 세분화(market segmentation)를 한다. 즉, 점포가 위치한 지역사회에서 소비자를 대상으로 소비자층별로 필요한 제품을 파악하는 것이다. 예를 들어, 청년과 중년 또는 남성과 여성, 주부와 직장인 등으로 구분하여 필요한 제품을 파악한다. 둘째, 표적시장(target market)을 결정한다. 즉, 시장 세분화 결과의 수치로 가장 판매가 많을 것으로 예상되는 계층과 제품으로 결정하는 것이다. 예를 들어, 주부가 필요로 하는 제품으로 결정하는 경우이다. 셋째, 포지셔닝(positioning)으로 이는 점포의 제품이 소비자의 마음에 인식되도록 노력하는 것이다. 예를 들어, 배달서비스나 신선식품, 신뢰할 수 있는 제품 등의 이미지를 소비자에게 인식시키는 것이다.
- 특화전략의 예: 중소기업청에서 실시하고 있는 특화전략의 예는 다음과 같다(중소기업청 2010).

특화 전략의 예

1. 선진형 스마트숍(smart shop) 육성
   - 스마트숍이란 쇼핑환경, 서비스, 위생, 정보화 등에서 선도적 우수 점포임.
   - 골목슈퍼 등 소매점의 고객 및 매출 증가를 위해 시설의 개선, 상권에 맞게 매장의 재구성 및 경영개선 등을 지원
2. 소매점 조직화지원
   - 소규모 소매점포(가맹점)가 체인본부(도매점)를 구심점으로 조직화하고 점포운영

을 현대화하여 대형마트, SSM 등과 상생·공존할 수 있는 경쟁력을 갖출 수 있도록 지원
3. 중소유통 공동 도매물류센터 건립
- 중소유통업체가 공동구매 및 물류를 통하여 상품조달가격을 낮추고, 필요한 상품을 원활히 공급받을 수 있도록 중소유통공동물류센터 건립을 지원

제2절 아이템 선택

1. 업종별 새로운 소비 트렌드 개관

(1) 소비 트렌드의 필요성

- 필요성: 사회적기업가가 소비 트렌드를 알아야 할 이유는 소비 트렌드와 잘 팔리는 대박상품 이른바 히트상품이 밀접하게 관련이 있기 때문이다. 즉, 소비 트렌드를 정확히 파악하여야 좋은 아이디어를 도출하여 미래를 준비할 수 있고 그 결과 사업을 성공으로 이끌 수 있기 때문이다. 부연하면 첫째, 히트 상품을 만드는 것은 3%의 선도 소비자가 아니라 70%의 대중 소비자들이기 때문에 소비자 측면의 트렌드를 알아야 한다. 둘째, 미래에 대비할 수 있는 가장 유력한 방법은 과거의 사실들을 파악하는 것이기 때문에 현재의 트렌드를 파악하여야 한다(엠브레인트렌드모니터, 2011: 서평). 미래학자인 피터 슈워츠(Peter Schwartz)도 '미래는 예측하는 것이 아니라 현재 속에 이미 존재하는 미래를 읽어 내는 것'이라고 언급하고 있다. 이하에서는 분야별 소비 트렌드를 살펴보기로 한다.[78] 유의할 점은 이 같은 소비 트렌드는 절대적인 것이 아니고 하나의 예시이므로 사회적기업가는 이를 참조하여 자신만의 제품이나 서비스를 만들어야 한다는 것이다.
- 설명 순서와 유의사항: 소비 트렌드도 업종과 같이 제조업 분야, 음식업 분야, 지식 서비스 분야, 유통업 분야 순서로 설명하기로 한다. 그러나 아이템 선택은 무척 다양하고 광범위하므로 제조업, 음식업, 지식 서비스, 유통업, 유아·실버, 온라

78) 이하에서는 소상공인진흥원a, 2009: 12-15; 소상공인진흥원a, 2010; 중소기업청, 소상공인진흥원, 2011의 해당 부분을 요약 참조함.

인, 틈새시장, 창업성공 및 유망 아이템 선택으로 구분하여 순서대로 설명하기로 한다. 여기서 재차 강조하는 것은 본서에서 소개하는 소비 트렌드나 아이템은 국가별·지역별·상황별로 달리 적용될 수 있기 때문에 절대적으로 성공할 수 있는 내용을 소개하는 것이 아니고 사회적기업의 설립과 운영에 있어서 하나의 예시자료로 활용해 달라는 점이다.

(2) 제조업 분야 소비 트렌드

① 불황기 경우: 저가 핵심 기능형 상품(simple형)

불황기에 소비자는 부가기능이나 서비스가 줄더라도 저가 핵심 기능형 상품을 선택한다. 그 예로는 가격거품을 제거한 커피, 저가 노트북인 넷북, 유통업체의 PB 상품, 패스트 패션(fast fashion), 저가 화장품 등이다.

② 호황기 경우: 시크(chic) 이미지 상품

호황기에는 절제된 단순미와 부드럽고 도시적인 지성미를 느끼게 하는 시크(chic)한 이미지를 선택한다. 따라서 멋지고, 세련된 조화를 이루는 도시적 이미지 상품을 선택한다. 예로는 실용성뿐만 아니라 귀여운 외관과 안락함까지도 겸비한 콤팩트형 자동차 등이 있다. 또한 럭셔리 브랜드 상품을 선택하는 경우도 있다.

③ 모든 경우: 녹색편익(Green Benefit) 추구

환경 친화적인 에너지가 소비의 관심사로 부상하고 있다. 기존의 조명과 석유에너지를 대체할 LED 및 2차 전지, SUV 대신 고연비 자동차, 자가용 대신 자전거 등의 라이프 스타일이 확산되고 있다

④ 모든 경우: 안전추적(Traceability)

보안과 안전욕구에 의해 CCTV 등 안전장치가 장착된 주택 및 경호 경비 서비스에 대한 선호가 증가할 것이다. 또한 교통사고나 도난, 파손에 대비해 차량운행상태를 실시간으로 기록하는 차량용 블랙박스에 대한 수요도 확대될 것으로 보인다. 그리고 소비자는 의류 구입 시 유해성 원료의 사용 여부, 자신의 체질에 맞는지도 확인하는 경향이 확산되고 있다. 그 예로는 뉴질랜드 의류기업은 제조에 사용된 원자재 정보를 라

벨에 표시하여 소비자에게 제공하고, 미국 의류 브랜드인 팀버랜드는 신발상자에 제조 장소와 방법, 환경에 미치는 영향 등을 기재하고 있다.

⑤ 모든 경우: 에코(eco) 산업

에코(eco) 산업은 자연 훼손을 최대한 방지하고 원래의 기능은 그대로 유지한 제품을 생산하는 산업이다. 이 산업은 환경문제 해결책으로 의·식·주 전체적으로 반영되고 있다. 그 예로는 자연재료를 사용한 화장품 및 비누공예, 재활용사업, 셀프스킨제조 전문점, 어린이 등 중고용품 유통전문점, 중고 도서전문점, 자전거(MTB), 태양광이나 풍력을 이용한 아이템, 천연섬유 등이 있다.

(3) 음식업 분야 소비 트렌드

① 불황기 경우: Fun(웃음) 문화

소비자의 마음을 흥겹게 하는 펀 마케팅을 구사하는 음식을 선호한다.

② 모든 경우: 전인적 건강(Health Holism) 추구

웰빙과 유해물질 배출이 중요한 트렌드이다. 즉, 염분이나 지방 성분을 배출해 주는 음료, 취침 중 다리에 붙여 불필요한 성분을 빨아내는 수액시트가 있다.

③ 모든 경우: 안전추적(Traceability)

소비자들은 친환경 고급브랜드와 같이 믿을 수 있는 제품이나 원료, 원산지, 칼로리 등 식품에 대한 정보가 명확히 기재된 제품을 선호하고 있다.

④ 모든 경우: 여유와 행복추구 가치 확산(Slow Life People)

음식은 슬로푸드, 즉 원재료에 정성을 들여 식탁의 즐거움을 누리는 문화가 퍼져 나갈 것이다. 이러한 움직임은 로컬음식, 곧 지방의 특색 있는 음식과 지역 농산물에 대한 애착이 더 강해질 것으로 예상된다. 이는 슬로시티로 이어져서 자연 속에서 그 지역의 음식과 문화를 즐기는 문화가 확산될 것이다.

⑤ 모든 경우: 컨버전스(convergence) 선호

컨버전스란 여러 기술이나 성능이 하나로 융합되거나 합쳐지는 것을 말한다. 음식

메뉴 역시 좋은 조리방법과 재료를 적절하게 섞는 퓨전스타일, 즉 여러 가지의 장점을 모아 한 가지의 제품이나 운영방식을 창출하는 것이 생존의 노하우인 셈이다. 예로는 각종 주류전문점(맥주전문점, 주점), 고기전문점 등이 있다.

⑥ 모든 경우: 패밀리 비즈니스 선호

소비자의 가족중심 패턴을 고려하여 가족 단위의 고객들을 상대로 10~30% 정도 할인해 주는 이벤트를 할 수 있다. 그 예로는 패밀리 레스토랑을 표방한 치킨전문점, 퓨전메뉴가 다양한 라이스 & 누들 전문점, 단체로 주문해 먹을 수 있는 도시락전문점이 이에 해당한다.

(4) 지식 서비스 분야 소비 트렌드

① 호황기 경우: 럭셔리 2.0 시장

경기회복과 더불어 VIP 시장의 분화가 한층 강화될 것으로 예상된다. 즉, VVIP 중심으로 소비되던 초고가 럭셔리 브랜드, 선진국형 레저상품 등의 소비가 여행이나 레저, 의료케어 등 서비스 시장으로 진화하는 럭셔리(luxury) 2.0 시장을 형성할 수 있다.

② 불황기 경우: Fun(웃음) 문화

불황기에는 답답한 현실과 스트레스를 잊을 수 있는 문화콘텐츠, 즉 웃음문화(펀버전스: Fun+Convergence)가 나타난다. 그 예로는 개그콘서트, 유머 관련 연속극, 버라이어티 예능프로그램 등이 있다.

③ 불황기 경우: 국내여행과 게임 등의 활동 증가

불황기에는 국내여행, 등산 및 관련 상품(캠핑, 등산장비) 소비가 증가한다. 그 예로는 제주도의 올레길, 지리산의 둘레길 등 도보여행, 그리고 인터넷, 게임 등의 활동을 즐기는 경향을 보이고 있다.

④ 호황기 경우: 체험미식(Experience Leisure Gormet)

호황기에는 자연 친화프로그램 및 문화예술 상품 등 체험형 소비가 확대되면서 식도락 행태를 추구할 수 있다. 해외여행도 패키지형 구경 관광(sight & site seeing)보다는 체험하고 탐험하는 관광이나 체류형 생태관광이 각광을 받을 전망이다. 그 예로는 문화예술 체험을 제공하는 영국의 에딘버러 프린지 페스티벌, 프랑스의 아비뇽 페스티벌, 오스트리아의 잘츠부르크 음악축제, 뉴욕의 덤보댄스 페스티벌 등이 있다.

⑤ 모든 경우: 디지털 감성기술(Digital Humanism) 추구

사용자의 감성적 체험과 혜택을 배려한 제품, 즉 아날로그적 감성과 최대한 조화를 이룰 수 있는 디지털 제품을 선호할 수 있다. 그 예는 컴퓨터 영상기술과 촉각기술을 결합한 스크린 골프이다.

⑥ 모든 경우: 외모관리(Well-looking Spec.)

취업용 치아교정, 면접대비용 주사요법 등 스펙관리 차원의 뷰티 소비는 꾸준히 인기를 누릴 것으로 예상된다. 또한 향후 기존의 자기만족적 외모 가꾸기와 불황기의 전략적 외모관리가 결합하여 '웰루킹(well-looking) 트렌드'는 한층 고도화될 전망이다.

⑦ 모든 경우: 파이낸셜 프로슈머(Financial Prosumer)

소비자는 금융자산관리에서도 금융전문가의 추천을 거쳐 본인이 최종적으로 의사결정권을 행사하는 파이낸셜 프로슈머들이 될 것이다.

⑧ 소셜 미디어 보편화(Social Media Consumer)

이는 3가지가 있다. 첫째, 소셜 미디어란 일반인이 주도하는 개방적이고 서로 소통이 가능한 매체다. 그 예는 트위터, 페이스북 유튜브, 미투데이 등이 대표적이다. 둘째, 소셜 금융도 예상되는데, WEBANK라는 P2P금융도 그 일종으로 여러 사람들이 자신의 돈을 모아 함께 투자하는 것이 소셜 금융이다. 셋째, 소셜 커머스는 소셜 미디어와 온라인 미디어를 활용하는 전자상거래의 일종으로서 소셜 링크형, 소셜 웹형, 공동구매형, 오프라인 연동형으로 분류할 수 있다. 소셜 커머스에 참여하는 기업은 마케팅 비용을 줄이고 브랜드를 활성화할 수 있으며, 재고 정리용으로 안성맞춤이다.

⑨ 누리 장터꾼 증대(Sellsumer)

누리 장터꾼, Sellsumer는 판매자(Seller)와 소비자(Consumer)가 합쳐진 말이다. 특히 단순히 소비재 분야뿐 아니라 기술을 보유한 전문가들도 프리랜서로 일을 할 수

있는 소셜 유틸리티를 제공받아 일을 하게 되는 방식도 확산될 것으로 기대되어, 1인 창업시대의 대중화 기반이 될 수 있을 것이다.

(5) 유통업 분야 소비 트렌드

① 불황기 경우: Fun(웃음) 문화

소비자의 마음을 홍겹게 하는 펀 마케팅을 구사하는 제품을 선호한다.

② 모든 경우: 스마트 기기 소비의 본격화(Smart Platform Consumer)

스마트 기기 소비 대중화는 생산기업은 물론 유통기업에게도 소비자 자신들의 니즈를 강력하게 요구하는 명실상부한 프로슈머의 시대가 정착될 것으로 기대된다.

③ 모든 경우: 여유와 행복추구 가치 확산(Slow Life People)

가정의 경우, '집=휴식, 편안함'이라는 홈 릴렉스 컨셉하에 홈스파·숙면·쾌면 침대 등의 시스템이 설치되는 등 주택 관련 비즈니스에 전환이 있을 것으로 예상된다.

④ 모든 경우: 컨버전스(convergence) 선호

소비자는 매장의 복합적인 운영방식을 선호하고 있다. 그 예로는 주류전문점에서 낮에는 식사 메뉴를, 저녁에는 주류를 판매하는 방식이다. 또한 다양한 복합화의 운영방식도 선호하고 있다. 그 예로는 카페+화원, 편의점+부동산, 여성피부관리숍+두피관리+체형관리, 세탁소+빨래방 등이 있다.

(6) 사회적기업에의 적용

첫째, 사회적기업은 소기업인 경우가 많으므로 우선 하드웨어, 소프트웨어, 서비스 중에서 가장 잘할 수 있는 것을 선택하여야 한다. 즉, 타 회사와 비교하여 비교우위가 있는 특화된 부분을 주력상품으로 구성해야 한다. 둘째, 소비자가 컨버전스를 선호하므로 하드웨어, 소프트웨어, 서비스 중에서 2가지 또는 3가지를 통합할 수 있는 방안도 강구해야 한다.

2. 제조업 분야 아이템 선택79)

(1) 제조업 분야 아이템 개관

앞에서 제조업 분야 업종과 한국표준산업분류 기준 등을 설명하였다. 여기에서는 제조업 분야의 사회적기업에서 활용 가능한 아이템을 보기로 한다. 아이템 선정기준은 한국이나 외국에서 이미 시행한 중소기업 아이템 중에서 저자의 판단에 따라 사회적기업에서 활용 가능한 아이템을 선정하였다. 따라서 유의할 점은 이 아이템들이 반드시 성공할 아이템이라고 확신할 수는 없다는 점이다. 그러므로 사회적기업가는 예시한 아이템을 하나의 판단자료로 활용하여 자신의 지역, 제품, 대상소비자를 고려한 후 본인에 맞는 아이템을 선정하길 바란다. 아이템 순서는 중요한 순서가 아닌 무작위이며, 구분이 모호한 것은 임의로 구분하였다.

(2) 제조업 분야 아이템의 예시

여기에서는 아이템의 예시를 아이템명, 대상상품, 운영전략, 국내외 예시, 사회적기업 활용, 비교사례와 유사사례 순으로 설명한다.

① 딸기류 생산

- 대상상품: 딸기류. 제품별 2.60~26.00달러.
- 운영전략: 원산지 경로추적제(Provenance Pathway) 실시한다. 즉, 원산지 표시뿐만 아니라 원산지 사진 등을 게재하는 등 모든 정보를 온라인이나 오프라인으로 제공하여 소비자 신뢰를 확보하여야 한다.
- 국내외 예시: 호주의 비어렌버그(Beerenberg)사의 웹사이트에서는 생산자를 비롯한 각종 정보들과 재배한 농장의 사진도 찾아볼 수도 있다.
- 사회적기업 활용: 웰빙의 욕구를 충족시키기 위해서는 안전한 먹을거리라는 제품 이미지를 반드시 보여 주어야 한다. 이는 기존사업의 업그레이드전략이다.

---

79) 이하의 분야에서는 소상공인진흥원a, 2009; 소상공인진흥원a, 2010; 중소기업청, 소상공인진흥원, 2011의 해당 부분을 각 분야별로 수정·요약하여 설명함.

② 초경량 전기 자전거

- 대상상품: 초경량 전기 자전거(Gocycle). 1,700 달러(옵션).
- 운영전략: 저탄소 녹색성장을 지향하는 도시의 직장인들을 위한 건강제품이다.
- 국내외 예시: 영국의 리차드 토프(Richard Thorpe) 개발한 것으로, 경량 마그네슘 합금 사용하고 전면 바퀴통 안의 초소형 전기 모터에 언덕을 쉽게 오를 수 있는 20분 분량의 동력이 있다.
- 사회적기업 활용: 자전거와 함께 직장인의 편의를 가중시킬 수 있는 각종 서비스를 차별화시켜 제공한다면 향후 전망 있는 사업이 될 것으로 판단된다.

③ 무지개 색으로 자전거 디자인

- 대상상품: 자신의 자전거. 기본 1대당 399달러.
- 운영전략: 자전거의 원하는 부분에 좋아하는 색상을 직접 입힐 수 있는 서비스이다.
- 국내외 예시: 미국의 바이크(Republic Bike)사는 고객이 구입시 원하는 아홉 곳에 500여 개의 색상을 선택하면 채색한 후 배송한다.
- 사회적기업 활용: 세상에 단 하나뿐인 나만의 자전거, 자신만의 독특한 자전거를 직접 디자인해 볼 수 있는 특별한 체험의 기회를 제공한다.

유사사례 ▸ 캐나다의 폭시 오리지널스(Foxy Originals)사는 오래된 보석을 재활용하여 새로운 디자인을 만들어 낸다. 목걸이 32~40달러, 귀걸이 24~30달러, 반지 24~26달러.

▸ 미국의 스위트 스킨Z(SweetskinZ Inc)사는 감각적인 소비자들을 위해 색깔 있는 타이어를 생산한다. 29.99~39.99달러.

④ 어린이가 직접 디자인하는 맞춤식 놀이 집

- 대상상품: 장난감. 699~999유로화.
- 운영전략: 어린이들로 하여금 자신의 장난감을 직접 디자인하도록 한다.
- 국내외 예시: 네덜란드의 큐비 플레이하우스(qb playhouse)
- 사회적기업 활용: 성인의 DIY(Do It Yourself) 콘셉트를 유아시장에 확대시킬 수 있다.

유사사례 ▸ 프랑스의 골든 훅(Golden Hook)사는 핸드 메이드 방식에 차별화를 주어 고객 맞춤형 수제모자를 생산한다. 최저 42유로부터.

► 미국의 잇츠마이스카(It's My Scar)사는 세상에 단 하나뿐인 상처를 본뜬 액세서리를 제작한다. 200달러~1,500달러. 상처에 정면으로 도전하고자 하는 진취적인 고객이 대상이다.

⑤ 복합기능 상품

- 대상상품: 자전거와 유모차를 하나로. 1,695파운드.
- 운영전략: 자전거와 유모차, 두 가지 기능을 동시 해결한다.
- 국내외 예시: 네덜란드의 타가(Taga)사는 부품을 보호하기 위한 후드, 비 가리개, 다양한 옵션의 시트, 두 아이를 태울 수 있는 의자 등 좀 더 다양한 기능이 있는 상품을 출시했다.
- 사회적기업 활용: 다양한 기능을 겸비하는 경우, 판매 가능성이 있다. 업그레이드 전략이다.

⑥ 기타 상품

- 업그레이드 변기 커버: 캐나다의 톨레타(Toletta)사는 종이 변기 커버. 1.5~2달러.
- 후손에게 물려주기 위한 재킷과 가방: 영국의 하우이즈(Howies)사는 재활용보다는 제품의 수명을 연장시키기 위해 고품질의 제품을 생산한다.
- 저녁식사를 따뜻하게 유지하는 예열용 돌: 미국의 로치아 볼렌테(Roccia Bollente)사는 예열용 받침 '다이닝 스톤(Dining Stones)'을 제작해 판매한다.. 6인치 40달러, 9인치 60달러.
- 병원균 퇴치 키트: 영국의 페이션트팩(PatientPak)사는 키트에 핸드 스프레이, 일회용 펜, 물건을 닦는 데 쓰이는 항균 물티슈, 각종 섬유에 뿌리는 위생 스프레이 등을 넣었다. 한 키트당 16파운드.
- 대기업 가구에 붙이는 접착 시트: 호주의 그리픽스(Grippiks)는 가구에 붙이는 접착 시트를 개발했다. 14.95달러(호주 화폐)로 대기업과의 상생전략이다.

3. 음식업 분야 아이템 선택

(1) 음식업 분야 아이템 개관

① 외식산업의 의의

외식(外食)은 가정 이외의 장소에서 식사를 하는 것이며, 외식산업(food service industry)은 그 식사를 제공하는 것을 사업으로 하는 업계를 말한다. 기존의 요식업·식당업·음식업이란 명칭이 현재는 외식산업이란 단어로 통일되어 보편화되었다. 또한 외식산업은 상권이 중요시되는 입지사업이며, 대중(people)사업, 매뉴얼사업, 프랜차이즈사업의 성격도 띠고 있다.

② 외식산업의 적정 아이템 수

외식산업의 업태별 적정 아이템 수를 결정하기는 어려운 문제이다. 그 이유는 전문음식점인 경우는 1~2개의 아이템으로, 대중적인 음식점은 다수의 아이템으로 운영할 수 있기 때문이다(아래의 예시를 참조).

〈표 7-7〉 업태별 아이템 구성의 예시

업태 구분	메뉴 아이템 수	평균단가
패스트푸드점(Fast Food)	15 ~ 40 품목	1,000 ~ 5,000원
일반 식당	5 ~ 30 품목	3,500 ~ 15,000원
패밀리 레스토랑(Family Restaurant)	50 ~ 80 품목	6,000 ~ 25,000원
일식, 한정식, 디너 레스토랑	20 ~ 50 품목	8,000 ~ 50,000원

자료: 중소기업청, 소상공인진흥원, 2009: 30.

(2) 음식업 분야 아이템의 예시

여기에서는 아이템의 예시를 아이템명, 대상상품, 운영전략, 국내외 예시, 사회적기업 활용, 비교사례와 유사사례 순으로 설명한다.

① 한입 크기 제품만을 판매하는 베이커리

- 대상상품: 모두 한 입 크기의 쿠키, 브라우니, 케익, 스콘 같은 제품.
- 운영전략: 고객의 입장을 반영한 '미니 사이즈'와 '디저트' 두 가지 트렌드를 결합

했다.

- 국내외 예시: 미국의 모르셀즈(Morsels)사. 2달러.
- 사회적기업 활용: 미니 사이즈 디저트의 혁명 개념을 사용한 것으로 모두 반원형의 똑같은 크기가 특징이며, 방부제나 트랜스지방 같은 유해 물질은 절대 사용하지 않는다.

② 고급 포장음식과 현장 요리강습이 가능한 레스토랑

- 대상상품: 고급 테이크아웃 요리
- 운영전략: 값비싼 테이크아웃 요리를 집에서 직접 해먹을 수 있다는 개념이다.
- 국내외 예시: 영국의 더 키친(The Kitchen)사. 1.5~240 파운드.
- 사회적기업 활용: 요리학원과 고급 테이크아웃 음식점, 또는 베이커리와 와인숍을 동시에 운영하는 방법이다

유사사례 ► 영국의 '레시피즈(Recipease)'라는 레스토랑은 고급 테이크아웃 식당에 요리스쿨까지 겸비했다. 요리가격은 3.75~35파운드.

③ 환경 친화적인 이동식 레스토랑

- 대상상품: 해산물 요리 전문점
- 운영전략: 컨테이너가 패스트푸드 레스토랑으로 변신. 친환경적인 설비요소를 갖추었다.
- 국내외 예시: 캐나다의 뮈브박스(Muvbox). 10~25달러.
- 사회적기업 활용: 환경문제에 대한 긍정적인 평가를 도출하는 방법이다.

비교사례 ► 1. 헌책방 카페: 일본 시마시마 북스클럽은 커피와 술을 마실 수 있는 헌책방 컨셉.
2. 물물교환 카페, 시니어 전용 카페
3. 손님을 직접 고르는 떠돌이 안티 레스토랑: 캐나다의 찰리스 버거. 75~110달러(캐나다 화폐)

④ 테이크아웃 술안주 전문점

- 대상상품: 불쭈꾸미, 오돌뼈, 닭꼬치 등 포장마차류의 매운 식품 등.
- 운영전략: 값싸게 술집의 안주들을 가까운 집 앞에서 간편하게 살 수 있다.

- 국내외 예시: 일본 도쿄의 테케테케(teketeke)사 '테이크아웃 술안주 가게'
- 사회적기업 활용: 주택가나 아파트 지역 등 근린상가에서 활용 가능하다.

유사사례 ▸ 웰빙 허브커피 테이크아웃 전문점

⑤ 1인 고기 식당, '홀로 고기 굽기'

- 대상상품: 혼자 고기 굽기.
- 운영전략: 고기마니아나 싱글족의 싱글문화에 대한 합리성을 부여한다.
- 국내외 예시: 일본 도쿄도 치요다구의 롯카카이(Rokkakai). 3,000엔.
- 사회적기업 활용: 인건비 절감효과를 극대화한 아이템으로 대형오피스텔 근처나 대학가 또는 중심상권에 입점하는 것이 유리하며 소규모 형태 영업한다.

⑥ 개인 요리사 서비스업

- 대상상품: 개인이나 가족의 식사를 챙겨 주는 아이템.
- 운영전략: 신세대 싱글족, 맞벌이 부부, 은퇴한 노년층, 고민하는 전업 주부들이 대상이다.
- 국내외 예시: 미국에서도 검증을 받은 아이템.
- 사회적기업 활용: 소자본 무점포도 창업이 가능하며, 단골고객 관리가 더 중요한 아이템이며, 니치마케팅(Niche Marketing)의 예로 들 수 있다.

비교사례 ▸ 1. 가정집을 위한 온라인 수제 반찬 전문서비스 사업(반찬 택배 배송 서비스 업체)

2. 레시피 사이트를 발전시킨 식품재료 전문 쇼핑몰: 온라인에서 다양한 레시피와 식자재 판매, 요리 정보 등의 서비스를 제공하는 사업

3. 출장요리 서비스(다음 〈표〉 참조)

〈표〉 출장요리 서비스와의 비교

구 분	출장요리 서비스	개인 요리사 서비스
아이템의 일반화	미국과 전 세계적으로 일반화	미국에서 사업성 검증받음
메뉴 종류	일반 외식메뉴에 한정	선호음식, 기피음식 구분 가능
아이템 제공일자	특별한 날이나 행사에 제공	- 매일 방문하는 프로그램 - 1~2주에 1번씩 방문하는 프로그램
특장점	성숙기 시장으로서 사업의 안정성 확보	취향을 고려한 매뉴얼 구성, 차별화된 서비스 제공 가능

⑦ 맞춤 초콜릿 캔디 서비스

- 대상상품: 맞춤형 초콜릿 & 캔디. 한 봉지에 14.95달러.
- 운영전략: 온라인 주문 후 초코볼이나 캔디에 구매자의 얼굴이나 이름, 문구를 새겨 주는 아이템이다.
- 국내외 예시: 세계적인 초콜릿 제조업체인 허쉬(Hershey's)사, 초콜릿 업계의 대명사로 꼽히는 마스(Mars), 엠엔엠스(M & Ms) 초콜릿 등.
- 사회적기업 활용: 밸런타인데이, 화이트데이, 어버이날, 크리스마스 등 판매로 활용할 수 있고, 생일선물용, 기타선물용, 기업 홍보용품으로 사용 가능하다.

⑧ 외식, 중식, 소매 삼모작을 활용하는 1개의 전문식당

- 대상상품: 곱창, 스시(초밥) 포장판매, 정육판매. 가격은 중저가 유지.
- 운영전략: 곱창선술집(외식), 포장 스시(중식), 식육판매(소매) 의 세 가지 업태를 한 점포에서 운영한다.
- 국내외 예시: 일본 시바우라 식육(Shibaura Shokuniku)
- 사회적기업 활용: 인건비 절약과 점포의 효율성을 높여 수익성을 극대화하기 위한 전략으로 메뉴의 노후화나 외식 트렌드를 놓쳐 버린 경우 및 상권과 어울리지 않는 메뉴 구성으로 어려움에 처한 자영업자에게 유리하다.

비교사례 ► 이모작 아이템은 주변에서 흔히 볼 수 있으며 예를 들면, 부대찌개와 삼겹살, 커피와 아이스크림 또는 낮에 식사를 팔고 저녁에 술을 파는 경우 등이다.

⑨ 야채 패스트푸드

- 대상상품: 육류 대신 곡물과 야채로 만든 패티(patty)를 사용한 버거.
- 운영전략: 헬시 푸드(Healthy Food)로서, 건강에 좋은 음식으로 차별화한 아이템이다.
- 국내외 예시: 미국 뉴욕의 젠버거(Zen Burger)사.
- 사회적기업 활용: 30대 직장인이 많은 오피스 상권이 적합하다.

유사사례 ► 친환경 피자가게

⑩ 길거리 팝업 레스토랑

- 대상상품: 고유음식. 1인당 9만 원.

- 운영전략: 유명 관광지에서 특별한 게릴라 데이트와 호텔식 식사를 누린다.
- 국내외 예시: 이탈리아 Link Tours s.r.l.(Street Dinner)
- 사회적기업 활용: '스토리텔링', 즉 새로운 추억과 스토리를 만들 수 있도록 '음식 체험 관광 서비스'를 개발한다.

⑪ 고 부가가치 식품아이템

전략제품	정의	장점 및 세부개념
1. 농림수산물 소재 건강기능식품	홍삼 및 인삼을 제외한 농림수산물을 소재로 하는 건강기능식품	• 최근 발효 미생물을 이용한 개별인정형 원료 개발이 활발하게 이루어지고 있고, 식약청으로부터 개별인정을 획득한 성과가 나타나고 있는 만큼 중소기업의 경우 개별인정을 통한 차별화된 신규 소재를 개발하고 이를 현재 판매 유통을 갖고 있는 기업과 협력하여 제품화하고 원료로 판매하는 것이 성공 가능성이 높은 것으로 판단함. • 산업계 니즈는 고부가식품 산업 성장을 위한 인프라 구축, 저비용, 건강기능식품 범위 확대 및 기능성 소재 정보 데이터베이스 구축 등으로 요약됨.
2. 미생물 소재 건강기능식품	미생물 및 프로바이오틱스를 소재로 하는 건강기능식품	• 미생물을 소재로 하는 건강기능식품이라 함은 기능성 원료로 개별 인정받은 미생물 이용 소재를 활용한 건강기능제품으로 제조공정을 인정받은 제품을 의미함.
3. 특수용도 및 맞춤형 식품	환자, 영유아 및 고령친화형 맞춤형 식품	• 특수용도식품은 영·유아, 병약자, 노약자, 비만자 또는 임산·수유부 등 특별한 영양관리가 필요한 특정 대상을 위하여 식품과 영양소를 배합하는 등의 방법으로 제조·가공한 영아용 조제식, 성장기용 조제식, 영유아용 곡류조제식, 기타 영유아식, 특수의료 용도 등 식품, 체중조절용 조제식품, 임산·수유부용 식품을 의미하며, 질환별 맞춤형, 다양한 제형, 품질 수준 기준 등에 따라 요구되는 것이 다양함.
4. 기타 기능성 식품	건강기능식품이 아닌, 일반식품 중 기능성을 가지는 식품	• 기타 기능성 식품이란 건강기능식품으로 허가받지 않은 식품으로 건강기능식품으로서의 기준 및 규격이 정해져 있지 않고, 식품의약품안전청으로부터 개별 인정 기능성 원료나 제품으로 허가되지 않은 건강지향형 일반식품 유형에 해당함.
5. 전통발효 식품	고추장, 된장, 김치 및 전통주 등을 포함하는 전통발효식품	• 다른 나라의 발효식품과의 품질과 기능성 비교를 통해 우리나라 전통발효식품의 건강 기능적 우수성을 홍보하여 글로벌 식품으로의 발전을 도모가 가능해짐.

자료: 중소기업청(2011), 2012년 중소기업통합기술로드맵 I, 122; 2012년 중소기업통합기술로드맵 II, 116. 참조.

4. 지식 서비스 분야 아이템 선택

(1) 지식 서비스 분야 아이템 개관

앞에서 서비스분야를 지식 서비스업종과 일반 서비스업종으로 구분하고, 소비 트렌드도 불황기와 호황기 경우로 나누어 살펴보았다. 여기에서는 지식 서비스와 일반 서비스를 포함하여 설명하기로 한다.

(2) 지식 서비스 분야 아이템의 예시

여기에서는 아이템의 예시를 아이템명, 대상상품, 운영전략, 국내외 예시, 사회적기업 활용, 비교사례와 유사사례 순으로 설명한다.

① 아동을 위한 맞춤식 동화책

- 대상상품: 동화책. 권당 19달러.
- 운영전략: 어린이들을 동화의 주인공으로 설정했으며, 쌍방향 의사소통이 가능하다.
- 국내외 예시: 아르헨티나 스티키스토리(StickieStory)사는 이야기 속에 아이와 주위 사람들로 최대 3명의 등장인물로 이야기를 구성하였다.
- 사회적기업 활용: 아동이 이야기 구성에 직접 참여하게 되어 독서에서의 쌍방향 의사소통이 가능하고, 향후 아이의 감성 발달에도 도움을 줄 것으로 예상한다.

② 문화 공간과 영어 학습 역할하는 카페

- 대상상품: 커피숍과 영어 레슨. 59~99유로.
- 운영전략: 주말이나 저녁시간에 휴식과 동시에 영어 학습까지 원하는 직장인 등을 대상으로 한다.
- 국내외 예시: 독일 함부르크의 랭귀지 라운지(LanguageLounge)사.
- 사회적기업 활용: 회원이 필요로 하는 외국어 회화 수업을 월요일-목요일까지 오후 5시부터 9시 사이에 오픈한다.

유사사례 ► 1. 화장법과 영어를 동시에 배우는 메이크업 스튜디오(캐나다 벤쿠버의 미카 올리비아 메이크업 스튜디오(Mika Olivia Makeup Studio). 34.50~140달러.

2. 아트 스튜디오로도 겸용되는 카페: 그림을 그릴 수 있는 카페로 캐나다 밴쿠버의 러 캔버스(Raw Canvas). 5~80달러.

③ 고객 맞춤식 미니 바

- 대상상품: 맥주부터 샴페인, 음료 및 음식 등. 2.3~205유로.
- 운영전략: 셀프 서비스, 음식 주문 가능, 음악 감상, 뮤직 비디오.
- 국내외 예시: 네덜란드 암스테르담의 미니 바(Minibar)사
- 사회적기업 활용: 고객들이 직접 그들만의 맞춤식 미니바를 이용하도록 한다.

유사사례 ► 1. 테이블마다 술 수도꼭지가 달린 셀프 바: 미국 애틀란타의 테이블 탭(Table Tap)사. 17센트(1온스) ~ 마신 양.

2. 무료 스타일링 상담하는 미용실: 미국 매사추세츠의 플랜 B 살롱. 30~160달러

④ 자전거 통근 직장인을 위한 풀서비스 자전거정류장

- 대상상품: 보관공간, 탈의실, 샤워실, 세탁공간, 수리 작업실 등. 1주일에 30달러, 1개월에 120달러, 6개월에 520달러.
- 운영전략: 편의성, 즉 자전거와 옷을 맡기고 지하철로 쉽게 출•퇴근할 수가 있다.
- 국내외 예시: 호주 브리스번의 싸이클 투 씨티(Cycle2city)
- 사회적기업 활용: 임시 이용객 포함, 지역별 편의성 가능 지역.

⑤ 99달러로 그린 홈이나 그린 오피스 만들기

- 대상상품: 99달러에 제공되는 그린 홈 메이크오버(Green Home Makeover: 환경친화적인 집 개조)와 250달러에 제공되는 그린 오피스 메이크오버(Green Office Make over).
- 운영전략: 환경친화 상담사(Eco Consultants)들에게 교육시켜 활동케 한다.
- 국내외 예시: 미국 뉴욕의 그린 아이린(Green Irene)사.
- 사회적기업 활용: 집과 사무실에 대한 종합 환경친화 서비스로서 비점포형 아이템이다.

⑥ 엄마가 베이비시터를 선택하는 중개사업

- 대상상품: 안심하고 아이들을 맡길 수 있는 베이비시터를 연계. 단체미팅 30달러,

개인미팅 75달러 등.

- 운영전략: 우수한 베이비시터들을 선별한 뒤, 모임을 통해 부모들이 베이비시터를 직접 선택할 수 있는 기회를 제공한다.
- 국내외 예시: 미국 플로리다 템파의 블루프린트 이벤트 그룹(Blueprint Event Group, Inc).
- 사회적기업 활용: 베이비시터의 등록과 모임 주선하며, 비점포형 아이템이다.

⑦ 렌터카보다 저렴한 자동차 공유 서비스

- 대상상품: 주차 공간과 차량의 임대. 등록비 25달러. 시간당 5달러(180마일 기준).
- 운영전략: 렌터카보다 저렴한 자동차 공유 서비스.
- 국내외 예시: 미국 뉴욕의 민트(Mint)사.
- 사회적기업 활용: 주차공간 부족의 해소와 차량 유지비 절감효과가 있으며, 비점포형 아이템이다.

⑧ 시골집 형태의 전통가옥 체험과 농장 캠핑

- 대상상품: 캠핑 체험 프로그램. 195~795파운드.
- 운영전략: 고전적인 생활 방식 체험.
- 국내외 예시: 영국의 페더다운 팜즈(Feather Down Farms)사.
- 사회적기업 활용: 야외 온천 프로그램, 체험 프로그램 등을 동시에 수행할 수 있다.

⑨ 나만의 Social Book 제작

- 대상상품: 페이스북에서 친구 등과 공유한 글과 사진 등을 이용해 나만의 Social Book(The Facebook Book)을 제작.
- 운영전략: 자신의 페이스북에 있던 내용들을 책으로 제본.
- 국내외 예시: 트위터, 링크드인, 중국의 렌렌, 일본의 믹시, 한국의 미투데이 등에서 공유한 콘텐츠를 이용한 이큐브테크의 나만의 맞춤책 '온리마이북' 서비스.
- 사회적기업 활용: 350페이지 정도는 대략 1만 5천 원에서 2만 원 정도이다.

5. 유통업 분야 아이템 선택

(1) 유통업 분야 아이템 개관

유통업 형태는 백화점, 슈퍼마켓, 양판점(GMS, General Merchandising Store), 편의점(CVS, Convenience Store), 대형마트(할인점, discount store), 전문점(specialty store), 쇼핑센터(Shopping Center), 소매점 등으로 다양하고, 이는 점포 판매와 무점포 판매로 구분할 수 있다. 따라서 유통업 형태에 따른 아이템도 분야별로 다양하다.

(2) 유통업 분야 아이템의 예시

① 친환경 신재생에너지 복합판매점

- 대상상품: 절약제품, 환경보존제품, 에너지효율 제품, 재생에너지 부품 등과 관련하여 전기자동차, 생태 화장실, 에너지와 물을 절약할 수 있는 고효율 장치, 공기조화를 위한 바이오매스 장치, LED 조명, 풍력에너지 시스템, 휴대용 에너지, 나무로 만든 옷 건조대, 퇴비 화장실, 벽 용광로 등.
- 운영전략: 사업영역을 신재생에너지와 친환경제품, 재활용품, 에너지 효율제품 등으로 확대하고 컨셉을 복합매장으로 수정해야 소비자층을 넓힐 수가 있다.
- 국내외 예시: http://www.usasolarstore.com.
- 사회적기업 활용: 친환경제품이나 재활용품, 에너지 효율 제품은 국내 유통회사를 쉽게 찾을 수 있다. 그러나 신재생에너지 제품은 시스템이나 기계장치 등이 많으므로 사전에 제조회사나 유통회사를 직접 발굴하여 거래관계를 유지해야 한다.

② 식물벽 설치 인테리어(그린월 인테리어(Green Wall Interior))

- 대상상품: 덩굴식물, 상추나 각종 야채 등
- 운영전략: 에너지 절약, 영양학적인 측면과 식품 생산비용의 측면에서 큰 효율성이 있다.
- 국내외 예시: 미국과 유럽의 선진국들을 중심으로 활발하게 발전하고 있다.
- 사회적기업 활용: 40평대 이상의 고급 아파트나 빌라, 단독주택, 전원주택 등에 적합하다.

③ 인터넷 옥션 출품 대행 사업 스내피옥션즈

- 대상상품: 고객이 팔고 싶은 물건.
- 운영전략: 고객이 팔고 싶은 물건을 스내피옥션즈 가맹점으로 가져와 점포에 맡기면 점포 담당자가 일본 전국의 600만 명 이상이 이용하는 인터넷 옥션에 출품을 대행해 주는 방식으로 운영한다.
- 국내외 예시: 일본 도쿄의 메구로, 코마자와, 후카자와 등 세 지역에서 점포를 운영하고 있다.
- 사회적기업 활용: 고객이 팔고 싶어도 방법이 복잡해 망설이고 있거나 귀찮아서 방치해 둔 물건들을 대행해서 팔 수 있도록 도와준다는 점에서 편의성을 극대화한 아이템이다. 편리성과 효율성을 강조하는 것이 중요하다.

④ 기타 유통점

- 건강생활용품전문점 '들꽃잠'
- 어성초차(茶)판매 전문점
- 채식 정육점
- 건강 화장실 가게
- LED 식물재배 공장
- 상황차 배달 서비스
- 무점포 효소 판매
- 다이어트 식사 배달업
- 도심을 테마로 한 도보 여행
- 피크닉 음식 배달 서비스

6. 유아·실버 아이템 선택

① 어린이전용 헬스클럽

- 대상상품: 성인 헬스클럽과는 달리 아이들의 성장 발달과 운동신경 발달을 위한 프로그램들 위주로 서비스하는 어린이 스포츠클럽 또는 어린이 피트니스센터
- 운영전략: 어린이 운동은 성장 발달과 운동신경 발달뿐만 아니라 지능 발달과 사회성 발달까지 가져올 수 있다는 4가지 특장점을 홍보한다.
- 국내외 예시: 국내에서 아직 정착하지 않은 아이템으로 국내에서 '키즈톨'과 '마이짐', '리더짐' 3업체가 운영하고 있다.
- 사회적기업 활용: 대상은 유치원생과 초등학생으로, 전문적인 스포츠 운동 및 교육지도 프로그램을 정립할 경우에는 유치원, 초등학교, 청소년수련관 프로그램,

기타 어린이 관련 단체의 프로그램으로 개설될 수 있으므로 이들의 기관과 단체들도 충분히 주요 고객이 될 수 있다.

② 어린이 체험학습 프로그램 'キ즈나이트아웃(Kids'Nite Out)'; 1박 2일 캠프

- 대상상품: '엔젤 비즈니스(Angel Business)', 즉 0~14세의 영유아에서 초등학생을 대상으로 하는 모든 어린이 관련사업이다.
- 운영전략: 템플스테이와 유사하다.

구 분	Kids'Nite Out	템플스테이
공통점	단체 생활이라는 것과 규칙과 규율을 준수하는 태도 정립	
차이점	놀이문화, 주말 1박 2일 놀이터, 집을 떠나 운동하면서 친구도 사귀면서 단체생활의 규율을 익히는 것	자유분방하게 행동하던 모습에서 벗어나 예의를 갖추고 불교예법에 맞추어 나를 버리고, 돌아볼 수 있는 체험문화프로그램

- 국내외 예시: 어린이 파워캠프, 여름수련회, 청소년캠프, 겨울수련회 등 나름 체계적이지만 한시적 운영이라는 한계점이 있다.
- 사회적기업 활용: 체계적이고 참여가 쉬운 프로그램을 개발하여 맞벌이 부부들과 아이들이 함께 참여할 수 있도록 개선한다. 지역사회단체와의 시설물 등을 이용할 수 있도록 파트너십을 계약할 수 있고, 학습과 놀이를 겸한 전문적이고 다양한 프로그램을 개발한다.

③ 어린이 맞춤교재 제작 서비스

- 대상상품: 과정별, 과목별 전부.
- 운영전략: 아이의 영어공부를 위해 부모들이 원하는 유명한 이야기들을 묶어서 맞춤형으로 교재 제작한다. 1:1 맞춤 설계를 통한 수학전문 학습 프로그램 등이 있다.
- 국내외 예시: 국내의 학습지와 수학전문 학습 프로그램. 미국의 Connexions(아래 참조).

【Connexions】

- 미국 휴스턴의 교육 사이트인 'Connexions'
- 자료양: 17,000개 이상의 콘텐츠
- 사이트 방문 수: 한달에 약 200만 명
- 메인고객: 30~40대 주부, 선생
- 메인상품 : 어린이 교육용 텍스트북
- 평균단가 : 약 2~3만 원

• 사회적기업 활용: 학부모와 학교·학원 선생을 대상으로 마케팅 전개한다. 어린이의 수준에 맞는 1:1 맞춤형 학습교재를 제작하고, 온라인을 통한 저렴한 비용으로 최대의 학습효과를 달성한다.

④ 직업체험 테마파크

• 대상상품: 현실세계의 직업을 체험하는 어린이 직업체험 테마파크
• 운영전략: 만 3세부터 16세까지의 어린이를 대상으로 하는 독특한 가족오락 공간으로, 어린이들이 본인이 원하는 현실세계의 직업을 체험하며, 주인이 되는 어린이 직업체험 테마파크다.
• 국내외 예시: 직업체험 테마파크 '키자니아'.

직업체험 테마파크	하루캠프(일일캠프)
현실 그대로의 도시와 생생한 직업을 체험하는 것으로서 소방관, 경찰, 미용사, 고고학자 등 90여 가지의 직업을 체험	각 지역의 주말 과학교실, 생태공원, 농어촌 체험마을 등을 활용하여 부보와 함께 즐길 수 있는 하루캠프

• 사회적기업 활용: 모든 시설과 건축물은 어린이 눈높이에 맞춰 실제 크기의 2/3로 제작하며, 재미와 교육적 효과를 동시에 달성하도록 진행한다.

⑤ 노인 전문 일자리 중개

• 대상상품: 노인 전문 일자리 중개.
• 운영전략: 온라인 사이트의 단점을 극복하고, 오프라인보다 친근하고 더 꼼꼼한 사업을 운영한다.
• 국내외 예시: 국내에서는 전국 시·군·구별로 개설한 각종 '노인일자리지원센터', '실버인력뱅크', '노인복지센터' 등의 실버잡(중개 사이트)이 있다.
• 사회적기업 활용: 각 동네의 부동산 점포처럼 지역 단위의 오프라인 점포를 통해 사업을 운영한다. 20평 정도의 규모로 노인들이 많이 찾는 동네 다방과 비슷한 형식의 매장으로 수입에 대한 적정한 수수료로 운영한다(아래 참조).

일자리의 종류와 수입의 예시

① A등급: 1일 20~30만 원, 4대보험 보장과 연봉 계약이 가능한 경우

② B등급: 1일 15만 원
③ C등급: 1일 10만 원
④ 단순 노무직: 기간에 따라 최소 1만~최대 8만 원

✔ 한달 수입: 1인 객단가 15만 원 × 30명 = 450만 원 + α
✔ 한달 지출: 150만 원 ✔ 한달 수익: 300만 원 예상

⑥ 기타

어린이 예절학교, DIY아기용품 쇼핑몰, 어린이 용품 중고가게, 어린이 온라인 세계여행, 몸이 불편한 노인·장애인만을 위한 여행플랜, 교육용 인형 전문점, 독거노인 유품정리 대행 서비스, 어린이 미술작품을 활용한 기념품 제작서비스.

6. 온라인 분야 아이템 선택

앞에서는 업종별로 가능한 아이템을 기존 문헌을 참고로 요약하여 살펴보았다. 여기부터는 온라인분야, 틈새시장, 창업성공 및 유망 아이템 기준으로 개략적인 제목만을 소개하기로 한다.[80] 그리고 아이템에 따라서는 중복되는 경우도 있으므로, 이는 그 아이템의 다양한 특성이나 판단하는 관점의 차이에서 기인하는 것으로 이해하기 바란다.

온라인 분야 아이템 예시

1. 온라인 심리상담 2. 조의품 전문 회사 3. 단기 임대매장 팝업스토어 4. 온라인 추모관 5. 북아트 6. 게임으로 즐기는 헬스클럽 7. 캐릭터 홍보인형 사업 8. 락커룸 세탁 서비스 9. 홈공방 창업스쿨링 10. 사무실에 배송되는 무료 복사용지 11. 맞춤형 신발 리폼, 튜닝 12. 마룻바닥 하자보수 전문서비스 13. 식이요법 환자를 위한 온라인식품 판매사업 14. 개인 대 개인(P2P) 온라인 학자금대출 서비스 15. 특별 할인판매 사이트의 정보를 통합해 제공하는 사이트 16. 계획적인 지출을 위한 절약방법을 제공하는 비용절감 사이트 17. 방의 인테리어 디자인을 상자에 담아 보내 주는 사이트 18. 각각의 학생들에게 맞춤형으로 제공하는 졸업앨범 등.

---

80) 이하에서 세부적인 사항은 소상공인진흥원a, 2009; 소상공인진흥원a, 2010; 중소기업청, 소상공인진흥원, 2011의 해당부분을 참고하기 바란다. 이하 같다.

7. 틈새시장 아이템 선택

틈새시장 아이템 예시

1. 게임으로 즐기는 헬스클럽 2. 사무실에 배송되는 무료 복사용지 3. 캐릭터 홍보 인형 사업 4. 락커룸 세탁 서비스 5. 홈공방 창업스쿨링 6. 북아트 7. 맞춤형 신발 리폼, 튜닝 8. 마룻바닥 하자보수 전문서비스 9. 여성 전용 택시 10. 각각의 학생들에게 맞춤형으로 제공하는 졸업앨범 11. 아이디어 창업을 돕는 소셜펀딩 서비스 12. 패션 리더들을 위한 선글라스 단기대여 서비스 13. 여자가 쇼핑하고 남자가 결제하는 조르기 쇼핑몰 14. 3D 입체 프린팅 제작 서비스 15. 수험생 맞춤형 자동 노트정리 사업

8. 창업성공 및 유망 아이템 선택

창업성공 및 유망 아이템 예시

1. 식물벽 설치 인테리어 2. 여성들을 위한 피트니스 클래스 3. 베이비시터와 엄마들을 위한 중개사업 4. 연장이 필요 없는 조립식 가구 5. FAST SALAD 레스토랑 6. 어린이 전용 헬스클럽 7. 건강생활용품 전문점 8. 음식 배달 체인점 9. 맞춤형 신발 리폼, 튜닝 10. 초크아트 공방 창업 스쿨 11. 스타일 친환경 벽지 12. 친환경 주택자재 전문 소매점 13. 아동을 위한 맞춤 동화책 14. 전통가옥 체험과 농장 캠핑 15. 여성 전용 카센터 16. 나에게 꼭 맞는 맞춤 요리책 17. 몸과 마음의 독을 제거하는 여행 18. 한 입 크기 베이커리 19. 출산 전 부부 동반 여행 20. GPS를 이용해 인기장소를 알려 주는 문화지도

제 8 장

사회적기업의 신청과 사업계획서

제1절 사회적기업의 신청절차

1. 신청절차의 개관

(1) 사회적기업의 2가지 신청절차

앞에서는 사회적기업에 필요한 정보 차원에서 사회적기업의 형태, 성공적인 창업절차, 업종대상별 창업절차, 업종 및 아이템 선택을 고찰하였다. 여기에서는 실제적인 사회적기업의 신청절차를 설명하기로 한다. 사회적기업의 신청절차는 크게 예비 사회적기업의 신청절차와 사회적기업의 인증절차로 구분할 수 있다.

(2) 2가지 신청의 차이점

예비 사회적기업의 신청절차와 사회적기업의 인증절차로 구분되는 이유는 인증요건과 지원내용이 다르기 때문이다. 이 부분은 이미 제4장에서 간략히 설명하였다(〈표 8-1〉 참조).

〈표 8-1〉 예비 사회적기업과 사회적기업의 비교

구분	사회적기업(지원기간)	예비 사회적기업(지원기간)
법률	사회적기업 육성법(3년)	사회적기업 육성 지원을 위한 조례·규칙(최대 3년)
인증 요건	① 조직형태 ② 유급근로자를 고용하여 영업활동을 수행할 것 ③ 사회적 목적 실현(취약계층 고용·사회서비스제공 등) ④ 이해관계자가 참여하는 의사결정구조 ⑤ 영업활동을 통한 수입(매출액이 노무비의 30% 이상) ⑥ 정관·규약을 갖출 것 ⑦ (상법상회사의 경우) 이윤의 2/3 이상 사회적 목적을 위해 재투자	① 조직형태 ② 유급근로자고용을 통한 영업활동 수행(매출규모 무관) ③ 사회적 목적 실현(취약계층 고용·사회서비스 제공 등) ④ (상법상회사의 경우) 이윤의 2/3 이상 사회적 목적을 위해 재투자
지원 내용	① 경영컨설팅 ② 공공기관 우선구매 ③ 시설비 등 지원 ④ 세제 지원 ⑤ 사회보험료 지원 ⑥ 전문인력 채용 지원 ⑦ 인건비 지원 ⑧ 사업개발비 지원 ⑨ 모태펀드	① 경영컨설팅 ② 공공기관 우선구매(기관별 차이 있음) ③ 인건비 지원 ④ 사업개발비 지원 ⑤ 모태펀드

자료: 한국사회적기업진흥원 사이트. 본 자료의 수치는 이해를 돕기 위한 자료로서 지자체와 고용노동부의 자료를 근거로 작성되었으므로 실제 업무나 신청 시에는 변동이 있을 수 있어 재삼 확인을 요함.

2. 예비 사회적기업의 신청절차

(1) 예비 사회적기업의 구분

현재 예비 사회적기업은 인정주체에 따라 '지역형 예비 사회적기업'과 '부처형 예비 사회적기업'으로 구분하고 있다(한국사회적기업진흥원 사이트). 또한 사업형태별로는 기업연계형, 지역연계형, 모델발굴형 사업으로 구분하고 있다. 먼저 '지역형 예비 사회적기업'은 사회적기업 인증에 필요한 최소한의 법적요건을 갖추고 있으나 수익구조 등 일부요건을 미충족하는 기관을 지자체장이 장차 요건을 보완하는 등, 향후 사회적기업 인증이 가능한 기관을 말한다. '부처형 예비 사회적기업'은 사회적기업 인증에 필요한 최소한의 법적요건을 갖추고 있는 기관으로서 중앙부처장이 지정하여 장차 요건을 보완하는 등, 사회적기업 인증을 목적으로 하는 기관이다. 그러므로 지역형 예비 사회적기업은 기초지자체와 광역지자체 예비 사회적기업으로 구분할 수 있고, 부처형 예비 사회적기업은 중앙부서별 예비 사회적기업으로 구분할 수 있다.

(2) 예비 사회적기업의 신청절차

신청절차는 예비 사회적기업 지정공모(광역자치단체, 관할부서) ⇨ 신청 및 접수 ⇨ 심사 및 선정 ⇨ 예비 사회적기업 지정 순서이다. 신청서류는 지자체 등이 결정하며 대체로 사회적기업 인증신청 서류와 비슷하다.

3. 사회적기업의 인증절차

(1) 사회적기업의 인증절차(번호순서)

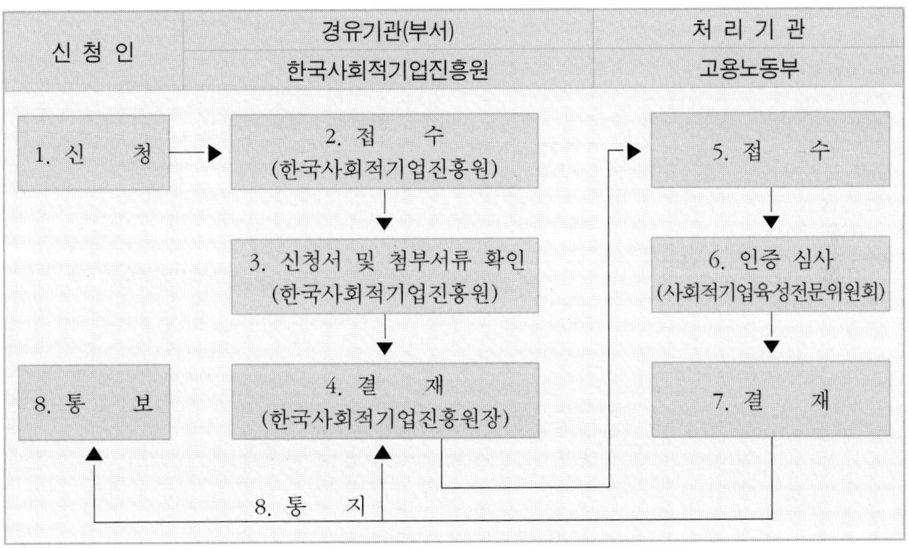

[그림 8-1] 기관별 인증절차 순서

자료: 사회적기업 육성법 시행규칙 [별지 제1호서식].

(2) 인증서류 등

인증서류에는 신청서와 첨부서류가 있다. 신청서는 다음 〈표 8-2〉와 같고, 첨부서류는 〈표 8-2〉의 첨부서류이며, 작성방법에 대해서는 제3장을 참조하여 작성하여야 한다.

〈표 8-2〉 사회적기업 육성법 시행규칙 [별지 제1호서식]

사회적기업 인증신청서

※ 첨부서류를 확인하시기 바라며, 색상이 어두운 난은 신청인이 작성하지 않습니다. (앞쪽)

관리번호	접수일	처리자 성명	처리기간 60일

신청인	신청기관명		사업자등록번호
	대표자		유급근로자 수
	소재지(주된 사무소)		
조직형태	[ ]「상법」에 따른 회사 [ ]「민법」에 따른 법인 [ ] 민법」에 따른 조합 [ ] 그 밖에 다른 법률에 따른 비영리법인 또는 비영리단체		
주된 목적	[ ] 사회서비스 제공형(「사회적기업 육성법 시행령」 제9조제1항제1호) [ ] 일자리 제공형(「사회적기업 육성법 시행령」 제9조제1항제2호) [ ] 지역사회 공헌형(「사회적기업 육성법 시행령」 제9조제1항제3호) [ ] 혼합형(「사회적기업 육성법 시행령」 제9조제1항제4호) [ ] 기타형(「사회적기업 육성법 시행령」 제9조제2항)		
연계기업명 (해당자만 기재)		연계기업 지원금 총액 및 내용	
재정 지원 사항 (지원을 받고 있는 경우에만 기재)	지원기관명		
	지원금 총액		
	지원사업의 내용		

「사회적기업 육성법」 제7조제1항과 같은 법 시행규칙 제9조제1항에 따라 위와 같이 사회적기업 인증을 신청합니다.

년 월 일

신청기관 대표자 (서명 또는 인)

한국사회적기업진흥원 귀하

첨부서류	1. 「사회적기업 육성법」 제8조제1항제1호에 따른 조직형태를 갖추고 있음을 확인할 수 있는 서류 2. 유급근로자의 명부 3. 사회적 목적 실현 판단기준의 충족 여부를 확인할 수 있는 서류 4. 이해관계자가 참여하는 의사결정구조를 갖추고 있음을 확인할 수 있는 서류 5. 영업활동을 통한 수입기준의 충족 여부를 확인할 수 있는 서류 6. 정관이나 규약 등의 사본 각 1부 7. 중앙행정기관이나 지방자치단체로부터 시설비, 창업자금, 운영경비 등을 지원받거나 지원받을 예정인 경우에는 그 지원 사항을 확인할 수 있는 서류(해당하는 경우에만 제출합니다)	수수료 없 음

210㎜×297㎜(일반용지 60g/㎡)

4. 사회적기업 관련 사업계획서(2종류)

핵심 연구 사업계획서에는 예비 사회적기업 또는 사회적기업의 일자리 창출 사업계획서, 그리고 사회적기업의 운영 관련 사업계획서 등 2가지가 있다.

사회적기업 관련 사업계획서의 종류는 2가지이다. 하나는 예비 사회적기업 또는 사회적기업의 일자리 창출 사업계획서이고, 또 하나는 사회적기업의 운영 관련 사업계획서이다. 전자는 예비 사회적기업에 대한 일자리 창출을 위한 사업에서 제출하는 사업계획서이고, 후자는 사회적기업이 일반기업과 마찬가지로 갖춰야 할 사업계획서를 말한다. 이하에서 순서대로 설명한다.

제2절 (예비)사회적기업의 일자리 창출 사업계획서

1. 일자리 창출 사업계획서 개관

(1) 일자리 창출사업의 목적

사회적 일자리 창출사업의 목적은 예비 사회적기업의 발굴과 사회적기업 육성을 위한 것이다.부연하면 첫째로 지방자치단체와의 협력을 강화하여 환경·문화·지역개발 등 전략육성분야를 중심으로 지역별 특색에 맞는 예비 사회적기업을 적극적으로 발굴하고, 둘째로 기업 및 지역자원과의 연계, 수익구조 창출 및 확대를 위한 인큐베이팅을 통하여 사회적기업 육성을 위한 것이다(고용노동부b, 2011: 11).

(2) 일자리 창출사업의 절차

절차는 광역자치단체(시·도), 기초자치단체(시·군·구)의 역할로 구분되어 있다(〈표 8-3〉 참조).

〈표 8-3〉 주체별 일자리 창출사업의 절차(번호순서)

① 광역시·도별 인원 및 국고보조금 배정(고용노동부 → 광역자치단체) ⇩ ② 재정지원사업 수행기관 공모(광역자치단체) ⇩ ③ 사업 신청·접수(기초자치단체) ⇩ ④ 재정지원사업 수행기관 심사·선정(광역자치단체 사회적기업육성위원회) ⇩ ⑤ 재정지원사업 보조금 교부(광역자치단체 → 기초자치단체) ⇩	⑥ 약정체결(기초자치단체 ↔ 사업수행기관) ⇩ ⑦ 취약계층 참여자 알선·선발/승인(기초자치단체·고용센터 등 고용서비스기관 ↔ 사업수행기관)/기초자치단체 ⇩ ⑧ 사업수행(사업수행기관) 지원금 지급, 사후관리 등 모니터링(기초자치단체) ⇩ ⑨ 사업시행 결과 및 (예비)사회적기업 육성 상황 등 보고(기초자치단체 → 광역자치단체 사회적기업육성위원회 / 지역고용심의회 → 고용노동부(사회적기업과)

2. (예비)사회적기업의 일자리 창출 사업계획서

(1) (예비)사회적기업의 일자리 창출 관련서류

관련서류는 일자리 창출사업 신청서, 사업계획서, 훈련계획서 등이 있다. 이 중에서 사업계획서가 바로 본서에서 설명하고자 하는 (예비)사회적기업의 일자리 창출 사업계획서이다.

(2) 사업계획서 및 작성방법

사업계획서 양식과 작성방법은 〈표 8-4〉를 참조한다.

〈표 8-4〉 ○○○○형 사업계획서

○○○○형 사업계획서
※ 기업연계형, 지역연계형, 모델발굴형 사업에 대한 구체적인 사업내용과 계획 등을 작성하고, 입증자료를 별도 첨부

◈ 사업계획	
사업내용	단체에서 제공하는 서비스에 대한 설명 및 시장내 타 업체와의 차별성 제시
마케팅 및 홍보방안	서비스의 홍보 방안과 고객 확보 방안 제시 및 이에 필요한 자원(시간, 자금, 인력 등)등을 제시

	→ 가능한 한 시장에서 서비스를 공급하는 데 필요한 단계 및 일정 등을 제시		
사업시행 시기		사업수행장소 (장소 확보 방안 포함)	주된 사무실 및 사업수행 장소소재지와 구체적 시설 및 규모(면적), 신청일 현재 미확보 시 확보방안 기재
사업수행 도구 (교재, 프로그램 등)	사업수행 시 특별히 필요한 도구 및 확보방안	수혜대상자 (인원 수, 특성 등)	유료, 무료로 구분 → 가능한 한 유료고객의 경우 어떠한 연령대·특성의 고객을 대상으로 할 것인가를 객관적 근거에 의해 기술
수혜내용 (서비스내용, 가격)	예시) 빨래, 목욕, 청소 등(1가구당 월 5,000원)		
사회서비스 제공 (서비스 내용, 지원대상 취약계층)	예시) 지역사회 독거 노인 00명에게 청소, 빨래 서비스 무료 제공, 소년소녀가장 00명에게 장학금 00원 지급 및 멘토 결연, 00복지관, 양로원, 000공원에서 무료 음악 공연 월 00회 실시, 지역사회 노인을 위한 무료 특강(강좌) 실시		
사업개발·연구, 교육훈련 계획	예시) 신규 수익모델을 발굴하기 위해 필요한 재원(프로젝트사업 개발비 5백만 원, 기업이나 자치단체 연계를 위한 홍보비 3백만 원 등) 사용 및 활용 계획서 구체적으로 작성하여 별도 제출할 것		

◈ 참여단체와 지역사회의 역할분담 내용

참여단체와 지역사회 간 역할 분담 내용	참여단체(기업)	
	연계기업	
	자치단체	
	대학·연구소·병원등	
	기타(단체 간 컨소시엄 등)	

◈ 사업지속 및 자립가능성

수익확보 수단	수익금 확보수단(예: 수혜자로부터 서비스 이용료 징수 등)과 전체 수익에서 차지하는 각 수단별 비중
수익발생 규모 (산출근거)	사업수행 시 수익금 예상액 및 참여근로자 1인당 산출근거 ※ 수익발생 규모는 1인당으로 산출할 것(전체금액도 표시) 예시) 총 수익규모 연간 36만 원: 수혜자 60명 x 월 5,000원 x 12개월 1인당 월 5,000원의 서비스 이용료는 별도의 수입이 없는 저소득 노인이 납부할 수 있는 수준
수익발생의 지속성	수익발생의 지속성 여부 → 가능한 한 관련 시장의 성장가능성, 향후 시장규모, 향후 시장에서 경쟁력 확보 방안 제시, 매년 목표로 하는 시장점유율과 이를 통한 수익발생 목표를 명확히 제시

수 익 사용계획	- 수익금 사용계획을 기재(절대액과 비율을 동시에 기재할 것) 예시) 참여근로자 임금 지급 30%(금액 30만 원), 추가고용인원 40%(금액 40만 원), 운영경비 20%(20만 원) 등 - 가능한 한 금액이 지출되는 근거를 명확히 제시하고, 수익사용에 대한 정기적 모니터링 계획도 제시

◈ 사업관리 및 향후 계획	
사업관리방안	- 동 사업을 수행함에 있어 참여근로자의 고용조건 개선 및 만족도 제고를 위한 노력과 업무매뉴얼 제작 등 사업 서비스 질 향상을 위한 노력 등
향후 계획	〈예비 사회적기업〉 - 동 사업을 추진함으로써 사회적기업으로의 전환 등 구체적인 계획 및 발전방향 기술(반드시 기재할 것) 〈사회적기업〉 - 정부 지원 종료 후 참여자에 대한 고용유지 방안(수익구조 등)

※ 상세한 설명이 필요한 경우 별지작성 제출 가능

◈ 조직 및 인사 관련 내용	
단체연혁	설립후 연혁을 기재 예시) '98.11. OO지역실업극복단체 결성 '04.1.1. 비영리법인 설립 허가(고용노동부) '04.1.1.~7.30. 간병사업 실시 (3,000명) '04.2.5. 노인쉼터 마련 (일 평균 30명 이용)
설립목적	단체의 설립 목적을 기재(정관내용 등)
조직현황 (근로자수)	일자리 지원 전 조직 및 근로자 수 현황 예시) 본부: 총무국(3명), 홍보부(2명), 개발부(3명) 지방: 5개시·도에 지부, 서울(2), 경기(2), 광주(2), 부산(2), 대전(2) ※ 총 근로자 수: 18명

최근 4년간 정부 · 자치단체 지원내용
(고용노동부 사회적 일자리 및 사업개발비 지원 내역 포함)

연도	부서(처)명	사업명	지원내용	지원 인원	지원액 (연간)
2008	고용노동부	취약계층 공부방 운영	인건비	15명	153,467천 원
			사업개발비	명	20,000천 원
2009	서울시	취약계층 공부방 운영	인건비	20명	223,680천 원
				명	천 원

	참여근로자요건 (특성, 자격 등)	참여근로자 수행업무	참여근로자 수	주간근로시간 및 임금(월)
참여 근로자 관련 내용	사업 수행을 위해 필요한 참여근로자 요건 예시) 취약계층: 저소득자, 여성가장 (명) 자격소지자: 운전면허, 워드(명)	예시) 가사도우미로서 빨래, 목욕 등 가사보조 업무와 간병업무를 병행	신청인원 수 산정의 근거 제시 예시) 회계관리: 2명 악기 (피아노, 바이올린) 연주: 15명 방과후 학교 강사: 5명	예시) 주 40시간, 월 100만 원 (통상임금)

* 공고일 기준도 무방
자료: 고용노동부b, 2011: 116-8.

제3절 사회적기업의 운영 관련 사업계획서

핵심 연구 성공하려면 사업전략을 제대로 세워야 한다. 실패의 원인은 논리적인 분석과 철저한 사고가 부족하다.

1. 성패의 핵심인 운영 관련 사업계획서

(1) 운영 관련 사업계획서의 의의

① 사업계획서의 비교

앞에서 설명한 일자리 창출 사업계획서는 예비 사회적기업과 사회적기업이 일자리 창출 사업에 참여하면서 작성하는 사업계획서이다. 그러나 여기에서 설명하는 운영 관련 사업계획서는 예비 사회적기업과 사회적기업의 본연의 사업계획서를 말한다. 즉, 우리가 보편적으로 언급하고 있는 일반기업의 사업계획서와 동일한 의미이다. 그 이유는 예비 사회적기업과 사회적기업도 일반기업이기 때문이다.

② 사업계획서의 개념과 필요성

• 개념: 사업계획서(business plan)는 사업설명서(prospectus)의 상법상 용어이다.

사업계획서는 기업의 현재와 미래의 전체 활동계획을 말한다. 그러므로 사업계획은 '현재와 미래의 청사진', '기업의 나침판', '기업의 보물지도'라고 부르기도 한다. 따라서 사업계획서는 사회적기업의 창업자나 창업기관의 목표, 현황, 경영전략, 장·단기 실행계획, 계획의 예측 등을 객관적이고 체계적으로 서술해야 한다. 부연하면 사업계획서에는 사업주체의 현황, 제품전략, 기술능력, 시장성 여부, 생산계획, 판매계획, 유통계획, 마케팅전략, 인사계획, 시설투자 계획에 따른 소요자금과 자금조달 계획, 재무계획, 손익계획 등을 장기 또는 단기적으로 서술한 내부적인 '운영전략의 실행지침서'이며, 대외적으로는 회사를 대표하는 '경영전략 보고서'인 것이다.

- 필요성: 첫째, 사업계획서는 사업을 정확히 파악하게 한다. 즉, 머릿속에서 구상하고 있는 부분을 구체적으로 서술하므로 어떤 부분이 불확실한 상황이고 확실한 사실은 무엇인가를 보여 준다. 둘째, 사업계획서에는 투자유치나 연구계획 같은 사항이 있어 재원조달이나 후원금 또는 투자유치를 가능하게 한다. 셋째, 사업계획서가 정립된 경우, 대안이 수립되어 있기 때문에 위기발생의 리스크를 줄일 수 있다. 넷째, 사업계획서를 통하여 사업의 강점과 사업계획을 이해할 수 있으므로 전 직원의 업무 통합을 높일 수 있다.

(2) 운영 관련 사업계획서의 종류

사업계획서는 사업성공을 위한 모든 정보를 포함하는 것이 원칙이다. 그리고 실무적으로 업무에 따라 세분화하면 종류별로 다양하다. 여기에서는 업무의 편의를 위하여 종류와 제목만을 소개하기로 한다.

- 목적별 종류: 이는 사업 타당성 검토, 자금조달, 지원제도, 인·허가 등의 목적으로 분류한 것으로서, 그 예로는 사회적기업 창업 사업계획서, 신규사업 사업계획서, 사업확장 사업계획서, 투자목적 사업계획서, 기술 관련 사업계획서, 공장창업 사업계획서, 전략적 업무제휴 사업계획서 등이 있다.
- 기간별 종류: 단기와 중·장기, 장기 사업계획서가 있다. 단기는 1~3년, 중·장기는 3~10년, 장기는 10년 이상인 사업계획서이다. 단기는 사업운영 측면이 강하고, 중·장기는 사업목표와 방향 측면이, 장기는 사업확장이나 사업변경 측면을 포함한다.

• 기타 분류: 내부용과 외부용 사업계획서, 비정형화와 정형화된 사업계획서 등이 있다. 그중에서 정형화·외부용·투자목적 사업계획서의 예로는 벤처기업육성자금 신청용 사업계획서, 사회적기업 지원자금 신청용 사업계획서, 기술담보대출지원 자금용 사업계획서, 기술평가용 사업계획서, 농공단지입주지원자금 신청용 사업계획서 등이 있다.

2. 사업성 분석의 의의

(1) 사업성 분석 개념과 필요성

① 사업성 분석의 개념

사업성 분석(Feasibility Analysis)은 사업타당성 분석으로서 사회적기업으로 창업하려는 업종이나 아이템이 어느 정도의 이윤을 발생시킬 것인가를 분석하는 것이다. 따라서 사업성 분석은 예비 사업성 분석과 본 사업성 분석 2가지로 나누어 볼 수 있다. 예비 사업성 분석은 업종이나 아이템 중에서 몇 개의 가능한 업종이나 아이템을 선정하는 과정을 말한다. 그리고 본 사업성 분석은 몇 개의 가능한 업종이나 아이템을 상호 비교하여 최종적으로 하나의 업종이나 아이템을 선택하는 과정을 말한다.

② 사업성 분석의 필요성

이러한 사업성 분석이 필요한 이유는 첫째, 사업성 분석이 끝난 후라야 비로소 훌륭한 사업계획서를 작성할 수 있기 때문이다. 즉, 사업성 분석은 사업계획서로 진행되는 하나의 필요충분한 과정이다. 둘째, 사업성 분석에서 도출한 자료나 경험 및 사고 등이 사업진행 후에도 매우 유용한 근거자료로 활용할 수 있기 때문이다. 셋째, 사업성 분석에서 리스크를 대비하기 위하여 여러 가지 대안을 수립한다면 위기상황에서도 리스크를 최소화할 수 있다.

(2) 사업성 분석의 절차(2가지)

① 예비분석 단계

이 단계에서는 사업아이템 탐색과 사업아이템 발견 순으로 진행하여 보통 10개 정도의 사업아이템을 선택한다. 이 경우 아이템 정보에 대해서는 제7장에서 설명한 업종과 아이템을 고려하고 수집방법은 다음을 참조한다.

아이템 정보 수집방법

1. 사업자 및 경험자 면담을 통한 정보습득
2. 인터넷을 통한 정보습득
3. TV, 잡지를 통한 정보습득
4. 재래, 도매시장, 백화점, 농수산물도매시장, 전자상가 등
5. 지방이나 해외여행을 통한 정보습득
6. 소상공인지원센터 등 창업 지원기관을 통한 정보습득
7. 동창, 친구, 전 근무지 등 인맥을 통한 정보습득
8. 최근 5년 이내 일본이나 미국 등에서 유망했던 아이템 조사
9. 해당분야의 전문가 평가를 통한 정보습득
10. 주변사람들에게 사업아이디어를 구하고 의견을 참고
11. 시장의 흐름이 어떤 종목에 유리한 방향으로 전개되는가 파악
12. 창업박람회를 통한 아이템 정보습득
13. 프랜차이즈 가맹본부의 사업설명회를 통한 정보습득
14. 여러 회사의 사업보고서와 기타정보
15. 무역정보와 무역관련 출판물을 통한 정보습득
16. 정기간행물을 통한 정보습득

자료: 중소기업청 소상공인진흥원, 창업다이어리, 65. 수정·인용.

② 본 사업성 분석단계

이 단계에서는 후술하는 사업성 분석의 평가요소를 기준으로 3개 정도의 사업아이템을 선택한다. 그 후 추정손익계산서를 작성하여 당기순이익이 가능한 1~3개의 아이템 중에서 가장 높은 점수의 아이템을 선택한다. 이 아이템이 바로 사회적기업의 주력 아이템이다.

(3) 본 사업성 분석의 평가요소

① 6가지 평가요소

본 사업성 분석단계에서 활용하는 평가요소는 대체로 6가지로 구분할 수 있다. 첫째, 새로운 사업에 대한 경영자(창업자)의 수행능력 평가, 둘째, 판매시장의 환경, 경쟁상태, 시장진입 가능성 및 중·장기 수급전망 등을 검토하는 시장성분석, 셋째, 제품이나 서비스 제공에 필요한 기술 등의 해결가능성을 검토하는 기술성분석, 넷째, 적정

수익률 확보가능성을 검토하는 수익성(경제성)분석, 다섯째, 자금수지 및 성장성분석, 여섯째, 위험요소분석 등이다(중소기업청 소상공인진흥원: 128).

② 평가요소의 세부내용

6가지 평가요소의 세부내용은 〈표 8-5〉를 참조한다. 부연할 점은 원래 평가요소를 3가지, 즉 시장분석, 기술분석, 재무분석 측면으로 고찰하기도 하나 본서에서는 이를 세분화하여 소개하는 것이 사업성 분석에 도움이 된다고 판단하였다.

〈표 8-5〉 평가요소의 세부내용

평 가 요 소	평 가 항 목
1. 창업자의 사업수행능력	- 기업가로서의 적성과 자질 - 후천적 경험 및 지식 - 업종선택의 적합성 - 창업자의 계획사업 수행 능력 - 기타 창업자의 경영 능력
2. 시장성분석	- 시장 특성 및 구조 - 국내외 수급동향 및 중·장기 수급 전망 - 국내외 가격 구조 및 가격 동향 - 목표시장 선정 및 판매전략 - 유사제품과의 경쟁상태 및 향후 경쟁제품의 출현 가능성
3. 기술성분석	- 제품의 기술수준 품질 성능분석 - 시설 계획 및 생산시설 규모 - 생산자원 검토 - 원재료 조달 검토 - 기술 및 기능인력 확보 전망
4. 수익성분석 (경제성분석 포함)	- 현금수지분석 및 자금운용계획 - 수익 전망 - 투자수익률, 손익분기점, 추정재무제표 - 경제적, 재무적 타당성 분석 요소
5. 자금수지 및 성장성분석	- 소요 자금의 규모 및 조달 가능성 - 자금조달, 운용계획표 작성 - 차입금 상환 능력 검토 - 업종의 성장 가능성
6. 위험요소분석	- 소요자금 적기 조달 실패 - 입지조건의 부적합 - 전략제품 변경 및 판매단가 조정 - 시장경쟁 격화 및 법률상 제약

자료: 중소기업청 소상공인진흥원: 128. 수정·인용.

(4) 추정손익계산서

본 사업성 분석단계에서 1~3개의 아이템을 결정하여 추정손익계산서를 작성한 후 1개의 아이템을 최종 결정한다. 이 경우, 호황기 경우와 불황기를 비교해 작성하는 것이 향후 사업계획에도 도움이 되며, 1개의 아이템 최종 결정에는 불황기 기준으로 선택하는 것이 리스크관리에 합당하다. 다음에서는 추정손익계산서의 내역과 작성방법과 내용을 전체적으로 살펴본 후 각 구분사항을 순서대로 설명하기로 한다(중소기업

청 소상공인진흥원: 142 이하).

① 추정손익계산서의 내역

〈표 8-6〉 아이템별 호황기와 불황기의 추정손익계산서(월)

(단위: 만 원)

과 목		A 아이템		B, C 아이템	
구 분	계산방법	호황기	불황기	호황기	불황기
1. 매출액					
2. 매출원가					
3. 매출(총)이익	3 = 1−2				
4. 판매관리비	(1)~(9)의 합				
(1) 인건비					
(2) 임차료					
(3) 감가상각비					
(4) 세금과 공과					
(5) 대손상각비					
(6) 차량유지비					
(7) 수도·광열비					
(8) 전화, 통신비					
(9) 복리후생비	사회보험료 등				
5. 영업이익	5 = 3−4				
6. 영업외수익	아래 (1)+(2)합				
(1) 이자수익					
(2) 기타수익					
7. 영업외비용	아래 (1)+(2)합				
(1) 지급이자					
(2) 기타비용					
8. 경상이익	8 = 5+6−7				
9. 특별손익					
10. 법인세 등					
11. 당기 순손익	11 = 8−9−10				

이하에서는 〈표 8-6〉의 번호 순서대로 내용을 설명하기로 한다.

② 매출액

- 매출액 개념: 제품이나 상품 또는 서비스를 판매함으로써 나타나는 재화나 용역의 가치를 말한다.
- 매출액 추정방법: 아이템별 매출액 추정은 어려우나 투자 대비 이익률 계산 또는 점포권리금의 적정 여부 등 판단에 유용한 자료이므로, 관련 시장이나 점포 등의 정보에서 평균매출액을 확인하여 반드시 작성해야 한다(업종별 추정방법은 아래 참조).

업종별 매출액 추정방법

① 도소매업종: 1㎡당 매출액(품목별) × 매장면적
② 음식업종: 객단가 × 설비 단위 수(테이블수) × 회전 수
③ 서비스업종(미용실의 경우): 객단가 × 설비 단위 수(의자개수) × 회전 수
④ 전자상거래업종: 품목별 × 예상주문수량 × 판매단가

자료: 중소기업청 소상공인진흥원: 141.

- 참고자료: 사회적기업과 규모가 유사한 소상공인 월평균 매출액은 〈표 8-7〉을 참조한다.

〈표 8-7〉 소상공인 월평균 매출액(2010년 기준)

구 분	400 만 원 이하	401~ 1,000 만 원	1,001 ~ 2,000 만 원	2,001 ~ 3,000 만 원	3,001 ~ 4,000 만 원	4,001 ~ 5,000 만 원	5,001 만 원 이상	평균 (만 원)
전 체	58.3	25.4	7.8	3.3	1.3	1.2	2.7	990.0
제조업	46.5	24.0	10.3	5.9	2.4	2.2	8.7	2,119.1
전기/가스/수도/건설업	34.9	26.4	12.8	6.1	3.2	4.4	12.2	2,729.1
소매업	47.4	29.4	11.3	5.3	2.1	2.0	2.6	1,072.5
운수/통신업	92.9	6.5	0.4	0.1	0.1	0.0	0.0	278.0
숙박/음식	46.2	37.0	11.9	3.4	0.7	0.5	0.3	736.0
부동산/임대업	76.3	17.2	2.8	1.5	0.3	0.7	1.2	545.2
교육/서비스업	63.6	28.8	4.3	1.8	0.7	0.6	0.1	547.0
오락/문화/운동	61.5	30.9	5.1	1.1	0.5	0.3	0.6	556.5
수리/개인서비스업	79.2	14.9	4.3	1.0	0.2	0.2	0.3	412.3
정보/기술/사업서비스업	49.4	30.3	9.0	4.7	2.1	1.6	3.0	990.6

자료: 중소기업청 소상공인진흥원, 2010.9: 72.
설명: 소상공인이란 상시근로자 10인 미만의 사업자로서, 업종별 상시근로자 수 등이 광업·제조업·건설업 및 운수업의 경우에는 10인 미만, 이외의 업종의 경우에는 5인 미만.

③ 매출원가

상품의 제조원가, 영업활동에서 필요한 비용, 판매하기 위하여 사들인 상품의 구입가격 등을 말한다.

④ 매출(총)이익

매출액−매출원가이다. 그러나 생산비용만 포함되어 있기 때문에 매출(총)이익은 공장이익, 생산이익이라고 한다.

⑤ 판매관리비

판매비와 일반관리비를 포함한다. 일반관리비는 고정비용으로서 기업의 관리와 유지 등 회사의 일반관리활동 결과로 발생된 비용이다. 반면, 판매비는 변동비용으로서 상품과 용역의 판매활동결과로 발생되는 비용을 말한다.

⑥ 영업이익

매출(총)이익−판매관리비이다. 영업이익은 매출총이익에서 판매활동에 소요되는 비용인 판매 및 일반관리비를 차감한 것으로, 회사가 목적으로 하고 있는 영업활동의 결과로서 산출된 이익이다.

⑦ 영업외 수익

영업활동 이외에서 발생한 것으로 이자수익이나 기타수익의 합이다. 사회적기업의 경우, 사회복지와 관련하여 후원금, 보조금 등 확보가 가능하므로 이를 기타수익으로 합산한다. 이 점은 사회적기업가가 유념해야 할 사항이다.

⑧ 영업외 비용

영업활동 이외에서 발생한 것으로 이자지급이나 기타비용을 말한다. 사회적기업의 경우, 사회복지와 관련하여 지역사회복지를 위하여 투자된 비용은 기타비용으로 계산한다. 이 부분은 사회적기업의 사회적 목적 실현 여부를 확인하는 근거자료로 활용해야 한다.

⑨ 경상이익

영업이익 + 영업외 수익−영업외 비용이다.

⑩ 법인세 등

법인세와 법인세에 대한 주민세 등을 말한다.

⑪ 당기순이익

경상이익-법인세와 법인세에 대한 주민세 등이다.

3. 운영 관련 사업계획서 개관

사업성 분석과 추정손익계산서로 아이템을 결정한 후 운영 관련 사업계획서를 작성한다. 운영 관련 사업계획서는 업종별이나 아이템에 따라 여러 가지 형태로 작성될 수 있으나 업종별 또는 아이템의 특성이나 중요한 측면을 세부적으로 기술하여야 하며, 반드시 차선의 대안을 도출하는 지혜가 필요하다. 여기에서는 이론 부분과 함께 실무적으로 활용하는 부분을 중심으로 소개하기로 한다.

(1) 사업계획서의 작성 원칙(6가지)

사업계획서 작성에서는 일관성, 신뢰성, 이해가능성, 독창성, 낙관성, 구체성 등이 있다(중소기업청 소상공인진흥원: 137-8). 순서대로 설명한다.

① 일관성(논리적 일관성)

일관성은 사업계획서 작성 시 가장 중요한 원칙으로, 각 부문 계획 간의 논리적 일관성이 유지되어야 한다는 의미이다. 즉, 생산계획과 판매계획, 투자계획과 재무계획 등 각 부문 계획 간의 연결이 논리적으로 정연해야 함을 말한다. 만약 각 부문 계획의 내용이 논리적으로 상반되거나 불일치하는 경우에는 그 사업계획을 다시 작성하여야 한다.

② 신뢰성(사업계획서에 대한 믿음)

- 신뢰성 확보이유: 국가나 지자체 보조금, 관련 단체의 지원금, 외부 투융자, 지역주민 후원금에 대한 설득자료이며 동시에 홍보자료이기 때문이다.
- 신뢰성 확보방안: 신뢰성은 믿을 수 있는 객관적인 자료와 전문가적인 분석과정을 통해 사업계획서가 작성되었음을 제시함으로써 확보할 수 있다. 따라서 사업계획서를 작성하는 경우에는 시장 수급자료, 경쟁업체 생산·판매자료, 동종업계

정보 등 다양한 객관적인 자료의 입수, 입수된 정보 및 자료를 과학적으로 해석하여 계획사업의 실현 가능성을 기술하여야 한다.

③ 이해가능성(사업계획서의 이해력)

- 이해가능성 확보이유: 사업계획서는 내부적인 판단자료이나 국가나 지자체 보조금, 관련단체의 지원금, 외부 투융자, 지역주민 후원금에 대한 설득자료이며 동시에 홍보자료이기 때문에 해당자들이 이해할 수 있도록 쉽게 작성해야 한다.
- 이해가능성 사례: 기술을 통한 제조업의 사업인 경우, 제품의 생산 공정, 공법설비 등을 비전문가도 쉽게 이해할 수 있도록 작성하여야 한다.

④ 독창성(사업계획서의 차별성)

- 차별성이 있는 경우: 기존사업 또는 타 경쟁업체와 비교하여 품질·원가·용도·제법 등에서 어떤 특징을 갖고 있으며, 그 특징으로 인해 사업의 성공가능성에 어떠한 영향을 주는지를 명확히 제시하여야 한다.
- 차별성이 없는 경우: 이 경우에는 계획사업이 갖는 시장수요의 특수성과 지역적인 필요성을 강조하여 사업계획서를 구상한다.

⑤ 낙관성(사업계획서의 타당성)

- 타당성의 개념: 사업계획서의 타당성이란 사업계획서에서 조사할 부분을 호황기와 불황기, 리스크 여부에 따라 작성되었는지를 말한다.
- 타당성 확보방안: 사업시작에서는 대·내외 여건을 낙관적으로 보는 관점이 보다 믿음과 설득력을 가질 수 있다. 호황기에는 새로운 발전방향이나 신제품(서비스) 출시 등을 언급하고, 불황기나 리스크가 있는 경우에는 발생 가능한 문제점을 지적하고 이에 대한 대응책과 차선책을 제시하여 극복하려는 의지가 담긴 사업계획서가 타당성 있는 사업계획서라는 점을 잊지 말아야 한다.

⑥ 구체성(사업계획서의 수치화)

앞에서 언급한 작성 원칙에 따라 사업계획서를 작성하는 경우에는 가능한 한 문자보다는 수치화하여 작성하여야 한다. 그 이유는 사업계획도 정책결정이나 의사결정인 만큼, 수치화하여야 효과성이나 효율성 및 문제점을 정확하게 판단할 수 있고, 업무활동을 실행 가능하도록 재조정할 수 있기 때문이다.

(2) 사업계획서의 작성 항목(8가지)

일반기업의 사업계획서 작성 항목은 8가지로서 사업아이템 검토, 시장조사, 경쟁분석, 상품분석, 고객분석, 마케팅전략, 자금조달, 사업자 본인 검토 등이 있다. 순서대로 본다.[81] 부연할 점은 사회적기업의 경우에는 필요한 일부 사항만을 고려해도 무방하다는 점이다.

① 사업아이템 검토

- 판매하고자 하는 상품과 서비스는 무엇인가?
- 고객은 누구인가; 표적시장결정(남성/여성, 젊은층/노년층, 직장인/가족 등)
- 어디에서 팔 것인가; 판매처 결정(one-line, off-line)
- 실제로 얼마나 많은 사람들이 살 것인가(총 시장 규모 예측)
- 창업비용 및 운영자금 등 필요 자금조달은 가능한가?
- 상품 판매가격은 얼마로 책정할 것인가?
- 손익분기점은 언제 도달할 수 있는가?

② 시장조사

1) 아이템에 대한 타인의 의견은 어떠한가?
   • 주위 사람들에게 사업아이디어에 대하여 의견을 구함
   • 주변 사람들의 의견에 귀를 기울여야 함
   • 동업종 종사자의 충고를 들어야 함
2) 대중매체의 동향을 파악한다.
3) 인터넷을 효과적으로 활용한다.
   • 다음, 네이버 등 포탈 검색 업체 활용 • 동호회 또는 카페 운영
4) 전문가들의 평가는 어떠한가?
   • 해당분야의 전문가와 상담
   • 전문가와 상담하기 전에 그가 작성한 논문이나 보고서를 구해 읽어 본다.
5) 정확한 유동인구를 파악하고 있는가?

81) 이 부분은 중소기업청 소상공인진흥원: 128-35.를 수정하여 요약·소개함.

- 사업계획에 도움이 될 만한 자료는 모두 수집한다.
- 데이터의 출처는 반드시 기록한다.

6) 미래를 예측할 수 있는가?
- 시장의 흐름이 사업에 유리한 방향으로 흐르는가?
- 시장의 위험성을 인식하고 제품을 개발하고 있는가?

③ 경쟁분석

1) 누가 당신의 경쟁 상대인가?
- 현재 시장에서 당신의 경쟁상대는? (5곳 정도)
- 가장 강력한 잠재적 경쟁상대는? (1~2곳)

2) 경쟁상대는 무엇을 하고 있는가?
- 경쟁사 정보를 도표로 체계화한다.
- 의사결정 참고자료로 활용한다.

3) 왜 고객은 경쟁사 상품을 선호하는가?
- 소비자는 왜 일반제품보다 브랜드 제품을 선호할까?
- 왜 특정상품은 다른 회사 제품보다 인기가 많을까?
- 소비자 구매심리를 파악(시간, 비용, 품격 유지 면에서)

4) 경쟁사의 비밀은 무엇인가
- 품목별 원가구성요소를 계수화한다.
- 경쟁사의 마케팅자료 참고
- 경쟁업체의 성장사와 현재 위치
- 경쟁업체가 가진 경영상의 장점
- 경쟁업체의 전략적 파트너십이나 제휴관계
- 언론홍보, 구인광고 등 참조
- 경쟁업체 브랜드의 강점
- 경쟁업체가 목표로 삼고 있는 시장

④ 상품분석

1) 고객들은 왜 이 상품을 구입하는가?
- 상품 또는 서비스가 고객에게 어떤 이익을 주고 있는가?
- 우리 상품이나 서비스는 어떤 가치를 제공하는가?

2) 디자인과 형태는 어떠한가?
- 간단한 그림이 고객에게 오히려 호감을 준다.
- 실제로 어떻게 생겼는지 그려 본다.

3) 언제 출시하는가?
- 철저한 시장조사, 최종디자인 완성, 제품완성, 시장테스트
- 시장테스트의 문제점 개선, 제품출시, 소매점 진열평가

4) 경쟁사 상품과 무엇이 다른가?

- 다른 경쟁사가 이미 그 일을 하고 있다고 가정한다.
- 상품의 성공에 영향을 미칠 수 있는 주요 특징을 작성
- 경쟁사의 제품과 비교해서 자사의 제품을 평가

5) 상품명은 무엇인가?

- 가능한 모든 유형의 이름을 포함시켜 검토하며 최소한 3개월 전에 제품의 이름을 짓는다.
- 브랜드 이미지를 나타내도록 한다.

⑤ 고객분석

1) 고객의 의견을 듣고 있는가?

- 상품개발의 시작단계에서 고객과 이야기를 나누어 본다.
- 이 상품을 구매할 의향은, 있다면 얼마를 지불하겠는가?

2) 누가 진짜 고객인가를 정확히 파악한다.

- 목표고객을 명확히 정의하라.
- 고객의 구매습관을 분석하라.

3) 고객의 비밀은 무엇인가?

- 잠재고객과의 인터뷰를 통해 공통점을 파악한다.
- 고객에 대하여 얼마나 알고 있는가를 점수로 매겨 본다.

4) 소비자모임을 활용하는가?

- 신제품 구상안, 경쟁사제품 포장 광고 등에 솔직한 평가를 해 본다.
- 소비자의 제품사용패턴, 특정상품에 대한 소비자들의 반응을 살펴본다.

5) 고객은 내 상품가치에 대하여 얼마를 지불할까

- 잠재고객에게 직접 물어본다.
- 제품 기술개발자, 판매담당자, 유통종사자들에게도 물어본다.

⑥ 마케팅전략

1) 당신의 전략적 목표는 무엇인가?

- 전략적 목표를 명확하게 파악하는 것은 성공을 측정하고 구체적 방향을 제시하는 나침반이다.
- 상품 일정 목표에 대한 전략적 목표가 있어야 한다.

2) 마케팅 목적은 무엇인가?

- 고객의 인지도와 구매습관을 바꾸는 데 목표를 둔다.
- 마케팅은 상황에 따라 변할 수 있으며, 상품 또는 서비스가 성공하기 위하여 가장 중요한 것은 무엇인가?

3) 마케팅 계획은 무엇인가?
- 아이디어를 도출하고 잠정적인 마케팅 프로그램 목록을 작성하라.
- 성장단계별로 마케팅일정을 수립하라.

4) 어떻게 상품을 판매할 것인가?
- 유통채널에 대하여 구상한다.

5) 누가 수요를 창출하는가?

6) 마케팅과 영업 중 어느 것이 더 필요한가?

7) 어떻게 대중매체의 관심을 끌 것인가?
- 성공 시나리오를 작성하라.
- 경쟁사의 성공사례가 미칠 영향력을 예상하라.

⑦ 자금조달

1) 반드시 자신의 돈을 투자해야 하는가?
- 집을 저당 잡혀 30%이상의 자금을 조달해서는 안 된다.
- 노후 대비를 위한 퇴직연금을 담보로 돈을 빌려서는 안 된다.
- 자녀 교육비에 필요한 적립금을 써서는 안 된다.
- 아무도 투자하지 않으려는 사업은 하지 않는다.

2) 투자자에게 무엇을 말할까?
- 상품을 구매하시거나 서비스를 받아 보신 적이 있습니까?
- 이러한 사업에 투자하시겠습니까?

3) 투자자를 감동시킬 수 있는가?
- 제품을 살 고객을 확보하고 있는가?
- 시장이 고속 성장하고 있다는 자료가 있는가?
- 사업경험이 있는가?
- 미래 경쟁사들이 무엇을 하고 있는지 아는가?
- 기술이나 위치 등 사업의 어떤 면이 독특한가?

4) 누가 당신의 진정한 동반자인가?
- 도움을 요청하라.
- 혼자 외로이 투쟁해야 한다는 말은 어디에도 없다.
- 파도가 쳐야 어떤 배가 튼튼한지 알 수 있다

5) 자본을 유치하기 전에 해야 할 일은 무엇인가?
- 아이디어를 짧은 문장으로 작성하라.
- 경쟁자들을 조사하라.
- 잠재고객과 만나라.

- 친구나 가족을 대상으로 자연스럽게 말할 수 있도록 연습하라.
- 중소기업가와 대기업 임원들을 만나라.
- 사업계획을 제안할 두 단락 정도의 글을 작성하라.

⑧ 사업자 본인 검토

1) 이것이 당신에게 적합한 사업인가?
   - 자신의 꿈과 인생에서 하고 싶은 일이 무엇인가 확인한다.
   - 친구, 친척, 동료, 잠정고객, 미래의 경쟁자, 현재 상황을 이미 거쳐 간 사람들과 이야기해 보라.
   - 현재 나 자신의 진로를 바꾸는 중요한 동기와 이유는 무엇인가?
2) 핵심 역량이 무엇인가?
   - 어떤 기술이 사업성공에 결정적인 영향을 미치는가?
   - 사업이나 제품에서 어떤 점이 독특한가?
   - 당신의 장점은 무엇이고 무엇을 좋아하는가?
   - 스스로 모든 것을 하려는 어리석음은 없는가?
3) 사업이 예상만큼 잘 진행될 수 있는가?
   - 진심 어린 마음으로 사업을 진행할 수 있는가?
   - 실패한 사업을 정밀 조사한다.
   - 사업계획 분석을 철저히 한다.
4) 스스로에게 진실한가?
   - 정기적으로 자신의 직감을 체크해 보라.
   - 제품이 잘 작동되고 잘 팔릴 것이다, 사업은 재정적으로 성공할 것이다, 내 가족이 더 행복해질 것이다 등.

4. 운영 관련 사업계획서 작성실무(예)

(1) 일반기업과 사회적기업의 사업계획서

① 일반기업의 사업계획서

일반기업의 사업계획서는 아이템에 따라 다르나 보통 상품기획, 생산계획, 판매기획, 재고계획, 마케팅전략, 유통기획, 재무관리 등이 중점사항이다. 먼저 상품기획은 아이템 관련 상품계획으로서 연도별 아이템의 기능보강이나 신제품 출시 등을 의미한다. 그리고 생산계획은 아이템의 월별 생산계획 등을 의미하고, 판매기획은 판매계획으로서 월별 판매계획을 의미한다. 따라서 재고계획은 생산에서 판매를 제외한 적정

재고물량의 유지계획인 것이다. 또한 마케팅전략은 판매방안으로서 마케팅전술이고, 유통기획은 판매망의 구축과 같은 의미로서 자사 제품이나 서비스를 판매할 판매망이나 우호적으로 선전해 줄 수 있는 관련 점포를 확보하는 것이다.

② 사회적기업의 사업계획서(일반기업과 다른 특징)

• 필요 부분의 집중가능성: 사회적기업의 사업계획서는 일반기업과는 다른 특징이 있다. 첫째로는 사회적기업의 사업계획서는 앞에서 언급한 일반기업 사업계획서 내용 중 필요한 부분에 집중해도 된다는 점이다. 그 예로 제조업 관련 일반기업은 제품을 판매할 유통망 확보가 중요한 사안이나 사회적기업은 지역사회를 중심으로 활동하므로 유통망 확보는 보다 덜 중요한 문제이다.
• 후원금 확보전략의 중요성: 사회적기업은 사회적 목적, 즉 사회복지를 지향하므로 단체나 지역주민 등으로부터 후원금을 확보할 수 있다. 그러므로 일반기업 사업계획서에서 재무관리가 중요한 만큼 사회적기업에서는 후원금 확보로 재정의 건전성을 확보하는 전략을 구사하여야 한다. 따라서 사회적기업가는 자신의 기업에 맞는 후원자 확보와 후원금 확보전략을 세밀하고 장기적으로 구상하여야 한다.
• 프로포절전략의 중요성: 일반기업은 이윤확보를 위한 마케팅전략을 구사한다면 사회적기업은 지역사회의 복지에 이바지하기 때문에 프로포절(제안서) 작성이 중요한 전략이다. 그 이유는 프로포절의 목적이 지역사회나 지역주민 등의 욕구를 해소할 프로그램을 구상하고 실행하여 지역사회의 복지수준을 향상시키는 것이기 때문이다. 이 점은 앤서니 기든즈(Anthony Giddens)가 『제3의 길』(The third way)에서 언급한 복지주체의 다원화 현상 측면과 맥락이 같다.

(2) 사회적기업의 사업계획서 작성실무(예)

사업계획서 작성에 필요한 주요항목은 업종별, 규모별 등으로 상황에 따라 다르다. 본서에서는 사회적기업이 중소기업인 점을 감안하여 기본적으로 쉽게 작성할 수 있도록 설명하고자 한다. 그리고 주요항목은 업체현황, 사업개요, 상권입지, 인력계획, 상품분석, 생산계획, 판매 계획, 마케팅전략, 재무계획, 자금계획 등 10가지로 나누어 설명하기로 한다.[82] 따라서 사회적기업가가 활용할 경우에는 본 예시를 참조하여 자신의 기업에 맞게 항목을 조정하면서 작성하기 바란다. 순서대로 설명한다.

① 업체현황

• 업체현황은 업체개요, 창업자의 인적사항 등을 기재한다(〈표 8-8〉 참조).

〈표 8-8〉 업체현황

업체명	21세기 미래산업(주)	창업(예정)일	20 년 월 일
종업원(예정)	총 원: 명, 취약계층: 명	자본금	금 200 백만 원
업종 및 업태	서비스업	아이템, 종목	프로포절 작성 지원
사업장 주소	경기도 안양시 동 번지	전화번호	

대표자			
성명		주민등록번호	
자택주소		전화번호	
학력 및 경력	고졸 이상 최종학력과 자세한 경력 기재		

② 사업개요

• 사업개요 기재사항: 여기에는 사업동기, 업종선택 이유, 사업목표, 사업진행 계획 등을 기재하되, 사업목표는 '일일 매출 00만 원', '월 매출 000만 원'과 같이 구체적으로 수치화하여 작성하여야 한다.

• 음식업 경우 사업개요: 아래 표를 참조한다.

〈표 8-9〉 사업개요(음식업)

사업개요	
사업동기	노후대책과 지역사회 공헌을 위하여 평소 외식업에 관심이 많았던 본인의 뜻을 이루고 수익증대로 가계에 보탬이 될 수 있는 길을 찾고자 부모님과 상의하여 자가 사업장에 창업하기로 결심
업종선택 이유	소상공인지원센터를 방문하여 창업전반에 대한 상담을 하였으며 특히 업종선택에 자문을 받고 몇 개의 후보 아이템을 집중적으로 조사한 결과 ○○○가맹점을 선택

〈표 계속〉

82) 이 부분은 중소기업청 소상공인진흥원: 145. 이하와 소상공인진흥원 사이트 간행물 등의 양식과 내용을 참조하여 수정·요약하였음.

사업개요	
사업목표	1. 취약계층 종업원 중심의 영업전략과 젊은 층이 부담 없이 찾을 수 있도록 ○○○전문점답게 맛으로 승부하고, 친절한 서비스를 바탕으로 편안한 분위를 연출하며 일 매출액 최소 70만 원 이상 달성 2. 매출이익의 30% 이상은 지역사회서비스에 제공
사업진행 계획	20 . 01 : 창업 아이템 조사 20 . 04 : 창업형태 결정 20 . 05 : 상품화계획 및 마케팅 20 . 06 : 점포위치 선정 20 . 07 : 점포 인테리어 20 . 08 : 고객서비스 방법개발 20 . 10 : 점포 운영관리 20 . 11 : 개업준비 등

• 업종선택 이유(예): 사업개요 중에서 업종선택 이유를 아래와 같이 기재할 수 있다.

1. 외식산업은 건강과 웰빙을 중시하는 생활패턴의 변화와 더불어 향후 지속적인 성장이 예측되는 분야이고, 경기침체, 소비심리 위축 등 불황을 타개하고 외식업에서 새로운 수요를 창출하려는 노력이 전개되고 있으며, 양과 질 모두를 찾는 소비자 트렌드 형성, 안전한 외식에 대한 수요 증가 등.
2. A의 가장 큰 장점은 가격 대비 만족도가 높다는 것이며, 그 뛰어난 감칠맛과 푸짐한 양에 비해 가격이 저렴해 인기고, 현재 ○○○는 1인분(3대: 400g 정도)에 000원 정도이나(중략).
3. 건강에 대한 패러다임도 과거 '질병치료형'에서 '질병예방형'의 개념으로 바뀌면서 삶의 질을 더욱 높일 수 있는 건강에 대한 관심이 더욱 증폭되고 있기 때문이다.

③ 상권 입지(상권현황)

• 상권: 상권과 입지는 보통 혼용하는 경우가 많다. 그러나 상권(marketing area)은 상품이나 서비스를 판매할 수 있는 범위, 즉 매출 반경이고, 이러한 상권을 측정하는 상권측정법은 3가지로 설명할 수 있다. 첫째는 현지조사법(現地調査法)으로서 그 지역 세대와 상점 중에서 표본을 추출하여 확인한 후 상권을 측정하는 방법이다. 둘째는 통계분석법(統計分析法)으로서 기존통계를 분석해서 시장의 지역성을 확인하고, 그 지역성을 기초로 상권의 특성을 추정하는 방법이다. 셋째는 수학적 분석법(數學的分析法)으로서 경험으로 얻은 연구를 수식화하는 방법이다.

• 입지: 입지(location, 立地)는 점포의 장소(건물)를 의미한다. 입지는 사회적기업

의 업종과 아이템에 따라 각기 다르게 결정된다. 이러한 입지 결정요인, 즉 점포 결정요인으로는 지형·기후 등의 자연적 요인, 수익성·지가·임대료 등의 경제적 요인, 소비자 연령층·소득 수준 등의 문화적 요인, 도로와의 접근성과 주차공간 등의 교통 요인, 소비 형태·입지 결정자의 정서 등과 같은 심리적 요인 등이 있다. 이러한 입지에는 종류별 유망지역이 있으나 생략한다. 다만 점포계약은 상가건물 임대차 보호법 사항과 점포계약의 유의사항을 반드시 점검하여야 한다.

- 상권 입지 기재사항: 이는 상권현황분석으로서 점포주소 및 선택이유, 경쟁점포 분석, 매출대상 인구조사 등을 기재한다(예시는 〈표 8-10〉 참조).

〈표 8-10〉 상권 입지(상권현황)

상권 입지(상권현황)	
점포주소 및 선택이유	점포가 위치할 지역은 ㅇㅇ시 ㅇㅇ동 ㅇ시장을 선택하였으며, 그 이유는 30평 이하 중소형아파트가 밀집해 있어 소비성향이 높다는 점, 주변에 관련 업종은 있으나 동종 업종은 아직 없다는 점이다.
경쟁점포 분석	주변에 직접적인 경쟁업체는 아직 없으며 A 등의 관련 업종을 경영하는 업체가 4곳 있다. 관련 업종의 월매출은 0000만 원으로 추정된다.
매출대상 인구조사	1. 통행인 분석을 하기 위하여 표본조사를 한 결과, 평일에 점포 앞을 통과하는 1일 평균 통행인 수는 36,000명으로 추정되었다. 2. 통행인의 특성을 살펴보면 학생·직장인·일반인 등으로 구분되고, 통행인의 시간대별 수와 구성을 살펴보면 남성 대 여성의 통행인 구성비율은 65% 대 35%이며, 특히 여성의 경우 30대 이상이 약 60%를 차지하여 창업업종의 주 고객 층의 유동인구가 많은 것으로 조사되었다. 3. 따라서 본 창업업종의 하루 최대의 고객의 예상숫자는 36,000명×35%×60%= 3,780명이다.

④ 인력계획

- 개념: 인력계획이란 일반기업의 인사관리와 같다. 인력계획은 '인사(人事)가 만사(萬事)'라는 격언처럼 좋은 인재를 잘 뽑아서 적재적소에 배치하는 것으로, 성공의 지름길이다. 사회적기업도 취약계층을 포함하여 일반인도 채용하는 기업으로서 자원봉사단체가 아니므로 능력에 따른 적정보수를 책정하여야 한다.
- 인력 계획 기재사항: 여기에는 종업원 현황 및 채용계획, 담당직무와 기술, 교육훈련 계획사항을 기재한다. 담당직무와 기술은 업무기술서와 업무명세서를 의미한다. 업무기술서는 업무에 대한 전반적인 내용이며, 업무명세서는 업무기술서

에 필요한 자격이나 경력 등을 말한다. 그러므로 담당직무와 기술은 업무별로 1장으로 작성하는 것이 편리하다(〈표 8-11〉 참조).

〈표 8-11〉 인력 계획 기재내용

인력 계획	
종업원 현황 및 채용계획	예시 1. 현황(10명): 자료조사 3명, 자료분석 및 브리핑 3명, 영업 4명 예시 2. 현황(10명): 상품기획 1명, 디자인 1명, 기술자 4명, 배송 2명, 영업 2명 예시 3. 종업원은 추천과 인터넷을 통하여 사회복지사 1급, 경영학과 출신, 업무유경험자로 모집한다.
담당직무 기술	예시 1. 사회복지사 1급은 ㅇㅇ업무계획을 PPBS로 작성하여 실행 후 피드백를 철저히 작성한다. 예시 2. 상품기획은 단기, 중기, 장기별 아이템 계획과 경쟁 아이템과의 비교를 한다. 예시 3. 주방 근무는 음식별 레시피를 작성하고, 신제품 연구개발로 품질을 제고한다. 예시 4. 영업은 1일 4거래처 방문을 원칙으로 영업일지에 방문사항과 특이사항을 기재케 한다.
교육훈련 계획	예시 1. 사회복지사 1급은 관련 업체의 업무계획을 벤치마킹으로 작성시키고 단점을 보완케 한다. 예시 2. 상품기획은 국내외 기존 아이템과 신규 유망아이템을 비교·작성하게 한다. 예시 3. 주방 근무는 기존 음식별 레시피를 수집·작성하고, 신제품의 방향을 작성케 한다.

• 사회적기업 유의사항: 사회적기업은 소수 정예로 기업을 운영해야 할 입장이므로 반드시 업무기술서와 업무명세서를 철저히 작성하여 직원의 업무를 효과적으로 정립하여야 한다.

⑤ 상품분석

• 개념: 상품분석(product analysis)은 사회적기업의 아이템(상품)의 특징이나 용도 등을 종합적으로 파악하여 분석하는 것을 말한다. 이 같은 상품분석이 선행되어야 효과적인 마케팅 활동을 할 수 있다.

• 상품분석 기재사항: 아이템의 용도, 디자인, 사용기간, 유행성 정도, 경쟁력, 판매시 강조점(자사 아이템의 장점), 발전 가능성, 특허 관련사항 등이다(〈표 8-12〉 참조).

〈표 8-12〉 상품분석 기재내용

상품분석	
아이템의 용도, 디자인	예시 1. 용도는 환경지향 상품이며, 디자인은 ○○형이다. 예시 2. 용도는 웰빙 관련 음식이며, 디자인은 다양한 컬러를 지향한다. 예시 3. 용도는 아동 안전 아이템이고, 디자인은 ○○형이다.
사용기간, 유행성 정도	예시 1. 사용기간은 즉시이고, 여름철 보양음식으로 판매된다. 예시 2. 사용기간은 단기이고, 유행과는 무관하게 계속 사용가능하다. 예시 3. 사용기간은 중기이고, 유행에 다소간 영향을 받는다. 예시 4. 사용기간은 장기이고, 유행과는 무관하게 계속 사용가능하다.
경쟁력, 판매시 강조점(자사 아이템의 장점)	예시 1. 타사 대비 가격 경쟁력이 최고 수준이다(저가전략). 예시 2. 타사 대비 안전성이 1.5배이다(품질전략). 예시 3. 타사 대비 신뢰할 수 있는 아이템이다(신뢰 구축전략)
발전 가능성, 특허 관련사항	예시 1. 본 아이템의 특성상 특허출원보다는 노하우(영업기밀)로 진행하는 것이 유리하다. 예시 2. 본 아이템은 실용신안 제품이다. 예시 3. 본 아이템은 의장권 또는 상표권 등록 제품이다.

⑥ 생산계획

- 개념: 생산계획(production planning)이라 함은 생산 개시 전에 아이템이나 제품의 종류와 수량, 생산방식, 생산장소, 생산기간 등에 대해 계획을 세우는 것을 말한다.
- 생산계획 기재사항: 생산시설현황, 생산공법 및 생산공정, 원자재 조달 및 사용계획 등이 있다. 기재사항은 업종별로 제목과 내용이 크게 차이가 있다는 점을 감안하여 적절하게 수정하여 작성하기 바란다(〈표 8-13〉 참조).

〈표 8-13〉 생산계획 기재내용

생산 계획	
생산시설 현황	예시 1. 업무장소는 서울특별시 ○○구 ○동 사무실이다. 예시 2. 생산시설은 경기도 ○○에 현지농장, 냉동창고, 물류센터가 있다. 예시 3. 판매장소는 경기도 ○○에 직영 소매점포, ○○에 대리점과 위탁판매점이 있다.
생산공법 및 생산공정	예시 1. 본 사업은 도축에서 포장배달까지 일괄시스템으로 운영하고 있다. 예시 2. 본 아이템은 ○○사의 인증받은 시스템에 의거, 가맹사업본부로부터 조달받고 있다. 예시 3. 본 제품은 친환경 농업으로 인증받아 재배한 제품이다. 예시 4. 본 아이템은 국가의 ○로부터 승인받은 제품이다.

〈표 계속〉

생산 계획	
원자재 조달 및 사용계획	예시 1. 원재료는 가맹본부로부터 공급받으며 식부재료에 대하여는 ○○○ 농수산물 시장을 이용하여 양질의 제품을 직접 구입하여 사용할 예정이다. 예시 2. 본 아이템은 국내외에서 성공한 프로젝트를 벤치마킹하여 수정·보완한 것으로 ○○에서 효과성이 입증되었다. 예시 3. 본 제품은 국내외 ○○기업으로부터 원자재를 공급받아 조립하고 국가기관 ○○로부터 성능을 검증받았다.

⑦ 판매계획(마케팅전략)

- 개념: 판매계획(sales plan)은 기업의 판매활동과 관련한 계획을 말한다. 이를 기간별로 구분하면 단기계획(1년~3년), 중기계획(3년~5년), 장기계획(5년~10년)으로 구분할 수 있다. 단기계획은 구매자나 지역별로 먼저 수요예측을 한 후 판매목표, 판매촉진 방안, 판매가격을 결정하는 것이다. 중기계획은 경쟁력 강화를 위한 계획으로서 제품기획, 판매기획, 유통기획과 같은 계획을 수립하는 것이다. 즉, 제품기획은 구상하고 있는 기능보강 제품의 출시계획과 각 제품의 디자인·품질·원가의 개선책 등이고, 판매기획은 판매촉진전략의 구상이며, 유통기획은 유통망 확보전략이라고 할 수 있다. 장기계획에서는 자사의 아이템에 대한 기회와 위협요소를 예측하여 신제품을 개발하고, 새로운 판매지역의 확보 및 개발, 유통망과 판매경로의 강화 등에 관한 계획을 수립하는 것이다.
- 판매계획 기재사항: 이 부분의 기재사항도 업종별로 제목과 내용이 크게 차이가 있다는 점을 감안하여 적절하게 수정하여 작성하기 바란다. 본서에서는 경쟁력분석, 판매전략 목표, 마케팅전략 측면에서 설명하기로 한다. 경쟁력분석은 SWOT 분석도 무방하며, 특히 마케팅전략은 타겟시장, 가격, 마케팅 전술 등이 기술되어야 한다(〈표 8-14〉 참조).

〈표 8-14〉 판매계획 기재내용

판매 계획	
경쟁력 분석	예시 1. 점포 주변에 동일 업종 없고 00 등이 유사경쟁업체로 보통 수준을 유지하고 있다. 예시 2. 사무실 주변에 중소형 APT 단지가 신축되어 본 아이템의 수요가 증가할 것으로 예상된다. 예시 3. 판매장소 근처에 소형점포 2개가 있으나 제품의 질과 서비스 수준 등 판매수준은 낮다.

〈표 계속〉

판매 계획	
판매 전략 목표	예시 1. 본 사업은 개업 후 3개월 이내에 1일 매출 목표액을 00만 원 이상으로 한다. 예시 2. 본 아이템은 1일 매출 목표액을 00만 원 이상으로 한다. 예시 3. 본 사업은 1일 매출 목표액을 00만원 이상, 1일 수익은 00만 원 이상으로 한다. 예시 4. 본 아이템은 의뢰받은 1건당 00만 원으로 하되, 월 매출 목표액을 00만 원 이상으로 한다.
마케팅 전략 (홍보 계획 포함)	예시 1. 본 사업의 대상은 인근 ○○대학교 학생들과 지역주민을 대상으로, 가격은 중저가로 운영하며, 매운 맛과 과일소스를 이용한 맛으로 젊은 층을 집중 공략하고 입지에 맞게 가족단위의 모임을 갖도록 적극 홍보한다. 예시 2. 본 아이템은 중앙정부와 지자체를 대상으로, 가격은 경쟁제품과 동일한 가격으로 운영하며, 사회적기업의 이념과 신뢰할 수 있는 품질로 홍보한다. 예시 3. 본 제품은 지역주민을 대상으로 판매하되, 가격은 중저가로 운영하며, 국가기관 ○○로부터 성능을 검증받은 점과 기존 구입처의 호평을 홍보한다.

⑧ 재무계획

- 개념: 재무관리(financial management)는 재무계획(financial projection)과 동일한 의미로 사용하고 있으며, 이는 필요한 자본 계산, 자본조달방법 등과 이익관리·예산관리·원가관리·경영분석 등을 포함하는 개념이다. 본서에서는 사회적기업의 특성을 고려하여 간략한 내용으로 설명한다.
- 재무계획 기재사항: 재무현황, 수익전망, 자금수지 분석, 손익분기점 분석 등 순서로 기재한다. 여기에서 매출액과 손익분기점 관계는 매출액이 손익분기점 이하인 경우에는 기업의 손실을, 그 이상인 경우에는 이익을 나타내며, 손익분기점이 낮을수록 수익성이 높고, 판매가격의 인상 또는 비용의 절감으로 손익분기점을 낮출 수 있다(〈표 8-15〉 참조).

〈표 8-15〉 재무계획 기재내용

재무 계획	
재무 현황	예시 1. 자가 사업장이므로 임대보증금과 권리금이 없어 초기 자기자본의 부담이 적어 창업비용을 절감할 수 있었고, 인테리어 비용도 지인과 본인이 직접 작업하여 50% 이상 낮출 수 있었다. 또한 필요한 용품도 일부를 제외하고는 중고품으로 대체하여 비용을 절감하였다. 예시 2. 임대건물로서 외진 곳이기 때문에 권리금이 없고 임대보증금도 낮다. 인테리어 비용은 기존 사무실을 그대로 사용하고 필요한 집기는 중고품으로 대체하여 비용을 절감하였다. 전체적인 창업비용을 크게 절감하였다. 예시 3. 사업장 신축과 기계설비 등 구입으로 초기 투자비용이 소요되었으나 이는 동종업계의 평균적인 창업비용 수준이다. (중략)

〈표 계속〉

재무 계획	
수익 전망	예시 1. 개업 후 3개월까지는 1일 매출 400천 원, 3개월 이후부터는 1일 매출 700천 원 이상으로 계상. 매출원가 및 일반관리비를 제외하고 월 4,000천 원 이상 당기순이익 예상. 예시 2. 개업 후 6개월까지는 월 매출 0000천 원으로 당기순이익이 없으나, 7개월 이후부터는 월 매출 0000천 원으로 당기순이익이 월 0000천 원 이상으로 예상. 예시 3. 개업 후 1년까지는 월 매출 0000천 원으로 당기순이익이 없으나, 1년 이후부터는 월 매출 0000천 원으로 당기순이익 월 0000천 원 이상으로 예상.
자금 수지 분석	예시 1. 초기 창업자금에 필요한 70백만 원과 추가 운영자금에 필요한 여유자금 30백만 원, 총 100백만 원을 본인의 자금으로 충당하고, 예상 투자가 필요할 경우 창업자금을 대출받아 충당할 예정. 예시 2. 초기 창업자금에 필요한 50백만 원과 추가 운영자금에 필요한 여유자금 20백만 원, 총 70백만 원 중 50백만 원은 본인의 예금으로 충당하고 20백만 원에 대하여는 소상공인 창업자금을 대출받아 충당할 예정. 예시 3. 아이템 특성상 초기 소액 창업자금 20백만 원은 관련 이해관계자의 후원금으로 충당.
손익 분기점 분석	◇계산방식: 고정비/(1-변동비/매출액)산식으로 계산. 예시 1. 매출액 20,000천 원, 고정비 10,000천 원, 변동비 10,000천 원인 경우 손익분기점 금액은 20,000천 원. 예시 2. 매출액 15,000천 원, 고정비 10,000천 원, 변동비 3,000천 원인 경우 손익분기점 금액은 12,500천 원. 예시 3. 매출액 17,500천 원, 고정비 6,000천 원, 변동비 8,000천 원인 경우 손익분기점 금액은 11,053천 원.

⑨ 자금계획

- 개념: 자금계획은 자금용도, 자금조달 방법, 상환 계획을 의미한다.
- 자금계획 기재사항: 자금용도, 자금조달 방법, 상환 계획 순서이다(〈표 8-16〉 참조).

〈표 8-16〉 자금계획 기재내용

재무 계획	
자금 용도	예시 1. 임대보증금 10백만 원, 인테리어 비용 8백만 원, 집기류 등 5백만 원 등 총 23백만 원. 예시 2. 사업장 신축 50백만 원, 기계설비 등 구입 30백만 원, 기타 자재비 20백만 원 등 총 100백만 원이 창업비용. 예시 3. 총 창업비용은 인테리어와 가맹비 16백만 원, 주방 홀용품 12백만 원, 초도상품 운영비용으로 10백만 원 등 총 소요 창업비용 38백만 원.

〈표 계속〉

재무 계획	
자금 조달 및 상환 계획	예시 1. 부족분 30백만 원은 창업 당시의 후원금 모집으로 충당하고, 일시 부족분은 은행융자 후 일시 상환예정. 예시 2. 부족분 100백만 원은 창업자금 대출과 은행융자로 충당예정이며, 상환계획은 1년 거치 5년 균등 분할상환으로 당기순이익을 재원으로 상환예정. 예시 3. 본인의 예금 외에 부족분 20백만 원은 창업자금을 대출받아 충당예정이며, 상환계획은 1년 거치 4년 균등 분할상환으로 당기순이익을 재원으로 상환예정.

Social Enterprise

제4부
사회적기업의 경영

◆ ◆ ◆

사회적기업의 경영은 사회적 목적을 위하여 기업을 활용하는 것이므로, 지역주민에게 취약계층의 일자리창출과 지역사회의 서비스제공이라는 사회적 목적을 전달하는 기능과 동시에 지역사회에 공헌하는 과정을 포함한 기업의 활동을 의미한다.

제 9 장

사회적기업의 경영전략

제1절 일반기업 차원의 경영전략

1. 경영과 경영전략의 의의

(1) 경영의 개관

① 경영의 개념

경영(management)의 개념에 대해서는 다양한 견해가 있다. 그러나 본서에서는 경영은 기업조직이며, 기업의 목표를 달성하기 위하여 효율적인 방법으로 관리하는 활동이라고 정의하고자 한다.

② 경영의 목적

경영목적에 대해서는 이윤추구(영리추구)와 3측면의 가치 창출이 경영목적으로 주장되고 있다. 여기서 3측면의 가치 창출이란 고객 가치 창출, 기업 가치 창출, 종업원 가치 창출을 말한다. 첫째, 고객 가치 창출이란 고객이 얻는 것(효용)이 고객이 희생하는 것(비용)보다 더 많은 상태를 말한다. 즉, 고객이 A라는 서비스를 10만 원에 구입하여 20만 원의 만족을 얻었다면 그 서비스는 고객 가치를 창출했다고 보는 것이다. 고객 가치가 창출되면 고객은 다른 회사의 서비스보다 A서비스를 선호하므로 그 기업은 매출과 이익이 증가되고, 이는 기업 가치 창출이 된다. 둘째, 그러므로 기업 가치 창출이란 특정기업이 사업수행의 결과로 얻은 창출가치와 이를 얻기 위하여 투입한 가치의 차이를 의미하는 것이다. 셋째, 고객 가치 창출 활동을 직접 수행하는 주체는 바로 종업원이므로 종업원 가치 창출이 다시 고객 가치 창출 활동의 전제가 된다.

(2) 경영전략의 의의

경영전략(business strategy)이라 함은 기업의 유지와 성장을 위하여 환경의 변화에 대하여 기업활동을 전사적·계획적으로 적응하는 전략을 말한다. 따라서 경쟁에서 승리하기 위해서 경영전략이 필요한 것이다. 그러므로 경영전략의 핵심은 기업의 사업영역과 경쟁우위 방법을 제시하는 의사결정이라고 할 수 있다.

2. 경영전략 수립과정에서의 유형과 기법

(1) 경영전략 수립과정

경영전략의 수립과정을 2가지 형태로 살펴본다. 하나는 쉽게 실무에 적용할 수 있는 방법이고, 다른 하나는 경영이론에 기초한 복잡한 방법이다. 2가지 형태로 구분하는 이유는 사회적기업이 소상공인이나 소기업 수준이라면 전자를 선택하는 것이 좀더 유리하고, 중·대기업이라면 후자를 선택하는 것이 보다 타당하기 때문이다. 순서대로 본다.

(2) 경영전략을 간단하게 판단할 수 있는 경우

① 개념

예를 들어, 소수의 제품이나 서비스를 판매하는 기업에서 매출이 하락하면, 기업가는 경영전략을 어렵지 않게 '제품이나 서비스의 혁신'으로 결정할 수 있다. 따라서 서비스의 혁신을 경영전략으로 결정한 후 목표, 계획 순서로 전략을 경영하는 방법이다. 여기서 목표는 보다 단기적이고 구체적인 의미이고, 계획은 그러한 목표들을 달성하기 위한 행동지침이다.

② 실무사례

기업에서 영업실적이 악화되었기 때문에 이를 보완하기 위하여 경영전략을 'A제품의 혁신'으로 결정한다. 그리고 목표는 'A제품의 혁신을 통하여 연매출을 30% 이상 신장시킨다'로 구체화한다. 마지막으로 계획은 A제품의 기능이나 품질 보강 또는 신상품 제조 등으로 수립하여, 'A제품과 관련하여 고객이 원하는 트렌드는 무엇인가', 'A제품과 관련하여 신기술이나 신지식은 무엇인가' 등으로 표현하는 것이다. 이러한 계획은 세부적으로는 소비자의 트렌드를 조사하는 사회조사, 경쟁사 제품 분석, 전반적인 시장조사 등 형태로 진행한다.

(3) 경영이론에 기초한 복잡한 방법

① 개념

본서에서는 외부환경의 분석, 내부환경의 분석, SWOT 분석, 전략대안의 수립, 비교 및 평가, 경영전략 결정, 전략의 실행단계로 살펴본다. 순서대로 간단히 설명한다.

② 외부환경의 분석

- 개념; 이 분석은 기회와 위협을 포착하기 위한 것으로, 거시환경과 과업(산업) 환경 등 2가지를 분석한다.
- 거시환경: 이는 수요 측면, 기업의 수익 등에 중요한 영향을 미치는 요인이다. 거시환경을 파악하려면 보통 6개 주요 구성요소를 살펴봐야 한다. 첫째로 거시경제적 환경으로서 경제성장, 환율변화, 인플레이션의 변화 등, 둘째로 기술환경으로서 기술의 변화 속도, 신기술의 탄생, 실버산업의 변화 등, 셋째로 사회적 환경으로서 건강에 대한 관심(다이어트), 환경에의 관심(환경친화적 사고) 등, 넷째로 인구통계적 환경으로서 노인인구 증가, 1인 가구 증가, 미혼 증가 등, 다섯째로 정치적·법적 환경으로서 노인장기요양보험법, 기초노령연금법, 장애아동활동지원법, 소비자 보호법 등, 여섯째로 글로벌 환경으로서 다른 국가의 경제발전이 우리 기업에 미치는 영향 등이다.
- 산업환경 분석: 이는 산업의 수익률을 보는 것으로 보통 포터(Porter)의 산업구조 분석모형을 사용한다. 산업환경의 분석에는 5가지 측면을 살펴봐야 한다. 세부적

으로는 기존 기업과의 경쟁, 잠재적 진입자와의 경쟁(진입장벽), 대체재와의 경쟁, 구매자의 교섭력, 공급자의 교섭력 등이다.

〈표 9-1〉 산업경쟁구조 결정요인표(예시)

산업매력도 결정요인		소항목별 매력도 정도					전체 경쟁강도
대항목	소항목	--	-	0	+	++	
기존 기업 간의 경쟁 정도	- 규모가 비슷한 기업의 수 - 산업성장률 - 고정비 - 과잉설비 - 제품차별성 - 철수장벽의 높이						
잠재적 진출 기업의 위협 정도	- 규모의 경제 - 제품차별화 - 소요자본 - 교체비용 - 유통경로에의 접근 - 절대적 원가위치 - 정부정책						
대체품의 위협 정도	- 대체품에 대한 구매자의 동향 - 교체비용 - 대체품의 가격 및 효능						
구매자의 교섭력	- 구매량의 비중 - 제품의 차별화 정도 - 교체비용 - 구매자의 후방통합능력 - 구매자의 정보력 - 구매자의 가격 민감도						
공급자의 교섭력	- 공급량의 비중 - 제품의 차별화 정도 - 교체비용 - 대체품의 존재 여부 - 공급제품의 중요성 정도 - 공급자의 전방통합능력						

③ 내부환경의 분석

• 개념: 이 분석은 기업의 내부자원과 능력을 평가하여 기업의 강점과 약점을 파악하여 강점을 활용하거나 새로운 자원이나 능력의 개발과 축적을 통해 강점을 강

화함으로써 경쟁우위를 지속시키려는 것이다. 보통 기업의 경영자원, 조직능력 순으로 파악하여 강점과 약점을 도출한다.

- 경영자원: 경영자원은 총체적인 자원으로서, 보통 기업의 유형자원, 무형자원, 인적자원으로 분류한다. 분석틀은 포터(Porter)의 가치사슬(Value Chain)을 사용한다. 가치사슬이라 함은 기업활동에서 부가가치가 생성되는 과정을 의미하는 것으로서, 주된 활동과 지원활동으로 구분된다. 주된 활동은 부가가치를 직접 창출하는 부분이며, 생산·운송·마케팅·판매·물류·서비스 등과 같은 현장업무를 말한다. 반면 지원활동은 부가가치가 창출되도록 간접적인 역할을 하는 부분이며, 구매·기술개발·인사·재무·기획 등이다. 그러므로 가치사슬의 각 단계에 있어서 부가가치 창출을 위한 핵심활동을 파악할 수 있으며, 핵심활동들의 강점이나 약점 및 차별화 요인을 분석하고, 활동단계별 원가 변화요인을 분석할 수 있다.
- 조직능력: 목표달성을 위해 하나의 자원을 다른 자원과 결합하여 활용할 수 있는 기업의 능력이나 역량을 의미한다. 예를 들어, 고객확보 능력(조직능력)은 광범위한 정보수집 능력, 기업의 신뢰도, 기존고객의 충성도 등 자원들의 결합에 의해 만들어진다.

④ SWOT분석

- 개념: 외부환경의 분석과 내부환경의 분석을 통하여 SWOT분석이 도출되고, 그 결과 아래와 같이 4가지 전략을 구상할 수 있다. SWOT는 강점(strength)과 약점(weakness), 기회(opportunity)와 위협(threat)의 요인을 파악하여 마케팅전략을 수립하는 기법이다([그림 9-1] 참조). 이 중에서 S와 O는 기업이 집중해야 할 부분이고, W는 보완할 부분, T는 대처해야 할 부분이다.

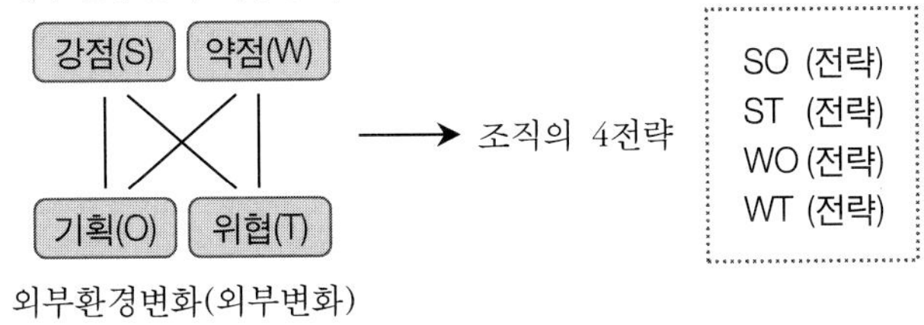

[그림 9-1] SWOT분석

• SWOT 사례: [그림 9-1]을 다음 〈표 9-2〉의 간단한 사례로 설명한다. 기업은 SO, ST, WO, WT전략 등 4가지 전략을 선택할 수 있다. 첫째, SO전략을 보면 직원의 능력이 뛰어나고 고객의 구매욕구가 증가하므로, 기업은 해당 제품의 라인 업이나 서비스를 강화하여 판매를 극대화하는 전략을 구상하여야 한다. 둘째, ST전략을 보면 직원의 능력이 뛰어나지만 경쟁사가 등장했으므로 해당 제품이나 서비스를 차별화하는 전략으로 판매를 극대화하여야 한다. 셋째, WO전략을 보면 자금이 부족한 상황에서 고객의 구매욕구가 증가하므로, 주문판매나 예약판매 등으로 대처하는 전략을 수립해야 한다. 사회적기업은 이 경우, 후원금 모집전략을 구사할 수도 있다. 넷째, WT전략을 보면 자금이 부족한 상황에서 경쟁사가 등장했으므로, 기업은 경쟁사와 협력관계를 도모하거나 틈새시장에 맞는 신제품이나 서비스를 개발할 수 있다. 이 같은 전략은 기업 차원, 사업부 차원, 기능부서 차원에서 전개하며 이는 후술하는 전략대안의 수립과 경영전략 결정으로 연결된다. 보통 SO, ST전략을 선택한다.

〈표 9-2〉 SWOT 실무사례

S: 직원의 능력이 뛰어나다	W: 자금이 부족하다
O: 고객의 구매욕구가 증가한다	T: 경쟁사가 등장했다

⑤ 전략대안의 수립, 비교 및 평가, 경영전략 결정

• 개념: 위에서 도출된 SWOT분석과 4가지 전략을 기초로 기업은 기업 차원의 전략, 사업 차원의 전략, 기능부서 차원의 전략을 결정하여야 한다.

〈표 9-3〉 경영전략 결정(예)

기업 차원의 전략	사업(부) 차원의 전략	기능부서 차원의 전략
1. 전략목표: 장기적인 이익 극대화 방안	1. 전략목표: 경쟁전략	1. 전략목표: 기업, 사업의 전략과 연계
2. 전략의 주요 결정사항: 기업의 범위 결정	2. 전략의 주요 결정사항: 경쟁사의 강점 대비 자사의 강점 부각 방안	2. 전략의 주요 결정사항: 기업, 사업의 주요 결정사항을 세분화하여 방안 수립

〈표 계속〉

기업 차원의 전략	사업(부) 차원의 전략	기능부서 차원의 전략
3. 분석틀: BCG Matrix, McKinsey (혹은 GE) Matrix 등	3. 분석틀: Porter의 Generic Strategy - 비용우위전략과 차별화전략	3. 분석틀: 전체시장과 경쟁사의 시장조사 및 정보수집
4. 관련 의사결정 내용 ① 기업의 다각화전략 ② 수직적 통합과 아웃소싱전략 ③ 전략적 제휴, 합작투자, 기업인수합병 ④ 해외시장 진출전략 등	4. 의사결정 시 고려할 요소 (부서전략을 종합적으로 취합) ① 핵심성공요인의 파악 ② 경쟁기업분석 ③ 자사의 경영자원 및 핵심역량 파악	4. 의사결정 시 고려할 요소 ① 부서별 임무수행: 정확한 수요분석과 산업구조분석 ② 경쟁기업의 파악, 경쟁기업의 전략과 목표 및 경영자원 등의 파악, 경쟁기업의 행동예측

⑥ 전략의 실행단계

전략의 실행단계라 함은 조직구성요소의 혁신을 통해 역량의 부족분을 극복하는 과정이다. 즉, 외부환경에서 나타난 시장기회와 조직의 내부역량의 차이, 그리고 전략에서 요구하는 기업의 내부역량과 실제 보유역량과의 차이를 조직구성요소(자원, 조직문화, 프로젝트 등)의 혁신을 통해 보완하는 과정이다.

(4) 사회적기업 차원의 전략으로서 BCG Matrix

기업에서 경영전략을 수립하는 방법은 다양하나 본서에서는 사회적기업 차원에서 활용이 가능한 BCG Matrix를 설명하기로 한다.

① 의의

BCG Matrix라 함은 보스턴 컨설팅 그룹(Boston Consulting Group: BCG)이 기업의 제품개발과 시장전략 수립을 위해 개발한 도표로서, 세로축에는 제품들의 성장률을, 가로축에는 제품들의 시장점유율(M/S)을 표시하여 4개의 구역으로 나누고, 각 제품들의 위치를 표시한 것이다.

② 내용

예를 들어, 사회적기업에서 판매하는 4가지 제품이나 서비스가 [그림 9-2]처럼 A, B, C, D에 위치한다고 가정한다.

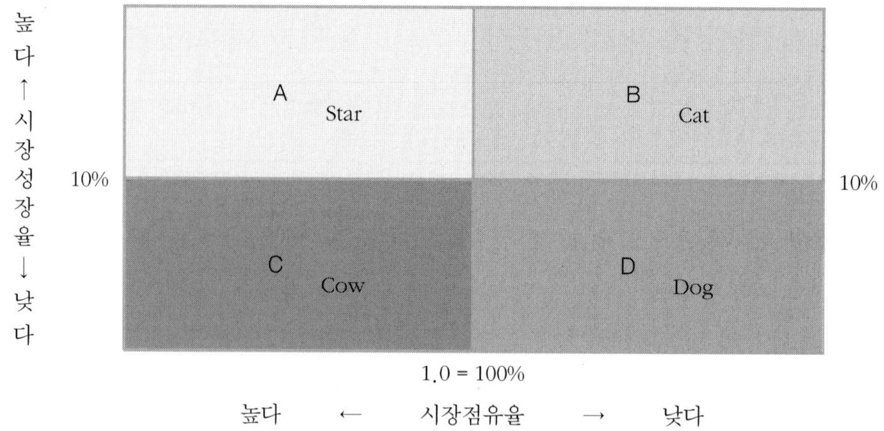

[그림 9-2] BCG Matrix

① 세로축은 제품의 시장성장률 표시이며, 통상 5년간의 시장성장률을 표시하며, 10%를 기준으로 하였다.
② 가로축에는 제품의 시장점유율 상대적 시장점유율로 표시한다. 즉, 상대적 시장점유율은 해당기업의 제품 M/S를 선도기업의 제품 M/S로 나눈 값이다. 예를 들어, 해당기업의 제품 M/S가 15%이고, 선도기업의 제품 M/S가 20%라면 해당기업의 제품 M/S는 0.75이다. 1.0을 기준으로 하였다.
③ 시장성장률 10% 기준, 시장점유율 1.0 기준은 절대적인 기준이 아닌 실무상 기준으로 참고.
④ 사회적기업은 해당지역을 기준으로 작성할 것.

- A제품: A제품은 'Star(성장사업, 유망사업)'이다. 즉, 시장성장률과 기업의 시장점유율이 높기 때문에 수익성과 성장의 기회가 많은 사업이다. 반면, 현금의 유입이 크기는 하나 경쟁자들에 대한 방어를 위해 많은 현금이 지출될 수도 있고, Cow 또는 Dog로 될 가능성도 있다. 따라서 A제품에 대한 전략선택은 시장지배력 유지에 필요한 정도만 투자하는 것이다. 즉, 시장점유율을 높이기 위해 구축(build) 전략을 사용하는 것이 가장 적합하다.
- C제품: C제품은 'Cash Cow(돈이 되는 젖소)'로서 자금 원천사업이나 수익 주종사업이다. 시장성장률이 낮아 신규투자가 필요 없고, 시장점유율이 높기 때문에 현금유입이 크다. 따라서 C제품에 대한 전략선택은 현재의 위치를 유지하기 위해 충분한 정도만 투자하는 것이다. 즉, 유지 혹은 수확전략을 사용해 안정적인 현금 회수를 하여야 한다.
- B제품: B제품은 'Wild Cat(야생고양이)', 'Problem Children(문제아)', 'Question Mark(물음표)' 등으로 개발사업이다. 시장성장률이 높아 현금지출이 많고 시장점유율이 낮아 현금수입이 적기 때문에 현금수지가 최악인 제품이다. 그러나 성장 가능성이 있으며 사업초기에는 대부분 이 영역에 속한다. 따라서 B제품에 대한

전략선택은 선별적 집중화를 하는 것이다.

• D제품: D제품은 'Dog(싸움에서 진 개)'로서 사양제품을 의미한다. 시장성장률과 기업의 시장점거율이 낮아 수익성은 낮고 비용은 많이 들기 때문에 철수해야 하는 제품이다. 따라서 D제품에 대한 전략선택은 시장의 재점검, 제품의 정비를 들 수 있다.

제2절 사회적기업의 특유한 경영전략

1. 사회적기업의 이념적 성공모델

(1) 이념적 성공모델의 필요성

전술한 바와 같이 사회적기업은 사회적 목적을 지향하는 기업으로서, 그 기능은 사회적 목적의 실현과 기업역할 수행이라는 2가지 기능이 있다. 따라서 이 같은 사회적 목적의 실현 때문에 기업의 성공모델을 그대로 수용하기 곤란하므로, 이를 보완하는 또 다른 성공모델이 필요하다고 판단된다. 또한 사회적기업이 취약계층에 대한 일자리 창출 등 사회적 목적의 실현을 통하여 사회적 통합(Social Intergration)에 기여하는 만큼, 사회적기업을 총괄하는 고유한 성공모델이 반드시 필요하다고 판단된다.

(2) 이념적 성공모델의 핵심 5요소

① 기존 연구

미국 하버드대학 경영대학원(HBS)의 더치 레오너드(Dutch Leonard) 교수는 사회적기업의 성공을 위해 가치와 역량과 지원의 조화가 필요하며, 이 세 가지 조건이 중첩되는 영역을 전략적으로 확대해 나갈 필요가 있다고 주장하였다(심상달 외, 2008: 108). 먼저 가치는 사회적 가치를 의미하며 한국에서는 사회적 목적과 같다. 그리고 역량은 내외적인 역량이고, 지원은 국가나 기업의 지원 등의 의미와 같다. 또한 마이클 포터(M. Porter)는 기업의 성공모델로 4가지, 즉 요소조건, 수요조건, 관련 산업 및 지원산업, 기업전략·기업구조 및 경쟁 등을 언급하고 있다(Porter, 2009: 3장).

② 본서에의 적용

따라서 본서에서는 더치 레오너드와 마이클 포터의 개념을 도입하여 이념적 성공 모델을 정립하고자 한다. 먼저 사회적기업의 사회적 목적이 가장 중요한 역할을 수행하기 때문에, 제1요소를 사회적 목적으로 하였다. 그리고 마이클 포터(M. Porter)가 다이아몬드 모델에서 주장한 요소조건을 제2요소로, 수요조건을 제3요소로, 관련 산업 및 지원산업을 제4요소로, 기업 전략·기업구조 및 경쟁 등을 제5요소인 경영조건으로 살펴보고자 한다(Porter, 2009: 3장; 현대경제연구원, 2011: 3). 이하에서는 순서대로 포터(M. Porter)의 다이아몬드 모델 개념을 사회적기업에 적합하도록 설명하기로 한다([그림 9-3] 참조).

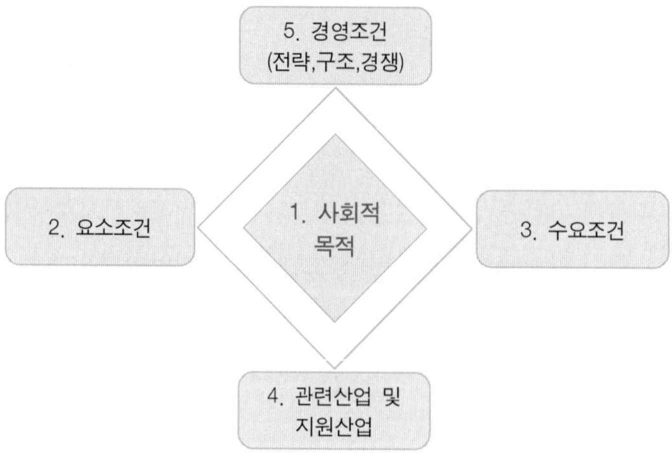

[그림 9-3] 사회적기업 성공모델의 핵심 5요소

자료: Porter, 2009: 208의 다이아몬드 모델과 현대경제연구원, 2011: 3의 다이아몬드 플러스모델을 수정·인용함.

〈표 9-4〉 사회적 목적(제1요소)

포터(M. Porter)의 다이아몬드 모델	사회적기업에의 적용
해당 없음	1. 사회적 목적이 존재해야 함: 지역주민의 삶의 질 제고 등, 이러한 사회적 목적이 사회적기업육성법상 지원근거임 2. 사회적 목적 달성수단: 사회서비스 또는 일자리를 제공하거나 지역사회에 공헌

자료: Porter, 2009: 136-7, 208의 다이아몬드 모델 내용과 현대경제연구원, 2011: 3의 내용을 수정·인용함. 이하 같음.

〈표 9-5〉 요소조건(제2요소)

포터(M. Porter)의 다이아몬드 모델	사회적기업에의 적용
1. 요소조건의 하위요인 5가지(아래) 2. 인적자원, 물적자원, 지식자원, 자본자원, 인프라	1. 사회적기업도 기본적인 내부역량, 즉 인적자원, 물적자원, 지식자원, 자본자원 등을 구비해야 하고, 부족한 부분은 국가나 관련단체의 지원을 받아 일반기업에 크게 뒤처지지 않은 상태를 유지하여야 함 2. 예: (예비)사회적기업의 인증요건, 경험과 노하우를 갖춘 CEO, 조직관리 등

〈표 9-6〉 수요조건(제3요소)

포터(M. Porter)의 다이아몬드 모델	사회적기업에의 적용
1. 수요조건의 하위요인 3가지(아래) 2. 수요의 구성 또는 구매자 욕구의 특성, 수요의 규모와 성장패턴, 국내의 선호도가 외국시장으로 이동되는 메커니즘	1. 일반기업과 비교하여 사회적기업의 제품과 서비스를 판매할 수 있는 여건을 형성 2. 예: 국가·지자체·공공기관의 우선구매 제도, 사회적기업에 대한 충성고객 확보, 일반고객에 대한 홍보방안 등

〈표 9-7〉 관련 산업 및 지원산업(제4요소)

포터(M. Porter)의 다이아몬드 모델	사회적기업에의 적용
1. 관련 산업 및 지원산업의 하위요인(아래) 2. 관련 산업 및 지원산업의 존재 또는 부재	1. 사회적기업과 대기업의 협력 및 보완관계 유지, 사회적기업을 통한 기업의 사회적 책임 구현방안 구축, 사회적기업과 중소기업과의 협력단 결성, 사회적기업 상호간의 사회적기업 협의체 구성 등이 중요 2. 예: 대기업의 소모성 자재 납품, 기업 등의 재활용 제품 활용, 사회적기업 상호간의 연계판매 등

〈표 9-8〉 경영조건: 기업전략·기업구조 및 경쟁(제5요소)

포터(M. Porter)의 다이아몬드 모델	사회적기업에의 적용
1. 경영조건의 하위요인 2가지(아래) 2. 경영하는 환경, 경쟁의 패턴	1. 사회적기업을 위한 멘토제도 또는 경영컨설팅 활성화, 사회적기업에 유리한 니치마켓의 발굴, 벤치마킹, 차별화전략 등이 중요 2. 예: 사회적기업에 유리한 지식산업 분야, 유기농 식품 활용 차별화 등

2. 벤처 및 강소기업 지향전략

(1) 벤처 및 강소기업 지향전략의 필요성

① 한국의 5모형 발전단계 필요성(법적 측면)

본서에서 사회적기업의 발전단계 중 한국의 5모형은 실무적으로는 잠재력 있는 예비 사회적기업형 ⇨ 예비 사회적기업형 ⇨ 일자리 중심형 ⇨ 서비스 중심형 ⇨ 통합형 ⇨ 네트워크형 순서로 진행되는 것이 필요하다고 언급하였다. 이는 사회적기업육성법을 기준으로 사회적기업의 발전단계와 주업무 측면에서 고찰한 부분이다.

② 벤처기업·강소기업 지향전략의 필요성(실무 측면)

- 경영 전략의 기준 수립: 그러나 실무적으로는 사회적기업도 기업인 만큼 기존기업의 현황을 파악하여 자신의 위치를 확인한 후 올바른 방향을 결정하여야 하고, 기존기업의 유리한 부분과 장점을 벤치마킹하여 경영전략의 기준으로 판단할 필요성이 있다. 따라서 본서에서는 벤처 및 강소기업 지향전략의 개념을 벤처기업·강소기업의 현황과 장점들을 벤치마킹하여 경영전략 기준으로 수립하는 전략으로 사용하고자 한다.
- 벤처기업 지향 전략의 이유: 따라서 사회적기업이 벤처기업을 벤치마킹해야 할 세부적인 이유는 벤처기업이 경영상의 위험성은 매우 높지만 신기술과 아이디어를 사업화하는 기업이고, 이러한 벤처기업의 상황은 사회적기업의 창업과 비슷한 상황이기 때문이다. 즉, 동일한 상황에서 시작하는 다른 기업의 상황을 파악함으로써 사회적기업의 경영위험을 최소화할 필요가 있다.
- 강소기업 지향 전략의 이유: 강소기업을 벤치마킹해야 할 세부적인 이유는 강소기업이 경쟁력, 성장성, 성장가능성이 있는 기업이기 때문이다(이장우 외, 2010: 요약문). 따라서 강소기업 연구를 통하여 사회적기업에 필요한 경쟁력, 성장성, 성장가능성의 확보방안을 제시하여 경영전략의 기준으로 활용할 수 있기 때문이다.

(2) 벤처기업 및 강소기업과의 비교

① 벤처기업의 의의

벤처기업(venture business)은 첨단의 신기술과 아이디어 등을 개발하여 사업에 도전하는 기술집약형 중소기업을 의미한다. 보통 '모험기업', '창조적 기술지식 집약형 중소기업', '연구개발형 중소기업', '하이테크 기업'으로 다양하게 부르고 있다.

② 강소기업의 의의

강소기업(Small Giants, 强小企業)이라 함은 '작지만 강한 기업'을 말한다. 즉, 작지만 국제 경쟁력을 보유할 만큼 강한 중소기업이란 의미이다. 또한 상황에 따라서 히든 챔피언, 고성장기업, 중견기업의 의미로 혼용하고 있다. 히든 챔피언은 '거대 초국적 기업처럼 눈에 잘 띠지는 않지만 세계시장에서 막강한 지배력을 행사하는 기업'의 의미이고, 고성장기업은 '빠른 매출 성장을 통해 고용을 창출하는 기업'이며, 중견기업은 '중소기업을 벗어난 기업 중 상시근로자와 자본금을 기준으로 일정한 규모에 미달하는 기업'을 말한다(이장우 외, 2010: 7-10).

(3) 성공적인 벤처 및 강소기업 지향 전략

① 외형적 측면

종업원 수, 자본금 등 외형적 측면으로 보면 사회적기업은 벤처기업과 유사하다. 단 평균매출액은 벤처기업이 많으나 이는 사회적기업 매출이 초창기이기 때문이다. 따라서 사회적기업은 외형적으로는 벤처기업에서 강소기업으로 진행하는 것이 바람직한 순서라고 판단된다.

〈표 9-9〉 외형적 측면 비교

구분	사회적기업	벤처기업	강소기업
평균매출액	8.2억 원(2009년)	60억 원(2008년), 77억 원(2010년)	514억 원(2008년)
종업원 수	24명(2011년)	27명(2010년)	300명 미만(2008년)
자 본 금	3억 원 이내(2009년)	소액, 담보기준	80억 원 이하(2008년)

자료: e-나라지표; 곽선화, 2010: 75, 129, 179; 이장우 외, 2010: 15, 71, 75. 수치는 하나의 비교기준으로 볼 것.

② 경영 전략 측면

여기에서는 벤처기업의 성공요인과 강소기업 특성을 지향하는 경영전략이 필요하다. 그 이유는 사회적기업의 절차는 벤처기업에서 강소기업으로 진행되는 절차라는 점이고, 또한 각 기업의 성공요인과 특성은 어느 정도 검증된 것이므로 경영전략으로 활용할 수 있는 점 때문이다(〈표 9-10〉 참조).

〈표 9-10〉 사회적기업이 고려해야 할 경영전략

벤처기업 성공요인	강소기업 특성(성공요소 포함)
1. 창업단계: 전공과의 관련성, 품질전략 2. 상업화 단계: 원가우위전략, 품질전략, 선점전략, 업무의 자율성 3. 성장단계: 원가 우위전략, 마케팅 차별화전략, 자금조달능력, 4. 성숙단계: 신뢰성, 원가우위전략, 기술혁신전략 등	1. 기술중시, 의사결정은 합리성보다는 열정을 기반으로 한 혁신적 의사결정 2. 선두기업으로서의 기술력, 마케팅, 혁신, 기업 확장과 같은 성공인자 보유 3. 조직관리에 문제점과 새로운 시장개척의 한계점 문제 4. 산업분야가 전통적 산업분류보다는 새로운 분야에 진출: 자기만의 영역과 새로운 분야에 따른 끊임없는 탐색과 융합의 노력이 필요 5. 기술 중심의 기업과 마케팅 중심의 기업들이 많음; 다양한 관점에서 사업기회를 찾고 비즈니스 모델을 개척해 나가는 노력이 필요 6. 경영자와 전략적 특징을 놓고 볼 때 경험이 부족한 경우들이 많고 외부와의 연계전략에 있어서 적극적이지 않은 기업들이 많음; 상생협력과 외부의 다양한 자원들에 대한 오픈 이노베이션(open innovation)전략이 필요

자료: 김신. 조여홍, 2006: 125; 이장우 외, 2010: 81-3. 요약.

3. 우호적인 고객확보전략

(1) 기업마케팅의 STP전략

기업마케팅에 있어서 STP전략이란 시장 세분화(market segmentation), 목표시장 선정(market targeting), 브랜드 위치화(positioning)를 말한다. 시장 세분화라 함은 특정시장을 공략하기 위한 선행 작업으로서, 전체 시장을 지역, 성별, 연령, 직업, 소득수준 등의 다양한 기준으로 분류하는 것을 말한다. 그리고 목표시장 선정은 자사 제품을 판매할 수 있는 집단(대상고객)을 결정하는 것이고, 브랜드 위치화란 그 집단에 대하여 자사의 제품을 이미지와 경쟁력으로 인식시키는 것을 의미한다.

본서에서는 사회적기업의 특성을 고려할 필요가 있기 때문에, STP전략의 명칭과 내용을 일부 수정하여 시장 세분화, 타겟시장 선정, 우호적 고객화로 구분하기로 한다. 따라서 시장 세분화 개념은 기업마케팅과 같고, 타겟시장 선정과 우호적 고객화는 기업마케팅 내용과 다르게 설명하고자 한다.

(2) 우호적인 고객확보전략

① 시장 세분화(market segmentation)

실무적으로 대기업이 아닌 사회적기업으로는 하나의 제품이나 서비스로 전체의 모든 시장을 장악하기는 한계가 있으므로 전체시장을 세분화하는 선행작업이 필요하다. 시장 세분화는 다양한 기준으로 분류할 수 있고, 지리적 기준이나 인구통계적 기준으로 분류하면 다음과 같다.

〈표 9-11〉 시장 세분화 방법

구 분	변 수	시장 세분화의 예시
지리적 기준	국내	서울, 수도권, 경기, 광역시, 전남, 경북 등 행정구역
	인구밀집 정도	도시, 교외, 시골 등 인구 밀도에 따른 분류
	도시규모	인구 5만원 이하, 10만 원 이하, 30만 원 이하, 50만 원 이하 등
	기후	강수량, 적설량 등 기준
인구통계적 기준	성별, 결혼	남, 여, 기혼, 미혼 등
	세대 구성	1세대, 2세대, 3세대 등
인구통계적 기준	가족 라이프사이클	싱글, 기혼(자녀유무), 자녀 수, 학원, 맞벌이 여부 등
	교육	고교 이하, 대학, 석사, 박사 등
	직업	전문직, 기술직, 사무직, 학생, 주부, 실업, 무직 등

② 타겟시장(대상고객) 선정

사회적기업은 타겟시장으로 일반국민과 우호적인 고객으로 나눌 수 있다. 첫째로 일반국민을 타겟시장으로 선정한 이유는 일반국민 중에서 사회적기업을 잘 알수록 구입의향이 높기 때문이다. 즉, 사회적기업의 사업을 알고 있는 국민의 81.7%가 향후 구입 의향을 보이고 있다(갤럽, 2009: 12). 둘째로 우호적인 고객을 타겟시장으로 선정한 이유는 사회적기업의 제품 및 서비스 구입 경험자의 80.2% 역시 향후 구입 의향을 보이고 있기 때문이다. 그리고 계층별 구입의향은 30, 40대에서 상대적으로 높았으며, 강원(45.0%)을 제외한 전 지역에서 70% 내외로 높은 수치를 보이고 있다(갤럽, 2009: 12).

③ 우호적 고객화

- 일반국민 대상: 우호적 고객화는 브랜드 위치화와 같은 개념이나 그 내용은 다르다. 고객을 사회적기업에 우호적으로 변화시키려면 일반국민과 기존 고객의 2가지 방향에서 전략이 필요하다. 첫째, 일반국민이 사회적기업에서 구입하는 행동은 '사회적 목적'에 기여한다는 사실을 주지시켜야 하는데, 사회적기업의 제품 및 서비스 구입 의향의 주된 이유가 '취약계층의 일자리 창출에 도움', '사회복지 질 향상에 기여'한다는 의식이 있기 때문이고(갤럽, 2009: 13), 이러한 의식들이 곧 사회적 목적을 표현하는 것이기 때문이다. 따라서 그 방법은 사회적 목적을 인간의 감각이나 감성에 호소하는 '감성마케팅(emotional marketing)'이 효과적이라 판단된다.
- 기존 고객 대상: 둘째, 기존 고객을 대상으로 사회적기업에 우호적으로 변화시키려면 3가지 전략이 필요하다(갤럽, 2009: 15), 첫째, 품질에 대한 신뢰 구축이 필요하다. 그 이유는 대부분의 계층에서 60% 이상이 품질을 제1요인으로 고려하고 있기 때문이다. 둘째, 적정가격의 책정이 중요하며, 전체의 15.6%가 고려할 요인으로 생각하고 있다. 특히 경기 침체의 경우에는 가처분 소득의 저하로 제품 및 서비스 구매 시 가격 민감도가 높아지는 경향도 유의해야 한다. 셋째, 사회적 목적을 지속적으로 홍보하여야 한다. 이는 전체의 15.5%가 고려하는 요인으로 생각하고 있다.

4. 블루오션 접근전략

(1) 블루오션과 니치시장, 퍼플오션의 개념

① 3개 시장의 개념: 블루오션, 니치시장, 퍼플오션

블루오션(blue ocean)이란 현재 존재하지 않거나 알려져 있지 않아 경쟁자가 없는 유망한 시장을 의미하며, 미개척 시장을 말한다. 반면, 경쟁이 매우 치열한 시장은 레드오션(red ocean)이라고 부르고 있다. 니치시장 또는 틈새시장(niche marketing)은 경쟁사가 아직 모르고 있는 빈틈이 있는 시장을 말한다. 또한 퍼플오션(purple ocean)이란 레드오션에서 새로운 아이디어나 기술 등을 적용하여 만든 자신만의 새로운 시장(블루오션)을 의미한다. 따라서 퍼플오션은 발상의 전환을 통하여 새로운 시장을 만드는 것이고, 그 방법은 레드오션에서 고객이 원하는 욕구를 만족시키는 차별화전략을 수립하는 것이다.

② 본서의 입장

사회적기업 측면에서 이 3가지 시장은 대상고객 파악이라는 공통점이 있을 뿐만 아니라 시장의 구별은 큰 차이가 없는 비슷한 개념이라고 판단되므로, 본서에서는 3가지 시장을 혼용하여 블루오션 개념으로 사용하기로 한다. 또한 전술한 우호적인 고객확보전략이 대상고객 파악이라면 블루오션 접근전략은 신상품 개척 측면임을 부연한다.

(2) 블루오션 접근전략

블루오션 접근전략은 2가지 방향으로 전개한다. 하나는 전략 캔버스(Strategy Canvas) 활용, 다른 하나는 4가지 프레임 워크(ERRC)이다(Kim, 2005: Part 01 참조).

① 전략 캔버스(Strategy Canvas) 활용

- 표시방법: 전략 캔버스의 활용목적은 경쟁이 없는 시장을 찾아내는 것이다. 우선 A, B, C의 기업이 동일한 노인 간병서비스를 제공한다고 가정하고, 종이에 X좌표, Y좌표를 그린 후 X좌표에는 경쟁요소인 가격, 품질, A/S 소요시간, 소비자만족(C.S) 등을 표시한다. 그리고 Y좌표에는 경쟁강도의 높낮이를 표시한 뒤 A, B, C의 기업의 상황을 표시한다.

• 활용방법: 그림에서 노인 간병서비스를 하는 A, B, C의 기업은 품질과 소비자만족 부분에서 낮은 수준을 보이고 있다. 이 경우에 사회적기업은 품질과 소비자만족을 제고하는 방향으로 소비자를 공략해야 하는 것이다.

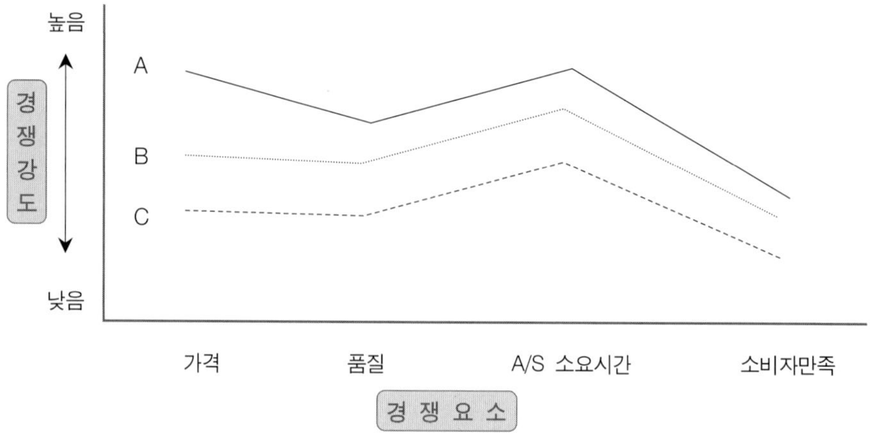

[그림 9-4] 전략 캔버스

자료: Kim, 2005의 그림을 수정·인용.

② 블루오션의 4가지 프레임 워크(ERRC) 활용

• 활용: 전략 캔버스에서 방향을 선택한 후 사회적기업은 4가지 액션, 즉 제거, 감소, 증가, 창조 가능성을 검토하여 사회적기업만의 새로운 가치를 창출하는 것이다. 이 중에서 제거와 감소는 경쟁자에 비해 비용을 낮추는 방법이고, 증가와 창조는 구매자의 가치를 향상시키고 새로운 수요를 창출하는 방법이다.

• 설명: 전략 캔버스에서 '제거'해야 할 것은 A/S 소요시간이 과다한 부분이고, '감소'해야 할 것은 가격, '증가'해야 할 것은 소비자만족, '창조'해야 할 것은 품질이라고 가정한다. 이 경우 사회적기업은 가능한 방법을 동원하여 자신에 맞는 경쟁력 있는 노인 간병서비스의 방안을 도출하는 것이고 이는 곧 블루오션 접근전략인 것이다. 이를 표시하면 [그림 9-5]와 같다.

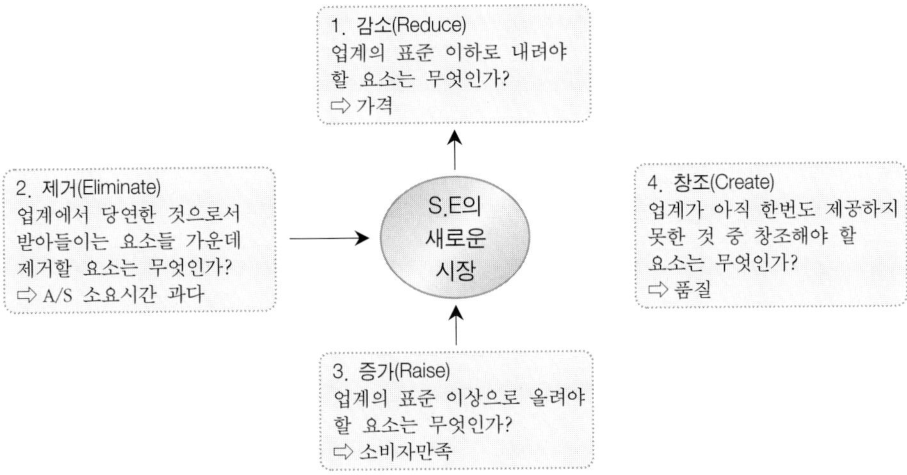

[그림 9-5] 블루오션의 4가지 프레임 워크 (ERRC)

자료: Kim, 2005의 그림을 수정·인용.

(3) 블루오션의 3가지 실행방법

블루오션의 2가지 접근전략에 따른 세부적인 실행방법은 3가지로 설명할 수 있다. 즉, 자사 제품의 절대가치 추구, Input 관리, 트렌드에 적합한 제품전략이다(정용수, 2005: 8-14). 유의할 점은 이 3가지가 모두 충족되어야 성공할 수 있다는 사실이다. 그러므로 블루오션을 실행하기 위해서는 현재의 위치에 대한 냉정한 인식과 함께 미래의 성공에 대해 확신을 갖고 장기적인 경영 마인드를 갖추어야 한다.

① 자사 제품의 절대가치 추구

첫째로는 타사의 제품을 벤치마킹하는 대신 자사제품의 절대가치를 찾아야 한다는 것이다. 벤치마킹이란 타사 제품과 자사 제품을 비교하는 것으로, 결국은 상대적인 가치를 추구하는 것이라 볼 수 있다. 따라서 절대가치를 추구하는 것이란 '왜 우리 회사 제품은 존재하는가'라는 본질적인 문제의 해답을 찾는 것이라 볼 수 있다. 그리고 이렇게 찾아낸 절대가치는 타사 제품과는 다른 혁신적인 제품 생산방식과 판매방법 등으로 실행되는 것이다.

〈표 9-12〉 제품의 절대가치 추구 내역

제품(예시)	절대가치(예시)	제품 생산방식과 판매방법 등 실행방법(예시)
1. A제약의 '비타 500'	구입과 소비가 간편하고 맛있는 비타민제를 제조하는 것	약국이 아닌 슈퍼마켓을 통한 판매, 기존의 정제나 과립제가 아닌 드링크류의 개발
2. B사의 '햇반'	한국인의 식문화와 식습관에 맞아떨어지는 제품 개발	독신자 가구용, 편리성, 무균 포장법 기술 등
3. C사의 '윌·쿠퍼스'	한국인의 위와 간을 보호하는 기능성 발효유 개발	위건강 발효유 '헬리코박터 프로젝트 윌'과 간건강 발효유 '쿠퍼스' 개발, 신종 유산균에 기능성 물질 추가, 헬리코박터균·알코올 독성 감소
4. D사의 '아침햇살'	한국인이 언제 어디서나 손쉽게 마실 수 있는 대중적 음료 개발	쌀 음료로는 국내에서 최초로 개발, 쌀과 현미로 만들어 영양은 물론 맛 또한 남녀노소 누구나 부담 없이 즐길 수 있음, 제조방법은 쌀이 갖고 있는 영양 성분을 해치지 않고 음료화함.

자료: 정용수, 2005: 12; 세리(seri) 사이트에서 발췌함.
설명: 예시된 제품은 완벽히 성공하여 지속되는 블루오션 제품이 아니라 객관적 및 상대적으로 판단된 제품임.

② Input 관리

'Input 관리'라 함은 단기적인 Output보다는 장기적인 안목으로 특정분야에 대해 투자하는 것을 말한다. 즉, 기업의 전문화와 같은 개념이며, 이는 곧 인재확보와 R&D 및 개발 등 기업의 투입자원을 확충하여 자연스럽게 Output을 창출할 수 있도록 유도하는 것이라 할 수 있다.

Input 관리의 성공사례와 실패사례

1. 실패사례: 단기적인 Output만을 좇던 K-mart는 80년대에는 다각화, 90년대에는 서플라이 체인 효율화를 위한 IT 투자, 마지막으로 월마트만을 꺾자는 전략의 변화는 결국 월마트와의 가격경쟁 부담을 이기지 못하고 파산함.
2. 성공사례: 넥슨사는 온라인 게임 '카트라이트'라는 히트작을 내놓아 '스타크래프트'를 추월함. 넥슨의 성공 이유는 10년 동안 꾸준하게 캐주얼 게임이라는 한가지 장르를 연구·개발하고 우수한 인재를 확보한 이유임.

자료: 정용수, 2005: 12-13.

③ 트렌드에 적합한 제품전략

이는 제품전략이 트렌드에 적합하여야 한다는 의미이다. 트렌드는 보통 외부요인이며, 트렌드가 디지털 트렌드라면 이에 맞게 디지털 제품을 구상해야 한다는 뜻이다.

〈표 9-13〉 트렌드에 성공한 제품전략(예)

제품(예시)	트렌드(예시)	제품전략 컨셉(예시)
1. A제약의 '비타 500'	웰빙 트렌드	무카페인 드링크류의 개발 컨셉
2. B사의 '카트라이트'	온라인 아이템의 유료화 트렌드	다양한 아이템이 필요한 캐주얼 게임의 컨셉
3. C사의 '윌·쿠퍼스'	웰빙과 건강 트렌드	위건강 발효유와 간건강 발효유 개발, 신종 유산균에 기능성 물질 추가

자료: 정용수, 2005: 14, 수정·인용.

(4) 블루오션전략의 성공을 위한 대응 과제

앞에서 언급한 블루오션 접근전략은 신상품 개척 측면에서 설명하였다. 이러한 신상품 개척 블루오션에서 사회적기업이 성공하려면 회사 전체적으로 고려할 연계된 유기적인 활동이 필요하다. 이러한 활동을 6가지 측면에서 설명하기로 한다(KOTRA, 2007: 27-30). 물론 이 6가지 측면은 본서에서 이미 언급한 부분과 중복되는 부분도 있으나 블루오션전략 측면에서 종합적으로 언급하는 것임을 부연한다.

① 관련 업종 진출

이는 사회적기업도 잘 아는 분야에 진출해야 한다는 의미이다. 즉, 아무리 블루오션이라도 생소한 분야에 진출하기보다는 사회적기업의 기존 업종과 연관성이 있는 분야로 진출하는 것이 유리하다.

② 신사업 모델 개발

사회적기업도 타 기업과 같이 '무엇'(What), 즉 유망품목·유망업종을 찾는 것이 당연하지만, 이와 동시에 '방법'(how), 즉 제품의 차별화와 가치혁신 측면도 중요하게 고려해야 한다는 의미이다.

③ 정책변화 적응

사회적기업도 기업인 만큼 준법경영을 하여야 하고, 급변하고 있는 시장환경에 효과적으로 적응하기 위해서 사회적기업 관련 정책의 예측능력을 높여야 한다.

④ 국가와 지역사회의 이익 고려

사회적기업은 사회적 목적, 즉 사회복지를 지향하고 있으므로 국가와 지역사회의 이익을 고려하는 기업활동을 하여야 한다. 특히 사회적기업의 성공을 위해서는 기업의 대정부 관계(GR: Government Relations)가 매우 중요한 요소로 부각되고 있다. 따라서 기업전략 수립 단계에서부터 기업의 이익과 정부의 이익을 함께 고려하는 자세가 필요하다.

⑤ 지역사회 연계전략

지역사회 연계전략은 현지화전략으로서, 지역에서 인력을 충원하고 지역특성에 맞는 경영을 해야 한다는 의미이다. 인력 충원은 취약계층과 지역주민의 채용으로 구분된다.

⑥ 전략적 제휴

사회적기업도 사업별로 동종 또는 이종 업계와 활발한 제휴가 필요하며, 업계 간의 정보공유 시스템을 구축해야 한다.

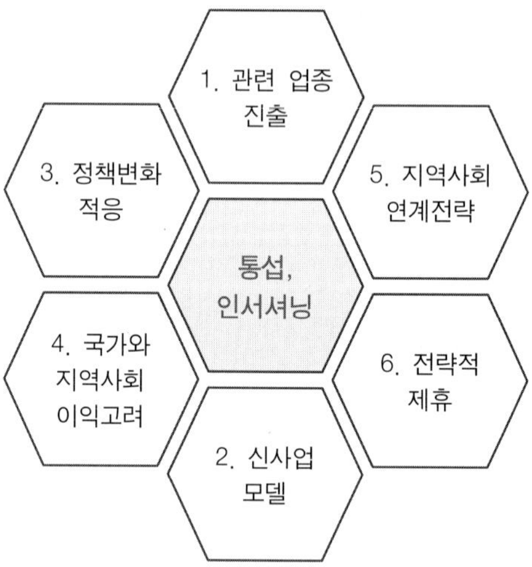

[그림 9-6] 블루오션전략의 성공을 위한 대응 과제

자료: KOTRA, 2007: 27-30.을 수정·인용함.

설명: 통섭(統攝, Consilience)과 인서셔닝(Insertioning)은 블루오션전략의 완성도를 높일 수 있는 결정적인 단서가 될 수 있음. 통섭은 서로 다른 성질의 것을 통합해 전혀 새로운 것을 만들어 내는 것임. 인서셔닝은 시장과 산업의 공백 부분으로 국내에는 아직 없지만 외국에선 성공이 입증된 새로운 요소를 끼워넣어(insert) 시장에서 자리 잡는 것(positioning)임.

5. 후원금 모집전략

(1) 후원금의 의의

후원금(後援金)이란 개인이나 단체의 활동, 사업 따위를 돕기 위한 기부금을 의미한다. 그리고 기부금(contribution, 寄附金)이란 사업과 직접적인 관련 없이 특수관계가 없는 자에게 무상으로 지출하는 재산의 가액을 말한다. 또한 기부금품이란 환영금품, 축하금품, 찬조금품(贊助金品) 등 명칭이 어떠하든 반대급부 없이 취득하는 금전이나 물품을 의미하기도 한다(기부금품의 모집 및 사용에 관한 법률 제2조제1호). 따라서 본서에서는 후원금과 기부금의 의미가 동일하므로 같은 개념으로 사용하고자 한다. 그러나 정부나 공공단체가 기업이나 개인에게 교부하는 보조금과는 다른 개념이다.

(2) 사회적기업에서 후원금의 필요성

대다수의 사회적기업에서 후원금이 필요한 이유는 열악한 재정구조 때문이다. 첫째, 자산규모(자본+부채)를 살펴보면 1억 원 미만의 영세한 자산을 가진 경우가 전체의 30% 이상, 1~5억 원의 자산은 43%, 5억 원 이상은 26% 정도이다. 둘째, 부채 측면에서 부채의 수준은 높지 않은 편이나, 사회적기업의 매출 및 이익구조가 매우 열악하다는 점을 감안하면 부채 규모가 사회적기업에 큰 부담으로 작용할 수 있고, 또한 외부자본의 조달도 매우 어려운 실정이다. 셋째, 자본 측면에서는 1~5억 원 자본을 가진 경우는 20%, 5억 원 이상 자본은 11%에 불과하다(곽선화, 2010: 178-183). 따라서 사회적기업의 도입시기에서 매출 및 이익구조가 낮은 열악한 재정구조를 개선하는 방법 중 하나가 후원금을 모집하는 방법이라고 볼 수 있다.

(3) 후원금 모집 관련 사회적기업의 대응방안

① 후원금 모집이 가능한 사회적기업

모든 사회적기업이 후원금 모집을 할 수 있는 것이 아니다. 가능한 경우는 현재 비영리민간단체 지원법에 따라 등록된 단체와, 주무관청의 허가를 받아 설립된 비영리법인이 사회적기업으로 인증받은 경우에만 가능하다(〈표 9-14〉 참조). 그리고 등록도하여야 하며 모집금액이 1천만 원 이상~10억 원 이하인 경우에는 특별시장·광역시장·도지사·특별자치도지사에게, 10억 원 초과인 경우에는 안전행정부장관에게 등록하여야 한다(동법 시행령 제2조). 그리고 후술하는 후원금 모집전략을 시행한다.

〈표 9-14〉 후원금 모집이 가능한 사회적기업

구분	기부금대상 민간단체	지정기부금 단체
근거법률	소득세법시행령 제80조제1항제5호	법인세법 시행령 제36조제1항제1호사목
신청대상	비영리민간단체 지원법에 따라 등록된 단체	주무관청의 허가를 받아 설립된 비영리 법인
손비인정 (소득공제 혜택)	- 개인기부자: 소득금액의 20% 이내 - 법인기부자: 없음	- 개인기부자: 소득금액의 20% 이내 - 법인기부자: 소득금액의 5% 이내
지정요건, 서류	안전행정부 사이트 참고	기획재정부 홈페이지 참고 (검색어: 지정기부금)
접수(부서)	(민간협력과)	법인의 주무관청(법인 설립허가부서)
지정기관(부서)	기획재정부 소득세제과	기획재정부 법인세제과
참고사항	지정일 이전에 지출한 기부금도 지정일이 속하는 과세기간에 지출한 경우에는 소득공제 가능 (예) '10.12.31일자로 지정되었을 경우에도 '10.1.1~12.31일까지의 기부금은 모두 소득공제 가능	

자료: 기획재정부, 안전행정부 사이트.

② 후원금 모집이 불가능한 사회적기업

보통 상법상 기업이 사회적기업으로 인증받은 경우에는 후원금 모집이 불가능한 경우가 발생할 수가 있다. 이 경우에는 소속원, 구성원, 회원을 대상으로 기부금품을 모집하거나, 1년에 1천만 원 미만의 기부금 모집, 자발적인 기탁금품으로 접수하도록 방안을 강구하여야 한다. 후술하는 등록할 필요가 없는 경우의 내용과 같다.

(4) 후원금의 법적 규정(후원금 모집이 가능한 사회적기업)

- 등록해야 할 경우: 불특정 다수인을 대상으로 자선냄비, 팸플릿 등을 이용하여 1천만 원 이상의 기부금품을 모집하는 경우에는 등록대상이다(동법 제4조제1항).
- 등록할 필요가 없는 경우: 그러나 법인이 소속원, 구성원, 회원을 대상으로 기부금품을 모집하거나, 1년에 1천만 원 미만의 기부금품 모집을 모집하는 경우, 자발적 기탁금품을 접수하는 경우(기부금품 모집행위가 없었음에도 자발적으로 이루

어진 기부행위)에는 등록할 필요가 없다.

(4) 후원금 모집전략(사회적기업 공통사항)

후원금 모집전략의 절차는 전술한 우호적인 고객확보전략, 즉 STP전략에서 시장세분화, 타겟시장(대상고객) 선정, 우호적 고객화과 비슷한 절차이나 세부내용이 서로 다르다. 그리고 본서의 후원금은 현금, 현물, 서비스, 아이디어, 조직지원 등 모두를 포함하는 개념으로 사용하고자 한다.

① 후원자 시장 세분화

사회적기업의 후원금 모집전략에는 우선 후원자를 세분화하여야 한다. 후원자 세분화 방법도 다양하나 본서에서는 기업과 개인, 지역별 등의 예를 순서대로 설명하기로 한다.

㉠ 기업과 개인의 후원자시장 세분화: 후원자 시장을 기업과 개인으로 세분화하면 〈표 9-15〉와 같다. 표에서 후원자 비율을 보면 2000년 이후에는 개인기부가 기업기부보다 크게 나타나고 있다. 즉, 2008년 기준으로 기부금 총액은 개인이 5.5조 원이고, 법인이 3.4조 원으로 총 8.9조 원에 이르고 있으며, 개인이 62%, 법인이 38%의 비중을 보이고 있다(손원익, 2010: 9-10). 2009년 기준으로는 개인기부가 6.2조 원이다(KB금융지주경영연구소, 2012: 1).

〈표 9-15〉 기업과 개인 측면의 후원자 시장 세분화

(단위: 조 원, %)

시장세분화	구분, 연도별	1999	2001	2003	2005	2007	2008
개인	근로소득자	0.8	2.7	3.2	3.6	4.1	4.1
	종합소득자	0.1	0.3	0.5	0.7	1.3	1.4
	소계	0.9	3.0	3.7	4.3	5.4	5.5
	비율(%)	29%	64%	63%	61%	62%	62%
법인	금액	2.0	1.7	2.2	2.8	3.3	3.4
	비율(%)	71%	36%	37%	39%	38%	38%
기부금 계		2.9	4.7	5.9	7.1	8.7	8.9

자료: 국세통계연보, 각 연도, 손원익, 2010: 9. 수정·인용. 각 수치는 조 단위이므로 정확한 수치보다는 성향 파악용으로 참조.

• 개인기부의 현황: 개인기부의 연도별 총 숫자는 대략 9만 명 내외이고, 개인 소득 대비 평균 기부율은 2.8%이며, 이 중에서 종교기부금이 1.0%, 회비 및 기타기부금이 1.8% 수준이다(손원익, 2010: 11). 이를 세부적으로 살펴보면 한국인의 1회 평균 기부금액은 3만 원 정도, 직급은 차장, 연령은 40대, 기부 수준은 소득 대비 5% 미만 정도, 기부대상은 국내 사회복지기관, 기부목적은 심리적 만족감으로 나타나고 있다(매경뉴스, 2008.9.10.)(아래 참조).

한국의 개인 기부문화

1. 한국인이 생각하는 1회 평균 기부금액은 46.2%가 1만~5만 원이고, 실제 1회 평균 기부금액은 3만 815원. 직급별로는 차장이 4만 2,636원으로 가장 많은 돈을 기부했고, 연령별로는 40대가 6만 8,489원으로 전체 1위였다.
2. 성별로는 남성(4만 4,536원)이 여성(1만 6,620원)보다 3배가량 높았다. 그리고 소득별로는 500만~600만 원 소득자가 4만 4,619원으로 1위였고, 800만 원 이상 소득자들은 1회 평균 2만 1,485원 기부에 그쳤다. 한 번에 50만 원 이상 큰돈을 기부하는 계층은 600만~700만 원 사이 소득자들(42.3%)이 가장 많았다. 반면 700만 원 이상 소득자는 1회 50만 원 이상 기부하는 사람이 단 한 명도 없었다.
3. 기부금액 수준은 소득 대비 5% 미만이 84.8%로 압도적으로 높았고, 자신이 생각하는 이상치도 5% 미만이 64.8%로 가장 많았다. 기부하는 대상은 국내 사회복지기관이 42.5%로 가장 높았으며 빈곤국가 대외지원기관이 23.7%로 2위를 차지했다. 3위는 개인적 후원(15.2%)이 차지했고 정치인 기부는 2.5%에 그쳤다.
4. 개인이 기부하는 목적은 심리적 만족감이 가장 강했다. 조사 응답자의 70% 이상이 이 같이 답했다. 그러나 50대 이상은 자기만족보다는 '도와주고 싶은 안타까운 마음이 강해서'가 30.8%로 높게 나왔다. 이는 임원급 이상, 소득 800만 원 이상에서도 비슷하게 나타났다. 기부의 장점을 묻는 질문에서도 이와 비슷한 결과가 나왔다.

자료: 매경뉴스, 2008.9.10.

2011년 개인 기부문화

1. 2011년 1년 동안 기부를 해 본 경험이 있는 사람은 36.4%이며, 이 중 95.6%가 현금을 기부하고 있으며, 1인당 평균 기부액은 16만 7천 원으로 나타남.
2. 기부 경험자들이 기부를 하는 이유는 '어려운 사람을 돕고 싶어서'가 43.3%로 가장 많고, '기부단체, 직장 등으로부터 요청을 받아서'(28.3%), '개인적 신념 때문에'(14.9%) 등의 순으로 나타남.
3. 향후 기부의향에서는 '기부할 의향이 있다'고 응답한 경우가 45.8%로 나타난 가운

데, '유산을 기부할 의향이 있다'고 생각하는 사람도 37.3%로 1/3 정도는 유산 기부에 대해 의향을 가지고 있으며, 젊은 층으로 갈수록 긍정적으로 인식하고 있음
4. 기부 희망분야는 '사회복지분야'(82.2%), '의료분야'(32.1%), '해외구호활동분야'(24.5%), '지역사회발전분야'(20.4%) 순서.

자료: KB금융지주경영연구소, 2012.

• 법인기부의 현황: 또한 법인의 연별 총 숫자는 대략 40만 개 내외로, 한 기업당 평균 기부금은 8.5백만 원이다. 용도별로는 법정기부금(25%), 특례기부금(30%), 지정기부금(45%) 중 지정기부금이 가장 높은 비중을 차지하고 있다(2008년 기준). 그리고 규모별로 보면 일반법인의 평균이 약 36백만 원으로 중소기업 평균 1.5백만 원보다 높다. 또한 상장면에서는 상장법인의 평균이 약 903백만 원, 비상장법인이 4.5백만 원 수준이다. 업종별로는 전기·가스·수도업이 평균 372백만 원, 보건업이 53백만 원, 금융·보험업이 46백만 원, 광업 16백만 원, 제조업 15백만 원 순이다. 마지막으로 기부분야를 살펴보면 직접운영 프로그램 지출비용이나 기부 모두가 사회복지, 교육학술, 문화예술 순으로 지출을 하고 있다(손원익, 2010: 14-24).

ⓛ 지역별 후원자시장 세분화: 사회적기업은 대체로 지역사회에 근간을 두고 있기 때문에 후원자를 지역별로 세분화하는 것이 필요하다. 따라서 인구통계적 변수인 직업군으로 후원자 시장을 세분화하면 다음과 같다.

〈표 9-16〉 지역별 후원자 시장 세분화(예시)

(단위: 만 원)

구분, 년도별	2001	2003	2005	2007	2008	2009	2010
초등학생							
중·고등학생							
대학생·청년							
직장인							
전문직 종사자							
기업인							
주부							
기타							
총계							

자료: 양용희 외, 2006: 53. 표를 수정·인용함. 연도는 임의적으로 선택 가능함.

② 타겟시장 선정

• 선정기준: 타겟시장은 세분화된 후원자 시장 중에서 사회적기업이 집중적으로 후원을 요청해야 할 시장을 말한다. 그러나 사회적기업의 판매능력이나 인지도는 일반기업과 비교하여 낮은 수준임을 감안하면, 지역적인 범위 내에서 기업과 개인 측면, 그리고 직업군 모두를 타겟시장으로 선정하는 것이 타당하다고 판단된다.
• 세부 선정기준: 먼저 개인별로는 되도록 많은 숫자를 확보하는 것이 중요하다. 그리고 기업에 대해서는 법인기부의 현황에서 파악된 결론과 같이 첫째, 후원받는 목적을 사회복지, 교육학술, 문화예술 등으로 홍보하고, 둘째, 대상기업은 일반법인, 상장법인을 중점대상으로 하며, 셋째, 업종은 전기·가스·수도업, 보건업, 금융·보험업, 광업, 제조업인 기업 순서로, 후원종류는 지정기부금으로 타겟시장을 선정하는 것이 유리하다.

③ 상품개발

• 의의: 상품개발이라 함은 후원자 모집에서 후원자의 욕구나 수단에 맞는 사회적기업의 목표 등을 정립하는 것을 말한다. 그 이유는 사회적기업의 목표 등이 후원자의 욕구와 다르거나 후원자의 가능한 수단과 차이가 있다면 당연히 후원자 모집은 실패하기 때문이다(양용희 외, 2006: 53). 따라서 상품개발은 고객만족처럼 후원자를 만족시키는 상품을 개발하는 것이다. 이러한 후원자의 욕구나 수단은 보통 기존 사회조사나 조사자료에서 파악할 수 있으나 만약 없는 경우에는 사회적기업이 자체적으로 지역사회 조사를 하여 파악해야 한다.
• 후원자의 욕구에 따른 상품개발: 예를 들어, 후원자의 욕구가 '지역사회발전'이라면 사회적기업은 '지역주민 능력 및 역량개발 사업'으로 상품개발을 하여야 하고, 후원자의 욕구가 '심리적 만족감'이라면 사회적기업은 후원자의 자존감을 살리는 '후원자는 자부심이나 능력 있는 인간' 차원에서 상품을 구상하여야 하며, 후원자의 욕구가 자기만족보다는 '도와주고 싶은 안타까운 마음이 강해서'라면 상품은 '박애정신 구현' 측면으로 표현하는 것이 좋다. 또한 후원자의 욕구가 '사회적 소외계층을 위한 기부'라면 상품은 '후원자는 사회적 소외계층의 멘토' 등으로 할 수 있다(〈표 9-17〉 참조).

〈표 9-17〉 후원자의 욕구에 따른 상품개발

후원자의 욕구	상품개발(예시)
지역사회발전분야에 지원하고 싶다(지역사회 모금)	지역주민 능력 및 역량개발 사업
장학금을 지원하고 싶다(장학금 모금)	우수한 실력 또는 창의력 있는 학생 선발
조직의 운영을 위하여 기부하고 싶다(운영자금 모금)	우수한 아이디어나 연구인력, 새로운 사회복지서비스 도입
지역주민에게 즐거움과 휴식을 제공하고 싶다(레저 모금)	재미있는 공연이나 전시회, 또는 이벤트 개최

자료: 양용희 외, 2006: 54.의 내용을 도표로 수정함. 따라서 하나의 예시로 참조할 것.

• 후원자의 가능한 수단에 따른 상품개발: 예를 들어, 초등학생이 할 수 있는 후원은 소액기금 모집이나 이벤트를 통하여 후원이 가능하다. 따라서 초등학생의 후원수단은 소액기금 모집이나 이벤트이며, 사회적기업은 '동전모으기'나 '자선모금 달리기'를 상품으로 개발하여야 한다. 앞에서 설명한 지역별 후원자 시장 세분화와 상품개발을 연계한다면 다음과 같다.

〈표 9-18〉 후원자의 수단별 세분화와 상품개발

구분, 후원수단	후원자의 가능한 후원수단						상품개발 채택(번호)
	1. 결연 후원	2. 정기 후원	3. 자선 달리기	4. 자산 바자회	5. 자선 파티	6. 동전 모으기	
초등학생	-	△	○	-	-	◎	3, 6
중·고등학생	-	△	◎	△	-	◎	3, 6
대학생·청년	△	○	◎	△	-	◎	2, 3, 6
직장인	◎	◎	◎	◎	△	○	1, 2, 3, 4
전문직 종사자	◎	○	△	○	◎	○	1, 2, 4, 5
기업인	○	○	△	△	◎	△	1, 2, 5
주부	○	○	△	◎	△	○	1, 2, 3, 5

자료: 양용희 외, 2006: 53. 표를 수정·인용함.
설명: -는 불가능, △는 조금 가능, ○은 많이 가능, ◎는 아주 많이 가능. 모두 상대적인 개념으로 표현한 것임.

④ 후원금 모금목표 설정

• 개념: 후원금 모금목표는 곧 마케팅목표와 같은 의미이다. 후원금 모금목표는 정확한 문제의 진술, 표적집단의 성격과 규모, 기관의 정책, 자원동원의 변수에 의해 범위와 방향이 결정된다. 이와 같은 목표는 장기적인 결과를 뜻하는 상위목표

(goals)와 1년 이내의 단기목표를 뜻하는 하위목표(objectives)로 구분된다.

- 하위목표의 의의: 후원금 모금의 하위목표는 SMART 방법, 즉 구체적(Specific)이고, 측정가능(Measurable)하며, 달성가능(Attainable)하고, 결과지향적(Result-oriented)이면서, 시간적 한계(Time-bounded)가 명확히 제시되어야 한다. 이와 함께 목표에는 활동과정과 달성 여부를 점검할 수 있는 지표(indicator)가 반드시 포함되어야 한다.
- 하위목표의 세부 작성방안1(숫자기준): 하위목표를 100명 증가 등 후원자 숫자로 표시하는 경우는 아래와 같다(〈표 9-19〉 참조).

〈표 9-19〉 하위목표의 SMART 표시(숫자기준)

하위목표(예시)	SMART 적용
결연 후원자 수를 201×년 현재 200명에서	구체적(Specific)
201×년 12월 31일까지	시간적 한계(Time-bounded)
100% 증가한	달성 가능(Attainable)
400명 수준으로	측정 가능(Measurable)
증가시킨다	결과 지향(Result-oriented)

설명: 다른 예로는 '평균 입금률은 현재 60% 수준에서 5% 증가한 65% 수준으로 높이며, 후원 중단율을 200×년 월 50명 수준에서 200×년에는 월 30명 수준으로 낮춘다'로 작성할 수 있음.

- 하위목표의 세부 작성방안2(모금액기준): 앞에서 언급한 바와 같이 개인후원금의 경우에는 1인 소득 대비 평균 기부율이 1.8% 수준(회비 및 기타기부금)이고, 1회 평균 기부금액은 3만 원 정도임을 감안하여 계산한다. 즉, 개인후원금 목표액= 개인후원자의 수 × 소득의 1.8%(또는 1회 3만 원)이다. 그러나 기업의 경우에는 한 기업당 평균 기부금은 8.5백만 원이나, 기업의 매출액이나 자산규모에 따라 기부금액이 크게 차이가 있으므로 기업의 매출액이나 자산규모로 구분하여 작성하는 것이 바람직하다고 본다. 참고로 매출액 기준으로 5억 원 이하 기업은 0.3백만 원, 10억 원 이하는 1.2백만 원, 20억 원 이하는 0.6백만 원 등이다(손원익, 2010; 17-8).

⑤ 후원금 모금 프로그램

- 의의: 후원금 모금 프로그램은 후원자 개발 프로그램을 의미한다. 이 프로그램의

목적은 잠재적 후원자는 실제적 후원자로, 수동적인 후원자는 능동적인 후원자로 전환시키는 것이다. 방법은 결연 후원, 정기 후원, 비정기 후원, 프로그램 후원 등을 들 수 있다. 결연 후원은 후원자와 클라이언트를 연결시켜 재정적·정신적으로 지원하는 방식으로 후원금은 조직에 납부케 하는 방식이다. 정기 후원은 정기적으로 후원금을 내는 방식이며, 비정기 후원은 비정기적으로(모금 저금통 등), 프로그램 후원은 특정사업이나 프로그램을 홍보해 모금하는 방법이다. 각기 장·단점이 있으므로 조직에 맞는 프로그램을 수립하여야 한다.

• 적용방안: 방법에 따른 적용방안은 〈표 9-20〉을 참조한다.

〈표 9-20〉 후원금 모금 프로그램 적용방안 비교

구 분	결연후원	정기후원	비정기 후원	프로그램 후원
조직 상황	모금실적이 좋은 단체	소규모 (사회복지)단체	모든 단체	운영능력이 있는 단체
후원자 상황	후원자의 목적이 뚜렷한 경우	후원자의 목적이 있는 경우	후원에 부담을 느끼는 잠재 후원자	사회적 문제나 욕구가 이슈가 되고 있는 경우
장점	후원자는 직접적인 보람, 클라이언트는 욕구충족, 장기적인 후원이 가능	소액에서부터 고액까지 다양화, 후원자들의 기부할 수 있는 폭을 넓혀 줌	수시 기부가 가능	사회적 문제의 해결, 사회통합 유도
유의 상황	클라이언트의 신상공개 문제 대응	후원 지속률이 결연후원에 비해 떨어지는 단점	장기적인 관리상의 문제가 있음	자체 수행능력 파악
사례	1. 소년소녀가장 후원 2. 한부모가정 후원	1. 월별 정기후원(금융권)	1. 단체나 기업 등에 모금 저금통 비치	1. 실직가정 결식아동 돕기 모금 2. 실직노숙자 자립지원 모금

자료: 양용희 외, 2006: 59-63. 내용을 도표화함.

⑥ 후원금 모금방법 2가지

본서에서는 후원금 모금방법을 일반적 모금방법, 표적시장별 모집방법 등 2가지 측면에서 고찰하기로 한다. 순서대로 설명한다.[83]

83) 이 부분은 저자의 교재 '사회복지행정론(2012), 양서원'의 해당부분을 요약함.

㉠ 일반적 모금방법

이 방법에는 DM, 이벤트, 대중매체 광고, ARS, 컴퓨터 통신, CRM 등 6가지 방법이 있다. 그러므로 사회적기업 입장에서 자신에 맞는 방법을 선택하여야 한다.

- DM(Direct Mail): 후원을 요청하는 편지를 잠재적 후원자들에 발송하여 후원자를 개발하는 방식으로 가장 전통적인 마케팅 방법 중의 하나이다. DM은 불특정 다수에게 보내는 것보다 표적시장을 선정하여 지역, 나이, 사회적 지위, 소득 등에 따라 대상자 목록을 확보하여 보낼 때 효과를 발휘할 수 있다.

  작성방법: DM은 겉봉투, 호소가 담긴 서신, 첨부물 등으로 구성되어 있다. 겉봉투는 받는 사람들로 하여금 관심을 가지고 속을 뜯어 볼 수 있도록 디자인과 형식에 있어 세심한 고려를 해야 한다. 호소 서신에는 후원자 개발의 목적과 내용이 뚜렷하게 나타나야 한다. 가능한 한 간결한 문장으로 한눈에 들어오도록 구성하는 것이 중요하다. 또한 내용에 있어 구체적인 사례를 들어 긴급성과 욕구를 제시하고 도움을 통한 문제해결 가능성을 제시하여야 한다. 첨부물은 사진, 관련기사, 지로용지, 기관소개서 등이 포함되는데, 너무 산만하게 여러 가지를 첨부하기보다는 호소력이 강한 사진이나 신문기사를 잘 편집하여 동봉하는 것이 바람직하다.

- 이벤트: 특정후원의 동기를 부여하기 위하여, 특정 기간과 장소에서 사전 계획 하에 특별한 활동을 벌이는 커뮤니케이션 과정이라고 할 수 있다. 후원자 개발을 위한 이벤트로는 자선음악회, 모금만찬회, 전시회 등이 있다. 이벤트는 전달자와 수용자가 현장에서 시각, 청각, 촉각, 후각, 미각 등 오감으로 느끼고 커뮤니케이션을 함으로써 입체적으로 경험하고 지각하여 기억이 오래 남는 특징이 있다. 그러나 이벤트는 비용이 많이 소요되므로, 모금을 많이 하기 위한 목적만으로는 적합하지 않을 수 있다. 그러나 이벤트를 통해 대중의 공감대를 형성하고, 잠재적 후원자와의 관계를 형성하며, 사회복지에 대한 대중교육의 효과를 얻을 수는 있다.

  작성방법: 이벤트의 성공을 위해서는 경험이 있는 조직원의 확보, 인지도를 높이기 위하여 유사한 행사는 매년 같은 시기에 개최, 지명도가 큰 저명인사나 회사가 행사를 후원하도록 유도, 대중매체의 적극 활용으로 PR의 효과를 극대화, 공동모금 시기나 휴가 시기는 피하는 등

- 대중매체 광고(신문, 방송, 잡지 등): 주로 영리조직(기업)에서 사용하는 전통적인 마케팅 방법 중의 하나이다. 방송과 신문의 영향력이 대단히 크므로, 무엇보다

도 홍보성 기사의 개발에 관심을 두어야 한다.

- 자동응답시스템(ARS): 최근 가장 활성화되고 있는 모금방법이다. 이는 모금 및 뉴스 방송 시청자들이 이 시스템을 통하여 전화를 걸면, 통화당 일정 금액(1,000원 이상)의 후원금이 자동으로 전화요금에 부과되어 전화요금납부와 함께 기부금을 제공하도록 하는 방식이다. 최근 ARS가 성공을 거두고 있는 것은 적은 금액으로 부담 없이 손쉽게 후원에 참여할 수 있는 장점이 있기 때문이다.
- 인터넷을 이용한 후원자 개발: 이는 점차 활성화될 가능성이 높다. 실제로 정보화가 가장 앞선 미국에서는 컴퓨터 통신을 통한 모금과 후원자 개발이 급속하게 증가하고 있는데, 후원자들은 온라인상에서 신용카드 구좌를 통하여 후원금을 보내거나 기금후원을 약속한 후 우편을 통해 개인수표를 보내고 있다. 인터넷사용이 세계수준인 우리나라에서도 후원대상, 적정한 후원금 책정, 후원시기, 후원자관리방법 등을 좀 더 적극적으로 개발한다면 재정에 크게 일조할 수 있으리라 생각된다.

  작성방법: 인터넷을 통해 후원자를 개발하는 방법으로는, 기관 ID를 통해 직접 후원을 요청하거나 검색사이트의 게시판, 동호회 등을 통해 후원요청을 할 수도 있다. 또한 통신회사에 IP(Infomation Provider, 정보제공자)로 등록하여 기관 홍보와 함께 후원자를 개발하는 방법도 있고, 광고비를 지불하고 후원자를 모집하거나 기부금을 요청하는 광고를 낼 수도 있다. 또한 인터넷을 통해 홈페이지를 작성하여 기관의 홍보와 모금을 하는 경우도 늘어나고 있다.
- 명분 마케팅(CRM: cause-related marketing): 1980년 이후 사회복지기관을 포함한 비영리 기관들이 모금을 위해 기업과 연계하여 많이 활용하는 마케팅 기법이다. 따라서 기업연계마케팅으로 부르기도 한다. 이는 미국의 American Express Card에서 처음 사용한 방법이다. 회사는 카드 속에 그려져 있는 자유의 여신상을 활용한 판촉을 위해서, 자유의 여신상 복원사업을 펼치는 시민단체와 연계하여 개인이 사용한 카드금액의 일정비율을 시민단체에 기부하는 방식으로 마케팅을 전개하였다.

  작성방법: 기업의 이미지와 브랜드 이미지를 제고하고, 제품판매에도 긍정적인 영향을 미치게 하여야 한다. 사회적 책임(Social Responsibility)을 수행하려는 기업과 연계하는 것도 한 방법이다.

㉡ 표적시장(Target Market)별 모집방법: 4가지 표적시장이 있다(〈표 9-21〉 참조)

〈표 9-21〉 표적시장별 모금방법

(1) 대중 소액 기부시장(Mass Anonymous Small Gift Market)	
자선 모금통(Charity cans in stores), 직접우편(DM), 개별방문, 마라톤중계, 중고품 할인상점, 헌금접시(Plate passing)	복권, 잡화소품 판매, 이벤트, 순회(Tours), 걷기/독서/자전거/댄스/수영대회, 대중매체 광고, ARS, CRM명분 마케팅
(2) 회원과 지인 기부시장(Members and Their Friends Market)	
기념일 축하의식(Anniversary celebrations), 예술전(Art shows), 경매(Auctions), 자선공연, 영화, 스포츠행사, 빙고게임(Bingo games), 도서, 케이크 등 판매	무도회(Dances), 만찬, 저녁식사, 오찬, 조찬, 정기적 장이나 박람회(Fairs), 패션쇼, 이색파티(Parties in unusual places), 자선모금을 위한 장시간 방송
(3) 부유층 시민 기부시장(Affluent Citizens Market)	
집회(Convocations), 초청/감사만찬, 상류층에 대한 개별서신	응접실 미팅(Parlor meetings), 상류층에 대한 개별전화
(4) 부유층 개별 기부시장(Wealthy Donors Market)	
유산기부(Bequests), 기념행사(Memorials), 명사추대(Celebrity grooming), 개인가정, 사무실로의 위원방문	개인을 위한 감사만찬, 부유층인사의 다른 가정이나 클럽 초대

자료: 제1회 경기도사회복지사 전진대회, 2002.11. 경기도사회복지사협회 자료일부 수정·인용.

⑦ 후원자 및 후원금 관리

후원자 관리과정은 후원관리 업무단계, 정기후원 종류별 후원자 관리과정으로 구분할 수 있다. 다음 그림은 참고용으로 사회복지기관의 경우의 예시를 설명하였으므로 사회적기업에 맞게 수정하여 사용하기 바란다.

㉠ 후원관리 업무단계

► 1단계(입금, 결연)

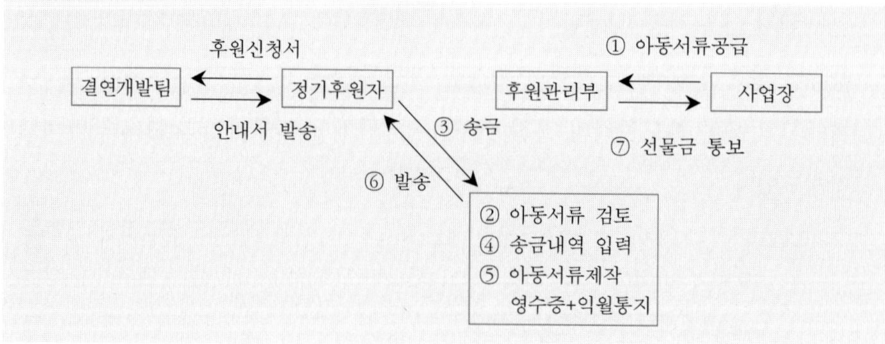

► 2단계(문의)

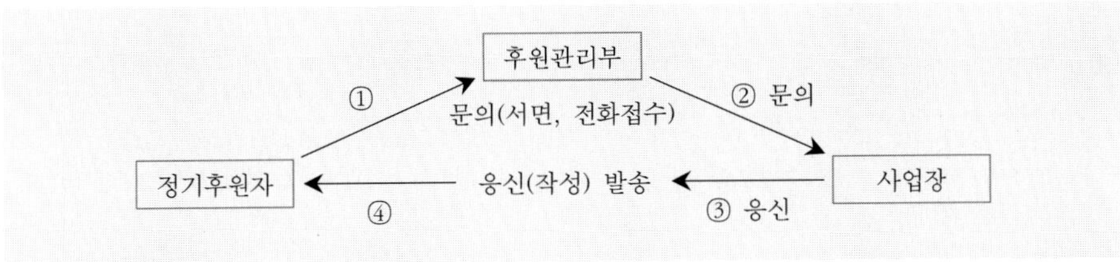

► 3단계(자동이체)

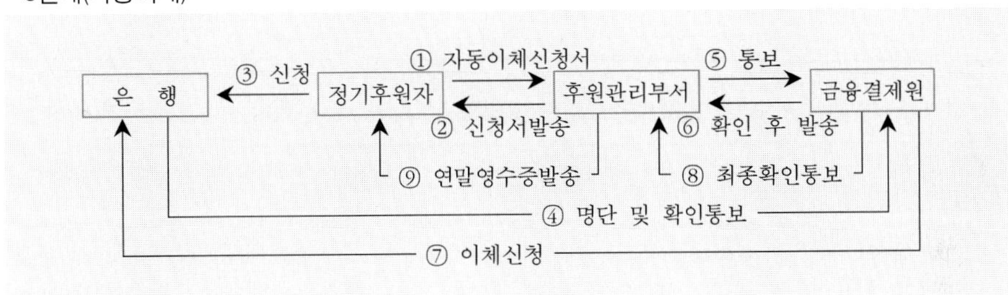

► 4단계(기타 관리업무)

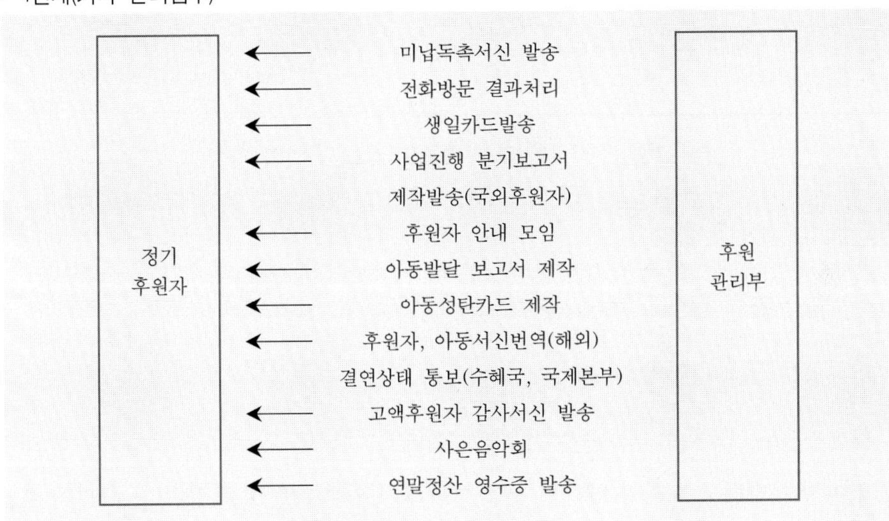

[그림 9-7] 후원 관리 업무단계

자료: 정무성, 사회복지기관의 후원자 관리체계에 관한 연구(http://www.dongeui.ac.kr; www.cuk.ac.kr).

Ⓛ 정기후원 종류별 후원자 관리 과정

▸ 지로입금

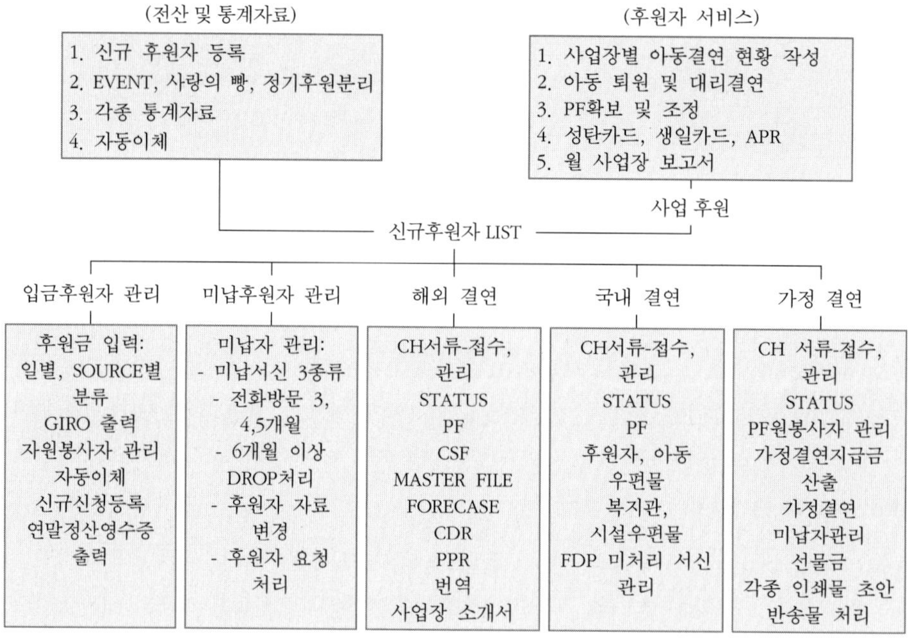

[그림 9-8] 정기후원 종류별 후원자 관리 과정

자료: 정무성, 사회복지기관의 후원자 관리체계에 관한 연구(http://www.dongeui.ac.kr; www.cuk.ac.kr).

6. 프로포절 연계전략

(1) 프로포절의 의의

프로포절(proposal)이라 함은 사회적기업에서 계획한 프로그램이 사회문제 해결에 있어서 타당하고 효과가 있다는 것을 설득하기 위한 제안서를 말한다. 따라서 프로그램 계획서(제안서) 또는 사회문제의 해결을 위한 사업계획서라고 볼 수 있다. 그러므로 프로포절에는 사회문제의 개념 정의, 목적, 목표와 세부목표, 해결방안, 해결효과 등의 내용이 포함되어 있다.

(2) 프로포절의 필요성

보통 프로포절은 중앙정부나 지자체, 공동모금회, 기업 복지재단, 민간기금, 일반단체 등에서 실시하는 공모를 통한 기금을 지원받기 위해서 사회복지기관 등이 수행하고자 하는 프로그램의 내용을 설명하는 사업제안서를 의미한다. 그러나 사회적기업도 사회적 목적, 즉 사회복지를 실천하는 조직이고 재원 또한 부족하므로, 사회복지기관과 동일하게 프로포절을 작성하여 사업수행에 필요한 재원을 확보하는 방안이 필요하다.

(3) 프로포절 제출단체 현황

① 공동모금회의 경우

공동모금회의 경우 프로포절을 제출할 수 있는 자는 사회복지사업 기타 사회복지활동을 행하는 법인·기관·단체 및 시설(개인신고시설 포함), 사회복지서비스를 필요로 하는 개인이다. 또한 사업별로 신청자격이 있다. 공동모금회의 배분건수는 2003년 79,277건에서 2009년 648,562건으로 약 8배 이상 증가하였으며, 건당배분액은 2009년 기준 46만 원 정도인 것으로 나타났다. 또한 2007~2009년간 개인에 대한 지원은 연간 평균 45만여 건 이었으며, 기관대상으로는 연간 평균 4만 5천여 건이 지원되고 있다(연세대학교 산학협력단, 2010: 231).

② 기업 복지재단의 경우

기업 복지재단에 프로포절을 제출한 사회복지기관을 절차별로 살펴보면, 1차 신청기관은 평균 714.2개 기관, 2차 세부계획서 심사대상 기관은 최소 91개 기관에서 최대 243개 기관이고, 최종 선정기관은 최소 29개 기관에서 최대 45개 기관, 평균 최종 선정기관은 42.9개 기관 정도로 파악되었다(삼성복지재단, 2010: 9). 따라서 선정률은 6% 정도 수준이다.

(4) 프로포절 제출대상 및 지원

프로포절 제출대상은 중앙정부나 지자체, 공동모금회, 기업 복지재단, 민간기금, 일반단체 등이다. 제출내용을 살펴보면 중앙정부나 지자체는 주된 사회문제 해결을, 공동모금회는 신청사업, 기획사업, 긴급지원사업, 지정기탁사업을, 기업 복지재단은 시대별 과제를, 민간기금과 일반단체는 자신이 선호하는 문제해결을 공모하거나 위탁한다.

① 공동모금회의 경우

건당배분액은 2009년 기준 46만 원 정도이다. 또한 배분사업 유형별 배분액 누적비율은 지정기탁사업이 44.0%로 배분사업 초기부터 현재까지 가장 높은 비중을 유지하고 있으며, 기획사업은 30.2%로 지정기탁사업과 기획사업의 비중이 전체 배분규모의 3/4 정도를 차지하고 있는 것으로 나타났다(연세대학교 산학협력단, 2010: 231)(〈표 9-22〉 참조).

〈표 9-22〉 공동모금회의 배분사업 내역

구 분	사업내용	배분규모	누적비율
신청사업	사회복지 증진을 위하여 자유주제 공모형태로 복지사업을 신청받아 배분하는 사업	프로그램사업 및 기능보강사업	-
기획사업	모금회가 그 주제를 정하여 배분하는 사업(테마기획사업) 또는 배분대상자로부터 제안받은 내용 중에서 선정하여 배분하는 시범적이고 전문적인 사업(제안기획사업)	별도지정	30.2%
긴급지원사업	재난구호 및 긴급구호, 저소득층 응급지원 등 긴급히 지원해야 할 필요가 있는 경우에 배분하는 사업	별도지정	-
지정기탁사업	사회복지 증진을 위하여 기부자가 기부금품의 배분지역·배분대상자 또는 사용용도를 지정한 경우, 그 지정 취지에 따라 배분하는 사업	별도지정	44.0%

자료: 사랑의열매(2011). 2012 배분사업 안내. 금액이나 제도는 해당연도를 확인할 것.
설명: 1. 프로그램사업은 지역사회 변화와 지역주민의 삶의 질 향상을 중심으로 사회복지기관 등에서 계획하여 진행 예정인 사업이다. 기능보강사업은 장비 및 이동수단 구입, 시설 개·보수 등의 사업을 말한다.
2. 신청사업 중 '기능보강사업'과 '신청사업 및 기획사업 중 연속사업'의 경우, 지역별로 분리 시행 및 별도 공지할 수 있음.
3. 긴급지원사업의 경우, 개인 대상 배분사업이라도 사회복지사업 기타 사회복지활동을 행하는 법인·기관·단체·시설 및 공공기관을 통해 신청할 수 있음.

② 전체기업의 사회공헌 경우

전체기업의 사회공헌이라 함은 기업이 직접 수행한 사회공헌사업비용(직접운영 프로그램비용)과 기부금의 합을 말한다. 그러므로 사회공헌은 사회적기업 입장에서는 기업과 연계하여 또는 위탁을 받을 수 있는 지원액을 의미하는 것이다. 2008년 기준으로 기업의 직접운영 프로그램 지출비용은 약 8,309억 원으로서 기업평균 43억 원을 지출하고 있고, 기부금은 9,380억 원으로서 기업평균 50억 원을 기부하고 있다(손원익, 2010: 20).

〈표 9-23〉 연도별 직접운영 프로그램 집행액 및 기업기부 지출규모 추이 (단위: 백만 원)

구 분	1. 직접운영 프로그램 집행액		2. 기업기부액	
	(기업) 전체 지출비용	평균 지출비용	총 기부액	평균 기부액
2002년(202개사)	228,100	1,129	858,494	-
2004년(189개사)	322,591	1,706	686,379	3,632
2005년(205개사)	395,441	1,929	741,086	3,615
2006년(200개사)	782,386	3,912	1,022,430	5,112
2007년(203개사)	858,921	4,231	1,047,832	5,038
2008년(188개사)	830,888	4,329	938,009	4,990

설명: 1. 직접운영: 기업이 직접 수행한 사회공헌사업비용, 기업이 직접 수행한 임직원의 봉사활동에 사용된 각종 경비. 2. 기부금: 직접운영 프로그램을 제외한 지출액 중 손금산입 등으로 세금혜택을 받는 금액(법인세법상 기부금 인정항목 해당/운영방식의 경우 관련 비용이 세금혜택을 받을 수 있는 부분 모두 해당).
자료: 전경련, 2007·2008 기업·기업재단 사회공헌백서; 손원익, 2010: 20. 수정·인용.

③ 기업 복지재단의 경우

예를 들어 하나의 기업 복지재단은 평균 30개 내외 기관에 평균 10백만 원 내외로 지원하고 있다(〈표 9-24〉 참조).

〈표 9-24〉 기업 복지재단의 지원내역

연도	2006	2007	2008	2009	2010	2011
지원기관 수	45개	44개	44개	32개	29개	29개
총 지원액	500백만 원	500백만 원	500백만 원	300백만 원	300백만 원	300백만 원
평균 지원액	11.1백만 원	11.4백만 원	11.4백만 원	9.4백만 원	10.3백만 원	10.3백만 원

자료: 삼성복지재단사이트, http://www.samsungfoundation.org/html/welfare/love/organ.asp. 수정·인용.

(5) 프로포절 제출이 가능한 분야 및 사업

여기에서는 사회적기업이 프로포절을 제출할 수 있는 분야 등을 설명하기로 한다. 따라서 분야별, 사업별, 세부분야, 프로그램별 순서로 설명하기로 한다.

① 사회적기업의 활동분야

• 9개 활동분야의 내역: 한국에서 전체기업의 사회공헌 내용은 〈표 9-25〉와 같고, 표에서 언급된 각 분야는 일반기업에 대하여 사회적기업이 포로포절을 제출할 수

있는 분야를 의미한다. 활동분야는 사회복지분야, 교육·학교·학술연구분야, 문화예술 및 체육분야, 국제구호활동분야, 환경보전분야, 농촌 지원활동분야, 응급 및 재난구호분야, 의료보건분야, 기타분야 등 총 9개 분야이다(손원익, 2010: 22).

- 9개 활동분야의 특징: 직접운영 프로그램과 기부금에서 모두가 사회복지, 교육·학교·학술연구, 문화예술 및 체육 순으로 지출하고 있다(2008년 기준). 예를 들어, 직접운영 프로그램에서 사회복지는 기업 평균이 2,057백만 원, 평균기부액은 1,844백만 원이다. 사회복지영역에 대한 지출이 가장 많은 이유는 사회복지 분야에 대한 정부나 사회의 높아진 관심을 반영한 결과로서 사회의 취약영역에 대한 관심의 증대를 의미한다(손원익, 2010: 22). 따라서 직접운영 프로그램은 기업이 직접 운영하므로 사회적기업은 연계나 위탁을 받을 수 있는 전략을, 기부금에 대해서는 기업이 선호하는 프로포절을 작성하여 기부금을 확보하는 전략을 구사해야 한다.

〈표 9-25〉 분야별 직접운영 프로그램 및 기업기부 내용(2008년)

(단위: 백만 원)

구 분	1. 직접운영 프로그램 집행액		2. 기업기부액	
	(기업) 전체 지출비용	평균 지출비용	총 기부액	평균 기부액
사회복지	368,185	2,056.9	322,657	1,844
교육, 학교, 학술연구	85,679	478.7	244,066	1,395
문화예술 및 체육	104,529	584.0	92,889	531
국제구호활동	46,180	258.0	5,134	29
환경보전	9,423	52.6	17,177	98
농촌 지원활동	18,975	106.0	5,086	29
응급 및 재난구호	791	4.4	7,218	42
의료보건	3,136	17.5	62,658	375
기타	176,950	988.5	25,964	148

자료: 전경련, 2008 기업·기업재단 사회공헌백서; 손원익, 2010: 21-2. 수정·인용.

② 사회적기업의 사업분야

사업분야의 예로는 사회복지관의 10가지 사업과 공동모금회의 4가지 사업이 있다.

- 사회복지관: 사회복지관의 10가지 사업은 지역사회와 밀접한 관계가 있으므로 사회적기업은 이를 참고하여 사업분야를 결정할 수 있다.

〈표 9-26〉 사회복지관의 사업(규칙 제23조의2제3항 별표3)〈개정 2012.8.3〉

기능	사업분야	사업 및 내용
사례 관리 기능	1. 사례발굴	지역 내 보호가 필요한 대상자 및 위기 개입대상자를 발굴하여 개입계획 수립
	2. 사례개입	지역 내 보호가 필요한 대상자 및 위기 개입대상자의 문제와 욕구에 대한 맞춤형 서비스가 제공될 수 있도록 사례개입
	3. 서비스 연계	사례개입에 필요한 지역 내 민간 및 공공의 가용자원과 서비스에 대한 정보 제공 및 연계, 의뢰
서비스 제공 기능	4. 가족기능 강화	1. 가족관계증진사업: 가족원 간의 의사소통을 원활히 하고 각자의 역할을 수행함으로써 이상적인 가족관계를 유지함과 동시에 가족의 능력을 개발·강화하는 사업 2. 가족기능보완사업: 사회구조 변화로 부족한 가족기능, 특히 부모의 역할을 보완하기 위하여 주로 아동·청소년을 대상으로 실시되는 사업 3. 가정문제해결·치료사업: 문제가 발생한 가족에 대한 진단·치료·사회복귀 지원사업 4. 부양가족지원사업: 보호대상 가족을 돌보는 가족원의 부양부담을 줄여 주고 관련 정보를 공유하는 등 부양가족 대상 지원사업 5. 다문화가정, 북한이탈주민 등 지역 내 이용자 특성을 반영한 사업
	5. 지역사회 보호	1. 급식서비스: 지역사회에 거주하는 요보호 노인이나 결식아동 등을 위한 식사제공 서비스 2. 보건의료서비스: 노인, 장애인, 저소득층 등 재가복지사업대상자들을 위한 보건·의료 관련 서비스 3. 경제적 지원: 경제적으로 어려운 지역사회 주민들을 대상으로 생활에 필요한 현금 및 물품 등을 지원하는 사업 4. 일상생활 지원: 독립적인 생활능력이 떨어지는 요보호 대상자들이 시설이 아닌 지역사회에 거주하기 위해서 필요한 기초적인 일상생활 지원서비스 5. 정서서비스: 지역사회에 거주하는 독거노인이나 소년소녀가장 등 부양가족이 없는 요보호 대상자들을 위한 비물질적인 지원 서비스 6. 일시보호서비스: 독립적인 생활이 불가능한 노인이나 장애인 또는 일시적인 보호가 필요한 실직자·노숙자 등을 위한 보호서비스 7. 재가복지봉사서비스: 가정에서 보호를 요하는 장애인, 노인, 소년·소녀가정, 한부모가족 등 가족기능이 취약한 저소득 소외계층과 국가유공자, 지역사회 내에서 재가복지봉사서비스를 원하는 사람에게 다양한 서비스 제공
	6. 교육문화	1. 아동·청소년 사회교육: 주거환경이 열악하여 가정에서 학습하기 곤란하거나 경제적 이유 등으로 학원 등 다른 기관의 활용이 어려운 아동·청소년에게 필요한 경우 학습 내용 등에 대하여 지도하거나 각종 기능 교육

〈표 계속〉

기능	사업분야	사업 및 내용
서비스 제공 기능	6. 교육문화	2. 성인기능교실: 기능습득을 목적으로 하는 성인사회교육사업 3. 노인 여가·문화: 노인을 대상으로 제공되는 각종 사회교육 및 취미교실운영사업 4. 문화복지사업: 일반주민을 위한 여가·오락프로그램, 문화 소외집단을 위한 문화프로그램, 그 밖에 각종 지역문화행사사업
	7. 자활지원 등 기타	1. 직업기능훈련: 저소득층의 자립능력배양과 가계소득에 기여할 수 있는 기능훈련을 실시하여 창업 또는 취업을 지원하는 사업 2. 취업알선: 직업훈련 이수자 기타 취업희망자들을 대상으로 취업에 관한 정보제공 및 알선사업 3. 직업능력개발: 근로의욕 및 동기가 낮은 주민의 취업욕구 증대와 재취업을 위한 심리·사회적인 지원프로그램 실시사업 4. 그 밖의 특화사업
지역 조직화 기능	8. 복지 네트워크 구축	지역 내 복지기관·시설들과 네트워크를 구축함으로써 복지서비스 공급의 효율성을 제고하고, 사회복지관이 지역복지의 중심으로서의 역할을 강화하는 사업 - 지역사회연계사업, 지역욕구조사, 실습지도
	9. 주민 조직화	주민이 지역사회문제에 스스로 참여하고 공동체 의식을 갖도록 주민 조직의 육성을 지원하고, 이러한 주민협력강화에 필요한 주민의식을 높이기 위한 교육을 실시하는 사업 - 주민복지증진사업, 주민조직화 사업, 주민교육
	10. 자원 개발 및 관리	지역주민의 다양한 욕구 충족 및 문제해결을 위해 필요한 인력, 재원 등을 발굴하여 연계 및 지원하는 사업 - 자원봉사자 개발·관리, 후원자 개발·관리

• 공동모금회: 4가지 사업이 있다. 즉, 앞에서 설명한 바와 같이 신청사업, 기획사업(테마기획사업, 제안기획사업), 긴급지원사업, 지정기탁사업 등이다. 사회적기업은 배분사업을 신청하여 선정이 되면 지원받을 수 있다. 처음에는 신청사업 중 프로그램사업 및 기능보강사업부터 시작하여 기획사업이나 지정기탁사업으로 신청하는 것이 바람직하다고 판단된다.

③ 사회적기업의 세부활동 분야

• 지역사회 분야: 사회적기업의 활동 분야를 세부적으로 살펴보면 그 예시로 지역사회 분야를 들 수 있다. 따라서 사회적기업이 지역사회 분야 관련사업을 시행함에 있어서 활동 분야의 결정에는 다음의 예시를 참조 바란다.

지역사회분야의 예시

1. 군(軍)사회복지 활성화를 위한 지원사업
2. 볼런티어리더십 아카데미 지원사업
3. 지역사회역량강화 지원사업
4. 지역단위 복지과제해결 지원사업
5. 마이크로크레디트 사회적기업 모델 구현사업
6. ㅇㅇ지역 복지활동가 네트워크 지원사업
7. ㅇㅇ지역 복지활동가 교육훈련사업
8. ㅇㅇ지역 지역복지활동가를 위한 '위대한 활동가 학교'
9. 군(軍)사회복지 지원사업
10. 넘버원 지역사회 활동가 육성 지원사업
11. 지역주민의 관계망 형성 및 확장을 통해 장애가 장애가 되지 않는 ㅇㅇ동 마을공동체 만들기
12. 정의로운 국제개발협력을 위한 시민 아웃리치
13. 나눔문화캠페인 지원사업
14. 나눔문화 활성화 지원사업

자료: 사랑의열매 사이트. 수정·인용.

- 연도별 사업 분야: 예를 들어, A기업 복지재단은 아래와 같이 연도별로 사업 주제를 선정하고 있다. 따라서 이는 사회적기업의 세부활동 분야의 예시로 참고할 수 있는 부분이다.

〈표 9-27〉 기업 복지재단의 연도별 사업 주제

년도별	중점 사업의 특징	세부사업 주제
1996~1997년	청소년 복지 사업 중심	학교사회사업, 청소년 비행 예방프로그램, 청소년 자원봉사 프로그램 등
1998~2003년	분화의 시기	청소년복지 사업 중심에서 탈피하여 가족복지, 장애인복지, 노인복지, 사회문제 등의 주제로 다양하게 분화되었고 사회사업 방법론이 사업 주제에 포함됨.
2004~2009년	사회적 이슈의 시기	사회복지 실천의 관점을 지역사회로 확장하고, 접근방법에서는 자조와 역량강화가 화두로 제시되었고 복지의 사각지대를 발굴하고 지원하기 위한 주제가 활발하게 제기됨.
2010~2011년	새로운 영역과 전문화를 도모하는 시기	보육 복지서비스의 개발, 학교 사회복지사업의 전문화, 일반 사회복지 사업의 전문화가 사업의 주제로 제시됨.

자료: 삼성복지재단a, 2012: 8.을 도표로 구성함.

④ 사회적기업의 프로그램 분야

아래에서 열거한 공동모금회의 우수한 사업은 중앙정부 및 지자체의 사회복지정책이나 서비스 도입에 영향을 미치거나 관련 법 제·개정에 반영된 프로그램이다. 따라서 사회적기업은 이러한 사업을 참고하여 질적 수준이 높은 프로포절을 개발하여야 한다.

〈표 9-28〉 우수한 민간복지 프로그램(2000~2005년)

사업명	연도	정책이나 법에 반영된 내용
1. 쉼터그룹홈 지원사업	2000	아동 및 청소년 공동생활가정 및 쉼터에 대한 법적근거 확보(아동복지법, 청소년기본법 개정), 정신장애인 쉼터/그룹홈의 경우, 정신보건법에 의한 사회복지시설로 등록
2. 1~3세대 통합을 위한 한세대만들기 지원사업	2001	복지부 노인일자리 사업 중 '사회참여형' 사업으로 채택
3. 지역사회알코올 상담센터	2001	보건복지부 지정 알코올상담센터 전환되어 정부로부터 운영비 지원받음
4. 빈곤 및 소외가족 전문 상담사업센터	2002	사업종료 후 건강지원센터, 여성가장희망센터(복지부 시범사업)으로 전환되어 사업 지속
5. 노인학대 상담센터	2002	2003년 노인복지법 개정으로 노인학대, 긴급전화 및 노인보호전문기관의 설치 등에 대한 규정이 생김. 3차년도(2004년) 사업수행기관 11개 중 몇 개 기관이 노인보호전문기관으로 지정되어 정부의 운영비 지원받음
6. 중증장애인 자립생활 지원사업	2003	정부가 중증장애인자립생활 지원사업 시범사업 실시(05~07년). 시범사업 종료 후 중증장애인 활동보조인 바우처 사업 시행(07년 5월), 관련 지방 조례 제정에 기여(서울 강남구, 광주, 충남, 경북 등)
7. 전동휠체어 지원사업	2003	전동휠체어에 대한 건강보험/의료급여 실시(2005년 4월)
8. 홈헬퍼 파견사업	2003	가사도우미사업으로 정착
9. 아동성학대 대응능력 강화사업	2004	조사과정에서의 2차 피해예방을 위한 성폭력특별법 개정에 영향
10. 빈곤가정 위기지원사업	2004	2006년 시행된 긴급복지지원제도의 모형
11. 미신고시설기능 보강사업	2005	미신고시설이 신고시설로 전환되는 데 기여
12. 저소득층가정 보육도우미 파견을 통한 회적일자리 지원사업	2005	여성가족부 사회적 일자리사업(아이돌보미사업) 제도화에 기여(2007년)
13. 이주노동자귀환 지원사업	2005	한국산업인력공단 외국인고용지원국에 귀국지원팀 신설에 기여(이주노동자 귀국지원프로그램 실시)

자료: 연세대학교 산학협력단, 2010: 212, 수정·인용.

(6) 프로포절 작성방안

프로포절 작성에 대해서는 현재 공통적으로 사용하는 양식은 없고, 중앙정부나 지자체, 공동모금회, 기업 복지재단, 민간기금, 일반단체별로 서로 다른 양식과 내용을 요구하고 있다. 따라서 본서에서는 실무적으로 활용하고 있고 또한 사회적기업과 가장 밀접하게 연결될 수 있는 일반기업과 공동모금회의 2가지 프로포절을 예로 설명하기로 한다. 따라서 사회적기업에서 프로포절을 작성하는 경우에는 상황에 따라 적절하게 조정하여 작성하기 바란다. 순서대로 설명한다. 순서는 사업명, 사업의 필요성, 선행 경험, 사업 목적, 대상자 범위 및 선정 방법, 지향 가치·방향 설정, 사업 목표, 프로그램의 내용, 프로그램 평가, 예산 편성 등 10가지이다.[84)]

① 사업명: 제목 및 사업 핵심 개요

- 작성방향: 사업명은 프로포절의 전체 성격을 명료하고 함축적으로 규정한 것이다. 따라서 프로포절의 사업명은 기존 프로그램의 한계를 뛰어넘어 새로운 가능성을 엿보게 하는 사업제목, 사각지대에 있는 대상자에 대해 기존의 틀을 깨는 획기적 발상을 도모하는 사업제목 등으로 구성하는 것이 바람직하다고 본다(삼성복지재단, 2012a: 18).
- 작성방법: 따라서 사업명은 대상–관점–목적–방법 등이 표현되어야 하며, 필요한 경우 부제(부제목)를 활용해도 무방하다. 즉, 대상은 확정된 대상자의 범위, 관점은 추구하는 관점, 목적은 지향하는 사업, 방법은 프로그램 내용을 의미한다.

【예시】	장애청년의	사회적응 및 자립생활능력 향상을 위한	자조모임	지원사업
	↓	↓	↓	↓
【방법】	대상	목적	관점	방법

【예시】	"내 인생의 주인공은 바로 Na"
	↓
【방법】	부제목

- 유의사항: 첫째, 사업명과 사업 핵심개요 측면에서 서로 일치하여야 한다. 잘못된

84) 이 부분은 사랑의열매(2010) 2011 배분사업 설명자료와 삼성복지재단(2012a), 작은나눔 큰사랑 프로그램 기획 매뉴얼, 삼성복지재단(2012b) 지원기관 우수사례집 등을 참고하여 작성하였음.

사례로는 사업명은 '역량강화나 강점 관점'이면서 사업 핵심개요에서는 그에 따른 기본 관점이나 가치가 반영이 되지 않은 경우 또는 다르게 설명하고 있는 경우 등이다. 둘째, 대상은 명확하게 표현하여 범위를 지정하여야 한다. 잘못된 사례로는 사업대상이 노인이나 사업내용에서는 노인과 노인가족이 대상인 경우, 대상이 장애인이나 15종류 중 어느 종류인가가 불명확한 경우 또는 나이별로 장애아동인지 장애청소년인지 장애어른인지 불명확한 경우 등이 있다(삼성복지재단, 2012a: 25).

• 실무 작성사례

1. 이주노동자 환자의 치료지원을 위한 간병인 파견사업
2. 저소득층 여성장애인의 임신, 출산, 육아지원사업 "대한민국이 응원하는 여성장애인 당당한 엄마되기 지원프로젝트"
3. 지역사회 직업 훈련 기관 네트워크에 기반하여 지역주민이 함께 만들어 가는 성인 지적장애인들의 일자리 실습 복합 공간 "함께 만들어가는 행복한 북카페"
4. 미취학 자녀를 둔 다문화가족의 학교생활 적응을 위한 교육지원 프로그램 "다문화가족의 꿈꾸는 무지개 스쿨"
5. 자살 시도 후 생존 또는 사망한 청소년의 학교 공동체를 중심으로 한 위기 관리 및 정상화 프로그램 "우리의 생명 소중하게 가꾸기"

자료: 사랑의 열매, 2011b; 삼성복지재단, 2012a 등 참고.

② 사업의 필요성

• 설명 순서: 사업의 필요성은 프로포절의 필요성을 설명하는 부분이다. 따라서 전체적인 사회문제(A)의 심각성 대두와 근거 제시, A에 대한 지역사회의 문제현황과 근거제시, 해당 프로포절이 필요한 이유와 근거 등을 순서대로 설명하는 절차를 거쳐야 한다.

• 설명 사례: 예를 들어, 첫째로 전체적인 사회문제가 '소득문제로 인한 노인 자살의 증가'라면 그 근거자료로는 국가 통계조사(사회조사, 노인 현황조사), 기관 조사(노인 인식조사 등) 등에서 자살 관련 정보를 제시하여야 한다. 둘째로 이에 대한 지역사회의 문제현황도 조사하여야 한다. 그 이유는 전체적인 사회문제가 어느 지역에서는 해결이 가능하여 그 중요성이 감소할 수 있기 때문이다. 이 경우 근거자료로는 앞에서 설명한 조사자료, 지역 복지계획의 통계치, 정보제공자 또는 서

비스 이용자를 대상으로 하는 설문조사, 델파이 방법이나 명목집단기법 또는 포커스 그룹을 통한 전문가 의견수집 등이 있다. 셋째로 해당 프로포절이 필요한 이유와 근거는 해당 프로포절이 새로운 프로포절인 점 또는 기존사업의 추가 실시 프로포절인 점, 그리고 중단된 기존사업을 계속 진행하는 프로포절인 점 등 중에서 제시하여야 한다(삼성복지재단, 2012a: 27-8)(아래 예시 참조).

전체적인 사회문제의 예시(세대 간 격차 및 디지털소통의 문제로 인한 갈등)

- 세대 간 격차로 인한 갈등의 단적인 예를 들어 보면, 2011년 뉴스에서 지하철 안(노인과 젊은 층이 불가피하게 접촉하는 공간)에서 젊은 층과 노인들이 충돌하는 영상이다. "평상복 차림인 할머니는 오른손에 봇짐 하나를 들고 지하철을 탔지만 20~30대 승객들은 미동조차 하지 않았다. 휴대 전화로 문자를 보내거나 태블릿 PC를 통해 TV 프로그램을 시청하느라 바빴다. 평소 이런 광경을 자주 목격한다는 승객들도 많았다"라는 내용이 뉴스에 방송(야후 뉴스, 2011. 6. 27.)되었으며, 또 다른 사건으로는 '패륜녀', '페트병녀', '막말남', '욕쟁이 할머니'라는 기사들이 계속해서 방송되는 모습을 볼 수 있었다. 서울메트로에서는 '지하철 세대 충돌'에 대한 생각을 물어본 결과, 노인들 사이에서는 '공공 패륜(공공 규범과 전통 예절의 붕괴 현상)'이 만연하다는 지적으로 나타나며, 젊은 대학생들의 생각은 "노인들도 막말이나 양보 강요를 자제해야 한다"고 주장하였다.
- 서울도시철도에서 발표한 자료에 의하면 지하철 내 노약자석 자리 다툼으로 인한 세대 간의 충돌은 2008년에는 62건, 2009년에는 170건, 2010년에는 397건으로 지속적인 증가를 나타내고 있으며, 2011년 상반기에만 벌써 210건이 발생하였다. ○○○ 박사는 이러한 현실이 "일반 생활 속에서 노인과 젊은 층이 같은 공간에 오래 머물며 접촉하는 경우가 별로 없으며, 노인들이 너무 권위적으로 소통하려는 반면, 젊은 세대는 탈권위와 디지털 소통에 익숙해 면대면 접촉에서 다른 세대와 소통하는 데 서투르다"고 지적했다.

자료: 네이버 뉴스, 2011.7.4., 중앙일보, 2011.7. 삼성복지재단, 2012a: 30.

프로그램 필요성의 예시: 노인 인권 보호·증진을 위한 운영사업의 경우

1. 노인 인권에 대한 사회적인 의식 결여 및 노인 학대의 심각성
   - 최근 노인의 인권이 이슈화되면서 이에 대한 논의가 활발히 진행되고 있으나 노년층은 물론 젊은 세대 모두 노인의 권리에 대한 인식 부족과 교육 기회의 부재로 노인 인권에 대해 무지한 상태이다.
   - 한국 ○○센터가 지난해 서울 25개 지역에 거주하는 60세 이상 어르신을 대상으

로 한 설문 조사결과 응답자의 48.3%가 노인 인권 침해에 대해 심각하다고 느끼고 있었으며, 침해 원인으로는 '노인을 공경하지 않는 사회적 분위기'가 24.4%로 가장 많았고, '노인과 함께 사는 것에 대한 스트레스'가 1.1% 순으로 나타났다. 또한 서울시 노인○○기관에 접수된 2009년 노인 학대 신고 건수는 (중략) 나타나 노인인권 침해 및 학대의 심각성을 단적으로 보여 주고 있다.

2. 아동을 대상으로 한 노인 인권 보호 교육의 필요성

- 피아제의 인지 발달 단계에 따르면 유년기 아이들은 경험에 기초한 사고를 바탕으로 도덕성이 발달하는 시기이며, 옳고 그름에 관심이 많은 시기로서 이 시점의 도덕 교육은 매우 중요하다. (중략) 매스컴, 인터넷 등의 다양한 영상 매체조차도 이를 올바르게 표현하지 못해 아동들에게 노인에 대한 부정적인 이미지를 고착시키는 등의 직·간접적인 영향을 미치고 있다.

  (중략) 따라서 경험에 기초한 사고가 발달하는 시기에 아동들에게 노인 인권 보호에 대한 심각성과 예방에 대한 필요성을 교육으로 심어 주면 노인 학대·가해의 잠재성을 미연에 방지하고, 노인 인권 보호에 대한 분위기를 형성할 수 있으며(중략)

3. 전문적·주도적 노인 자원봉사영역 개발의 필요성

- 노년기 자원봉사 활동은 노인에게 새로운 역할 부여에 따른 다양한 경험을 제공함으로써 사회적 역할 상실을 보상하고, 이를 통해 자기 자신에게 긍정적인 평가와 안정감을 제공하며, 개인적인 경험을 통해서 습득한 기술과 지식을 적용할 수 있는 기회를 제공해 줌으로써 자아 성장의 장이 된다는 점에서 그 의미가 크다. 또한 복지 주체로서의 노인과 노인 주도의 자원봉사 활동은 수혜 대상자에서 복지 제공자로의 인식 변화의 계기가 되며, 우리 사회의 노인에 대한 부정적 시각을 바꿀 수 있게 해준다는 점에서도 그 의미가 크다. 궁극적으로 노인전문 자원봉사 활동영역의 개발과 참여는 노인들의 삶의 질을 높이고 자조의 기회를 제공한다는 점에서 그 중요성이 크다.

자료: 삼성복지재단, 2012:b 16-7.

③ 선행 경험 파악

- 개념: 선행 경험을 파악하는 것은 제출하려는 프로포절과 관련하여 선행 프로포절의 존재 여부와 관련사항, 유사 프로포절과의 관련사항을 파악하는 것을 말한다. 따라서 그 목적은 제출기관의 역량, 즉 지식과 경험, 그리고 열정과 의지 등을 피력하여 제출 프로포절의 성공가능성을 제시하는 것이다.
- 방법: 방법은 3가지를 들 수 있다. 하나는 타 조직이 실시한 동일한 선행 프로그램을 고찰하는 것으로서, 한국사회복지공동모금회나 복지재단 등의 기존 프로그램

을 파악하는 것이다. 이 경우에는 기존 프로그램들의 진행과정과 성과 및 한계를 파악한 후, 논리적인 근거를 통하여 제출하려는 프로그램이 이들과 어떠한 차별성이 있는지를 제시하여야 한다. 또 하나는 제출기관이 실시한 유사한 선행 프로그램을 설명하는 것이다. 그 이유는 그러한 유사 프로그램의 경험이 제출할 프로그램 구상에 대하여 미친 영향과 제출할 프로그램의 시행에 영향을 줄 수 있는 순기능적인 역할을 설명하는 것이 더욱 설득력이 있기 때문이다. 또는 선행 프로그램이나 유사 프로그램 경험도 없는 경우, 최초 프로그램으로 설명한다. 이 경우, 근거자료로는 국내외의 이론이나 통계자료, 외국의 사례를 이해하기 쉽게 소개하여도 무방하다고 본다(삼성복지재단, 2012a: 32-3).

• 실무 작성사례: 아래의 예시는 정확한 정답이 아니라 작성기준의 하나로 제시한 것임을 참조하기 바란다.

동일한 선행 프로그램 작성(예)

1. 기존연구 명칭: 세대 통합 프로그램(세대 격차의 이해, 해소)
2. 기존연구 출처: 『노인○○ 연구』 2008 봄호(통권 39호) 한국○○복지학회, "세대 통합 프로그램을 통한 대학생의 노인에 대한 인식 변화와 자기 성찰"-휴대 전화 교육 프로그램에 참여한 대학생을 중심으로
3. 기존연구 성과: 노인과 관계 형성 과정을 통해 본 노인에 대한 대학생 인식 변화
   ▸ 프로그램 실시 전: 노인에 대한 부정적 선입견
   ▸ 프로그램 실시 후: 노년기의 어려움을 이해함, 노인과 공동체 의식을 형성함.
4. 한계점과 차별성 설명(예): 사회적 약자 및 소수자에 대한 관심을 불러일으키는 좋은 계기로 ○○프로젝트를 실시하고자 한다. 이는 세대·계층·지역 간의 차이를 축소하거나 해소할 수 있는 계기가 될 것이며, 아울러 ○○를 새로운 개념의 소통 및 네트워크의 모델로 제시하여 많은 사람들이 공감하고 활동하는 방법으로 활용하고자 한다.

유사 프로그램 시행 경험 작성(예)

1. ○○노인복지관에서는 2009년부터 이용 노인과 대학생 봉사자가 함께하는 휴대 전화 활용교육이 진행되고 있다. 이를 통해 휴대 전화 이용 노인에게는 휴대 전화 활용능력을 익히고 가족 및 친구들과 폭넓은 소통을 할 수 있는 기회가 되었으며, 대학생 봉사자들에게는 노인의 특성을 이해할 수 있는 계기가 되었다.
2. 성공가능성 설명(예): '본 서비스를 스마트 기기에 적용한다면 이용하실 의향이 있는지?'에 대한 문항에 대해서는 ○○노인 복지관 응답자의 경우 총 50명 중 16명

(32.0%)이 '이용을 하겠다'라고 응답한 반면, ○○노인복지관 응답자의 경우 총 27명(56.4%)이 '이용을 하겠다'라고 응답하는 등 '스마트 콘텐츠'에 대한 관심 또한 높은 것을 알 수 있다.

자료: 삼성복지재단, 2012a: 34-41.

④ 사업 목적

• 사업 목적과 목표의 비교: 목적은 사업의 존재 이유와 활동을 통해 궁극적으로 달성하고자 하는 추상적인 가치 또는 상태이다. 따라서 달성하고자 하는 미래 지향적인 상황을 서술하여야 한다. 반면, 목표는 목적을 실현하기 위해서 사업이 달성해야 할 계량적이고 구체적인 설정치를 말한다. 부연하면 등산에서 목적은 정상등반이고, 목표는 1,000m 등반, 2,000m 등반 등 다수가 있다.

〈표 9-29〉 목적과 목표의 비교(예)

구 분	목 적	목 표
기업분야 (예)	노인의 노후생활을 편안하고 안전하게 만든다.	한국의 000명의 노인들에게 15개 분야의 고령친화 상품을 공급한다.
사회복지분야 (예)	참가자들의 내적 역량 및 사회적 관계망을 향상시키고, 지속적인 주민 참여활동의 기반을 마련하는 것을 목적으로 한다.	내적 역량 및 사회적 관계망 향상, 참여활동을 시키기 위해 ○○○프로그램을 실시한다.

• 사업 목적의 작성방법(예): 사업 목적은 사업명과 같은 방향이어야 하며, 사업대상과 변화의 방향을 정확히 서술해야 한다(아래 참조).

목적의 작성방법(예)

1. 지역사회 내 사회적 배제를 경험하고 있는 주민들을 대상으로 ⇨ 사업대상 설명
2. 역량 강화 프로그램을 실시하여 ⇨ 사업의 추진수단 설명
3. 참가자들의 내적역량 및 사회적 관계망을 향상시키고, 지역사회문제를 해결하는 실천경험을 함으로써 ⇨ 달성방향 설명
4. 지속적인 주민 참여 활동의 기반을 마련하는 것을 ⇨ 지향방향 설명
5. 목적으로 한다.

자료: 삼성복지재단, 2012a: 43-4.

⑤ 대상자 범위 및 선정 방법

사업 목적을 결정한 후 대상자를 확정하고, 그 다음에 대상자에 대한 사업 목표를 선정하는 단계로 설명한다. 그 이유는 대상자가 확정되어야 그에 따른 사업 목표를 정확히 선정할 수 있기 때문이다. 이 부분은 대상자의 정확한 개념, 대상자 범위, 대상자 구분, 선정 방법 순으로 설명하기로 한다(삼성복지재단, 2012a: 45-54; 사랑의열매, 2010).

- 대상자의 정확한 개념: 대상자를 설명하는 경우에는 대상자를 정확하게 정의하여야 한다. 즉, 나이나 학령기, 존재위치 또는 상황 등을 세밀하게 규정해야 한다는 것이다. 첫째, 아동의 개념을 예로 설명한다. 보통 아동은 '18세 미만인 사람'(아동복지법 제3조)을 의미한다. 그러나 프로그램의 성격에 따라 부모에 따라 정상부모, 한부모, 학생가장 등으로 구분할 필요가 있다. 만약 '보호대상아동'이라면 학교에 다니는 경우는 20세 미만인 사람, 25세 미만이고 지능지수가 71 이상 84 이하인 사람으로서 자립 능력이 부족한 경우도 해당된다(동법 시행령 제22조). 그리고 한부모가족지원법상 아동은 18세 미만을 의미하나, 취학 중인 경우에는 22세 미만까지를 포함하고, 청소년 한부모는 24세 이하의 모 또는 부를 의미한다(동법 제4조). 둘째, 따라서 장애인도 '초등학교 고학년(4~6학년) 재학 중 재가 장애 아동'과 같이 정확히 설명하여야 한다.
- 대상자 범위: 보통 대상자 개념이 정확히 된 후에 프로그램에 참여할 대상자를 결정한다. 예를 들면, '경기도 ○○지역 월소득 00만 원 이하 65세 노인'이나 '차상위계층의 한부모가족 내 부(모)와 초등학교 재학 중인 자녀'라고 정할 수 있다. 여기에서 대상자 범위를 결정하는 타당한 일반원칙은 프로그램 성격에 따라서 대상자 범위를 결정하거나 또는 프로그램에 대한 욕구가 큰 집단을 우선으로 결정하는 것이다(삼성복지재단, 2012a: 49).
- 대상자 구분: 대상자 구분이라 함은 대상자의 프로그램 참여 정도를 구분하는 것을 말한다. 즉, 대상자를 '주된 참여자'와 '주변 참여자'로 구분하는 것이다. 첫째, 경기도 ○○지역 월소득 00만 원 이하 65세 노인에 대한 일자리 역량강화라면, 노인 모두가 주된 참여자이다. 둘째, 한부모가족 내 아동의 사회적 관계망 확대라면, 아동이 주된 참여자이고 부(모)가 주변참여자이다. 셋째, 장애-비장애 형제 간

의 관계개선 프로그램에서 주된 참여자는 장애 및 비장애 형제이고 주변 참여자는 부모이다. 이렇게 구분하는 목적은 신청자가 스스로 명확하게 사업의 초점을 이해하도록 하는 것과 동시에, 개입전략 수립과 프로그램의 성격 및 내용을 연결시키려는 것이다(삼성복지재단, 2012a: 49-50).

- 선정 방법: 이는 대상 모집전략과 모집 홍보방법을 의미한다. 보통 홍보를 통해 모집, 지역 네트워크를 통한 소개, 특강개최를 통한 선정 등의 방법을 사용한다.

⑥ 지향 가치·방향 설정

- 개념: 가치(value)란 믿음 또는 신념과 같은 것으로, 무엇이 좋고 바람직한가 하는 보편적인 선호(사회적 선호)를 의미한다. 그리고 그 기능은 인간행동의 방향을 제시하거나 도덕적 판단의 기준으로 역할하고 있다. 따라서 프로포절 작성 시에는 지향 가치·방향이 설정되어야 하며, 이들은 모두 프로그램 내용으로 연결되어야 한다. 그러므로 순서는 가치결정, 방향설정, 프로그램화 순서이다.
- 가치체계: 가치는 중요성에 따라 체계를 이루고 있으며, 궁극적 가치, 차등적 가치, 수단적 가치로 구분할 수 있다. 궁극적 가치란 가장 추상적이고 다수에 의해 가장 쉽게 동의할 수 있는 가치로서 예를 들면, 자유, 인간의 존엄성, 정의, 인간능력에 대한 인정, 평등한 대우 및 차별금지 등이 있다. 차등적 가치는 궁극적 가치를 좀 더 구체화한 것으로서, 보건의료서비스, 치료를 거부할 수 있는 환자의 권리, 낙태나 동성애에 대한 가치 등이 있다. 수단적 가치는 궁극적 가치를 달성하기 위한 수단이나 방법으로서 윤리나 행동지침으로 나타나며 예를 들면, 자기결정, 비밀보장, 고지된 동의, 수용적이며 비난하지 않는 태도 등이다(Pumphrey, 1959).
- 사회적기업의 가치설정 방안: 예를 들어, 프로포절의 가치를 '장애인 능력에 대한 인정'으로 결정하였다면 방향은 '장애인 발달지원'으로, 프로그램은 '역사유적지 탐방'으로 연결할 수 있다. 여기서 가치와 프로그램은 종전의 것을 보완하거나 또는 시도하지 않았던 가치와 방식을 표현할 수도 있다(삼성복지재단, 2012a: 55-6). 그러나 유의할 점은 가치와 프로그램은 같은 방향을 지향하여야 한다는 점이다. 예를 들어, 가치가 '강점 관점'인 반면, 대상자 분석은 약점 위주로 기술하거

나 프로그램이 강점을 발굴하고 지원하는 것과는 다른 경우 또는 가치가 '자기 결정'을 지향하면서도 프로그램 이용자가 자기 결정을 할 수 없는 경우 등이다(삼성복지재단, 2012a: 56-7).

〈표 9-30〉 프로포절의 가치(예)

개인 지원	강화 사업	이념 지향	개선 사업	기타
• 발달(성장) 지원 • 학습 지원 • 심리 정서 지원 • 자립(독립) 지원 • 사회성 향상 • 취업지원	• 역량 강화 • 가족 기능 강화 • 경쟁력 강화 • 연계 수준 강화 • 네트워크 구축	• 사회 통합 • 사회적 참여 • 자기 결정권 • 선택권 • 자립 생활 • 강점 관점 • 생명 존중 • 파트너십 • 이용자 중심	• 인식 개선	• 인권 증진 • 자기 실현 • 노년의 삶 이해 • 시설 이용자의 삶 이해

자료: 삼성복지재단, 2012a: 56. 이는 하나의 예시로 참조할 것.

• 실무의 예: 아래의 예는 가치결정, 방향설정, 프로그램화로 구성된 실례이므로 업무에 참조 바란다.

ㅇㅇ마을 사람책도서관 프로젝트(예)

1. 가치결정, 방향설정(예)

(중략) 현대 사회와 같이 단절적이고 개인적이고 자본 중심적인 가치·사고가 지배하는 사회에서는 인간에 대한 믿음은 언제나 개인의 이익과 편의에 의해 묻히거나 무시될 수 있다는 현실 속에서 이는 더욱 중요하게 회복해야 할 과업이라 할 수 있다. 따라서 공동체는 이러한 믿음의 강조이며 또한 함께 살아가는 타인(인간)에 대한 존엄성을 구현하는 사회복지실천의 중요한 과제이다. 즉, 위의 정의와 같이 공동체는 지리적 범위의 한계성을 의미하기보다는 그 속에 참여하고 공존하는 구성원들 간의 관계와 협력을 통한 공생을 강조하는 의식이며 가치라 할 수 있다. 따라서 본 사업에서는 이러한 가치를 인식하고 실천하는 과정에서 "나누고, 소통하고, 함께 살아가는(상생)" 사회를 사람책(Living Library)을 통해 가능할 수 있음을 믿고 있다.

↳ 가치결정 ↳ 방향설정

2. 프로그램화(예)

가) 나눔(sharing): (중략). 사람책(Living Library)으로서 기능하는 모든 이들은 자신이 가진 재능과 경력, 철학과 가치들을 서로 나누는 과정에 참여하는 것으로, 타

인에게 힘이 되는 멘토로서 역할을 하는 것이며 동시에 우리 사회 전체의 긍정적인 분위기와 협조적인 삶의 자세를 건설하는 데 중요한 역할을 할 수 있다.

나) 소통(communication): (중략). 결국 해결책은 우리 모두가 알고 있는 것과 같이 대화를 확대하고 사람 간의 관계를 넓히는 것이 정답이다. 이를 위해서는 사람이 만날 수 있고 함께 이야기를 나눌 수 있는 매개를 확대 발전시키는 것이 관계를 증진시키는 것이며 공동체를 형성하는 실천이라 할 수 있다. 사람책(Living Library)은 그러한 관계와 소통을 넓히는 매개체로서의 역할을 수행하며, 누구나 열린 대화의 창구로서 기능하며 인간성 회복의 가능성을 제공한다.

다) 상생(mutualism): (중략). 나 혼자의 힘으로 살아갈 수 있는 것이 아니라 구성원에게서 힘을 부여받고 힘을 나누고 공유하는 관계적인 과정 속에서 서로 지지하고 협력하는, 그럼으로써 서로가 도움이 되는 사회가 합리적이고 자연스러운 사회라는 것이다. 사람책(Living library)은 이러한 주고받음이고, 그럼으로써 서로가 지지받고 힘이 되는 사회를 만드는 매개체로서 역할을 한다고 할 수 있다.

자료: 삼성복지재단, 2012a: 57-9. 수정·인용.

⑦ 사업목표

• 개념: 앞에서 설명한 사업목적(goal)에서 사업목표(object)가 도출된다. 즉, 목표는 목적을 실현하기 위해서 사업이 달성해야 할 계량적이고 구체적인 설정치를 말한다. 이러한 사업 목표에는 사업 목표와 세부목표가 있고, 세부목표에는 과정목표와 성과목표가 있다. 이들의 관계도식은 아래와 같다.

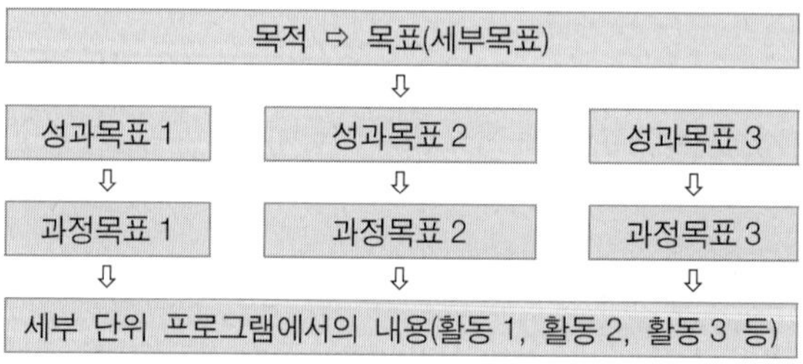

[그림 9-9] 사업목표와 하부목표와의 관계

자료: Kettner etc, 2000: 139. 도표를 수정.

• 세부목표 작성방법: 작성은 SMART 원칙에 따라 Specific(구체적으로 명료하게 서술함), Measurable(측정 가능하게 숫자, 양적으로 표시함), Attainable(실현 가능하게 표현함), Result-Oriented(결과 지향적으로 표시함), Time frame(시간구

조를 갖도록 함)으로 기술하여야 한다.

- 성과목표와 과정목표: 목표(세부목표)는 프로그램이 진행 결과 대상자의 종국적인 변화를 나타내는 최종적인 목표로서, '자존감 30% 향상', '참여자 90%가 자격증을 획득'과 같은 목표를 말한다. 그리고 성과목표는 목표(세부목표)를 달성하는 여러 가지 성과목표로서 예를 들면, '인성교육으로 개인가치 20% 증진'(성과목표 1), '학업성적의 20% 향상'(성과목표 2), '개인별 1취미 확보'(성과목표 3) 등이 있다. 또한 과정목표는 프로그램 과정별로 이루어지거나 설정될 수 있는 목표로서, 예를 들면, '대상을 50명 모집한다'(과정목표 1), '서비스 회기를 12회로 한다'(과정목표 2) 등으로서 기관의 활동내용을 의미한다.

〈표 9-31〉 목표(세부목표), 성과 세부목표, 과정 세부목표(예시)

목표(세부목표)	성과목표	과정목표
1. 201X년 6월 30일까지 학교기록 기준으로 높은 위험에 처한 청소년의 졸업률을 40% 증가시킨다. 2. 201X년 12월 31일까지 ○○에 보고된 아동학대 가구의 70%에 대하여 아동학대 및 방임의 재발을 방지한다. 3. 201X년 6월 30일까지 의뢰받은 청소년 100명을 대상으로 '부모와 자녀 의사소통척도(PAC)' 기준으로 50% 향상시킨다.	1. 201X년 6월 30일까지 인성교육으로 개인가치 20%를 증진시킨다. 2. 201X년 6월 30일까지 멘토운동으로 학업성적의 20%를 향상시킨다. 3. 201X년 6월 30일까지 개인별 1취미를 확보한다.	1. 100명의 학생을 인성교육 프로그램 A에 참여시킨다. 2. 100명의 학생을 1주 3회 이상 멘토링에 참여하도록 한다. 3. 100명의 학생을 1주 3회 이상 취미생활을 하게 한다.

자료: Kettner etc, 2000: 147-150. 수정·인용.

- 실무 사례: 아래의 예는 목표의 내용이 부적합한 사례들이다(삼성복지재단, 2012a: 61-4).

〈표 9-32〉 부적합한 목표내용의 사례

목표 내용	부적합 이유
1. 목적이 발달장애 아동 부모들의 자조모임을 통한 자아 존중감을 향상시키는 것임에도 불구하고, 성과 목표로 발달장애 아동의 부모들로 구성되는 자조모임을 구성하는 경우	1. 전제 조건인 자조모임을 구성하지 않으면 이 프로그램의 성립조차 불가능하므로 전제 조건을 목표로 제시할 수 없다. 자조모임은 활동에서 언급할 부분으로 목표로 설정될 수 없는 사례이다.

〈표 계속〉

목표 내용	부적합 이유
2. 개별 맞춤형 진로 방향을 수립하여 이에 맞는 구직 기술 및 능력을 향상	2. 진로 방향을 수립하면 구직 기술 및 능력이 향상될 수 있는지에 대한 논리적 연계 흐름이 단절되어 있다. 즉, 목표 내용이 불명확한 사례이다.

자료: 삼성복지재단, 2012a: 61-4를 수정·인용함.

⑧ 프로그램의 내용

- 의의: 목적에서 목표(세부목표), 성과목표, 과정목표가 결정되면 세부프로그램에서의 내용(활동1, 활동2, 활동3 등)을 작성하여야 한다. 따라서 프로그램 활동과정의 순서는 체계이론의 구성요소인 투입(inputs), 과정(전환, process), 산출(outputs), 성과(outcomes), 환류(feedback)단계로 볼 수 있다. 투입은 사회복지 프로그램에 필요한 자원 및 물품(재원, 직원, 시설, 도구, 클라이언트, 제시된 문제)이고, 과정(process)은 사회복지 프로그램에 투입이 진행되는 동안 제공되는 실제적인 치료나 서비스 활동이다. 산출(outputs)은 사회복지 프로그램 활동에서 생성된 서비스 및 생산물을 의미하며, 성과(outcomes)는 사회복지 프로그램 종결 후 클라이언트가 성취한 이익(benefit)으로서 예를 들어, 클라이언트 삶의 질에 대한 변화를 의미한다. 마지막으로 환류(feedback)는 사회복지 프로그램 투입에 대한 재검토 및 사회복지프로그램 수행 전반에 관련된 정보를 의미한다(Martin & Kettner, 1996).
- 사회적기업에서의 프로그램 작성방안: 앞에서 설명한 프로그램 활동과정의 순서로 프로그램을 작성하려면 매우 추상적이므로 실제 작성기준을 고려할 필요가 있다. 따라서 〈표 9-33〉과 같이 성과목표 1, 2로 구분하고, 각 목표에는 프로그램 1, 2로, 각 프로그램에는 과정목표 1, 2로, 각 목표에는 세부활동 1, 2 등으로 구분한다. 그리고 각 세부활동별로 필요한 역량, 대상자수, 시행횟수, 시작일, 필요한 외부지원을 기재한다(삼성복지재단, 2012a: 67-9).

〈표 9-33〉 사회적기업에서의 프로그램 작성방안

<table>
<tr><th>성과 목표</th><th>세부 프로 그램</th><th>과정 목표</th><th>세부 프로그램 내용</th><th>필요한 역량</th><th>대상자 수</th><th>시행 횟수</th><th>시작일</th><th>필요한 외부 지원</th></tr>
<tr><td rowspan="3">성과 목표 1</td><td rowspan="2">프로 그램1</td><td>과정 목표1</td><td>세부활동1</td><td></td><td></td><td></td><td></td><td></td></tr>
<tr><td>과정 목표2</td><td>세부활동2</td><td></td><td></td><td></td><td></td><td></td></tr>
<tr><td>프로 그램2</td><td>과정 목표3,4</td><td>세부활동3,4</td><td></td><td></td><td></td><td></td><td></td></tr>
<tr><td rowspan="2">성과 목표 2</td><td>프로 그램3</td><td>과정 목표5,6</td><td>세부활동5,6</td><td></td><td></td><td></td><td></td><td></td></tr>
<tr><td>프로 그램4</td><td>과정 목표7,8</td><td>세부활동7,8</td><td></td><td></td><td></td><td></td><td></td></tr>
</table>

자료: 삼성복지재단, 2012a: 67. 표를 수정함.
설명: ① 프로그램1과 2의 관계를 파악해야 한다. 예를 들어, 프로그램1이 프로그램2의 선행프로그램인지, 프로그램2의 성공에 따라 프로그램1을 수정해야 하는지 등이다. ② 필요한 역량이란 세부활동별로 성공하기 위한 전제 조건이며, 필요한 외부지원은 세부활동별로 필요한 외부자원을 의미함.

- 사회적기업에서의 프로그램 작성: 위의 방안으로 작성한 예시는 아래와 같다(삼성복지재단, 2012a: 67).

〈표 9-34〉 사회적기업에서의 프로그램 작성(예)

성과 목표	세부 프로그램	과정 목표	세부 프로그램 내용	필요한 역량	대상자수	시행횟수	시작일	필요한 외부지원
성과목표1	프로그램1	과정목표1	세부활동1	-	-	-	-	-
201X년 6월 30일까지 인성교육으로 개인가치 20%를 증진시킨다.	개인가치 증진을 위한 가족화합 프로그램	40명의 부모와 학생을 프로그램에 참여시킨다	가족캠핑	자원 동원 능력	40명	총 1회	8월 1일	자원 봉사자 20명
-	-	-	-	집단운영 능력, 선택권 구현방안, 비디오 활용능력 등	-	-	-	전문자원 봉사자, 전문강사, 적합한 장소, 외부 강사 등

자료: 삼성복지재단, 2012a: 67. 표를 수정함.

〈표 9-35〉 사회적기업에서의 프로그램 작성(예)

성과목표 1 스마트폰을 활용한 영화제작 과정을 통해 1, 3세대 간의 인식변화로 세대통합을 도모한다.

성과목표 2 대중매체 및 인터넷매체를 활용한 영화 상영 및 보급을 통해 사회통합을 도모한다.

세부 프로그램	세부 프로그램 내용	요구되는 핵심역량	외부지원 필요내용	시작 시기	시행 횟수	대상 자수
오리엔테이션 진행	일일나들이를 통해 서로 간의 인사	대인관계 형성능력	전문자원 봉사자	3월	총1회	30명
	역할분장 실시	선택권 구현 방안 마련	전문강사	3월	총1회	30명
신(新), 구(舊) 문화체험 실시	신세대 문화체험 (홍대 및 신촌)	집단프로그램 운영능력	전문자원 봉사자	3월	총1회	30명
	구세대문화체험 (인사동)	집단프로그램 운영능력	전문자원 봉사자	3월	총1회	30명
영화관람	세대 간의 격차를 주제로 한 영화 관람 후 의견 나눔	집단프로그램 운영능력, 세대 간의 차이 의견 나눔	전문자원 봉사자, 적합장소 제공	4월	월2회	30명
역할극 실시 및 나눔의 시간	쌍방향 간 의사소통을 위한 역할극 실시 및 나눔의 시간을 가짐	집단프로그램 운영능력, 의사소통 이해능력	전문강사 전문자원 봉사자, 적합장소 제공	4월	월2회	30명
시나리오 구성 및 제작	노인과 대학생의 주도적인 참여 및 토론을 통한 시나리오 구상	시나리오 구성능력, 의사소통 능력	전문자원 봉사자	5월	월2회	30명
시나리오 지문	작성된 시나리오를 전문가(KBS한국방송, 동작HCN)로부터 자문받기	시나리오 편집능력, 시나리오 재구성능력	전문강사 (시나리오 자문자)	5월	월2회	30명
영화촬영 전문기술 교육	스마트폰을 활용한 촬영기법, 편집기술에 대한 교육 실시	자원동원능력, 스마트폰 활용능력, 학습능력	외부전문강사	6월	월2회	30명
견학 실시	제작과정에 대한 체험학습을 위해 방송국 및 영화 촬영소 견학 실시	적절한 견학장소 선정능력, 학습능력	전문자원 봉사자, 적합장소 제공	6월	총2회	30명
영화 촬영	스마트폰을 활용한 영화 촬영	스마트폰 활용능력, 편집능력, 자원동원능력	전문자원 봉사자 스마트폰 기기, 영화촬영장비	7월 8월 9월	총 10회	30명
영화시사회 개최, 영화제 참여	지역주민을 초대하여 영화시사회 개최 및 영화체 참여	자원동원 및 활용능력, 포스터 제작 활용능력	전문자원 봉사자, 적합장소 제공	9월 10월	총1회	100명
영화 상영	지역 내 노인복지관 및 대학교에 영화를 상영 및 관련 영화제 참여	자원동원 및 활용능력, 포스터 및 홍보지활용능력	전문자원 봉사자, 적합장소 제공	10월 11월	총2회	200명
온라인매체 영화 배포, 영화제 참여	유튜브, U.C.C 등의 매스미디어를 활용한 영화 배포 및 관련 영화제 참여	매스미디어 활용능력	매체활용을 위한 기기	10월 11월	총5회	50명
인식전환에 대한 대중의 관심 높이기	공중파방송(KBS한국방송, HCN방송)을 활용하여 사회적 인식 전환에 대한 대중의 관심을 높임	공중파방송 활용능력, 홍보지 활용능력	전문자원 봉사자	10월 11월	총5회	50명

자료: 삼성복지재단, 2012a: 70.

⑨ 프로그램 평가

- 의의: 프로그램 평가란 프로그램의 목적과 목표를 달성하기 위해 선정된 활동을 매개로 클라이언트가 행동변화를 성취하는 실행과정과 최종성과를 평가하는 것이다. 따라서 프로그램의 목적(목표)의 달성과정을 평가하는 과정평가(process evaluation)와 목적(목표)의 효과성·효율성을 평가하는 성과평가(outcome evaluation)가 포함된다.
- 종류: 평가방향 측면으로는 성과평가와 과정평가가 있고, 평가기준으로는 효율성·효과성 등이, 평가방식 측면으로는 양적평가와 질적평가가 있다. 먼저 성과평가는 총괄평가로서 프로그램이 종결된 후에 효율성·효과성을 판단하기 위한 것으로, 성과목표 평가와 과정목표 평가로 구분할 수 있다. 그리고 과정평가는 형성평가로서 프로그램 진행 중에 문제점을 찾아내고 수정·보완할 목적으로 실시되는 평가이다. 또한 양적평가 방법으로는 각종 설문조사와 실험설계를 사용하고, 질적평가 방법으로는 면접과 참여관찰 방법을 사용한다.
- 효율성: 효율성은 최소비용 개념으로, 비용-편익분석이나 비용-성과분석으로 측정한다. 비용-편익분석cost-benefit analysis)은 프로그램에 드는 비용과 프로그램의 결과도 금전가치로 환산하는 것이다. 이 경우 성과는 편익/비용의 비율로 표시하며, 이 비율이 높을수록 프로그램은 더욱 효율적인 것으로 간주된다. 반면 비용-성과분석(cost-outcome analysis)은 비용-효과분석(cost-effectiveness analysis)으로서, 성과는 금전으로 표시하지 않는다.
- 효과성: 효과성이란 목표의 달성 정도를 말한다. 따라서 효과성을 양적으로 평가하려면 설문지를 이용하여 설문조사와 실험설계에 활용하고, 설문지에 사용하는 척도로는 7분야의 106개의 척도 중 어느 하나를 사용한다(척도종류와 내용은 〈표 9-36〉, 〈표 9-37〉 참조).

⑩ 프로포절 신청서(예시)

- 의의: 프로포절 신청은 공동모금회의 사업신청서와 기업복지재단의 사업신청서, 기타 단체의 신청서 등으로 구분할 수 있다. 공동모금회의 사업신청서, 기업복지재단의 사업신청서는 해당사이트를 참조하기 바란다.

〈표 9-36〉 설문지에 사용하는 척도종류와 내용 1

( )은 척도개발자나 사용자임

1. 자아 개념 척도	2. 심리 및 정신건강 척도	3. 사회적 기능 척도
1. 자기 유능감 척도(박현선)	1. 경제적 스트레스 척도(Conger 외)	1. 개인 내적 임파워먼트 척도(Bolton & Brookings)
2. 자기 효능감 척도(Sherer 외)	2. 내외 통제성 척도(Rouer)	2. 공격성 척도(Buss & Perry)
3. 자기 효능감 척도(Tipton & Worthington)	3. 상태, 특성 불안 척도(Spicl-berger)	3. 공격성 척도(연진영)
4. 자아 정체감 척도(Dignan)	4. 생활 사건 질문지(Brugha)	4. 공격성 척도(Buss & Durkee)
5. 자아 정체성 척도(최정훈 외)	5. 섭식 태도 검사(Gamer & Garfunkel)	5. 권위 행동 척도(Righy)
6. 자아 존중감 척도(최보가, 전귀연)	6. 성 역할 정체성 척도(김혜래)	6. 대담성 척도(Bartone, Ursano, Wright & Ingraham)
7. 자아 존중감 척도(Cooper-smith)	7. 스트레스 척도(Holmes & Rahe)	7. 대인 관계 변화 척도(Schlein & Guemey)
8. 자아 존중감 검사 도구(김경연)	8. 시험 불안 측정 도구(Sarason)	8. 대처 기제 척도(Carver)
9. 자아 존중감 척도(Muclson)	9. 아동용 우울 척도(Kovacs & Beck)	9. 대처 기제 척도(Lazarus & Folkman)
10. 자아 존중감 척도(Rosen-berg)	10. 역기능적 태도 척도(Wcissman)	10. 또래 애착 척도(Armsden & Greenberg)
	11. 외적 통제소 성향(Berren-berg)	11. 문제 해결 척도(Heppner & Petersen)
	12. 일상적 스트레스 척도(유안진, 한미현)	12. 사회성 척도(이승재)
	13. 자기 평가 우울 반응 척도(Zung)	13. 사회적 문제 해결 척도(D'Zurilla & Nezu)
	14. 정서적 및 사회적 고립 척도(Vincenzi & Graixsky)	14. 사회 행동 척도(Trower)
	15. 증상 체크 리스트(Bartone 외)	15. 성인 애착 질문지(Bartho-lomew & Horowitz)
	16. 지각된 스트레스 척도(Cohen 등)	16. 아동의 비행 행동 척도(김희수)
	17. 청소년 약물 사용 잠재군 선별 척도(이기영, 김영미, 임혁, 박미진, 박선희)	17. 아동 행동 경향 척도(Deluty)
	18. 표출 정서 수준 측정 도구(Cole & Kazarian)	18. 일상생활 동작 수행 평가 도구(Barthel)
	19. 한국어판 Beck의 무망감 척도(신민섭 외)	19. 자기 관리 기술 측정 도구(유숙자)
	20. 한국판 일반 정신건강 척도(신선인)	20. 자기 통제 기술 척도(Ro-senbaum)
		21. 주장성 척도(Rathus)
		22. 청소년 대처 척도(Alva)
		23. 청소년 문제 대처 행동 척도(Patterson & McCubbin)
		24. 학교 적응 유연성(박현신)

자료: 서초구립 반포종합사회복지관, 서울대학교 실천사회복지연구소, 2009: 목차 인용.

〈표 9-37〉 설문지에 사용하는 척도종류와 내용 2

( )은 척도개발자나 사용자임

4. 가족 관련 척도	5. 사회적 관계망 척도
1. 가정 환경 자극 검사(시라큐스 대학교 연구팀) 2. 가족 관계 척도(양옥경) 3. 가족 관계 척도(Hudson) 4. 가족 기능 평가 도구(최지호) 5. 가족 사정 척도(Epstein 외) 6. 가족 생활 사건 및 변화 척도(McCubbin 외) 7. 가족 위기 지향 개인 평가 척도(McCubbin 외) 8. 가족 응집성 척도(Antonocsky & Sourani) 9. 가족 적응성과 응집성 평가 척도(Olson 외) 10. 갈등 전술 척도(Straus) 11. 갈등 전술 척도 수정(Straus) 12. Kansas 결혼 만족도 척도(Schumm) 13. 결혼 불안정성 지수(Edwards 외) 14. 부모의 건강 대처 목록(McCubbin 외) 15. 부모 양육 태도 척도(이시형 외) 16. 부모 양육 행동 척도(김혜영) 17. 부모 애착 척도[Armsden & Greenberg 외(1987), Leathers(2000)] 18. 부모 유대 척도(Parker 외) 19. 부모의 스트레스 척도(Greene) 20. 부부 적응 척도(Spanicr) 21. 신체적 학대 척도(한인영 외) 22. 양육 스트레스 척도(Abidin) 23. 양육 죄책감 척도(김영호) 24. 양육 태도 척도(김영호) 25. 양육 태도 척도(조성연) 26. 원가족 척도(최현미) 27. 가족 기능 조사서(Fcetham)	1. 나의 가족과 친구들 척도(Abery & Fahnestock) 2. 다차원 지지 척도(Winefield 외) 3. 사회적 갈등 척도(유조안) 4. 사회적 지지 지각 척도(한미현) 5. 사회적 지지 척도(박지원) 6. 사회적 지지 척도(Hennandez) 7. 지각된 사회적 지지에 대한 다차원 척도(Zimet 외) **6. 조직, 직무 관련 척도** 1. 사회복지사 임파워먼트 척도(Leslic, Holzhalb & Holland) 2. 소진 척도(Maslach & Jackson) 3. 업무 환경 척도(Jayaratne & Jackson) 4. 의사 결정 참여 척도(Ransdell) 5. 조직 공정성 척도(Moorman) 6. 조직 동일시 척도(Sharmir & Kark) 7. 조직 시민 행동 척도(Niehoft & Moorman) 8. 조직 헌신 척도(Porter, Seers, Mowday & Boulian) 9. 직무 기술 척도(Smith, Kendall & Hulin) 10. 직무 진단 척도(Hackman & Oldham) **7. 그 밖의 척도** 1. 공공 부조 수급자의 일에 대한 태도 조사 도구(정진경) 2. 노인의 생활 만족도 척도(최성제) 3. 삶의 만족 척도(양옥경) 4. 생활 만족도 척도(Neugarten 외) 5. 수용성 척도(Voeltz) 6. 장애 수용 척도(Kaiser, Wingate, Freeman & Chandler) 7. 장애 태도 요인 분석 척도(McHale & Simconsson) 8. 정신질환자에 대한 태도 척도(Cohen & Struening)

자료: 서초구립 반포종합사회복지관, 서울대학교 실천사회복지연구소, 2009: 목차 인용.

제 10 장

사회적기업의 마케팅전략과 전술

제1절 사회적기업 마케팅의 의의와 중요성

1. 사회적기업 마케팅의 의의

핵심연구 마케팅이란 '고객이 원하는 것을 자연스럽게 주는 이른바 win-win 방법'이다.

(1) 일반 마케팅의 의의

마케팅(Marketing) 개념은 기업이 고객에게 제품이나 서비스를 판매하여 이윤을 획득하는 행위, 조직적인 기능, 기업을 경영하는 철학 등 다양하게 언급되고 있다. 그러나 분명한 점은 고객의 욕구를 만족시켜 이윤을 획득하는 것이라는 점이다. 그 예로 미국 마케팅학회(AMA)는 마케팅을 '고객과 의뢰인, 협력자, 그리고 전체 사회를 위한 가치물을 만들어 의사소통하고, 이를 전달하거나 교환하는 활동이자 과정이며, 이를 위한 기관들을 설정하는 것'으로 언급하고 있다(2007).[85]

85) http://www.marketingpower.com/AboutAMA/Pages/DefinitionofMarketing.aspx.

(2) 사회적기업 마케팅의 의의

사회적기업은 사회적 목적, 즉 사회복지 이념을 실천하는 기업이므로, 기업은 수단이고 목적은 사회복지이다. 그러므로 마케팅 개념도 일반 마케팅과는 차이가 있다. 따라서 본서에서는 사회적기업의 마케팅 개념을 사회적 목적을 위하여 기업을 활용하는 기능으로 파악하여 '지역주민에게 취약계층의 일자리 창출과 지역사회의 서비스 제공이라는 사회적 목적을 전달하는 기능과 동시에 지역사회에 공헌하는 과정을 포함한 기업의 활동'으로 정의하고자 한다. 그 예로 일반기업은 한가지의 수단, 즉 제품이나 서비스 가치로서 판매를 하는 반면, 사회적기업은 두 가지의 수단, 즉 제품이나 서비스 가치, 사회적 목적으로서 판매하는 것이다.

2. 사회적기업 마케팅의 중요성

(1) 사회적기업의 현황

- 사회적기업의 현실: 사회적기업은 기업인 만큼 다른 기업과 경쟁할 기회가 많다. 그러나 사회적기업은 태생적인 한계와 짧은 운영기간, 시장의 변화로 말미암아 경쟁에서 살아남기가 매우 어려운 실정이다. 태생적인 한계란 대부분의 사회적기업이 시작부터 영세한 상태이고, 비영리활동을 주목적으로 하는 기관에서 사회적기업을 시행한 결과 사업수행의 기초인프라가 불충분하다는 것이다(곽선화, 2010: 286). 또한 짧은 운영기간이란 2007년 이후 사회적기업이 활동하였기 때문에 자립가능성을 논하기는 어렵다는 점이다.
- 사회적기업의 발전방안: 사회적기업의 발전을 위해서 일각에서는 '사회적기업에 대한 체계적인 정보축적과 분석이 필요하다' 또는 '정책을 사회적기업에 대한 지원을 넘어서 사회적기업의 활동무대인 사회적 경제를 활성화하는 방향으로 발전시켜야 한다'는 등 주장이 제기되고 있다(곽선화, 2010: 286; 황덕순, 2012: 2). 여기서 사회적기업의 발전방안을 1차 방안, 즉 사회적기업의 자체 활동방향과 2차 방안, 즉 사회적기업에 대한 정책방향으로 구분한다면, 이 같은 주장은 2차 방안에 속한다고 할 수 있다. 따라서 본서에서는 사회적기업의 발전을 위해서는 1차 방안에 주력하는 것이 중요하다는 판단하에 사회적기업의 마케팅을 통한 자체 활

동방향에 중점을 두고자 한다. 그 이유는 사회적기업이 유지 및 자립을 하려면 자체 마케팅활동에서 수입을 창출해야 하기 때문이다.

(2) 사회적기업 마케팅의 중요성

- 기업과 동일성: 이와 같은 마케팅을 사회적기업이 활용해야 하는 이유는 다음과 같이 살펴볼 수 있다, 첫째로 일반기업이 기업성패의 관건인 마케팅을 달성하는 수단으로 마케팅 믹스인 4Ps를 활용하고 있으므로, 기업의 성격을 지닌 사회적기업도 4Ps를 활용해야 함은 당연한 귀결이다.
- 외국입장: 둘째로 영국정부도 사회적기업에 대하여 정책적으로 마케팅 지원이 중요하다고 공표한 바 있고(OTSa, 2007: 38), 외국 학자도 사회적기업에서 4Ps 중, 제품의 중요성을 언급하고 있으며(Defourny, 2001: 11-2), EMES 네트워크에서도 4Ps 중에서 제품과 서비스 공급이 중요다고 명시하고 있다(Defourny, 2001: 16-7).
- 한국의 입장: 마지막으로 한국의 사회적기업가도 94%가 경영 컨설팅에 대한 필요성을 느끼고 있고, 교육이나 연수 제도로는 57%가 마케팅과 사업기획 분야를 요구하고 있다는 점도 마케팅이 중요하다는 점을 밝히고 있다(이현숙, 2008; 곽선화, 2010: 268 이하). 따라서 이후에서는 사회적기업의 4Ps를 중심으로 한 마케팅 전략, 사회적기업별 마케팅 실전전략 등을 살펴보기로 한다.

제2절 사회적기업 마케팅전략과 세부전술

1. 4Ps 중심의 마케팅전략

(1) 사회적기업의 마케팅전략 4Ps

마케팅(marketing)은 기업성패를 좌우하는 경영전략으로서, 생산자가 상품 또는 서비스를 소비자에게 유통시키는 데 관련된 모든 체계적 경영활동을 의미한다. 이러한 기업의 목표를 달성하기 위한 마케팅 변수는 4가지로서, 제품(Product), 가격(Price), 유통경로(Place), 판매촉진(Promotion)이 있으며, 이 4가지를 흔히 4Ps라고 한다. 이러한 변수를 적절히 배합하여 목적달성을 실현시키는 전략을 마케팅믹스라고 부른다. 그러므로 사회적기업은 사회적기업이 보유하고 있는 특성을 마케팅에 접목시켜 경쟁력을 유지하여야 한다. 따라서 이후에서는 사회적기업의 4Ps를 중심으로 한 마케팅전략과 마케팅 세부전술을 고찰한 후에 사회적기업별 마케팅 실전전략과 세부전술을 살펴보기로 한다.[86]

(2) 제품전략: 다원적인 상품전략

① 제품전략의 개요

- 제품의 의의: 제품은 기업이 판매하는 상품(commodity)이며, 매매의 대상이 될 수 있는 모든 유형 및 무형의 재산을 말한다. 유형상품은 보통 제품, 재화를 말하며, 무형상품은 용역(서비스), 지식 등이라고 할 수 있다. 이 같은 제품에 대해서 드푸르니(Defourny)는 신제품이나 신품질 제품의 도입이 중요하다고 언급하고 있고(2001: 11-2), EMES 네트워크에서도 제품생산과 서비스 공급이야말로 사회적기업이 존재하는 중요한 이유 중 하나라고 명시하고 있다(Defourny, 2001: 16-7). 따라서 본서에서는 제품을 재화, 용역(서비스), 지식개념으로 정립하기로 한다.
- 제품의 실례: 사실 마케팅믹스 중 제품은 기업의 사업분야나 활동분야와 밀접하다. 그 이유는 사업분야나 활동분야에 따라 제품이 결정되기 때문이다. 프랑스의 사회적기업인 '앙비(Envie)'는 가전제품을 분리·수거·재활용하여 저렴한 가격으로 저소득층에게 판매·사후관리 서비스를 하므로 제품은 재활용된 가전제품이다. 그리고 영국의 '빅 이슈(The Big Issue)'는 잡지출판 및 판매를 통한 노숙자재활을 하므로 제품은 잡지이다. 또한 이탈리아의 '라 스트라다 디 피아자 그랜드(La Strada di Piazza Grande)'는 청소서비스, 생태지역 관리 및 유지 서비스를 하므로, 제품은 서비스이고, 미국의 '루비콘 프로그램즈(Rubicon Programs Inc.)'는 호텔·리조트, 공원 등의 조경과 베이커리 등을 통해 장애인 ·노숙자 자립 지원하므로 빵과 서비스가 제품이다(노동부 b, 2007: 9).

86) 이하 4Ps 부분은 저서인 한국의 사회적기업 모형개발과 운영전략 209-227를 요약함.

② 제품전략의 방향

- 사회적기업의 제품규정: 한국 사회적기업에서의 제품은 재화와 서비스로 규정되어 있고, 영업활동은 생산·판매 등으로 구분되어 있다(법 제8조제2호). 재화는 앞에서 언급한 유형상품의 개념이고, 서비스는 사회서비스 개념으로 10개 유형, 즉 교육, 보건, 사회복지, 환경, 문화, 보육, 예술·관광 및 운동, 산림 보전 및 관리, 간병 및 가사 지원, 기타서비스이다(법 제2조제3호, 영 제3조). 사회적기업에 대한 새 이탈리아 법(Law 155/06)도 사회적기업을 '재화와 서비스를 생산·교환하는 목적'을 갖고 있는 기업으로 보고 있다(동법 제1조제1항). 그러나 향후 산업에서 지식산업도 중요한 분야인 만큼, 본서에서는 제품을 재화와 서비스 및 지식으로 정의하고자 한다.
- 사회적기업의 제품전략: 한국의 예비 사회적기업형, 일자리 중심형, 서비스 중심형, 통합형, 네트워크형은 재화와 서비스 및 지식을 포함한 제품전략과 관련하여 무엇보다도 '새로운 제품' 또는 '새로운 품질을 가진 제품'의 도입, 그리고 '새로운 생산방법'의 도입 또는 '새로운 생산요소'(재료)의 확보방안이 필요하다(Defourny, 2001: 11-3)(세부내용은 아래 참조).

사회적기업의 제품전략

1. 공통사항: 대부분의 구입계층이 품질, 가격, 사회적 의미, 브랜드 중에서 품질에 대한 고려가 60% 이상으로 여러 요인 중 가장 높았으므로 품질을 가장 중요시하여야 한다(갤럽, 2009: 15).
2. 새로운 제품: 노동시장이나 대인서비스영역에서는 노인에게 필요한 새로운 요양제품이나 서비스 또는 신지식을 의미한다.
3. 새로운 품질을 가진 제품: 기존 제품보다도 품질이 높은 제품, 기존 서비스보다 더 새로운 대인 서비스라고 말할 수 있다.
4. 새로운 생산방법: 사회적기업에서 시도가 가능하고 적합한 '다품종 소량판매'를 위해 적은 인원으로도 재화 생산이 가능한 방법, 그리고 서비스의 공급자와 이용자가 협동하여 근린(지역밀착) 서비스를 운영하는 프랑스 등 '부모들이 운영하는 보육센터' 등이 있다.
5. 새로운 생산요소(재료): 자원봉사자를 이용한 재화와 서비스 및 지식의 생산을 말한다.

• 사회적기업의 제품개발전략: 그러므로 모든 사회적기업의 제품을 위한 개발전략은 다음과 같은 사항을 고려하여 진행하는 것이 좋은 방안이다(Young, 2008: 261-292).

사회적기업의 8가지 제품개발전략

1. 대체제가 없는 제품개발: 사회적기업은 대체제가 없는 제품을 생산하는 것을 고려해야 한다. 대체제란 한 제품을 대체할 수 있는 다른 제품을 의미하는 것으로 예를 들어, 요양시설 이용가격이 상승하면 소비자가 재가방문서비스로 이동하는 경우를 들 수 있다. 이 경우 요양시설 서비스와 재가방문서비스는 대체제 관계이다.
2. 변경 불가능한 제품개발: 소비자가 시일이 지나도 변경시킬 수 없는 제품을 생산해야 한다. 사회적기업이 급성질환 치료서비스를 개발한 경우, 장기적으로는 일반기업이 급성질환 예방서비스도 개발될 수 있기 때문이다.
3. 가격이 높지 않은 제품개발: 제품가격이 높지 않아 소비자의 지출에 영향이 없는 제품을 개발하는 전략도 필요하다. 제품가격이 높지 않으면 가격이 오르더라도 소비자의 지출에 큰 영향이 없어 판매는 계속되기 때문이다.
4. 수요가 영향을 받지 않는 제품개발: 제품가격이 오르더라도 수요가 영향을 받지 않는 제품, 즉 가격 비탄력적인 제품이 좋다. 제품이 가격 탄력적이라면 가격이 오르는 경우 판매량은 줄어든다. 따라서 가격 비탄력적인 제품은 제품가격이 상승되더라도 판매가 유지되는 제품이다. 따라서 사회적기업은 다른 일반기업이 할 수 없는 가격 비탄력적인 제품을 생산하는 것이 중요하다.
5. 필수재인 제품개발: 사회적기업은 사치재보다는 필수재를 생산해야 한다. 사치재는 보석류, 예술공연 등을 의미하고, 필수재는 음식류, 사회복지 서비스 등을 말한다. 그 이유는 사치재는 소득이 줄어들면 판매가 급격히 줄어들기 때문이다.
6. 보완재 제품개발: 보완재를 개발하는 전략도 중요하다. 보완재란 커피와 설탕 같이 동시에 서로 잘 팔리거나 안 팔리는 제품을 말한다. 그러므로 사회적기업이 개발할 수 있는 보완재의 예로는 질병 예방서비스와 사회복지 상담서비스, 음악교육과 음악공연, 자원봉사와 기부 등이 있다.
7. 차별화되는 제품개발: 사회적기업도 일반기업처럼 제품차별화를 통해 사회적기업의 특유의 제품을 생산해야 한다. 제품차별화의 예를 들면, '수익금의 일부는 지역사회에 환원합니다'라는 사회복지 사명이 부착된 사회적기업의 옷과 일반기업의 옷이 같을 수 없다. 마찬가지로 사회복지실천의 현장이 실린 사회적기업의 달력과 일반기업의 달력은 전혀 다른 개념의 제품인 것이다.
8. 창조형 고객(creative consumer)과 제품 구상: 창조형 고객이란 전문성과 적극성을 지닌 소비자, 즉 프로슈머(Prosumer: Producer+Consumer) 개념에 기업과 능동적으로 협력하는 소비자 개념을 추가한 고객을 말한다(이민훈 등, 2012: 요약).

③ 사회적기업의 제품개발(예)

제품개발의 예로서 '시장창조형' 상품을 설명하기로 한다. '시장창조형' 상품이란 본래 영역을 넘어 새로운 용도로 시장을 만들어가는 제품을 의미한다. 따라서 사회적기업도 사업능력을 제고하기 위해서는 이러한 시장창조형 상품을 파악하여 제품이나 서비스를 신규로 개척하여야 한다(해럴드 경제, 2012.8.23.).

시장창조형 상품

1. 기능과 디자인이 더해져 다용도 아웃도어 신발로 확장된 트레킹화
   - 런닝화나 전문 등산화의 후발주자로 나온 트레킹화는 일반 도로가 아닌 곳을 걷거나 뛰기 위해 고안됐으나 지금은 소비자들 사이에서 일상에서 편하게 신을 수 있는 '멀티 아웃도어 슈즈'로 인식됨.
   - 트레킹화는 워킹화, 하이킹화, 릿지화에 물신발(aqua shoe) 등으로 용도를 넓히고 있고, 이들의 공통점은 가벼우면서도 방수는 물론 투습, 충격 보호기능까지 강화되어 인기를 끌고 있음.
2. 찜요리 용도로 개발된 타진(tagine) 냄비
   - 타진(tagine/tajine) 냄비는 모로코 등 북아프리카에서 사용하는 냄비로, 적은 수분으로 음식이 가능
   - 생선찜, 닭찜, 고구마찜 등 고유의 찜요리는 물론이고 라면, 김치찌개, 전골, 밥솥으로도 사용되면서 새로운 시장을 창조함.
3. 유한킴벌리의 '잭슨세이프티 보안경'
   - 원래 산업안전장비로 만들어졌으나 시중에선 스포츠 고글 용도로 사용함.
   - 방탄소재인 폴리카보네이트를 사용해 안전하면서도 스포츠 고글형의 디자인과 자외선 차단 효과가 고글이나 선글라스와 같다는 사실이 인식됨.

(3) 가격전략: 시장상황에 따른 가격전략

여기에서는 2가지 상황, 즉 사회적기업이 일반기업처럼 가격을 결정하는 경우, 사회적기업으로서 가격을 결정하는 경우로 구분하여 설명한다.

① 사회적기업이 일반기업처럼 가격을 결정하는 경우

- 가격결정의 예: 일반기업이 존재하는 경쟁적인 시장경제에 있어서는 시장가격과 시장거래량은 수요자와 공급자의 선택에 의하여 결정된다. 즉, 수요곡선과 공급곡선이 만나는 점이 시장가격과 시장거래량이다. 수요곡선은 가격변화에 따라 소

비자의 구입량이 어떻게 변화하는지를 나타내는 것이고, 공급곡선은 가격변화에 따른 공급자의 공급물량을 말한다.

- 가격전략의 의의: 가격전략이란 일반기업이 생산·판매할 제품의 가격을 결정하는 것이다. 제품가격도 재화, 서비스, 지식의 3가지로 나누어 볼 수 있다. 제품가격을 결정하기 위해서는 우선 제품을 구성하고 있는 가치를 모두 파악해야 한다. 다음에는 각각의 가치에 대해서 소비자가 지불하려는 가격이 얼마인지를 추정해야 한다. 마지막으로 경쟁제품의 가치와 가격을 고려하여야 한다.
- 가격결정 방법: 이러한 가격결정 방법에는 출하가 결정과 판매가 결정, 2가지 방법이 있다. 출하가란 재화, 서비스, 지식을 생산하는 기업에서 대리점(판매점)으로 공급하는 가격이고, 판매가는 대리점(판매점)에서 소비자에게 판매하는 시장가격을 의미한다. 출하가는 제조원가와 일반관리비, 그리고 이윤을 합한 금액이다. 그리고 판매가는 대리점(판매점)에서 소비자에게 판매하는 시장가격이므로, 대리점의 이윤(마진)은 판매가에서 출하가를 제외한 금액이 된다.

출하가 계산

1. 출하가 = 제조원가 + 일반관리비 + 이윤
2. 제조원가는 재화, 서비스, 지식을 생산하는 데 소요되는 비용, 즉 재료비, 노무비(인건비), 경비(세금포함)를 합한 금액이다.
   - 재료비는 재료 구입에 들어가는 비용이고, 노무비는 월급과 상여금 등을 의미하고,
   - 경비는 제품의 제조를 위하여 소비된 제조원가 중 재료비, 노무비를 제외한 원가를 말한다.
3. 일반관리비는 기업의 유지를 위한 관리활동부문에서 발생하는 비용이다.
4. 이윤은 제조회사의 이익이다(국가를 당사자로 하는 계약에 관한 법률 시행규칙 제6조).

- 이윤을 극대화 조건: 기업이 이윤을 극대화하려면 우선 출하가 중에서 제조원가와 일반관리비를 최소화하여야 하고, 판매가를 적정 수준에서 결정하여야 한다. 이 중에서 중요한 문제는 판매가를 적정수준에서 결정하는 것, 즉 판매가격 결정이다.

• 판매가격 결정전략: 판매가격 결정에는 '가격동일화전략'과 '가격차별화전략' 등 2가지 유형이 있다. 이 2가지 유형은 시장지배력과 제품의 질에 따라 세부적으로는 4가지 경우로 볼 수 있다(Young, 2008: 283-6)(세부내용은 아래 참조).

판매가격 결정의 4가지 전략

1. 가격동일화전략: 제품 판매가격을 경쟁기업과 동일하게 책정하는 것이다. 이 경우는 대체로 조직이 시장지배력이 있어도 제품의 질이 떨어지는 경우나 제품의 질이 우월해도 조직이 시장지배력이 없는 경우에 결정하는 전략이다. 예를 들어, 조직이 시장지배력이 없는 경우는 보통 신생기업인 경우이며, 이러한 신생기업의 제품의 질이 우월해도 처음에는 소비자의 신뢰를 얻지 못하므로, 판매를 위해서 제품 판매가격을 경쟁기업과 동일하게 책정해야 하는 것이다.
2. 가격차별화전략: 경쟁기업과 다르게 판매가격을 책정하는 것이다. 이 경우는 조직이 시장지배력이 있고 제품의 질이 우월하거나 소비자가 제품에 대해 관심이 있다면 경쟁사보다 높게 판매가격을 결정하고, 반대로 조직이 시장지배력이 없고 제품의 질도 낮다면 경쟁사보다 낮게 판매가격을 결정하게 될 것이다. 예를 들어, 농산물인 A와 B 제품이 건강식품이고 신선함을 구비하고 있으며, 소비자는 신선함에 더 관심이 있다고 가정하여 보자. 만약 A가 B보다 더 신선하게 공급될 수 있다면 소비자의 관심이 신선함에 더 관심이 있으므로, A의 가격이 B보다 높아도 판매가 가능할 것이다.
3. 수량에 따른 할인: 소비자가 구매하는 수량에 따라 판매가격을 낮추는 방법(할인방식)
4. 소비자 특성에 따른 할인: 소비자 특성에 따라 각기 다른 판매가격을 적용하는 것

② 사회적기업으로서 가격을 결정하는 경우

• 적용대상: 사회적기업의 가격결정은 한국의 예비 사회적기업형, 일자리 중심형, 서비스 중심형, 통합형, 네트워크형에 공통적으로 적용되는 부분이다. 그러나 시장경제에서 사회적기업의 가격 결정도 일반기업의 경우와 비슷하지만, 내용으로는 또 다른 면이 있다. 유의할 사항은 이 같은 가격 결정은 사회적기업에 대한 절대적인 지침이 아니며, 사회적기업의 입장, 시장상황, 소비자의 태도, 관련 조직의 동향 등에 따라 탄력적으로 유연하게, 그리고 적절히 구사해야 한다는 점이다. 앞에서 언급한 가격동일화전략과 가격차별화전략으로 구분하여 세부적으로 설명하기로 한다.

- 가격동일화전략: 사회적기업의 제품의 질이 우월해도 사회적기업은 신생조직이라 시장지배력이 없는 경우가 많다. 이 경우는 가격동일화전략이 일반적이다. 그리고 시장경제와 같이 사회적기업과 민간기업은 경쟁에 돌입하게 된다.
- 가격차별화전략: 가격차별화전략이 필요한 상황은 전술한 가격동일화전략이 적용되지 않는 상황이라고 할 수 있다. 이와 같이 사회적기업에서 가격차별화전략이 필요한 이유는 2가지이다.

  첫째는 가격차별화전략이 사회적기업의 생존전략이기 때문이다. 예를 들어, 민간 예술공연단체의 공연은 입장권 수입이 공연비용보다 같거나 높은 수준에서 입장권 가격을 결정할 것이다. 그러나 사회적기업인 예술공연단체의 공연의 경우에는 입장권 수입이 공연비용보다 낮은 수준이지만, 소비자는 예술공연단체를 신뢰하므로 기부를 하려고 한다. 이러한 기부가 바로 '자발적 가격차별화' 형태이다. 즉, 사회적기업인 예술공연단체의 입장권 가격은 민간보다 낮은 수준으로 가격이 책정되나 이는 기부인 자발적 가격차별화가 보완하므로 그 결과 입장권 수입과 기부금의 합한 금액이 공연비용보다 높은 수준이므로 공연을 할 수 있고, 사회적기업이 생존할 수 있는 것이다. 따라서 소비자는 사회적기업이 기부가 있다는 점을 깨닫게 하여 사회적기업으로 하여금 스스로 입장권을 낮추는 '자발적 가격차별화'를 시행토록 한다는 것이다(Young, 2008: 289).

  둘째는 가격차별화가 사회적기업의 사명을 완수하도록 도움을 준다는 것이다. 예를 들어, 사회적기업이 빈곤층에 대해 서비스를 제공하는 사명이 있는 경우, 서비스 제공에서 결정된 가격으로는 비용을 충당하지 못하는 상황이면 여유 있는 고객에게 추가부담을 시키거나 이들에게 티켓 구입과 기부를 동시에 권유할 수 있다는 것이다(Young, 2008: 289-90).

  이 같은 가격차별화전략의 시행형태와 세부적인 방법은 아래와 같다.

가격차별화전략

1. 일반적인 시행형태

가격차별화전략은 보통 2가지로 시행한다. 하나는 저소득층에는 무료로, 여유 있는 고객에게는 서비스 이용료를 높게 책정하는 것이다. 또 하나는 모든 고객에게 일정한 비용을 지불하도록 하는 것이다(Young, 2008: 290). 유의할 점은 불황기에는 실제로 가격에 민감하다는 점이다(갤럽, 2009: 15).

2. 경쟁시장이나 독점시장에서의 시행형태

이는 사회적기업이 경쟁시장에 위치하는지 또는 독점적인 시장에 위치하는지에 따라 시행형태가 다르다. 전자는 사회적기업과 일반기업이 경쟁하는 시장이고, 후자는 사회적기업이 독점적으로 제품을 공급하는 시장을 말한다. 순서대로 설명한다.

(1) 경쟁시장에서 사회적기업의 가격차별화

① 가격차별화는 재판매가 불가능한 제품에서만 가능하다

• 경쟁시장에서 사회적기업의 가격차별화는 재판매가 불가능한 제품에서만 가능하다는 점이다. 재판매가 불가능한 경우란 소비자가 사회적기업으로부터 제품을 구입하여 다른 소비자에게 다시 판매할 수 없는 것을 의미한다. 예를 들어, A(치즈)라는 제품의 시장가격이 1만 원이고, 사회적기업은 빈곤층의 건강을 위하여 A를 6천 원에 판매한다고 가정한다. 이러한 상황에서 빈곤층은 사회적기업으로부터 A라는 제품을 6천 원에 구입하여 시장가격이 1만 원이므로 다른 소비자에게 1만 원에 되팔아 술을 살 수도 있는 이른바 재판매가 가능한 상황이 벌어질 수도 있다. 그 결과 사회적기업이 빈곤층의 건강을 위하여 판매한 A 제품은 술로 전환이 되어 더 이상 빈곤층 건강을 위한 제품이 아닌 결과를 초래한다.
• 따라서 이 같은 경우는 사회적기업의 사명에도 위배한 것이고, 재판매가 가능한 제품은 빈곤층을 위한 제품이 아니므로, 가격차별화는 재판매가 불가능하도록 결정하거나 제한되어야 한다. 재판매가 불가능한 경우의 제품으로는 맹장수술, 직업교육 프로그램 등이 있다(Young, 2008: 284-5).

② 가격차별화는 경쟁기업이 가격경쟁을 할 경우에 가능하다는 것이다

• 예를 들어, 사회복지시설이 부담하는 비용을 고려할 때 적정한 월 이용료가 70만 원이지만, 빈곤층에게 혜택을 주기 위해 월 이용료를 50만 원으로 하고, 그 부족분을 충당하기 위해서 일반 고객에는 월 100만 원으로 가격차별화를 한 경우를 본다. 만약 경쟁기업이 월 이용료를 100만 원으로 하면, 사회적기업은 빈곤층은 50만 원, 일반 고객은 100만 원으로 가격차별화를 할 수 있다. 그러나 경쟁기업이 월 이용료를 70만 원으로 책정하는 경우에는 일반고객은 경쟁기업을 이용할 것이므로, 사회적기업은 일반 고객에게 월 100만 원을 유지할 수가 없어 가격차별화를 할 수 없다(Young, 2008: 286).

(2) 독점시장에서 사회적기업의 가격차별화

• 사회적기업이 독점시장에 위치하는 경우에서는 사회적기업이 독점적으로 재화나 서비스 또는 지식을 공급하므로 완전히 자유롭게 가격차별화를 시행할 수 있다. 또한 앞에서 언급한 고객의 기부인 '자발적 가격차별화'를 고려하여 가격차별화 정도를 구사할 수도 있다.

(4) 유통전략: 네트워크를 통한 판매망전략

① 소비자 편의를 위한 유통전략의 의의

• 유통개념 등: 유통이란 생산된 제품이 생산자로부터 소비자에게 전달되는 과정을 말한다. 유통은 보통 유통망을 통해서 이루어지며, 여기서 유통망은 본점, 본사, 지사, 지점, 총판, 도매상, 소매점, 대리점, 유통점, 체인점, 점포, 위탁 판매점, 프랜차이즈 형태, 주부사원, 방문판매 사원 등 모든 판매망을 지칭한다.

• 유통이 필요한 이유는 모든 생산자가 직접 소비자와 만난다면 엄청난 비효율을 초래하기 때문이다. 그러므로 재화나 서비스 또는 지식이 좀 더 효과적이고 효율적으로 고객에게 전달될 수 있도록 하는 유통이 중요하다. 또한 판매망이 중요한 이유는 판매망이 없다면 제품판매가 어렵기 때문이고, 특히 제조업 경우는 판매망 구축이 필수적이다. 따라서 유통전략은 제품에 따라 판매망을 확보하고 유지하는 전략이라고 할 수 있다 최근에는 인터넷을 통한 유통전략도 중요시되고 있다. 즉, 인터넷은 중간 판매상인 도매상 또는 소매점 등을 경유하지 않고, 생산자로부터 소비자에게 직접 전달되는 유통과정이다.

② 사회적기업에서의 유통전략

• 예비 사회적기업형 경우: 유통전략은 제품, 즉 재화나 서비스 또는 지식에 따라 천차만별로 시행된다. 그러나 사회적기업이 초기단계인 경우, 즉 예비 사회적기업형(PCT)은 기업 이미지도 낮을 뿐만 아니라 다른 조직들과의 신뢰형성이 없으므로, 우선 기업 단독으로 판매하는 유통전략을 취해야 한다. 또한 소규모인 경우가 많으므로, 하나 또는 두 개 지역을 선정하여 중점적으로 판매하는 형태를 유지해야 한다. 세부적으로는 위탁 판매점과의 연계나 주부사원과 방문판매 사원 또는 자원봉사자를 통한 유통전략을 구사하는 것이 좋다.

• 일자리 중심형, 서비스 중심형, 통합형 경우: 앞에서 언급한 모든 판매망 중에서 운영이 가능한 유통전략을 시행하여야 한다. 그러나 무엇보다도 중요한 유통전략은 지역사회 내에서 해당 사회적기업에 대하여 호의적인 단체와 연계를 추진하는 전략이다. 그 이유는 이 호의적인 단체가 바로 사회적기업의 직접적인 소비자일 수도 있고, 또는 다른 소비자를 연결시켜 주는 연결고리일 수도 있기 때문이다.

예를 들면, '대기업 지원형'으로서, 대기업과의 제휴를 통해 지원을 받아 사회적기업을 운영하는 형태이고, '지자체 연계형'은 지자체의 지원을 받는 형태이다(노동부a, 2007: 65-6). 따라서 이 사회적기업들은 지역사회를 중심으로 유통망을 확보하는 전략을 구사해야 한다.

• 네트워크형: 전국 단위의 유통전략을 수립하여야 한다. 그 이유는 이 모형이 사회적기업 상호간 네트워크 또는 사회적기업과 타조직 간 네트워크를 구성할 수 있기 때문이다. 또한 지자체나 중앙정부에 대해 입찰을 통한 협력체계도 모색해야 한다. 예를 들면, '사회적기업 주도-지자체-기업 연계형'이나 '지자체주도-사회적기업-중앙부서 협력형'이 있다. 전자는 사회적기업이 사업을 주도하여 지자체에서 토지 등을 제공받고, 일반기업으로부터 사업비용과 기술 등을 지원받는 유통전략이다. 후자는 사업비는 지자체가 부담하고 사회적기업이 사무국을 맡으며, 중앙부서가 지원하는 전략이다(노동부a, 2007: 119-139).

(5) 촉진전략: 인식제고를 위한 홍보전략

① 소비자 인식제고를 위한 촉진방안

• 촉진전략의 개념: 일반기업에서 촉진전략이란 고객이 될 수 있는 사람들에게 적절한 정보를 제공하여 설득하고 제품구매에 영향력을 행사함으로써, 제품을 구입하도록 하는 모든 활동과 관련된 전략이라고 볼 수 있다. 따라서 이러한 촉진전략의 목적은 신제품을 시장에 도입하는 것(신규시장 개척), 고객에게 기존제품의 새로운 용도를 수용하게 하는 것(기존 제품기능의 강화), 제품구매의 증대, 새로운 소비자를 유인하는 것(신규고객 확보) 등이라고 할 수 있다. 즉, 촉진전략은 광고, 인적판매, 홍보, 판매촉진 등 전략을 의미한다.

• 촉진전략의 종류: 그러므로 촉진전략은 크게 보아 판매촉진전략과 광고전략으로 나누어 볼 수 있다. 먼저 판매촉진전략에는 푸시형전략(push strategy)과 풀형전략(pull strategy)이 있으며, 전자는 판매원에 의한 인적 판매를 통하여 제품을 소비자에게 밀어붙이면서 판매하는 것이고, 후자는 광고를 통하여 좋은 이미지가 형성된 소비자가 스스로 제품을 지명하여 구매하도록 하는 전략이다. 광고전략은 매체나 인터넷을 통한 광고, PR(홍보) 등이다.

• 촉진전략의 예: 사회적기업도 기업인 만큼 촉진전략이 당연히 필요하다. 영국에서도 정부차원에서 많은 대중에게 사회적기업을 홍보함으로써, 상업적인 성공과 사회적·경제적 이익을 동시에 달성할 수 있다는 점을 보여 주려고 노력하고 있다. 또한 사회적기업의 홍보를 통해 대중이 사회적기업을 신뢰하고, 또한 사회적 양심을 가진 기업들이 늘어나면 그만큼 사회적기업의 힘도 커질 것이다(UK DTIc, 2007: 28-9). 미국에서도 제품에 사회적기업의 사명을 표기하는 광고를 하여 사회적기업의 제품판매에 도움을 주고 있다(Young, 2008: 292-3).

② 사회적기업 차원에서의 촉진전략

• 촉진전략의 필요성: 한국 사회적기업에서도 촉진전략이 필요한 이유를 2가지로 살펴볼 수가 있다. 첫째, 촉진전략을 전개함으로써 기업의 제품판매가 증대된다는 것이다. 사회적기업의 제품가격이 일반기업과 동일한 가격인 경우 또는 심지어 일반기업보다 높은 가격에도, 소비자는 사회적기업의 사명을 인지하고 이미지를 신뢰한다면 사회적기업의 제품을 구매하려고 할 것이기 때문이다.

둘째, 촉진전략은 후원금이나 기부금의 유인통로로 작용할 것이라는 점이다. 이는 일반기업이 사회적 책임의 방법으로써 후원금을 제공하거나 국민이 사회복지의 참여방안으로써 기부금을 제공하는 것을 의미한다.

• 사회적기업 인지도 현황: 그러나 한국에서 사회적기업에 대한 인지도는 극히 낮은 수준이다. 사회적기업에 대한 활동을 알고 있는 사람(내용 인지)은 2008년 16.5%, 2009년 17.1%이다. 사회적기업의 이름만 알고 있는 사람도 2008년 27.4%, 2009년 32.9%이다(사회적기업연구원, 2009: 24-5).

• 광고전략의 필요성: 그러나 사회적기업의 이해를 위해서 가장 효과적인 수단으로 방송매체를 지적한 것은(사회적기업연구원, 2009: 28), 한국정책도 영국과 같이 정부차원에서 방송매체를 통한 사회적기업 홍보가 필요함을 의미한다.

이 같은 홍보가 무엇보다도 먼저 중요한 점은 소비자 조사에서도 나타나고 있다. 즉, 사회적기업의 매출과 관련하여 사회적기업의 인지자의 81.7%, 그리고 기존 구입자의 80.2%가 향후에도 사회적기업 제품에 대한 구입의사를 밝히고 있어(사회적기업연구원, 2009: 27), 사회적기업에 대한 인지여부가 매출에 큰 영향을 미치리라고 예상되고 있다.

그러므로 촉진전략 중에서 이 같은 홍보가 시행되는 경우, 사회적기업의 매출이 증가하리라 예상된다. 이는 국민 10명 중 8명(78.0%)이 사회공헌활동을 잘 이행하는 기업의 제품이 비싸더라도 구입할 의향이 있다는 조사와 맥을 같이하고 있다(전경련, 2009).

따라서 정부차원에서는 전체 사회적기업에 대한 명칭과 취지 및 목적, 활동분야 등을 홍보하는 전략이 필요하고, 사회적기업 자체에서도 각자의 기업을 PR하는 전략이 필요하다. 대상이 20대와 30대이라면 인터넷 홈페이지로, 30대와 40대이면 인쇄용 매체와 홍보책자가 효율적이다(사회적기업연구원, 2009: 28).

결론적으로 예비 사회적기업형, 일자리 중심형, 서비스 중심형, 통합형, 네트워크형 사회적기업들은 우선 지역사회의 단체와 주민에게 자신의 사회적기업을 홍보하는 방안을 강구하고, 제품에 따라 푸시형전략과 풀형전략을 적절히 구사하는 방안을 수립하여야 한다.

2. 소비자의 3가지 변화에 따른 마케팅전략

핵심연구 소비자의 영혼에 호소하는 기업만이 미래의 시장에서 살아남을 수 있다(Philip Kotler). 따라서 감동과 진정성으로 소비자의 '주관적 가치'를 만족시켜야 한다.

(1) 소비자의 변화의 추이

최근 소비환경은 저성장 지속으로 소비심리가 위축되고 있는 가운데, 자신이 가치를 부여하거나 필요한 상품에 대해서는 과감히 소비하는 '가치소비'가 확산되고 있다. 그리고 소비자 스스로 사회적 이슈에 대해 적극적으로 의견을 제시·참여하며, 이 같은 소비자 목소리가 SNS 등을 통해 증폭되고 있는 이른바 '빅 데이터'(Big data) 시대이다. 따라서 소비자는 더 이상 '소비의 객체'가 아니라 마케팅 과정에 참여하고, 사회이슈에 민감하게 반응하며 나만의 스타일을 주도하는 '소비의 주체'인 신(新)소비자로 변신하고 있다(이동훈 외, 2012: 요약).

이러한 시대변화와 소비환경의 변화는 경영의 변화는 물론 마케팅전략의 변화를 요구하고 있다. 부연하면 이는 주로 가격과 품질만을 기준으로 소비를 결정하던 과거 소비행태, 즉 '소비자는 왕'이라는 단계에서 '소비자는 신(神)'이라는 관점을 벗어나 소비자의 '주관적 가치'가 소비행위에 크게 작용하고 있다는 것을 의미한다. 따라서 마케팅전략도 과거의 마케팅전략을 기본으로 소비자의 '주관적 가치'를 만족시키는 방향으로 전개해야 할 필요성이 있다.

(2) 소비자의 3가지 변화

이러한 환경 속에서 소비자의 3가지 변화된 모습은 '신프로슈머'(PROducer+conSUMER), '소셜슈머'(SOCIAL+conSUMER), '큐레이슈머'(CURAtor+conSUMER)로 설명할 수 있다(이동훈 외, 2012: 요약).

① 신프로슈머

신프로슈머'(PROducer+conSUMER)는 소비는 물론 마케팅 과정에 참여하는 소비자를 말한다. 즉, 소비자가 마케팅 과정에 직접 참여하고 성과를 도출하는 이른바 성과 창출에 직접 개입하는 능동적 소비자를 의미한다.

신프로슈머의 사례

1. 캐릭터 장식이 하나인 캐릭터 케이크 출시 → 캐릭터 장식이 여러 개인 캐릭터 케이크 출시
2. 냉장고의 수박 보관에 편리한 반달형 그릇, 자외선을 차단해 청량감을 높인 초록 물병 등
3. 폭이 10cm 넓은 주차장, 꼬꼬면 등, 매장에 소비자 스타일리스트가 연출한 패션코디를 그대로 전시, 소비자 모니터단을 제품 개발자로 활용하는 경우

KBS 뉴스, 2012.5.28.; donga.com 뉴스, 2012.6.13.

② 소셜슈머

사회이슈에 민감한 '소셜슈머'(SOCIAL+conSUMER)는 스타벅스의 노동착취, 환경파괴 등을 비판하며 공정무역 커피를 구입하는 것처럼 사회활동가로서의 소비자 형태를 나타낸다. 즉, 소비자가 소비를 결정하는 경우, 개인의 만족뿐 아니라 사회적 차원의 공익을 고려하고 그 방법론을 찾아 적극적으로 공급자에게 의견을 개진하는 사회

적 활동가의 역할을 하는 것이다.

③ 크리슈머와 큐레이슈머

'크리슈머'(CREsumer·CREative+ConsSUMER)는 제품을 구매하는 데 그치지 않고 자기 취향에 맞도록 제품을 개조하거나 전혀 다른 새로운 용도로 활용하는 창조적 소비자를 말한다. 그리고 큐레이슈머(CURAtor+conSUMER)는 전시회의 큐레이터처럼 스스로 삶을 꾸미고 연출하는 데 능수능란한 편집형 소비자를 뜻한다. 또한 능동적인 생활 창출자라고 할 수 있는 '큐레이슈머'는 스마트폰 어플리케이션 사용 패턴처럼 상품을 능동적으로 사용하고 상품개발까지도 적극적으로 요구하는 소비자를 뜻한다. 크리슈머를 적극적으로 활용해 성공을 거둔 대표적 사례는 애플의 앱스토어, 큐레이슈머는 유명 오토바이 브랜드인 할리데이비슨을 들 수 있다.

새로운 소비자의 개념

1. 포텐슈머(potensumer): 잠재력을 뜻하는 포텐셜(potential)과 소비자인 컨슈머(consumer)가 결합된 명칭으로, 시간이 흐르면 파워 소비층으로 급부상할 세대가 대상이다. 타깃 연령대는 주로 10대. 직접적인 이익이 발생하지 않더라도 포텐슈머에게 긍정적인 브랜드 이미지를 심어 주는 활동은 이익을 다소 포기하더라도 이들을 위한 맞춤형 상품을 내놓아 장기적으로 높은 브랜드 충성도를 확보하는 것이 기업들의 목적이다.
2. 리서슈머(researsumer): '리서처(researcher)'와 '컨슈머(consumer)'의 합성어로 자신이 관심 있는 분야에 대해서 지속적으로 연구하고 탐색하는 전문가 수준의 소비자를 말한다. 리서슈머는 준(準)전문가적 지식으로 자신이 소비하는 제품 특성과 시장현황, 장·단점 등을 정확히 파악하고 합리적으로 구매하는 소비활동을 지향한다.
3. 리뷰슈머(reviewsumer): 비평(review)과 소비자(consumer)의 합성어로, 신제품을 남들보다 먼저 사용해보고 인터넷 포털사이트나 블로그 등에 상품에 대한 평가글을 전문적으로 올리는 소비자이다.
4. 스토리슈머(storysumer): 이야기란 뜻의 스토리(story)와 소비자라는 뜻의 컨슈머(consumer)의 합성어로 '이야기를 찾는 소비자'라는 뜻이다. 이들은 제품뿐만 아니라 제품에 관련된 자신의 이야기와 사연을 적극적으로 알리는 특성이 있어 이들을 활용한 마케팅도 유행하고 있다.

자료: 인터넷 자료 발췌.

(3) 소비자의 3가지 변화에 따른 마케팅전략

앞에서 설명한 소비자의 변화의 의미는 새롭게 변화하는 소비자들의 욕구를 제품과 서비스에 대한 '만족'으로는 충족시키기 어렵고 영혼에 호소하는 '감동'과 '진정성'이 있어야 한다는 것이다. 따라서 기업입장에서 보면 '영혼에 호소하는 기업이 미래의 시장에서 살아남을 수 있다'는 필립 코틀러(Philip Kotler)의 주장과 일맥상통하고(Kotler, 2010), 이는 마케팅의 본질이 과학보다는 인간의 본성을 자극하는 아트(ART)에 더 가깝다는 것을 시사한다. 그만큼 마케팅의 변화가 절실한 시대인 것이다. 이하에서는 소비자에 대응하기 위해 기업이 중점 추진해야 할 마케팅 혁신전략을 소개한다(이동훈 외, 2012: 요약).

① 신프로슈머를 위한 마케팅 혁신전략

- 고객을 전문개발자로 활용하는 전략: 이는 제품 출시 전에 프로슈머의 요구사항을 반영하는 것으로, 그 방법은 고객이 참여할 수 있는 채널을 만들어야 한다는 의미이다. 그리고 사회적기업은 이 채널을 통해 유머와 재미를 주는 이른바 펀(fun) 요소로 고객의 호기심을 자극하고 성취감을 선사해야 한다.
- 고객을 홍보요원으로 변화시키는 전략: 이 전략의 근거는 보통 소비자는 광고나 영업사원보다도 다른 소비자의 의견을 신뢰한다는 것이다. 그러므로 트위터와 페이스북, 블로그를 서로 링크하여 콘텐츠를 확산시키는 소셜 광고를 활용할 필요가 있다.
- 일반인을 신프로슈머로 확대하는 전략: 이 전략은 신프로슈머의 범위를 확대하는 전략이다. 즉, 지금까지 프로슈머가 주로 성인 특히 남성이라면 향후에는 어린이와 여성, 주부 등으로 확대해야 한다는 의미이다.

② 소셜슈머를 위한 마케팅 혁신전략

- 공익을 생각하는 신상품 출시전략 : 사회지도층에게는 보통 부와 권력, 명성은 사회에 대한 책임과 함께해야 한다는 의미인 '노블리스 오블리제'(noblesse oblige)가 있고, 일반기업은 사회적 책임(CSR: Corporate Social Responsibility)이 있다. 그러나 사회적기업은 '사회적 목적, 즉 사회복지를 지향하는 기업'이므로 CSR은

물론이고 공유가치 창출(CSV: Creating Shared Value)을 할 수 있는 신상품도 출시하여야 한다.

CSR과 CSV 비교

1. CSR 관점: 가난한 농부가 재배한 농작물에 제값을 쳐 주는 공정무역은 CSR관점에서 빈곤해결이라는 의미이나 이는 현재의 파이를 재분배하는 것이라는 한계가 있다.
2. CSV 관점: 가난한 농부의 농법을 개선하고 농부를 위한 지역협력과 지원체계를 구축하는 방법을 통하여 수확량과 품질을 개선하도록 도우면서 농가 소득에 도움이 되도록 하는 것이다.

- 사회문제 해결을 소비자와 함께하는 전략 : 소셜슈머는 개인의 만족을 넘어 사회 전체의 이익과 행복을 위해 마케팅 활동에 능동적으로 참여하므로, 소셜슈머의 의견을 수렴하여 사회문제 해결을 위한 제품과 서비스 등을 개발하는 전략을 수립하여야 한다.

③ 큐레이슈머를 위한 마케팅 혁신전략

- 라이프 스타일을 제안하는 전략 : 큐레이슈머는 스스로 삶을 꾸미고 연출하는 소비자이므로 직접적인 상품 판매전략보다는 상품 구매 후 나타날 수 있는 라이프 스타일을 우회적으로 제시할 필요가 있다. 즉, '이러한 것이 이 제품의 좋은 점이므로 구매하세요'보다는 '이 제품의 구매 후 생활이 이렇게 달라집니다'라고 표현하는 것이다.
- 디지털 집사(concierge) 서비스 제공전략: 컨시어지(concierge)란 호텔 산업에서 고객의 서비스를 담당하는 안내원, 집사와 같은 의미이다. 따라서 디지털 컨시어지 서비스란 빅 데이터를 활용해 1:1 마케팅과 같이 일반인 모두에게 '당신 1인만을 위한 특별한 제안'을 하는 것이다.

3. 사회적기업이 활용 가능한 마케팅 세부전술

여기에서는 종전의 마케팅 방법론보다 새롭고 사회적기업에서 활용 가능한 새로운 마케팅전략(전술)을 간략하게 소개하기로 한다.

(1) 고객관계 관리(Customer Relationship Management)

① 의의: 고객 등 이해관계자와 강한 유대관계를 형성, 이를 유지해 가며 발전시키는 관계 마케팅 활동을 말한다. 고객 만족 극대화를 위한 경영 이념으로 최근 관심을 끌고 있는 개념이다. 말하자면 기존 마케팅의 판매 위주의 거래 지향적 개념에서 탈피하여 장기적으로 고객과 경제, 사회, 기술적 유대 관계를 강화함으로써 개별적 거래의 이익 극대화보다는 고객과의 호혜 관계를 극대화하여 고객과 우호 관계를 구축하면 이익은 절로 수반된다고 보고 있다. 즉, 고객이 원하는 제품과 서비스를 개발하고 제공하는 고객관계 관리를 통해 고객과의 장기적인 관계유지를 추구하며 지속 가능한 이익창출을 실현하는 것이다.

② 방법: CRM은 고객 데이터의 세분화를 실시하여 신규고객 획득, 우수고객 유지, 고객가치 증진, 잠재고객 활성화, 평생 고객화와 같은 사이클을 통하여 고객을 적극적으로 관리하고 유도하며 고객의 가치를 극대화시킬 수 있는 전략을 통하여 마케팅을 실시한다. 따라서 제품이나 서비스를 개발한 후에 구매자를 찾을 것이 아니라 먼저 소비자가 무엇을 원하는지를 파악하고 그것을 어떻게 생산해야 하는지를 연구해야 한다.

고객관계관리 사례

1. '아토피 힐링'에 초점을 맞춘 프로그램: 환경성질환 및 아토피를 앓고 있는 유·소아 및 청소년을 대상으로 '아토피를 이기는 건강밥과 사찰음식 먹기', '식품첨가물 및 유해물질로부터 우리 아이들을 지키기' '부모와 함께하는 온천욕', '마음을 깨우는 명상과 요가' 등
2. VIP(Very Important Person) 마케팅: 부자나 VIP를 목표고객으로 정하고 고객이 원하는 제품과 서비스를 개발하여 제공하는 것

(2) 구전 마케팅(口傳, Word of Mouth Marketing)

① 의의: 구전 마케팅은 사람들 입을 광고의 매체로 삼는 것이다. 즉, 소비자 또는 그 관련인의 입에서 입으로 전달되는 말을 통한 마케팅으로 버즈(buzz)마케팅이라고 부른다. 구전 마케팅의 기본 원칙은 전체 10%에 달하는 특정인의 공략이며, 90%의 다수소비자는 10%의 특정인에 의해 영향을 받게 되므로 기업들은

10%의 특정인의 전달자를 공략한다는 것이다. 즉, 충성고객 1인에게 기업의 상품이나 서비스 정보를 제공하여 주위의 250~300명에게 확산시키는 방법을 지속적으로 진행하는 것이다.

② 방법: 구전 마케팅의 특징은 어느 마케팅보다도 소비자가 주체가 되어 적극적으로 활동한다는 것이므로, 여론 주도자(OL, Opinion Leader)를 통해 진행하는 것이 유리하다. 그러므로 구전 마케팅의 방법으로는 특정인에게 무료 샘플을 보내거나 무료 체험, 시공, 시음과 같이 소비자로 하여금 상품을 실제로 써 보고 품질과 성능을 파악해 보게 하는 체험형 판촉 등이 있다. 이러한 구전 마케팅의 효과는 고객들이 또 다른 고객을 소개하는 것과 이에 따른 마케팅 비용절감의 효과가 있다.

구전 마케팅 사례

1. 외국의 성공적인 사례로는 폭스바겐의 딱정벌레차, 비아그라, 해리포터 시리즈 등
2. 한국의 구전 마케팅의 원조는 A사의 김치냉장고 '딤채'

(3) 그린 마케팅(Green Marketing)

이는 고객의 욕구나 수요 충족뿐만 아니라 환경보전, 생태계 균형 등을 중시하는 마케팅전략이다. 즉, 소비자보호운동에 입각하여 공해를 유발하지 않는 상품을 제조하고 판매함으로써 삶의 질을 높이려는 새로운 기업 활동을 의미한다. 최근 들어 사회적, 경제적, 생태적 비용이 증가하면서 생산업체가 자연 환경 훼손에 대한 부담을 지게 되는 입법이 확대되고 있다.

그린 마케팅 사례

1. 미국의 소비자 신뢰를 얻은 인증제도 'Energy Star'
2. 기본 의식주와 관련해 건강에 무해하고 안전성이 돋보이는 식품, 의류, 세제, 건축자재, 가구 등
3. 친환경 자동차, 그린 IT, 에너지 절약형 가전/조명/건축
4. 생분해성 플라스틱으로 만들어진 포장재 등

(4) 네트워크 마케팅(Network Marketing)

네트워크 마케팅이란 기존의 중간 유통단계를 배제하여 유통 마진을 줄이고 관리비, 광고비, 샘플비 등의 제 비용을 없애 회사는 싼 값으로 소비자에게 직접 제품을 공급하고 회사 수익의 일부분을 소비자에게 환원하는 시스템이다. 네트워크 마케팅은 프로세일즈맨이 아니라 보통사람이 하는 사업으로 대부분의 판매는 끊임없이 소비자를 찾아 판매를 하여야 하고 매월 새로 실적을 쌓아야 한다. '피라미드'와 근본적으로 다른 점은 회원을 아무리 많이 가입시켜도 소용없고 그 회원들이 그 제품을 애용해야 한다는 것이다.

네트워크 마케팅 회사사례

1. 암웨이: 회사에서 제공하는 제품을 무점포판매 방법을 구사하여 소비자들에게 접근하는 형태
2. 하이리빙: 우리나라 생필품 시장을 유지하려는 목적

(5) 데이터베이스 마케팅(Database Marketing)

① 의의: 데이터베이스 마케팅이란 고객에 관한 데이터베이스를 구축, 필요한 고객에게 필요한 제품을 직접 판매하는 것으로, '원 투 원'(one-to-one) 마케팅, 개별 마케팅이라고 한다. 즉, 데이터를 가지고 고객의 성향을 분석, 향후 필요한 마케팅전략을 수립하는 것이다.

② 방법: 개별 고객의 성별, 나이, 소득 등 통계 정보와 고객의 취미, 레저 등에 관한 정보, 구매패턴을 데이터베이스화하여 고객에게 가장 적절한 상품, 정보, 광고를 제공하는 것이 핵심이다. 구매패턴은 어느 고객이 무엇을 얼마나 자주 구매했는지, 어느 매장에서 어떤 유형의 제품을 구매했는지, 언제 재구매, 대체구매를 할 것인지 등이다.

데이터베이스 마케팅 사례

미국의 항공회사: 출발 전에 탑승객에 대한 자료를 파악하여 승무원에게 전달해 고객이 좋아하는 와인과 식사, 그리고 취미까지 고려해 고객에게 감동을 안겨 주는 서비

스를 제공. 최근에는 항공회사뿐 아니라 호텔, 은행, 유통, 제조업체까지 데이터 베이스 마케팅이 도입됨.

(6) 비차별적 마케팅

소비자들의 욕구 중에서 공통적인 부분에 초점을 맞추는 것으로, 세분화되지 않은 전체시장을 대상으로 제품이나 서비스를 비즈니스하는 것을 말한다. 필요한 정보를 찾기 위해 사용하는 〈야후〉나 〈알타비스타〉와 같은 검색엔진이나 디렉토리 등이 대표적인 예다.

(7) 소시얼 마케팅(Social Marketing)

① 의의: 기업들이 트위터나 페이스북을 이용해서 고객들과 대화하는 마케팅을 의미한다. 최근 미국기업 중 소셜네트워크 서비스(SNS)를 활용하는 새로운 마케팅 전략이 확대되고 있다. 소셜네트워크 서비스는 웹상에서 이용자들이 인적 네트워크를 형성할 수 있게 해 주는 서비스로서 Facebook, Twitter 등이 대표적이다.

② 장점: 소시얼 마케팅의 장점은 고객과의 소통 극대화를 통한 이미지 제고, 저비용 고효율의 마케팅 수단, 향후 발전 가능성이 크다는 점을 들 수 있다. 특히 사회적기업 같은 중소기업의 경우 웹페이지를 만들기 위해 도메인을 등록하지 않아도 소셜네트워크 서비스를 이용하여 홈페이지를 만드는 것이 가능하므로 활용할 가치가 있다(한국무역협회 뉴욕지부, 2011: 2-3). 그러나 유의할 점은 업계마다 타켓층이 다르므로 대상 타켓에 맞는 전략을 수립하여야 한다는 것이다. 그 예로 타켓층이 주부 대상이라면 블로그, Youtube 등을, 젊은층을 대상으로 하는 경우는 Facebook, Twitter 등을 활용하는 것이다.

소시얼 마케팅 사례

1. JCPenney: 미국 내 1,106개 백화점을 운용하고 있는 유통기업으로, 카탈로그 전시 및 제품판매를 위해 Facebook을 적극 활용함.
2. Chase 은행: 소셜네트워크 서비스를 이용하여 Facebook과 학생전용 신용카드를

연동한 마케팅을 실행 중. 'chase +1'이라는 학생전용 신용카드의 사용자들은 카드 사용 시 일정 포인트가 적립됨. 또한 Facebook을 통하여 친구들과 적립된 포인트를 주고받을 수 있으며, Facebook 안에서 포인트를 이용한 물건구매 가능.

3. Joe's Shanghai restaurant: 미국 맨하탄에 위치한 중식식당이며 현재 총 3개의 체인점을 가지고 있고 소셜네트워크서비스를 활용한 광고효과 기대. 홈페이지에서는 유튜브(Youtube)를 이용하여 자체광고를 제작·광고함
4. Sephora: 화장품 판매업체이며 Facebook에서 할인쿠폰을 제공하며 손님과 항상 대화한다는 전략을 시행.
5. Data Vision: 전자제품을 판매하는 뉴욕의 중소기업중 하나로서 소셜네트워크 서비스를 활용하여 online store을 개설. Data Vision의 사례는 소셜네트워크 서비스를 이용하여 업체를 홍보하려는 無名업체의 마케팅전략으로 Facebook과 Twitter를 통하여 업체홍보를 겸한 상품소개에 주력

자료: 한국무역협회 뉴욕지부, 2011: 5-10.

(8) 인터넷 마케팅(Internet Marketing)

① 의의: 사이버마케팅(cyber marketing)이라고 하며 인터넷을 활용하여 수익을 얻고자 하는 마케팅활동이라고 볼 수 있다. 즉, 인터넷을 이용하여 양 방향 의사소통을 바탕으로 마케팅 활동을 하는 것을 말한다.

② 장점: 인터넷을 통한 마케팅은 정보 제공자와 수용자 간의 커뮤니케이션이 쉽고, 시간이나 공간 등의 제약을 받지 않고 무제한적으로 정보를 주고받을 수 있다는 장점을 갖는다. 또한 기존의 시장 점유율 위주의 마케팅에서 벗어나 고객의 구미에 맞는 정보를 직접 전달할 수 있어 인터넷 시대의 효과적인 마케팅 수단으로 떠오르고 있다. 또한 거래가 기업과 소비자 간에 직접 이루어지기 때문에 비용절감의 효과를 거둘 수도 있다. 전통적인 거래 공간인 시장 또는 쇼핑센터 등의 물리적인 장소는 물론, 영업시간도 별도로 필요하지 않고 판매자와 구매자가 거래를 위하여 만나지 않아도 되며, 소비자의 입장에서는 아이디어 개발과 제품설계 등에 참여하여 자신의 의견을 반영시킬 수도 있다.

(9) 지역 마케팅(Place Marketing, 地域 마케팅)

지역 마케팅은 특정지역이나 장소에 대한 태도나 행동을 새로이 창출해 내고, 유지

또는 변화시키기 위해 행해지는 제반활동을 포함하는 것으로서 지역사회 변화를 위한 마케팅이다. 지역 마케팅은 크게 휴가 마케팅(Vacation marketing)과 사업 장소 마케팅(Business site marketing)의 2가지로 구분할 수 있다. 최근 들어 우리나라에서도 국가적인 차원, 또는 지방자치단체 차원에서 관광객이나 기업체 시설 유치를 위해 많은 노력을 기울이고 있다.

(10) 텔레마케팅

텔레마케팅이란 계획된 전화통화를 이용하여 예상되는 표적 고객으로부터 의무감을 유발하여 이익을 얻고자 하는 노력이다. 즉, 보통 비대면 접촉을 사용하는 인적 판매로서 텔레커뮤니케이션 기술을 사용하는 마케팅이다. 텔레마케팅의 적용 분야는 전화판매, 직접 반응 마케팅, 주문 접수, 고객에 대한 정보 서비스, 시장 조사, 마케팅 이외의 적용 등이 있다.

(11) 감성마케팅(Emotional Marketing)

① 의의: 고객의 기분과 감정에 영향을 미치는 감성적인 자극을 통해 브랜드와 유대관계를 강화하는 것을 말한다. 핵심은 기술력을 바탕으로 한 소비자의 감성에 호소하는 마케팅을 전개하는 것이고, 고객은 그 브랜드에 대해 자기만의 가치를 느끼고 '브랜드 로열티(Brand Loyalty)'를 계속해서 높여 나가는 데 있다고 할 수 있다.

② 장점: 감성마케팅 시대에서 고객은 제품 그 자체를 사는 것이 아닌 아름다워지고 싶은 꿈, 경험, 즐거움, 자부심, 인간적인 정 등을 사는 것이다. 이 같은 감성의 활용은 브랜드 이미지를 차별화하고 브랜드 충성도(brand loyalty)를 강화할 수 있는 핵심적인 방법이다. 예는 스타벅스가 단지 커피만 파는 장소가 아니라 커피를 마시면서 즐겁고 친밀한 분위기를 느낄 수 있는 감성적인 경험을 체험할 수 있는 문화공간으로 홍보하는 것이 있다.

③ 종류: 문화마케팅과 감동마케팅 등이 있다. 문화마케팅은 영화, 공연, 게임 등의 Contents를 활용하여 자사의 브랜드를 자연스럽고 우호적으로 노출시키는 마케

팅 기법이다. 감동마케팅은 독특한 경험, 재미, 감동을 주어 우호적 이미지를 형성하고 자사의 브랜드를 차별화하는 방법이다. 모두 체험마케팅을 활용한다.

(12) **프로슈머마케팅**(prosumer marketing)

소비자의 아이디어가 신제품 개발에 직접 관여하는 마케팅이다. 즉, 고객만족 경영전략으로 소비자가 직접 상품개발을 요구하며 아이디어를 제안할 때 기업이 이를 받아들여 신제품을 개발하는 것이다.

국내에서도 고객만족경영에 대한 중요성이 커지면서 컴퓨터·가구·의류와 관련된 기업에서 공모작품을 통해 적극적으로 소비자의 아이디어를 수용하고 있으며, 또한 소비자의 취향을 살린 자가 조립방식의 DIY(do it yourself) 상품도 나오고 있다.

(13) **서비스 마케팅**(Service Marketing)

서비스를 통해 고객의 필요와 욕구를 충족시킴으로써 마케팅 목표를 달성하려는 기업활동을 말한다. 이는 서비스 산업의 발달로 금융·부동산·여행·통신 등의 서비스 분야에서도 마케팅전략의 중요성이 강조됨에 따라 생긴 개념이다. 따라서 효과적인 마케팅을 위해서는 상품 마케팅과는 차별화된 전략이 필요하며, 마케팅 믹스를 계획하고 실행함에 있어서는 제품(product), 가격(price), 유통(place), 촉진(promotion) 등의 4P 믹스 이외에도 사람(people: 직원·고객 등 서비스 참여자), 물리적 증거(physical evidence: 서비스 환경), 서비스 제공과정(process of service assembly)의 3P 믹스 요소를 추가하여 함께 고려해야 한다.

제3절 사회적기업별 마케팅 실전전략과 세부전술

제3절에서는 사회적기업이 구사할 수 있는 마케팅 실전전략으로 공공기관 등과 연계전략, 기업 등과 연계전략, 지역주민 대상 영업전략 등 3가지를 중심으로 세부적으로 고찰하기로 한다.

1. 공공기관 등과 연계전략

사회적기업이 구사할 수 있는 공공기관 등과 연계전략에는 재정지원이나 시설지원, 사업위탁, 우선구매 등이 있다.

(1) 사회적기업 종류와 지자체의 연계 현황

① 연계 현황

〈표 10-1〉을 보면 지원총액 측면에서 지자체의 지원은 민법상 법인(37%), 상법상 회사(36%), 비영리 민간단체(13%), 사회복지 법인(11%), 민법상 조합(3%) 순서이다. 그리고 재정지원은 상법상 회사, 민법상 법인, 사회복지 법인 순서로 지원하고 있고, 우선구매는 비영리 민간단체, 상법상 회사 순으로, 사업위탁은 민법상 법인, 상법상 회사, 민법상 조합 순서로 지원하고 있다. 또한 지원형태별로 살펴보면 민법상 법인에 대한 지자체의 지원은 주로 사업위탁의 형태를 띠고 있으며, 상법상 회사는 재정지원과 사업위탁의 형태를, 비영리 민간단체는 주로 우선구매 형태를, 사회복지 법인은 재정지원을, 민법상 조합은 사업위탁의 형태를 띠고 있다(곽선화, 2010: 62)(〈표 10-1 참조).

〈표 10-1〉 사회적기업 종류와 지자체의 연계 현황 (단위: 백만원)

구 분	재정지원	생산품구매	사업위탁	계
민법상 법인	1,235	18	3,094	4,347
민법상 조합	15	-	329	344
비영리 민간단체	96	1,140	263	1,499
사회복지 법인	1,196	18	62	1,276
상법상 회사	2,130	210	1,935	4,275
계	4,672	1,386	5,683	11,741

자료: 곽선화, 2010: 62. 표 수정·인용.

② 사회적기업의 지자체와의 연계전략

사회적기업이 민법상 법인이라면 사업위탁과 재정지원을 중점으로 마케팅전략을 전개하는 것이 필요하다고 판단된다. 그리고 사회적기업이 민법상 조합이라면 사업위탁을, 비영리 민간단체는 주로 우선구매를, 사회복지 법인은 재정지원을, 상법상 회사는 재정지원과 사업위탁을 중점으로 마케팅전략을 전개하여야 한다.

(2) 사회적기업 업종과 지자체의 연계 현황

① 연계 현황

〈표 10-2〉를 보면 지원총액 측면에서 지자체의 지원은 기타업종(44%), 문화예술관광운동(23%), 환경분야(21%), 간병가사지원(7%) 순으로 나타나고 있다. 그리고 업종분야별로 살펴보면 먼저 재정지원은 문화예술관광운동, 환경분야, 간병가사지원 순서로 지원하고 있고, 우선구매는 기타업종이 압도적으로 나타나고 있다. 또한 사업위탁은 환경분야, 기타업종, 문화예술관광운동, 간병가사지원의 순서로 나타나고 있다(곽선화, 2010: 63-4).

〈표 10-2〉 사회적기업 업종과 지자체의 연계 현황

(단위: 백만 원)

구 분		재정지원	생산품구매	사업위탁	계
교 육		-	-	-	-
보 건		-	-	253	253
사회복지		231	5	-	236
환 경		421	5	2,092	2,518
보 육		38	-	95	133
문화예술관광운동		2,013	2	640	2,655
간병가사지원		266	1	561	828
소계 (1)		2,969	13	3,641	6,623
기타	음식료제조	864	1,318	1,916	4,098
	물류택배	20	-	30	50
	일반제조	398	5	-	403
	PC·소모품	-	50	-	50
	지역개발·컨설팅	-	-	96	96
	출판·인쇄·복사용지	421	-	-	421
	기타서비스	-	-	-	-
기 타 소계 (2)		1,703	1,373	2,042	5,118
총계 (1) + (2)		4,672	1,386	5,683	11,741

자료: 곽선화, 2010: 63-4. 표 수정·인용.

② 사회적기업의 지자체와의 연계전략

사회적기업의 업종이 보건분야라면 사업위탁을 중점으로 마케팅전략을 전개하는 것이 필요하다고 판단된다. 그리고 업종이 사회복지라면 재정지원을, 환경과 보육은 사업위탁을, 문화예술관광운동은 재정지원을, 간병가사지원은 사업위탁을 중점으로 마케팅전략을 구사하는 것이 필요하다고 판단된다(기타 업종은 〈표 10-2〉 참조).

2. 공공기관 우선구매제도

(1) 제도의 취지

공공기관 우선구매제도는 공공기관에서 구매하고자 하는 품목에 사회적기업이 생산하는 재화나 서비스(사회적기업 제품)가 있는 경우에는 우선적으로 구매해야 하는 제도를 말한다. 따라서 이 제도는 공공기관이 사회적기업 제품을 구매함으로써 사회적기업의 판로를 지원하여 사회적기업의 자생력을 키우려는 취지이다.

(2) 근거법령: 사회적기업육성법 제12조, 시행령 제12조의2(아래 참조)

◇법 제12조(공공기관의 우선구매)

① 「중소기업제품 구매촉진 및 판로지원에 관한 법률」 제2조제2호에 따른 공공기관의 장(공공기관의 장)은 사회적기업이 생산하는 재화나 서비스(사회적기업제품)의 우선구매를 촉진하여야 한다. 〈개정 2012.2.1.〉

② 공공기관의 장은 사회적기업제품의 구매 증대를 위한 구매계획과 전년도 구매실적을 고용노동부장관에게 통보하여야 한다. 〈개정 2012.2.1.〉

③ 고용노동부장관은 제2항에 따른 구매계획과 구매실적을 종합하여 공고하여야 한다. 〈신설 2012.2.1.〉

④ 제2항 및 제3항에 따른 구매계획과 구매실적의 통보 및 공고에 필요한 사항은 대통령령으로 정한다. 〈신설 2012.2.1.〉

◇시행령 제12조의2(구매계획과 구매실적의 통보) [본조신설 2012.6.5]

① 「중소기업제품 구매촉진 및 판로지원에 관한 법률」 제2조제2호에 따른 공공기관의 장은 법 제12조제2항에 따라 매년 2월 말일까지 사회적기업이 생산하는 재화나 서비스(사회적기업제품)의 해당 연도 구매계획 및 전년도 구매실적과 해당 기관의 총 구매액에 대한 사회적기업제품의 구매액 비율 등을 고용노동부장관에게 통보하여야 한다.

> ② 고용노동부장관은 제1항에 따른 공공기관별 구매계획 및 전년도 구매실적을 종합하여 매년 4월 30일까지 인터넷 홈페이지에 공고하여야 한다.

(3) 우선구매제도를 활용할 수 있는 사회적기업

우선구매제도를 활용할 수 있는 사회적기업이란 취약계층에게 사회서비스 또는 일자리를 제공하거나 지역사회에 공헌함으로써 지역주민의 삶의 질을 높이는 등의 사회적 목적을 추구하면서, 재화 및 서비스의 생산·판매 등 영업활동을 하는 기업으로서 인증받은 기업을 말한다(법제2조제1호). 그러므로 사회적 목적 추구, 영업활동, 인증이라는 3가지 요건에 모두 부합하여야 한다. 따라서 예비 사회적기업이나 지자체가 지정하는 예비 사회적기업은 원칙적으로 해당되지 않는다.

(4) 사회적기업으로부터 우선구매해야 할 공공기관

사회적기업으로부터 우선구매해야 할 공공기관은 국가기관, 지방자치단체, 특별법에 따라 설립된 법인 중 대통령령으로 정하는 자, 공공기관 등이다(중소기업제품 구매촉진 및 판로지원에 관한 법률 제2조제2호).

사회적기업으로부터 우선구매해야 할 공공기관 유형

1. 국가기관
2. 지방자치단체
   - 특별시장·광역시장·도지사 및 특별자치도지사
   - 특별시·광역시·도 및 특별자치도의 교육감
3. 특별법에 따라 설립된 법인 중 대통령령으로 정하는 자(영 제2조제1항)
   - 「중소기업협동조합법」에 따른 중소기업중앙회(이하 '중소기업중앙회'라 한다)
   - 「농업협동조합법」에 따른 농업협동조합중앙회
   - 「수산업협동조합법」에 따른 수산업협동조합중앙회
   - 「산림조합법」에 따른 산림조합중앙회
   - 「한국은행법」에 따른 한국은행
   - 「지방공기업법」에 따른 지방공사 및 지방공단
   - 「상공회의소법」에 따른 대한상공회의소
4. 「공공기관의 운영에 관한 법률」 제5조에 따른 공공기관 중 대통령령으로 정하는 자
   - 공기업, 준정부기관 및 기타 공공기관

(5) 공공기관이 우선구매해야 할 사회적기업의 제품

공공기관이 우선구매 해야 할 사회적기업의 제품은 원칙적으로 사회적기업이 생산하여 판매나 제공하는 재화나 서비스이다(사회적기업육성법 제12조제1항). 여기서 재화는 제품이나 상품을 의미하며, 서비스는 서비스와 용역을 말한다(아래 참조).

서비스 8종류(사회적기업 육성법 시행령 제3조)

1. 보육 서비스
2. 예술·관광 및 운동 서비스
3. 산림 보전 및 관리 서비스
4. 간병 및 가사 지원 서비스
5. 문화재 보존 또는 활용 관련 서비스
6. 청소 등 사업시설 관리 서비스
7. 고용서비스 : 구인자 또는 구직자에 대한 고용정보의 제공, 직업소개, 직업지도 또는 직업능력개발 등 고용을 지원하는 서비스 (「직업안정법」 제2조의2제9호)
8. 그 밖에 고용노동부장관이 정책심의회의 심의를 거쳐 인정하는 서비스

(6) 사회적기업과 공공기관 간의 우선구매를 위한 계약제도

공공기관이 사회적기업 제품을 우선구매하는 방법으로는 여러 가지 방법이 있다. 따라서 사회적기업은 공공기관의 우선구매 요건을 파악하여 자신에게 유리한 계약을 체결하는 지혜와 노력이 필요하다(한국사회적기업진흥원, 2012: 7).

① 일반경쟁입찰: 각 중앙관서의 장 또는 계약담당공무원은 계약을 체결하고자 하는 경우에는 일반경쟁에 부쳐야 하고, 경쟁은 입찰방법이나 입찰방법에 준하여 경매의 방법으로 하여야 한다(국가를 당사자로 하는 계약에 관한 법률 제7조제1항, 동법 시행령 제10조제1항). 이 방법은 기관의 홈페이지 등을 통한 공고로 일정한 자격을 가진 불특정 다수의 경쟁을 통해 최저가를 제시한 기업을 낙찰자로 결정하는 방법이다.

사회적기업의 일반경쟁입찰

지방자치단체 입찰 시에는 사회적기업은 신인도 평가항목에서 0.5점의 가산점을 받고 있다.

② 제한경쟁입찰: 이는 계약의 목적·성질·규모 등을 고려하여 필요한 경우에 입찰 참가자의 자격을 제한하여 낙찰자를 선정하는 방법이다(국가를 당사자로 하는 계약에 관한 법률 제7조1항 및 동법 시행령 제21조, 지방자치단체를 당사자로 하는 계약에 관한 법률 제9조 및 동법 시행령 제20조).

사회적기업의 제한경쟁입찰

- 제한경쟁입찰이 가능한 기업: 「중소기업제품 구매촉진 및 판로지원에 관한 법률 시행령」 제6조에 따라 중소기업청장이 지정·공고한 물품을 제조·구매하는 경우에는 「중소기업기본법」 제2조에 따른 중소기업자
- 사회적기업은 중소기업기본법에서 인정한 중소기업자이므로 제한경쟁입찰이 가능함(중소기업기본법 제2조제1항제2호)

③ 지명경쟁입찰: 이는 계약의 성질 또는 목적에 비추어 특수한 실적이 있는 자가 아니면 계약목적을 달성하기 곤란한 경우에 발주기관이 자력이나 신용 등이 적당하다고 인정하는 특정 다수의 경쟁 참가자를 지명하여 경쟁입찰시키는 방법이다(국가를 당사자로 하는 계약에 관한 법률 제7조1항 및 동법 시행령 제23조, 지방자치단체를 당사자로 하는 계약에 관한 법률 제9조 및 동법 시행령 제22조).

사회적기업의 지명경쟁입찰

- 지명경쟁입찰이 가능한 경우:
  - 「중소기업제품 구매촉진 및 판로지원에 관한 법률 시행령」 제6조에 따라 중소기업청장이 지정·고시한 물품을 「중소기업기본법」 제2조에 따른 중소기업자로부터 제조·구매할 경우
  - 「자원의 절약과 재활용촉진에 관한 법률」 제33조의 규정에 의한 기준에 적합하고 「산업기술혁신 촉진법 시행령」 제17조제1항제3호에 따른 품질인증을 받은 재활용제품 또는 「환경기술 및 환경산업 지원법」 제17조의 규정에 의한 환경표지의 인증을 받은 제품을 제조하게 하거나 구매하는 경우

④ 수의계약: 계약담당공무원이 특정인을 선택하여 계약하는 경우이다(국가를 당사자로 하는 계약에 관한 법률 제7조1항 및 동법 시행령 제26조, 지방자치단체를 당사자로 하는 계약에 관한 법률 제9조 및 동법 시행령 제25조).

사회적기업의 수의계약

• 수의계약이 가능한 경우:

1. 「중소기업진흥에 관한 법률」 제2조제1호에 따른 중소기업자가 직접 생산한 다음 각 목의 제품을 해당 중소기업자로부터 제조·구매하는 경우
   가. 「중소기업제품 구매촉진 및 판로지원에 관한 법률」 제15조에 따라 성능인증을 받은 제품
   나. 「소프트웨어산업 진흥법」 제13조에 따라 품질인증을 받은 제품
   다. 「산업기술혁신 촉진법」 제16조에 따라 신제품으로 인증받은 제품
   라. 「산업기술혁신 촉진법」 제15조의2, 「환경기술 및 환경산업 지원법」 제7조 또는 「건설기술관리법」 제18조에 따라 인증 또는 지정·고시된 신기술을 이용하여 제조한 제품으로서 주무부장관이 상용화 단계에서 성능을 확인한 제품
   마. 「조달사업에 관한 법률 시행령」 제18조에 따라 우수조달물품으로 지정·고시된 제품
   바. 「조달사업에 관한 법률 시행령」 제18조의2에 따라 지정·고시된 우수조달 공동상표의 물품(기획재정부장관이 고시한 금액 미만의 물품을 구매하는 경우에 한정한다)
2. 국가유공자 또는 장애인 등에게 일자리나 보훈·복지서비스 등을 제공하기 위한 목적으로 설립된 다음 각 목의 어느 하나에 해당하는 단체 등과 물품의 제조·구매 또는 용역 계약(해당 단체가 직접 생산하는 물품 및 직접 수행하는 용역에 한정한다)을 체결하거나 그 단체 등에 직접 물건을 매각·임대하는 경우
   가. 국가보훈처장이 지정하는 국가유공자 자활집단촌의 복지공장
   나. 「국가유공자 등 단체설립에 관한 법률」에 따라 설립된 단체 중 상이를 입은 자들로 구성된 단체
   다. 「중증장애인생산품 우선구매 특별법」 제9조제1항에 따라 지정받은 중증장애인생산품 생산시설
   라. 「사회복지사업법」 제16조에 따라 설립된 사회복지법인

• 현재 사회적기업의 단독 수의계약 조항은 없음

⑤ 제3자를 위한 단가계약: 조달청장이 각 수요기관에서 공통적으로 필요로 하는 수요물자를 제조·구매 및 가공하는 등의 계약을 할 때 미리 단가만을 정하고, 각 수요기관의 장이 직접 해당 물자의 납품 요구나 납품 요구 및 대금 지급을 할 수 있는 계약을 말한다(조달사업에 관한 법률 제5조제1항 및 동법 시행령 제7조제1항).

⑥ 다수공급자계약: 이는 조달청장이 각 수요기관에서 공통적으로 필요로 하는 수요물자를 구매할 때 수요기관의 다양한 수요를 충족하기 위하여 필요하다고 인정되는 경우에는 품질·성능 또는 효율 등이 같거나 비슷한 종류의 수요물자를

수요기관이 선택할 수 있도록 2인 이상을 계약 상대자로 하는 공급계약을 말한다(조달사업에 관한 법률 제5조제1항 및 동법 시행령 제7조의2제1항). 이 계약은 전자상거래(인터넷 쇼핑몰)에 적합한 계약방식으로서, 이미 미국과 캐나다, 영국 등에서 널리 활용하고 있고, 한국에서는 '나라장터 종합쇼핑몰'이 있다(전자조달연구원, 2012: 3)(제3자 단가계약과의 차이는 아래 표 참조).

〈표 10-3〉 제3자 단가계약과 다수공급자 계약의 비교

구 분	제3자 단가계약	다수공급자 계약
계약방법	경쟁, 수의	경쟁
계약수량	구매 결의 시 결정된 수량	업체제시 수량
계 약 자	단일업체	다수업체(3개사 이상)
가격할인	-	- 다량 납품요구량 초과 시 - 할인행사 기간 중 납품요구 시
가격인하	계약 후 90일 이후	수시로 가능
2단계경쟁	-	- 1회 구매예정금액이 일정금액 이상 - 세부품명과 물품분류번호 8자리가 동일한 물품의 2단계 경쟁

자료: 전자조달연구원, 2012: 5.

⑦ 중소기업자 간 경쟁 제품에 대한 계약의 특례: 조달청장은 「소기업 및 소상공인 지원을 위한 특별조치법」 제2조에 따른 소기업과 소상공인의 수주기회를 확대하기 위하여 「중소기업제품 구매촉진 및 판로지원에 관한 법률」 제6조에 따른 중소기업자 간 경쟁 제품 중 대통령령으로 정하는 규모 이상의 표준제품을 구매하는 경우에는, 「중소기업기본법」 제2조에 따른 중소기업자로 구성된 공동수급체 간의 경쟁입찰에 따라 조달계약을 체결할 수 있다(조달사업에 관한 법률 제5조제2항 및 동법 시행령 제9조의2제1항).

사회적기업의 공동수급체 간 경쟁입찰

• 영 제9조의2(중소기업자 간 경쟁 제품에 대한 계약의 특례)

① 법 제5조제2항에서 '대통령령으로 정하는 규모'란 구매금액이 「국가를 당사자로 하는 계약에 관한 법률 시행령」 제2조제1호에 따른 추정가격 기준으로 20억 원

> 이상으로서 조달청장이 제품별로 단가 등을 고려하여 정하는 금액을 말한다.
> ② 법 제5조제2항에 따라 중소기업자로 구성된 공동수급체 간의 경쟁입찰(공동수급체간 경쟁입찰)을 통하여 조달계약을 체결할 수 있는 표준제품은 다음 각 호의 요건을 모두 갖춘 제품으로서 조달청장이 기획재정부장관과 협의하여 지정·고시하는 제품(표준제품)으로 한다.
> 1. 「산업표준화법」 제4조 및 제15조에 따라 산업표준심의회의 심의를 거쳐 지정된 제품 등 법률에 따라 규격 및 품질 기준이 정해진 제품일 것
> 2. 기업 간 기술 또는 품질의 차별성이 적은 제품일 것
> 3. 해당 제품을 생산하는 중소기업의 수 등을 고려할 때 공동수급체 간 경쟁입찰이 가능한 제품일 것
> 4. 법 제5조제3항에 따른 담합 등 불공정행위로 인하여 공동수급체 간 경쟁입찰의 적절한 이행을 해칠 우려가 있는 제품이 아닐 것
> ③ 제2항에 따른 지정의 유효기간은 지정·고시한 날부터 2년으로 한다.

⑧ 협상에 의한 계약체결: 물품·용역계약에 있어서 계약이행의 전문성·기술성·긴급성, 공공시설물의 안전성 등의 이유로 필요하다고 인정되는 경우에는 최저가격 입찰이 아니라 다수의 공급자들로부터 제안서를 제출받아 평가한 후 협상절차를 통하여 국가에 가장 유리하다고 인정되는 자와 계약을 체결할 수 있다(국가를 당사자로 하는 계약에 관한 법률 제7조1항 및 동법 시행령 제43조, 지방자치단체를 당사자로 하는 계약에 관한 법률 제9조 및 동법 시행령 제43조).

3. 공공기관과의 온·오프라인 마케팅

(1) 필요성과 의의

사회적기업은 마케팅이나 홍보할 수 있는 능력이 일반기업에 비하여 낮으므로 공공기관을 이용하는 온·오프라인 마케팅이 필요하다. 온라인 마케팅은 공공기관의 홈페이지에 사회적기업 제품을 등록하여 홍보 및 판매를, 오프라인 마케팅은 공공기관의 공동 판매장 등에 판매장을 개설하는 것이다.

(2) 온라인 마케팅 방안

사회적기업의 온라인 마케팅 방안으로는 B2B 방식과 B2C 방식이 있다. B2B는

'Business to Business' 약자로서 기업 간의 거래를 말한다. 즉, 한 기업이 전자상거래를 통하여 다른 기업을 대상으로 각종 서비스나 상품을 판매하는 방식이다. 이 경우 전자상거래의 예로는 '나라장터 종합쇼핑몰'이나 '우체국 B2B' 등이 있다. 그리고 B2C는 'business to consumer' 약자로서 기업과 소비자의 거래를 말한다. 즉, 전자상거래를 통하여 기업이 제공하는 상품 및 서비스가 소비자에게 직접적으로 제공되는 거래형태를 말한다. 이 경우 전자상거래의 예로는 '우체국장터' 등이 있다.[87)]

① 나라장터 종합쇼핑몰에 등재

- 의의: 나라장터 종합쇼핑몰은 조달청이 운영하는 입찰사이트로서, 전국의 관공서 및 공공기관 등이 거의 모든 제품을 이 사이트에서 조달하고 있다. 그러므로 대표적인 B2B 방식이며, 공급자는 전술한 다수공급자계약으로 선정하고 있다.[88)]
- 사회적기업의 등재필요성: 나라장터의 현황을 살펴보면 사이트에 등재된 업체 수는 4,405개, 사이트의 품목 수는 297,190개, 납품건수는 633,700건, 공급금액은 55,527억 원이다(2011년 기준, 전자조달연구원, 2012: 8). 그러므로 사회적기업이 나라장터에 등재할 필요성은 첫째, 전국의 관공서 및 공공기관 등이 거의 모든 제품을 이 사이트에서 조달하고 있기 때문에 고객확보에 유리하다는 점이다. 산술평균으로 계산하더라도 사회적기업 1업체당 12억 7천만 원, 1품목당 1,900만 원, 1납품건수당 900만 원의 매출이 가능하다는 결론이다. 둘째, 중소기업인 사회적기업의 판매에 유리한 사이트이기 때문이다. 그 예로 공급금액 55,527억 원 중에서 중소기업실적은 40,853억 원으로 73.6%를 차지하고 있다(2011년 기준, 전자조달연구원, 2012: 8). 셋째, 공공기관이 운영하므로 민간 사이트보다는 안정성과 신뢰성이 있다는 점이다.

② 우체국 B2B 가입

- 의의: 1986년 12월에 시작한 우체국쇼핑은 2011년 매출액 1,960억 원이고 2012년도 목표는 2,150억 원, 회원 400만 명이다. 그 후 2007년 10월에 시작한 우체국

---

87) 여기에서 소개하는 전자상거래의 방식들은 사회적기업에게 도움이 되거나 사회적기업이 활용할 수 있는 하나의 예시로서 설명하는 것이므로, 사회적기업가는 자신에 맞는 방식을 정립하기 바란다.

88) 상세한 사항은 전자조달연구원(2012). 다수공급자계약제도(MAS)를 참조할 것.

B2B는 정부 및 공공기관의 홍보용품 및 소모성 자재 구매 시 저렴한 가격으로 쉽게 구매할 수 있도록 한 기업과 공기업 간 거래 서비스 시스템이다(한국우편사업진흥원, 2012: 2-7).

• 사회적기업의 가입 필요성: 사회적기업이 우체국 B2B으로 가입하여 공급사가 되는 경우와 구매사에 유리한 경우는 다음 〈표 10-4〉와 같다.

〈표 10-4〉 우체국 B2B 이용시 장점

구매기업이 유리한 점	사회적기업(공급사)이 유리한 점
1. 다양한 구매방식: 일반구매, 입찰구매, 공동구매 등	1. 시장 확대: 전국 공공기관 네트워크를 이용한 영업망 확대
2. 편리함: 클릭 몇 번으로 구매가 이뤄지는 편리한 인터페이스	2. 유리한 결제 조건: 공공기관 구매 대상 한정으로 인해 안정적인 판매 대금 회수 가능
3. 우체국택배 원칙: 믿을 수 있고 공신력 있는 우체국택배	3. 우체국택배 원칙: 좌동
4. 저렴한 가격: 1.5%의 낮은 수수료로 인한 저렴한 상품	4. 저렴한 가격: 좌동
5. 구매 업무 경감: 거래내역 온라인 조회 및 관리 가능, 온라인 서류 출력 및 위수탁 전자세금계산서 발행으로 업무경감	5. 업무 효율 증대: 거래내역 온라인 조회 및 관리 가능, 온라인 서류 출력 및 위수탁 전자세금계산서 발행으로 업무경감
6. 국가법 준수: 국가계약법에 따른 최적의 입찰 시스템	6. 물류/재고 비용 절감: 공급이력 분석을 통한 수요 예측 및 재고량 축소 가능

자료: 한국우편사업진흥원, 2012: 9-10. 표 수정·인용.

(3) 오프라인 마케팅

사회적기업은 단독으로 판매할 수 있는 능력이 일반기업에 비하여 낮으므로 공동판매장을 이용하는 오프라인 마케팅이 필요하다. 그 예로는 지역생산 지역소비, 즉 '로컬푸드(local food)'를 지향하는 농산물 공동판매장을 들 수 있다.

① 사회적기업 공동판매장 개설 또는 가입

공동판매장을 개설하거나 가입하는 이유는 동업자들끼리 판매 경쟁으로 인한 불이익을 피하거나 어떤 유력한 경쟁자에게 대항하기 위하여, 또는 판로 확장, 자금 융통 따위의 편익을 얻기 위하여 조직하는 것이다. 그 예로는 '사회적기업 복합매장'이나

'사회적기업 전문 숍인숍' 등이 있다. 먼저 '사회적기업 복합매장'은 복합형판매장으로서 소비자가 사회적기업 제품과 서비스를 직접 만나고, 여러 가지 이벤트와 프로그램도 함께 진행하며 네트워킹이나 커뮤니티 기능까지 제공하는 매장을 말한다. 그리고 '사회적기업 전문 숍인숍'은 기존 유통매장 내에 사회적기업 숍인숍을 조성하여 일반 시민에게 사회적기업 제품을 적극적으로 홍보하고 판매하기 위한 매장이다.[89)]

② 지역사회의 공공기관 구성원에 대한 판매

이는 사회적기업이 지역사회의 공공기관 구성원들을 대상으로 필요한 제품이나 서비스를 파악하여 제공하는 판매방법이다. 단 이 방법은 공공기관 구성원들의 필요한 욕구와 수량 및 배달시기 등을 먼저 파악해야 한다.

4. 기업 등과 연계전략

기업 등과 연계전략에서는 사회적기업과 기업간의 연계 유형, 연계 규모, 조직과 연계현황, 업종과 연계현황 등을 살펴보기로 한다. 순서대로 설명한다.

(1) 사회적기업과 기업의 연계유형

사회적기업과 기업의 연계유형에서는 사회적기업과 관련하여 기업의 지원목표, 지원분야 등을 보기로 한다. 먼저 기업의 지원목표는 〈표 10-5〉와 같고, 지원분야는 재정지원과 경영지원 중심으로 지원되고 있다. 그리고 대기업의 경우는 대기업이 수행하고 있는 사업의 위탁이나 공동수행과 같은 파트너십의 형성, 그리고 우선구매와 같은 형태의 지원이 늘고 있으므로, 사회적기업은 대기업과의 연계 가능한 전략을 수립하여야 한다. 또한 중소기업들도 사회적기업에 대하여 직·간접 지원을 하고 있으므로 중소기업과의 연계 가능한 전략을 수립하여야 한다(곽선화, 2010: 66).

89) 실례로 2012년 사회적기업진흥원이 실시하고 있는 공동판매장 유형은 사회적기업 복합매장인 store 36.5와 사회적기업 전문 숍인숍인 mini-store 2가지가 있다.

〈표 10-5〉 사회적기업과 기업의 연계유형

구분	기업명	연계 세부내용
목표	SK그룹	2013년까지 사회적기업 40개소 육성, 총 4,000개 일자리 창출
	현대자동차그룹	2012년까지 취약계층 일자리 1,000개 창출
	삼성그룹	2013년까지 사회적기업 7개소 설립, 400명 일자리 창출
재정지원	삼성그룹	2013년까지 4개 부문 200억 투자 계획
	LG전자	3년간 80억 원 투자 계획
	GS샵	사회적기업 자립기금 1억 원 기부, 사회적기업 지원펀드 '리얼러브' 운영
	한국후지제록스	사회적기업가 지원 '희망펀드' 운영
	한국수력원자력	사회적기업 육성 기금 10년간 500억 원 투자 계획
경영지원	SK그룹	사회적기업 전담조직 'SK사회적기업사업단' 출범
	삼성그룹	청년사회적기업가 창업아카데미 설립
	현대자동차그룹	사회적기업인 (주)한백 지원 및 우선구매 협약
	LG전자	매년 사회적기업 2개소 선정 후 6개월 이상 경영컨설팅 제공
	포스코	포스에코하우징 독립 연구개발 전담부서 보유
	현대홈쇼핑	사회적기업 유통지원 협약
	LH공사	'마을형 사회적기업' 중심 재능기부
	벤처기업협회	사회적 책임 통합사이트 '착한벤처인'(1004.venture.or.kr) 개설
	티켓몬스터	소셜기부 캠페인 진행, 사회적기업에 판매·홍보채널 제공
기타	SK그룹	SK 프로보노 시행 및 우수 프로보노 시행
	NH	사회적기업 동천에 차량 기부

자료: 곽선화, 2010: 66. 수정·인용.
설명: 본 표는 개괄적인 사항을 언급한 부분이므로, 실제 업무적용에는 추가기업 여부와 내용을 재확인하여야 함.

(2) 사회적기업과 기업의 연계규모

사회적기업과 기업의 연계형태와 연계유형별로 구분한 연계 규모는 〈표 10-6〉과 같다. 우선 사회적기업과 기업의 연계총액은 358억 원이고, 금액크기 기준으로 연계형태를 보면 대기업 연계(84%), 연계 없음(14%) 순이고, 연계유형별로는 사업위탁(54.8%), 재정지원(31.5%), 생산품구매(13.7%) 순이다. 따라서 사회적기업 입장에서는 대기업과는 사업위탁이나 재정지원 방향으로 연계전략을 구상하고, 불특정 다수 기관과는 사업위탁이나 재정지원 및 생산품구매 등 모든 유형에서 연계전략을 구상하는 것이 보다 현실적인 대안으로 생각된다.

〈표 10-6〉 사회적기업과 기업의 연계규모

형태, 유형	금액(단위: 백만 원)				유형별 점유율(단위: %)			
	재정 지원	생산품 구매	사업 위탁	소계(%)	재정 지원	생산품 구매	사업 위탁	소계
연계 없음	1,404	1,372	2,371	5,147(14%)	27.2%	26.7%	46.1%	100%
형식적 연계	293	12	94	399(1%)	73.4%	3.0%	23.6%	100%
중소기업 연계	340	10	-	350(1%)	97.1%	2.9%	0.0%	100%
대기업 연계	9,224	3,523	17,154	29,901(84%)	30.8%	11.8%	57.4%	100%
총계	11,261	4,917	19,619	35,797(100%)	31.5%	13.7%	54.8%	100%

자료: 곽선화, 2010: 68. 수정·인용.
설명: '연계 없음'은 특정 기관과의 연계는 없으나 불특정 다수기관과 사업연계가 이루어지는 경우를 의미함.

(3) 사회적기업 조직과 기업의 연계현황

사회적기업의 조직은 상법상회사(57%), 민법상법인(28%), 사회복지법인(14%) 순으로 지원을 받고 있다. 상법상회사의 경우는 사업위탁(91.3%)이, 민법상법인은 재정지원(92.4%), 사회복지법인은 생산품구매(68.6%)가 압도적으로 지원을 받고 있다(〈표 10-7〉 참조).

〈표 10-7〉 사회적기업 조직과 기업의 연계현황

형태, 유형	금액(단위: 백만 원)				유형별 점유율(단위: %)			
	재정 지원	생산품 구매	사업 위탁	소계(%)	재정 지원	생산품 구매	사업 위탁	소계
민법상 법인	9,023	100	640	9,763(28%)	92.4%	1.0%	6.6%	100%
민법상 조합	3	0	94	97(0%)	3.1%	0.0%	96.9%	100%
비영리민간단체	171	136	143	450(1%)	38.0%	30.2%	31.8%	100%

〈표 계속〉

형태, 유형	금액 (단위: 백만 원)				유형별 점유율 (단위: %)			
	재정 지원	생산품 구매	사업 위탁	소계(%)	재정 지원	생산품 구매	사업 위탁	소계
사회복지 법인	1,429	3,547	193	5,169(14%)	27.6%	68.6%	3.7%	100%
상법상 회사	635	1,134	18,549	20,318(57%)	3.1%	5.6%	91.3%	100%
총계	11,261	4,917	19,619	35,797(100%)	31.5%	13.7%	54.8%	100%

자료: 곽선화, 2010: 68. 수정·인용.

(4) 사회적기업 업종과 기업의 연계현황

사회적기업에 대한 기업의 지원은 주로 기타분야(67%)에 집중되어 있고 그 다음은 간병가사지원(26%), 환경(4%) 순이었다. 또한 간병가사분야에 대한 기업의 지원은 90% 이상이 재정지원이고, 환경분야에 대해서는 사업위탁지원(93.3%)으로 나타났다.

〈표 10-8〉 사회적기업 업종과 기업의 연계 현황

업종, 유형	금액(단위: 백만 원)				유형별 점유율(단위: %)			
	재정 지원	생산품 구매	사업 위탁	소계(%)	재정 지원	생산품 구매	사업 위탁	소계
교육	132	0	0	132(0%)	100.0%	0%	0%	100%
보건	3	0	94	97(0%)	3.1%	0%	96.9%	100%
사회복지	11	3	0	14(0%)	78.6%	21.4%	0%	100%
환경	84	10	1,300	1,394(4%)	6.0%	0.7%	93.3%	100%
보육	166	60	0	226(1%)	73.5%	26.5%	0%	100%
문화예술 관광운동	327	0	390	717(2%)	45.6%	0%	54.4%	100%
간병가사 지원	8,524	17	866	9,407(26%)	90.6%	0.2%	9.2%	100%
기타	2,014	4,827	16,969	23,810(67%)	8.5%	20.3%	71.3%	100%
총계	11,261	4,917	19,619	35,797(100%)	31.5%	13.7%	54.8%	100%

자료: 곽선화, 2010: 69. 수정·인용.

5. 지역주민 대상 영업전략

이 부분에서는 지역주민을 대상으로 제품이나 서비스별 마케팅전략을 소개하기로 한다. 유의할 점은 이하에서 소개하는 내용은 사회적기업에 있어서 하나의 마케팅전략 기준 정도로 참조하라는 의미일 뿐, 반드시 성공한다는 이른바 성공의 충분요건은 아니라는 점이다. 즉, 사회적기업은 이 부분의 내용을 참조하여 지역의 특성에 맞게 각각의 고유한 마케팅전략을 수립하여 시행함이 중요하다는 점을 재삼 강조한다.[90)]

(1) 유기농 채소점

① 마케팅전략: 유기농 채소의 차별화

② 선정근거: 유기농전문점의 성공 요인으로 92%가 '경쟁력 있는 상품'으로 생각하고 있고, 이는 소비자 군이 상품 품질에 그만큼 민감하고 까다롭기 때문이다.

③ 마케팅 전술: 홈페이지 구축으로 상품정보 제공, 기억에 남고 판매와 연결되는 Story 제공, 문화 제공, 직접 참여할 수 있는 레시피 제공 등

④ 마케팅 세부전술(자료: 중소기업청 소상공인진흥원, 2009a: 60-70)

1. A점포: 상품은 신선한 과일·야채, 가격은 대형마트보다 저렴, 유통은 테이크아웃, 판촉은 역세권
2. B점포: 산지체험 프로그램 실시, 마니아 형성(커뮤니티, 인터넷 카페 활성화), 주문체계 시스템화, 커뮤니케이션 유지, 입소문 고객 관리
3. C점포: 그린·환경·컬러 마케팅, 로하스 마케팅(휴(休) 마케팅), 타깃 마케팅(주부·여성·영유아), 문화마케팅 등

(2) 노인장기요양 사업

① 개념

- 노인장기요양 사업: 노인장기요양보험법상 장기요양기관이 노인 등에게 재가급여나 시설급여를 하는 것이다. 기본적인 장기요양기관은 기관장인 사회복지사가 15명의 요양보호사를 직원으로 채용하여 방문요양과 방문간호를 하는 형태이다.

---

90) 이 부분은 소상공인진흥원 사이트의 창업가이드에서 사회적기업과 밀접한 연관이 있다고 판단되는 부분을 발췌하여 재구성하였다. 상세한 내용은 사이트 참조.

• 노인 등: 65세 이상의 노인 또는 65세 미만의 자로서 치매·뇌혈관성질환 등 대통령령으로 정하는 노인성 질병을 가진 자를 말한다. 보통 1~3등급으로 분류한다.

• 재가급여와 시설급여(아래 참조)

1. 재가급여(노인가족이 비용의 15% 부담, 85%는 국가부담)
   가. 방문요양: 장기요양요원이 수급자의 가정 등을 방문하여 신체활동 및 가사활동 등을 지원
   나. 방문목욕: 장기요양요원이 목욕설비를 갖춘 장비를 이용하여 수급자의 가정 등을 방문하여 목욕을 제공
   다. 방문간호: 장기요양요원인 간호사 등이 의사, 한의사 또는 치과의사의 지시서(방문간호지시서)에 따라 수급자의 가정 등을 방문하여 간호, 진료의 보조, 요양에 관한 상담 또는 구강위생 등을 제공
   라. 주·야간보호: 수급자를 하루 중 일정한 시간 동안 장기요양기관에 보호하여 신체활동 지원 및 심신기능의 유지·향상을 위한 교육·훈련 등을 제공
   마. 단기보호: 수급자를 보건복지부령으로 정하는 범위 인에서 일정 기간 동안 장기요양기관에 보호하여 신체활동 지원 및 심신기능의 유지·향상을 위한 교육·훈련 등을 제공
   바. 기타재가급여: 수급자의 일상생활·신체활동 지원에 필요한 용구를 제공하거나 가정을 방문하여 재활에 관한 지원
2. 시설급여 : 장기요양기관이 운영하는 노인의료복지시설 등에 장기간 동안 입소하여 신체활동 지원 및 심신기능의 유지·향상을 위한 교육·훈련 등을 제공하는 장기요양급여(노인가족이 비용의 20% 부담, 80%는 국가부담)

② 마케팅전략

정부에서 서비스가격을 결정하므로 수익은 노인의 숫자로 결정되는 구조이다. 따라서 지역의 수급대상자 및 분포도를 파악하여 노인의 안정적인 확보가 중요하다. 그리고 양질의 요양보호사를 확보하여야 한다. 또한 요양시설을 선택하는 요인으로는 저렴한 비용, 전문인력과 친절도, 좋은 시설, 자연환경으로 나타나고 있어 향후 마케팅전략에는 이러한 점을 부각시켜야 한다(보건복지부 한국보건산업진흥원, 2011: 109).

③ 선정근거

요양보호사 1인이 1일 보호 가능한 노인 수는 3인 정도이다. 그 이유는 노인 1인이

1일 서비스 받는 시간은 190분이므로, 3인이면 570분(9.5시간)이기 때문이다.

〈표 10-9〉 재가급여에서의 노인 1인당 서비스별 금액

구분 (노인 1인당 기준)	월 평균 이용횟수(A)	1회당 가격(B)	월 예상규모(A×B)
방문요양서비스	15회	33,500원	502,500원
방문목욕서비스	2회	70,920원	140,580원
방문간호서비스	4회	35,310원	141,240원
소 계	-	-	784,320원

자료: 중소기업청 소상공인진흥원(2009b). 노인장기요양업 창업가이드의 해당부분을 참조함.
설명: 본 내용의 숫자는 법령개정으로 연도별 변화가 있을 수 있으므로 실무에는 확인을 요함. 방문요양서비스의 502,500원 중 노인가족은 15%를 부담함. 노인 1인당 금액이므로 손익분기 계산에 참조할 것.

④ 마케팅 전술: 3가지 방안

- 독자적이고 차별화된 양질의 서비스 제공: 경쟁업체와의 차별화된 서비스나 부가적인 서비스를 제공하여야 한다.
- 국내적인 연계망(Networks) 구축방안: 영업력 배가 방안으로서 프랜차이즈 형태의 사업화로 이어질 가능성이 큰 부분이다.
- Total Service 제공의 Value Chain 구축: 1명의 수급자가 여러 가지 서비스를 복합적으로 이용할 수 있으므로 서비스를 복합적으로 제공받을 수 있도록 하여야 한다(중소기업청 소상공인진흥원, 2009b: 66-8).

(3) 고령친화산업(실버산업) 관련사업

① 개념: 고령친화산업이라 함은 고령친화제품 등을 연구·개발·제조·건축·제공·유통 또는 판매하는 업을 말한다(고령친화산업 진흥법 제2조제2호). 그리고 고령친화제품은 다음을 참조한다.

> 고령친화제품(고령친화산업 진흥법 제2조 제1호, 영 제2조)
>
> 1. 노인이 주로 사용하거나 착용하는 용구·용품 또는 의료기기
> 2. 노인이 주로 거주 또는 이용하는 주택 그 밖의 시설
> 3. 노인요양 서비스

4. 노인을 위한 금융·자산관리 서비스
5. 노인을 위한 정보기기 및 서비스
6. 노인을 위한 여가·관광·문화 또는 건강지원서비스
7. 노인에게 적합한 농업용품 또는 영농지원서비스
8. 노인을 위한 의약품·화장품
9. 노인의 교통수단·교통시설 및 그 서비스
10. 노인을 위한 건강기능식품 및 급식 서비스

② 고령친화산업의 시장 규모: 시장 규모는 2010년 33조 원, 2015년 68조 원, 2020년 125조 원으로 연평균 성장률이 14.2%로 예상된다(보건복지부 한국보건산업진흥원, 2011: 129-130). 또한 취업유발효과도 2002년 17만 명에서 2010년 38만 명, 2020년에는 62만 명에 달할 것으로 전망되고 있다.

③ 사회적기업에의 적용: 이러한 고령친화산업이 사회적기업에 적합한 이유는 다음과 같다(중소기업청 소상공인진흥원, 2009c: 13-14). 첫째, 주택과 의료를 제외하고는 업종이 대기업보다 중소기업에 적합하고, 둘째, 여성의 수명과 제품구매 결정권, 구전효과 등으로 볼 때 여성중심 산업이라는 점, 셋째, 자본보다는 노동집약형 산업이므로 고용 창출이 가능하다는 점, 넷째, 이동성이 적고 한정된 지역에 거주하는 노인을 대상으로 판매하므로 사회적기업과 같이 지역성이 강한 사업이라는 점이다.

④ 마케팅전략: 고령친화산업과 관련하여 향후 예상되는 전략분야는 다음의 〈표 10-10〉과 같다. 그러므로 사회적기업은 이 전략분야를 참조하여 자신에 적합한 전반적인 마케팅전략을 수립하여야 한다. 먼저 요양산업을 하는 경우라면 방문요양서비스, 건강검진서비스, 질병상담 및 관리서비스에 대하여 타기업과 차별되면서 경쟁우위를 확보할 수 있는 방안을 수립해야 한다. 그 예로 방문요양서비스 경우, 방문일마다 노인이 필요로 하는 정보나 문제해결의 대안을 전달하는 방법도 있다. 마케팅이란 '고객이 원하는 것을 원하는 방법으로 하는 것'이라는 진리를 잊지 말아야 한다.

〈표 10-10〉 고령친화산업의 향후 전략 분야

산업 분야	전략 품목
1. 고령친화 요양산업(3)	방문요양서비스, 건강검진서비스, 질병상담 및 관리서비스
2. 고령친화 의약품산업(6)	치매용제, 알츠하이머용제, 당뇨병치료제, 고혈압용제, 해열진통소염제, 종양치료제
3. 고령친화 식품산업(4)	특수의료용도식품, 두부류 또는 묵류, 전통·발효식품(장류, 김치류, 젓갈류, 절임식품포함), 건강기능식품
4. 고령친화 화장품산업(3)	노화방지(피부 주름 개선 및 완화) 화장품, 피부 건조 및 가려움 개선 화장품, 체취 방지용 화장품
5. 고령친화 의료기기산업(7)	치과용 임플란트, 치과용 CAD/CAM밀링장치 및 치과 용도재(지르코니아), 인공수정체, 보청기, 치과용 전산화단층촬영엑스선장치, 의료용조합자극기, 관절치료기
6. 고령친화 용품산업(3)	개인건강·의료용품, 기능저하 예방용품, 여가용품
7. 고령친화 금융산업(2)	개인연금, 퇴직연금
8. 고령친화 주거산업(1)	주택개보수
9. 고령친화 여가산업(6)	스포츠 시설운영업, 고령친화방송, 문화오락센터, 기능성 게임, 정보제공웹사이트, 고령친화 휴양단지

자료: 보건복지부 한국보건산업진흥원, 2011: 138.

(4) 지식 서비스 사업

① 개념: 지식 서비스란 지식기반 서비스(KIBS, Knowledge-Intensive Business Services)를 의미한다. 즉, 인간의 창의성에 바탕을 둔 지식을 그 주요생산 요소로 삼는 서비스로서 기존 산업의 생산성 향상과 상품·서비스의 고부가가치화를 이루는 것을 그 목적으로 한다(지식경제부·정보통신산업진흥원, 2010: 43).

② 유망 지식 서비스업종: 지식경제부가 결정한 유망 지식 서비스업종은 다음과 같다(2007년 기준, 지식경제부·정보통신산업진흥원, 2010: 46).

유망 지식 서비스업종 13가지

1. 디자인 2. 컨설팅 3. 연구개발전문업 패키징 5. 패션 6. 프랜차이즈
7. 전시산업 8. 유통 9. 시험분석 10. 이러닝 11. 에너지절약전문업
12. 소프트웨어 13. 헬스케어

③ 사회적기업에의 적용: 지식 서비스가 사회적기업에 필요한 이유는 사업성과 현황 및 역할 등의 측면에서 사회적기업의 취지와 부합하기 때문이다. 세부사항은 다음과 같다(지식경제부·정보통신산업진흥원, 2010: 39-55).

- 지식 서비스의 성장 동력: 사업서비스, 정보통신, 의료서비스 등 지식 서비스산업은 미래 소비자의 요구사항에 부합되거나 기술이 발전하고 경제 규모가 커질수록 수요가 증가하는 산업이므로 성장 가능성이 높다. 이와 같이 향후 성장 가능성이 높기 때문에 사회적기업의 사업영역으로 고려할 만하다.
- 고용 창출에 기여: 서비스산업은 고용창출에 크게 기여하고 있다. 그 예로 제조업의 취업유발효과는 9.6명이지만 서비스산업은 그 2배인 18.2명이다. 서비스업 중에서도 교육 및 보건서비스는 20.2명, 사회 기타서비스는 25.0명, 부동산 사업서비스는 12.1명 등이다. 이는 사회적기업의 취지와 일맥상통한다.
- 높은 고학력의 일자리 창출능력: 지식 서비스업은 전체 고용창출능력이 높을 뿐만 아니라 전문지식과 기술을 요하는 직종이 많아 다른 서비스업에 비해 양질의 고학력 일자리 창출이 가능하다. 따라서 사회적기업은 고학력 취약계층의 노하우를 활용할 수 있다.
- 소규모업체 비중이 높음: 서비스업은 산업 특성상 소규모업체의 비중이 높다. 국내 지식 서비스업체 중 2005년 종사자 수 19명 이하 업체 비중은 98.2%로, 소규업체가 거의 대부분을 차지하고 있다. 따라서 중소기업 형태에 가까운 사회적기업이 운영할 수 있는 규모이다.

④ 사회적기업에 적용 가능한 세부분야

사회적기업에 적용 가능한 지식 서비스 산업의 세부분야

1. 환경 정화 및 복원업 2. 도매 및 상품중개업 3. 전자상거래업 4. 소프트웨어 개발 및 공급업 5. 영화 비디오물 및 방송프로그램 제작업 6. 영화 비디오물 및 방송프로그램 제작 관련 서비스업 7. 음악 및 기타 오디오물 출판업 8. 컴퓨터 프로그래밍 시스템 통합 및 관리업 9. 정보서비스업 10. 법무 관련 서비스업 11. 회계 및 세무 관련 서비스업 12. 광고업 13. 시장조사 및 여론조사업 14. 경영컨설팅업 15. 건축기술 엔지니어링 및 기타 과학기술 서비스업 16. 전문디자인업 17. 번역 및 통역서비스업 18. 사업 및 무형 재산권 중개업 19. 물품감정 계량

및 견본 추출업 20. 그외 기타 분류 안 된 전문 과학 및 기술 서비스업 21. 사업시설 유지관리 서비스업 22. 보안시스템 서비스업 23. 콜센터 및 텔레마케팅 서비스업 24. 전시 및 행사 대행업 25. 신용조사 및 추심 대행업 26. 포장 및 충전업 27. 온라인 교육 학원 28. 기술 및 직업훈련학원 29. 병원, 의원, 기타 보건업

자료: 통계청 2009 자료.

⑤ 사회적기업의 마케팅전략: 지식 서비스 분야는 방대하므로 공통적인 마케팅전략을 제시하기 어려우나 사회적기업은 각 분야에서의 블루오션을 파악하여 이를 해결하는 마케팅전략이 필요하다고 판단된다.

- 블루오션의 예: 그 예로 이러닝(e-learning)의 경우 인력부족은 직무별로는 '교수설계자'에 대한 부족률이 6.0%로 가장 높았고, '기획/컨설턴트' 5.8%, '콘텐츠개발자' 5.7% 등의 순이다. 또한 경력별, 직무별 가장 인력이 부족한 계층은 '중급 콘텐츠개발자'로 8.1%의 인력부족률을 보이고 있다(지식경제부 정보통신산업진흥원, 2012: 75). 따라서 사회적기업은 교수설계, 기획, 중급 콘텐츠개발 측면으로 마케팅을 전개하는 것이 유리하다.
- IT를 활용한 마케팅전략: IT를 활용한 마케팅전략은 다음과 같고 이 사례는 하나의 예시로 참조하기 바란다(지식경제부, 2010).

중소 서비스기업의 IT 활용 성공 사례

1. 세탁소: U-Cleaning은 세탁·수선업에 특화된 솔루션으로, 세탁물의 접수부터 관리·납품까지 모두 정보화되어, 인터넷을 이용한 소비자 홍보는 물론이고, 세탁물의 보관여부, 납품관리, 미수금상태를 실시간으로 확인할 수 있다.
2. 화원: U-Flower는 최신의 인터넷기반 IT 기술을 화원 통합관리 업무에 접목하여 고객관리, 수발주·배송관리, 화원관리 업무를 통합적으로 관리하는 데이터베이스로서 일반 소비자의 주문정보와 전국화원 업체 간 수·발주 시스템 연계를 활용한다.
3. 슈퍼: 주택단지 슈퍼마켓의 판매 및 고객서비스 지원시스템 이용, 접근이 용이한 인터넷 슈퍼마켓 주문으로 매출을 증대할 수 있으며, 슈퍼마켓에서 판매할 수 없는 상품을 취급할 수 있다. 상품을 판매하기 위한 매입이나 재고, 창고가 필요하지 않다.

(5) 사회적기업의 판매 인프라 구축

판매 인프라 구축이란 사회적기업이 판매에 있어서 연합하는 것을 말한다. 이에는 이종업종 사회적기업 간의 네트워크 구축과 유사업종 사회적기업 간의 협동조합 설립 등 2가지로 설명한다.

- 판매 네트워크 구축: 이는 지역 내의 이종업종 사회적기업 모두가 판매 네트워크를 구축하여 소비자가 필요한 제품을 서로 홍보 및 연계 판매를 하는 방법이다. 예를 들면, 사회적기업 A는 농수산물을, B는 소모성 자재를, C는 지역 서비스를 판매하는 경우, 사회적기업 A는 자신의 고객에게 B와 C를 홍보·연계시키고, 사회적기업 B는 자신의 고객을 A와 C에게 연계하는 방법이다. 또한 지역사회의 구성원(주민)에 대한 판매를 지역별로 통합하여 제공하는 방식도 필요하다.
- 협동조합 설립: 이는 유사업종의 사회적기업들이 유통협동조합이나 사회적협동조합을 설립하여 각 사회적기업들은 개별 조합원기업이 되고, 모기업인 협동조합으로 하여금 공통적인 기능을 수행하도록 하는 것이다. 여기서 협동조합이 수행하는 공통적인 기능은 구체적으로 구매, 물류, 마케팅 등이고, 이러한 공통기능에서부터 시작하는 것이 효율적이고 효과적으로 판단된다. 그 이유는 협동조합이 공통기능을 수행하므로 개별 조합원기업은 각자의 고유영역에서 집중할 수 있기 때문이다. 그러나 유의할 점은 협동조합이나 사회적협동조합은 서로 차이가 있다는 점이다(〈표 10-11〉 참조).

〈표 10-11〉 협동조합과 사회적협동조합의 비교(협동조합 기본법)

구 분	(전통적)협동조합	사회적협동조합
조합원	단일	복합
목적	조합원 이익 실현	사회적 목적 실현
영리여부	영리	비영리
개념	재화 또는 용역의 구매·생산·판매·제공 등을 협동으로 영위함으로써 조합원의 권익을 향상하고 지역 사회에 공헌하고자 하는 사업조직을 말한다(법 제2조제1호).	협동조합 중 지역주민들의 권익·복리 증진과 관련된 사업을 수행하거나 취약계층에게 사회서비스 또는 일자리를 제공하는 등 영리를 목적으로 하지 아니하는 협동조합을 말한다(법 제2조제3호).
법인여부	법인(법 제4조)	비영리법인(법 제4조)

〈표 계속〉

구 분	(전통적)협동조합	사회적협동조합
준용규정	「상법」 제1편 총칙, 제2편 상행위, 제3편제3장의2 유한책임회사 규정 준용(법 제14조제1항).	「민법」 제1편제3장 법인에 관한 규정을 준용(법 제14조제2항)
설립인	5인 이상의 조합원 자격을 가진 자(법 제15조)	5인 이상의 조합원 자격을 가진 자(법 제85조)
사업분야	금융 및 보험업을 제외한 전 사업분야(법 제45조제3항)	- 사회적협동조합은 다음 각 호의 사업 중 하나 이상을 주 사업으로 하여야 한다. 1. 지역사회 재생, 지역경제 활성화, 지역주민들의 권익·복리 증진 및 그 밖에 지역사회가 당면한 문제 해결에 기여하는 사업 2. 취약계층에게 복지·의료·환경 등의 분야에서 사회서비스 또는 일자리를 제공하는 사업 3. 국가·지방자치단체로부터 위탁받은 사업 4. 그 밖에 공익증진에 이바지하는 사업 - 주 사업이란 목적사업이 협동조합 전체 사업량의 100분의 40 이상인 경우를 의미한다. (법 제93조제1,2항)
출자	- 조합원은 정관으로 정하는 바에 따라 1좌 이상을 출자, 현물 출자 가능. - 조합원 1인의 출자좌수는 총 출자좌수의 100분의 30을 넘어서는 아니 된다. (법 제22조제1-2항)	조합원은 정관으로 정하는 바에 따라 1좌 이상을 출자하여야 한다. 다만, 필요한 경우 정관으로 정하는 바에 따라 현물을 출자할 수 있다. (법 제87조)
신고 등	시·도지사에게 신고(법 제15조)	기획재정부장관의 인가(법 제85조)
의결권	출자좌수에 관계없이 1인 1표(법 제23조)	출자좌수에 관계없이 1인 1표(법 제91조)
잉여금의 배당	잉여금의 배당이 가능(법 제51조)	잉여금의 배당이 불가능(법 제98조)

자료: 협동조합 기본법은 2012.1.26, 제정되어 2012.12.1.부터 시행함.

참고자료: 협동조합 기본법의 영향

1. 기존 협동조합에 대한 영향:

① 기존의 협동조합법에 의한 협동조합 설립이 가능한 분야에서도 기존의 특별법 체제에 의하지 않고 협동조합기본법을 이용하는 협동조합의 출현도 예상됨. 예를 들어, 농협법상의 품목별 협동조합의 설립요건에 해당하지만 농업협동조합이라는 명칭을 사용하지 않으면 'ㅇㅇ사과협동조합'과 같은 협동조합의 설립이 가능함. 중소기업협동조합법에 의하지 않고도 개인택시 사업자가 공동으로 'ㅇㅇ개인택시협동조합'을 만들 수 있으며, 그 밖에 새마을금고법에 의하지 않고도 지역사회개발사업을 하는 마을단위의 주민이 공동으로 'ㅇㅇ마을기업협동조합'을 만들 수도 있다.

② 기본법의 시행으로 새로운 형태의 다양한 협동조합이 예상됨. 농협의 내부조직이었던 작목반이 새로운 협동조합으로 다시 태어나거나 새마을 금고의 마을단위조직이 '마을기업협동조합'으로 탈바꿈하거나 소비자생활협동조합법에 의한 소비자생활협동조합이 생산자와 소비자를 연결하는 '이해관계자 협동조합'으로 다시 태어날 수 있음. 농업분야만 보더라도 우선 협동조합기본법이 발효되면 농촌에도 다양한 협동조합이 설립돼 새로운 협동조합 생태계가 형성될 것으로 보임. 농촌지역에 산발적으로 존재하는 작목반, 마을단위 법인, 사회적기업 외에 각종 유통·가공 관련조직도 협동조합으로 전환할 수 있음. 그 예로 농협이란 이름을 사용하지 않더라도 품목과 기능을 결합한 새로운 형태인 '쌀생산자협동조합', '우리밀협동조합', '감귤마케팅협동조합', '유기콩생산가공협동조합', '절임배추생산가공협동조합', '육계생산가공판매협동조합' 등 이해관계에 따라서 다양한 형태의 협동조합을 만들 수 있음.

2. 사회적협동조합에 대한 영향:

① 청년창업, 소액창업 등 신규창업 활성화를 통한 일자리 제고와 돌봄노동, 대안학교 등 공공서비스 보완이 가능함.

② 캐디, 학습지 교사 등 4대 보험 적용이 제외되는 근로자 등을 사회안전망(safety net) 내에 편입시키고, 취약계층의 자활사업 기회를 넓혀 줌으로써 서민 및 지역경제 활성화, 일자리 창출, 복지지출 감소 등의 사회경제적 효과를 기대.

자료: 김두년, 2012: 9-11.

참고 문헌

Ⅰ. 국내 문헌

관계부처합동(2007). 사회서비스 일자리 보고회.

갤럽(2009). 사회적기업에 대한 인식 조사. 6.

고용노동부a(2011). 2011년 사회적기업 인증 업무 매뉴얼, 2.

고용노동부b(2011), 2011년도 사회적기업 육성을 위한 (예비)사회적기업일자리창출사업 시행 지침, 19.

고용노동부(2012). 2012. 사회적기업 경영공시제 안내.

곽선화(2010). 사회적기업 3주년 성과분석, 고용노동부 위탁사업서.

국세청(2012). 사업경영자가 알아두면 유익한 세금정보.

국세청(2012). 창업자 세금가이드.

국정브리핑(2007). 사회서비스 좋은 일자리 창출전략-사회서비스 일자리 확대…성장·복지 일거양득.

국회예산정책처(2006.12). 일자리지원사업 평가.

기획예산처·숭실대학교(2006.12). 사회적 기업 재원조달 방안 수립 및 외국사례 연구.

기획재정부(2012). 유럽 주요 선진국의 복지개혁과 시사점. 5.

김경휘·반정호(2006). 한국 상황에서의 사회적 기업의 개념과 유형에 관한 소고. 노동정책연구, 제6권 제4호, 41-47.

김두년(2012). 협동조합기본법 제정의 의미와 과제. 한국협동조합학회 2012년 춘계학술대회 발표논문. 9-11.

김명희(2008.6). 영국의 사회적 기업 사례 연구와 한국에의 정책적 함의. 사회복지정책, 33집, 135-158.

김봉화·김재호(2010). 세계 사회적 기업의 현황과 전략. 서울: 한국학술정보.

___________a(2010). 한국의 사회적 기업 모형개발과 운영전략. 서울: 한국학술정보.

김숙경·김천곤·김기환(2011). 유통산업의 구조변화 및 경쟁력 강화 방안-소매유통을 중심으로. 산업연구원 연구보고서. 17.

김신·조여홍(2006). 벤처기업의 핵심성공요인에 관한 연구. 인터넷비즈니스연구, 제7권 제1호. 한국인터넷비즈니스학회. 125.

김안나 외(2008). 사회통합을 위한 사회적 배제계층 지원방안 연구. 한국보건사회연구원. (http://kihasa.re.kr/html/jsp/ebook/2008/2008_10/index.html).

김인수(2002). 거시조직이론. 서울: 무역경영사.

김재호(2009). 사회적 기업의 발전단계 및 유형에 관한 비교연구-한국과 영국, 미국을 중심으로-. 사회복지학 박사논문. 한영신학대학교.

김정원(2009). 사회적 기업이란 무엇인가. 서울: 아르케.

김혜원(2010). 사회적기업 지원정책의 발전방향, 2010~2014년 국가재정운용계획- 일자리 창출 분야 -. 국가재정운용계획 일자리창출 분야 작업반. 55.

남세진·최성재(2003). 사회복지조사방법론. 서울: 서울대학교 출판부.

노대명(2006). 자활지원제도의 개편방향과 추진전략. 한국보건사회연구원 편, 2006 자활법 공청회자료집.

______(2008). 한국의 사회적 기업과 사회서비스. 보건복지포럼, 74-76.

노동부 a(2007.12). 사회적 기업 활성화를 위한 고용지원센터와 지방자치단체간의 바람직한역할 방안. (http://www.molab.go.kr/view.jspcate=3&sec=2&mode=view&smenu=4&bbs_cd=106&s tate=A&seq=1201071274805).

노동부 b(2007.6). 사회적기업 제도에 대한 이해. 서울: 노동부.

노동부(2008). 사회적기업 육성 기본계획(2008-2012).

노동부a(2008). 사회적기업 및 사회적일자리 참여기관 노무관리 가이드.

노동부(2009). '07, '08 사회적 기업 개요집.

노동부(2009.8). 주요국가의 사회적기업.

노동부(2010). (예비)사회적기업 일자리 창출사업 시행지침.

박수지(2010). 독일의 '경과적 일자리 중심 노동통합형 사회적기업'과 공공부문의 재정건실화- 기이센(Landkreis Gieβen)의 사례를 중심으로. 한국사회복지학, Vol. 62, No. 2.

박준(2009). 청년 취업을 위한 사회적 기업의 역할, 삼성경제연구소. 세리경제포커스 제272호.

백종만 외(2006). 사회와 복지. 서울: 나눔의집.

보건복지부(2005.5), 사회복지법인 관리안내.

보건복지가족부 a(2008.12). 자활사업에 성과급 도입된다(보도자료).

보건복지가족부 b(2008.12). 자활사업안내.

보건복지가족부 사회서비스관리센터(2007.12). 사회서비스 활성화를 위한 제도적 방안연구.

보건복지부 한국보건산업진흥원(2011). 고령친화산업 실태조사 및 산업분석.

보건사회연구원(2005.8). 사회적 일자리(기업)의 가치평가 및 국민경제적 파급효과 분석. 보건사회연구, 25권 1호, 90, 94.

빈곤퇴치연구포럼(2008.11). 빈곤아동·청소년을 위한 통합적 지원체계의 모색. 빈곤퇴치연구포럼(편), 빈곤퇴치연구포럼 창립토론회 자료집.

사랑의열매(2010). 2011 배분사업 설명회.

사랑의열매(2011a). 2012 배분사업 안내.

사랑의열매(2011b). 2011 배분사례집.

사회연대은행(2008). 2008년도 사회적기업 노무관리 교육자료

사회적기업연구원(2009). 2008 사회적 기업에 대한 일반인 대상 인식 조사 분석. 사회적 기업 9, 25-28.

사회투자지원재단a(2009). 사회투자정책 활성화를 위한 유럽사회기금 비교연구: 영국, 프랑스, 이탈리아를 중심으로. 서울: 사회투자지원재단.

사회투자지원재단 b(2009.1). 해외 사회적 기업 법제도 현황. 서울: 사회투자지원재단.

사회투자지원재단 c(2009.1). 유럽사회기금 성공스토리. 서울: 사회투자지원재단.

삼성복지재단(2012a). 작은나눔 큰사랑 프로그램 기획 매뉴얼. 9.

삼성복지재단(2012b). 2011 지원기관 우수사례집.

서초구립 반포종합사회복지관, 서울대학교 실천사회복지연구소(2009). 실천가와 연구자를 위한 사회복지척도집. 서울: 나눔의집

소상공인진흥원a(2009). 2009 해외신사업 아이디어.

소상공인진흥원(2010). 국내·외 시니어 창업 성공·실패사례 조사분석.

소상공인진흥원a(2010). 성공창업에 이르는 50개門.

소상공인진흥원(2012). 창업다이어리.

손원익(2010). 한국의 나눔문화 실태 및 정책과제. 나눔문화 확산에 관한 정책토론회 자료집, 10-05. 1-54.

신광영(2010). 사회적 배제에 대한 개념적 논의. 한국사회학연구. 제2호. 3.

심상달·고건·권영준·이승은(2008). 나눔과 기부 문화 활성화를 위한 사회적 기업의 역할 제고 방안. KDI 연구보고서. 108.

심창학(2007.6). 사회적 기업의 개념 정의 및 범위 설정에 관한 연구: 유럽의 사회적 기업을 중심으로. 사회보장연구, 제23권 제2호, 70-79.

양용희·김범수·이창호(2006). 비영리조직의 모금전략과 자원개발. 서울: 푸른북

엄형식(2008). 한국의 사회적 경제와 사회적 기업. 서울: 도서출판 실업극복국민재단.

엠브레인트렌드모니터(2011), CATCH UP 2012 대한민국 소비자 생각읽기.

연세대학교 산학협력단(2010). 한국 공동모금제도의 사회적 성과와 발전과제. 사랑의 열매 조사연구 2010-06. 231.

OECD 대표부(2006). OECD 국가의 사회적 기업과 시사점. (http://rise.or.kr/RBS/Fn/CommBoard/View.php?RBIdx=Ver1_54&Page=2&Idx=42).

유병선(2008). 보노보 혁명(제4섹터, 사회적 기업가의 아름다운 반란). 서울: 부키.

이건우(2010). 산업연관표를 이용한 서비스산업의 성장요인 분석과 시사점. 산업연구원 산업경제분석. 56.

이동훈·이정호·이민훈(2012). 소비의 새물결이 마케팅을 바꾼다. CEO information 848호. 요약.

이민훈(2012). 경영혁신의 새로운 파트너, 창조형 고객. 세리 CEO information 865호. 요약.

이소영(2011). 마을 만들기와 마을 기업(Community Business). http://blog.naver.com/urban-action1 ?Redirect=Log&logNo=144615628.

이익섭·이윤로(2007). 사회복지 조사방법의 이해. 서울: 학지사.

이원재(2008). 혁신중시형 사회적 기업의 발견. 서울: 실업극복재단 함께일하는사회 정책연구원 편.

이장우 외(2010). 강소기업의 특성과 육성전략 및 중진공의 역할. 한국중소기업학회 연구보고서.

이화주(2008.08.29.). 비영리기관·시민단체 출신의 40대가 표준형. 한겨레(http://www. hani.co.kr/arti/economy/heri_review/307346.html).

이현숙(2008.08.29.). '사업 성과' 고민 속에 교육·연수 욕구 높아. 한겨레(http://www. hani.co.kr/arti/economy/heri_review/307343.html).

임혁백 외(2007). 사회적 경제와 사회적 기업. 서울: 송정.

장지원(2007). 주요국의 행정제도 동향조사-영국의정부조직. 한국행정연구원 논문집.

장원봉(2005). 사회적 경제(Social Economy)의 대안적 개념구성에 관한 연구: 유럽과 한국의 사례를 중심으로. 한국학중앙연구원 한국학 대학원 박사학위논문.

(재)실업극복국민재단 함께일하는사회(2008). 2007년도 노동부 사회적 일자리 창출사업 연구 보고서. 실업극복국민재단 함께일하는사회 연구보고서.

______________________________(2008). 사회적 기업 인증 입문교실. 서울: 실업극복국민재단 함께일하는사회.

전경련(2009). 기업 사회공헌활동에 대한 국민인식 조사. 전경련 보고서.

전자조달연구원(2012). 다수공급자계약제도(MAS).

정선희(2004). 사회적 기업. 서울: 다우출판사.

정영호 외(2006.8). 사회적일자리 비용편익분석: 간병사업을 중심으로. 사회보장연구, 22권 3호, 124-125.

정용수(2005). 블루오션 전략의 본질을 읽어라. LG 주간경제, LG경제연구원

조영복(2007). 사회적 기업 육성을 위한 중장기 정책 방향. 부산: 도서출판 해석.

조영복a(2008). 사회적 기업의 이해와 국내외 경영사례. 서울: 노동부.

조영복b(2008.8) 사회적 기업 인증결과와 과제. 전남대학교 사회적기업 학술 심포지엄 자료집.

조영복·곽선화·류정란(2010). 사회적기업의 국가별 정책과 전략. 사회적기업연구원. 서

울: 시그마프레스
중소기업청(2010). 전통시장 소상공인 시책.
중소기업청(2011). 2012년 중소기업통합기술로드맵 I II III.
중소기업청(2012). 2012년도 창업지원사업.
중소기업청 소상공인진흥원, 창업다이어리, 65
중소기업청 소상공인진흥원(2009). 업종별 점포운영 매뉴얼(음식업).
중소기업청 소상공인진흥원(2009a). 유기농채소점 창업가이드
중소기업청 소상공인진흥원(2009b). 노인장기요양업 창업가이드
중소기업청 소상공인진흥원(2009c). 실버용품점 창업가이드
중소기업청 소상공인진흥원(2010). 2010년 전국 소상공인 실태조사 보고서. 72, 73.
중소기업청 소상공인진흥원(2011). 준비된 소상공인 창업 이런 아이템에 주목하라!
중소기업청 창업제도과, 창업공장설립 실무 중심 창업절차 매뉴얼.
지식경제부(2010). 중소 서비스기업의 IT 활용 성공 사례.
지식경제부·정보통신산업진흥원(2010). 지식서비스산업백서,
지식경제부 정보통신산업진흥원(2012). 2011년 이러닝산업실태조사.
채구묵(2011). 적극적 노동시장정책이 실업에 미치는 영향. 한국사회복지학, Vol. 63, No. 3. 187-211.
최우성(2008.08.29.). '시장' + '가치' 두 날개로 자본주의를 혁신한다. 한겨레(http://www.hani.co.kr/arti/economy/heri_review/307342.html).
최종태 외(2008). 사회적 기업, 새로운세계: 미국 사회적 기업을 중심으로. 서울: (재)실업극복 국민재단 함께일하는사회 정책연구원.
KB금융지주경영연구소(2012). 개인 기부 현황 및 발전 가능성 진단. KB daily 지식비타민 2012-43호. 1.
KOTRA(2007). 블루오션도 안통하는 중국시장. Global Business Report.
통계청(2008.10). 2008 고령자 통계.
한국노동연구원(2003). 사회적 일자리 창출방안 연구. 한국노동연구원 보고서, 93-4.
한국무역협회 뉴욕지부(2011). 미국 기업의 소셜네트워크 서비스(SNS) 마케팅 활용사례와 시사점. Trade Focus Vol. 10 No. 3.
한국사회적기업진흥원(2011). '사회적기업 개요집'(2011).
한국사회적기업진흥원(2011.12). 사회적기업과 함께 걷는 사람들.
한국사회적기업진흥원(2012). 공공기관우선구매제도가이드, 사회적기업용.
한국우편사업진흥원(2012). 사회적기업을 위한 우체국B2B 입점 설명회 자료.
한국은행(2008). 사회복지서비스업의 현황과 정책방향.

한상진 외(2005). 사회적 기업, 어떻게 만들 것인가. 서울: 실업극복국민재단 함께 일하는 사회.

한상진·황미영(2010). 한국과 영국의 사회적 기업 제도화에 관한 비교 연구: 영국의 공동체 이익회사와 한국의 노동부 인증 사회적 기업을 중심으로. 시민사회와 NGO. 제8권 제1호.

함께일하는재단, 사회적기업 인증요건 및 인증이슈별 정리(사회적기업설립운영지원팀),

안전행정부(2012). 비영리민간단체 공익사업 지원대상 사업 유형별 선정내역. 2.

현대경제연구원(2011). 경제주평, 11-39(통권 466호). 3.

홍석빈(2009.5). 사회적 기업의 지속 성장 가능성. LG Business Insight 1039호, 41-50.

황덕순(2012). 전환기에 선 사회적기업의 발전을 위한 과제. 월간노동리뷰 2012년 2월호. 한국노동연구원. 1~2.

II. 외국 문헌

Aiken, Mike(2006). 영국의 사회적 기업. 국제노동브리프, Vol. 4, No. 6, 한국노동연구원.

Alter, Sutia Kim(2004). Social Enterprise Typology, Virtue Ventures LLC.

BIS(2010). Information Pack: Community Interest Companies.

Borzaga, Carlo & Defourny, Jacques(2001). Conclusions: Social Enterprise in Europe: a diversity of initiatives and prospects. The emergence of Social Enterprise. London & New York: Routledge.

Borzaga, Carlo & Solari, Luca(2001). Management Challenges for Social Enterprise. The emergence of Social Enterprise. London & New York: Routledge.

Borzaga, Carlo & Santuari, Alceste(2001). Italy: From traditional co-operatives to innovative social enterprises. The emergence of Social Enterprise. London & New York: Routledge.

CIRIEC(2007). The Social Economy in The European Union. The European Economic and Social Committee(EESC).

Defourny, Jacques(2001). Introduction: From third sector to Social Enterprise. The emergence of Social Enterprise. London & New York: Routledge.

Defourny, Jacques(2006). 확장된 유럽에서의 사회적 기업: 개념과 현실. 국제노동브리프, Vol. 4, No. 6, 한국노동연구원.

Defourny, Jacques & Solari Luca(2001). Management challenges for social enterprise. The emergence of Social Enterprise. London & New York: Routledge.

Doherty, Bob; Foster, George; Mason, Chris; Meehan, John; Meehan, Karon; Rotheroe,

Neil; Royce, Maureen(2009). Management for Social Enterprise. London: SAGE Publications.

Evers, Adalbert(2001). The significance of social capital in the multiple goal and resource structure of social enterprises. The emergence of Social Enterprise. London & New York: Routledge.

Evers, Adalbert & Laville Jean-Louis(2008). 세계화 시대의 새로운 복지(The Third sector in europe)(자활정보센터 역.). 서울: 나눔의집.

Evers, Adalbert & Schulze-Bőnig, Matthias(2001). Germany: Social enterprise and transitional employment. The emergence of Social Enterprise. London & New York: Routledge.

Gilbert N & Terrell P(2007). 사회복지정책론(Dimensions Of Social Welfare Policy)(남찬섭·유태균역.). 서울: 나눔의집.

Kettner, P. & Moroney, R. & Martin, L.(2000). 사회복지 프로그램 기획과 관리(Desiging and Managing Programs)(정무성 역). 서울: 나눔의 집.

Kim, W. Chan Blue(2005). 블루오션전략(Ocean Strategy)(강혜구 역). 교보문고.

Kotler, Philip(2010). Market 3.0.(안진환 역.). 타임비즈.

Laville, Jean-Louis(2001). France: Social enterprises developing proximity services. The emergence of Social Enterprise. London & New York: Routledge.

Leichsenring, Kai(2001). Austria: Social enterprises and new childcare services. The emergence of Social Enterprise. London & New York: Routledge.

Loss, Monica(2006.6). Italia의 사회적 기업, 국제노동브리프, Vol. 4, No. 6, 한국노동연구원: 31-38.

Martin, Lawrence L. & Kettner, Peter M.(1996). Measuring the Performance of Human Service Programs. Sage.

Mason, J.(1999). 질적 연구방법론(Qualitative researching)(김두섭 역). 서울: 나남.

OECD(1999). Social Enterprise.

Nyssens, Marthe(2011). 사회적 기업 II(Social Enterprise At the Crossroads of Market, Public Policies and Civil Society)(고두갑 외 역). 서울: 시그마프레스.

Pättiniemi, Pekka(2001). Labour co-operatives as an innovative response to unemployment. The emergence of Social Enterprise. London & New York: Routledge.

Porter, Michael E.(2009). 국가 경쟁우위(글로벌 경쟁력 강화를 위한 경영전략)[(The) competitive advantage of nations](문휘창 역), 21세기북스.

Rubin, A. & Babbie, E.(1998.). 사회복지조사방법론(Research methods for social work)

(성숙진 외 역). 서울: 나남.

Salamon, Lester M.(2000). NPO란 무엇인가(America's Nonprofit Sector: A Primer)(이형진 역.). 서울: 아르케.

Sherman, Edmund & Reid, William, J.(2004). 사회복지 질적 연구방법의 이론과 활용(Qualitative research in social work)(유태균 외 역). 서울: 나남.

Spear, Roger(2001). UK: A wide range of Social Enterprise. The emergence of Social Enterprise. London & New York: Routledge.

Stryjan, Yohanan(2001). Sweden: The emergence of work-integration social enterprises. The emergence of Social Enterprise. London & New York: Routledge.

UK DTI a(2007). 사회적 기업: 성공을 위한 전략(Social Enterprise: a strategy for success)(조영복·곽선화 역.) 부산: 사회적 기업연구원.

UK DTI b(2007). 사회적 기업 진행보고서: 성공을 위한 전략(A progress report on Social Enterprise: a strategy for success)(조영복·곽선화 역.). 부산: 사회적 기업연구원.

UK Office of the Third Sector(OTS)a, Cabinet Office(2007.12). 영국의 사회적 기업 육성계획(Social Enterprise Action Plan) (사회적기업연구원 역) 부산: 사회적 기업연구원.

UK Office of the Third Sector(OTS)b, Cabinet Office(2007.11). Social enterprise action plan, One year on.

UK Office of the Third Sector(OTS), Cabinet Office(2008.11). Social enterprise action plan, Two years on.

Vidal, Isabel(2001). Social enterprise as a response to unemployment policy failure. The emergence of Social Enterprise. London & New York: Routledge.

Young, Denis R. & Steinberg, Richard(2008) 비영리경제학-비영리경영을 위한 경제학 교과서(Economics for nonprofit managers)(이형진 외 역) 서울: 아르케.

Yunus, Muhammad(2008). 가난 없는 세상을 위하여(사회적 기업과 자본주의의 미래)(Creating a world without poverty) (김태훈 역) 서울: 물푸레.

〈사이트 등〉

사회적 기업. http://www.socialenterprise.or.kr/

아시아 경제(09.7.6.). http://www.asiae.co.kr/news/view.htm?idxno=2009070611575220253&nvr=y.

전국상인연합회. http://www.ukma.or.kr/intro/intro02.php.

중소기업중앙회 협동조합. http://johap.kbiz.or.kr/jsp/common/home.jsp.

한국경제(09.8.28.). http://www.hankyung.com/news/app/newsview.php?aid=2009031298461.

한국사회적기업진흥원. http://www.socialenterprise.or.kr/kosea/example.do.

장애인정책모니터링센터. http://www.ableinfo.co.kr/

중소기업청 사이트. http://www.smba.go.kr/.

e-나라지표 사이트. http://www.index.go.kr.

매경사이트. http://news.mk.co.kr/

해럴드 경제(2012.8.23.). freiheit@heraldcorp.com

http://www.bizinfo.go.kr/bizguide2.do?filename=2-6-4

http://www.fkilsc.or.kr.

Social Enterprise

부 록

〈부록 1〉 사단법인 정관(예시); (가칭) 사단법인 ○○○○

제1장 총 칙

제1조(명칭) 이 법인은 "사단법인 ○○○○"(이하 "법인"이라 한다)이라 한다.

제2조(목적) 이 법인은 ----- 법의 규정에 의한 ----- 를 수행함으로써 ----- 함을 목적으로 한다.

제3조(사무소의 소재지) 법인의 주사무소는 ○○시(도) ○○구(군) ○○동(면) ○○리 ○○번지에 둔다.

(지부를 둘 경우)

① 법인의 주사무소는 ○○시(도) ○○구(군) ○○동(면) ○○리 ○○번지에 둔다.

② 법인에는 총회의 결의를 거쳐 시·군·구 단위의 지부를 둘 수 있다.

③ 법인에 민법 제50조의 규정에 의하여 다음과 같은 지부를 둔다.

1. ○○지부 : ○○○시 ○○○구 ○○○동 ○○○번지

제4조(사업) 법인은 제2조의 목적을 달성하기 위하여 다음 각호의 사업을 수행한다.

1.
2.
3.
4.
5. 기타 법인의 목적달성에 필요한 사업

제2장 회 원

제5조(회원의 자격) ① 법인의 회원은 제2조의 목적과 설립취지에 찬동하여 소정의 가입절차를 마친 자(마친 자, 공공기관, 단체)로 한다. ② 법인의 회원이 되고자 하는 자는 소정의 회원가입 신고서를 법인에 제출하여야 한다. ③ 회원의 자격, 가입회비 등에 관한 세부사항은 총회에서 별도의 규정으로 정한다.

제6조(회원의 권리) ① 회원은 법인 임원 선거권 및 피선거권을 가지며 총회에 참석하여 법인의 활동에 관한 의견을 제안하고 의결에 참여할 권리를 가진다. ② 회원은 법인의 자료 및 출판물을 제공받으며, 법인운영에 관한 자료를 열람할 수 있다.

제7조(회원의 의무) 회원은 다음의 의무를 진다.

1. 본회의 정관 및 제규정의 준수
2. 총회 및 이사회의 결의사항 이행

3. 회비 및 제부담금의 납부

제8조(회원의 탈퇴와 제명) ① 회원은 본인의 의사에 따라 회원탈퇴서를 제출함으로써 자유롭게 탈퇴할 수 있다. ② 회원이 법인의 명예를 손상시키거나 목적 수행에 지장을 초래한 경우 또는 1년 이상 회원의 의무를 준수하지 않은 경우에는 총회의 의결을 거쳐 제명할 수 있다. ③ 탈퇴 및 제명으로 인하여 회원의 자격을 상실한 경우에는 납부한 회비 등에 대한 권리를 요구할 수 없다.

제3장 임 원

제9조(임원의 종류 및 정수) ① 법인은 다음의 임원을 둔다.

1. 회장 1인
2. 상임이사 1인
   ※ 법인의 목적사업을 전담하기 위한 상임이사를 둘 수 있다.
3. 이사(회장, 상임이사를 포함한다.) ○인
4. 감사 ○인
   ※ 감사는 2인 이하로 정한다.

제10조(임원의 선임) ① 법인의 임원은 총회에서 선출한다. ② 회장은 이사 중에서 호선한다. ③ 임기가 만료된 임원은 임기만료 2월 이내에 후임자를 선출하여야 하며, 임원이 궐위된 경우에는 궐위된 날로부터 2월 이내에 후임자를 선출하여야 한다. ④ 임원선출이 있을 때에는 임원선출이 있는 날로부터 3주 이내에 관할법원에 등기를 필한 후 주무관청에게 통보하여야 한다.

제11조(임원의 해임) 임원이 다음 각호의 1에 해당하는 행위를 한 때에는 총회의 의결을 거쳐 해임할 수 있다.

1. 본회의 목적에 위배되는 행위
2. 임원 간의 분쟁·회계부정 또는 현저한 부당행위
3. 본회의 업무를 방해하는 행위

제12조(임원의 결격사유) 다음 각호의 1에 해당하는 자는 임원이 될 수 없다.

1. 금치산자 또는 한정치산자
2. 파산자로서 복권이 되지 아니한 자
3. 법원의 판결 또는 다른 것에 의하여 자격이 상실 또는 정지된 자
4. 금고 이상의 실형의 선고를 받고 그 집행이 종료(집행이 종료된 것으로 보는 경우를 포함한다)되거나 집행이 면제된 날부터 3년이 경과되지 아니한 자

5. 금고 이상의 형의 집행유예선고를 받고 그 유예기간 중에 있는 자

제13조(상임이사) ① 본 법인의 목적사업을 전담하게 하기 위하여 상임이사를 둘 수 있다.
② 상임이사는 이사회의 의결을 거쳐 회장이 이사장 중에서 선임한다.

※ 상임이사를 두지 않는 경우에는 이 규정은 필요 없음.

제14조(임원의 임기) ① 이사의 임기는 3년, 감사의 임기는 2년으로 하며 연임할 수 있다. 다만 보선임원의 임기는 전임자의 잔임기간으로 한다. ② 임원은 임기만료후라도 후임자가 취임할 때까지는 임원으로 직무를 수행한다.

제15조(임원의 직무) ① 회장은 법인을 대표하고 법인의 업무를 통할하며, 총회 및 이사회의 의장이 된다. ② 상임이사는 상근하며 회장의 지시를 받아 법인의 사무를 총괄한다. ③ 이사는 이사회에 출석하여 법인의 업무에 관한 사항을 의결하며 이사회 또는 회장으로부터 위임받은 사항을 처리한다. ④ 감사는 다음의 직무를 수행한다.

1. 법인의 재산상황을 감사하는 일
2. 총회 및 이사회의 운영과 그 업무에 관한 사항을 감사하는 일
3. 제1호 및 제2호의 감사결과 부정 또는 부당한 점이 있음을 발견한 때에는 이사회 또는 총회에 그 시정을 요구하고 주무관청에게 보고하는 일
4. 제3호의 시정요구 및 보고를 하기 위하여 필요한 때에는 총회 또는 이사회의 소집을 요구하는 일
5. 본회의 재산상황과 업무에 관하여 총회 및 이사회 또는 회장에게 의견을 진술하는 일

제 4 장 총 회

제16조(총회의 구성)

[사례1] 총회는 본회의 최고의결기관이며 회원으로 구성한다.

[사례2] 총회는 본회의 최고의결기관으로 제16조2 규정에 의하여 선출된 대의원으로 구성한다.

※ 사례2에만 적용

제16조의2(대의원)[사례1] ① 대의원은 본회의 임원과 각 지부별 총회에서 선출된 자로 한다.
② 제1항의 규정에 의한 지부별 대의원 정수는 이사회에서 정한다.

[사례2] 대의원의 법인의 이사, 감사, 각 지부에서 2인, 회원단체에서 각 1인씩 선출하여 구성한다.

※ 대의원을 둔 경우에는 관련규정에 '회원'을 '대의원'으로 표기.

제17조(총회의 구분과 소집) ① 총회는 정기총회와 임시총회로 구분하며, 회장이 이를 소집한다. ② 정기총회는 매 회계연도 개시 1월 전까지 소집하며, 임시총회는 회장이 필요하다고 인정할 때에 소집한다. ③ 총회의 소집은 회장이 회의안건·일시·장소 등을 명기하여 회의 개시 7일 전까지 문서로 각 회원에게 통지하여야 한다.

제18조(총회소집의 특례) ① 회장은 다음 각호의 1에 해당하는 소집요구가 있을 때에는 그 소집요구일로부터 20일 이내에 총회를 소집하여야 한다.

1. 재적이사 과반수가 회의의 목적을 제시하여 소집을 요구한 때
2. 제16조제3항제4호의 규정에 의하여 감사가 소집을 요구한 때
3. 재적회원 3분의 1이상이 회의의 목적을 제시하여 소집을 요구한 때

② 총회 소집권자가 궐위되거나 이를 기피함으로써 7일 이상 총회소집이 불가능한 때에는 재적이사 과반수 또는 재적회원 3분의 1 이상의 찬성으로 총회를 소집할 수 있다. ③ 제2항의 규정에 의한 총회는 출석이사 중 최연장자의 사회아래 그 의장을 선출한다.

제19조(총회의 의결사항) 총회는 다음의 사항을 의결한다.

1. 임원의 선출 및 해임에 관한 사항
2. 본회의 해산 및 정관변경에 관한 사항
3. 기본재산의 처분 및 취득과 자금의 차임에 관한 사항
4. 예산 및 결산의 승인
5. 사업계획의 승인
6. 기타 중요사항

제20조(의결정족수) 총회는 정관에서 정하는 사항을 제외하고는 재적회원 과반수 출석으로 개회하고 출석회원 과반수의 찬성으로 의결한다.

제21조(의결제척사유) 회원이 다음 각호의 1에 해당하는 때에는 그 의결에 참여하지 못한다.

1. 임원의 선출 및 해임에 있어 자신에 관한 사항을 의결할 때
2. 금전 및 재산의 수수 또는 소송 등에 관련되는 사항으로서 자신과 본회의 이해가 상반될 때

제 5 장 이사회

제22조(이사회의 구성) 이사회는 회장과 (상임이사를 포함하여)이사로 구성한다.

제23조(이사회의 소집) ① 이사회는 정기이사회와 임시이사회로 구분한다. ② 정기이사회는 연 2회 개최하고 임시이사회는 감사 또는 이사의 3분의 1 이상의 요청이 있거나 회장

이 필요하다고 인정하는 때에 소집한다. ③ 회장은 이사회를 소집하고자 할 때에는 회의 개최 7일 전까지 이사 및 감사에게 회의의 목적과 안건, 개최일시 및 장소를 통지하여야 한다. 다만, 긴급하다고 인정되는 정당한 사유가 있을 때에는 그러하지 아니한다.

第24조(이사회의 의결사항) 이사회는 다음의 사항을 심의·의결한다.

1. 업무집행에 관한 사항
2. 사업계획의 운영에 관한 사항
3. 예산·결산서의 작성에 관한 사항
4. 정관변경에 관한 사항
5. 재산관리에 관한 사항
6. 총회에 부의할 안건의 작성
7. 총회에서 위임받은 사항
8. 정관의 규정에 의하여 그 권한에 속하는 사항
9. 기타 본회의 운영상 중요하다고 회장이 부의하는 사항

第25조(의결정족수) 이사회는 재적이사 과반수의 출석으로 개회하고 출석이사 과반수의 찬성으로 의결한다.

第26조

[사례1] (서면결의 금지) 이사회의 의결은 서면결의에 의할 수 없다.

[사례2] (서면결의) ① 회장은 이사회에 부의할 사항 중 경미한 사항 또는 긴급을 요하는 사항에 관하여는 이를 서면으로 의결할 수 있다. 이 경우에 회장은 그 결과를 차기 이사회에 보고하여야 한다. ② 제1항의 서면결의 사항에 대하여 재적이사 과반수가 이사회에 부의할 것을 요구하는 때에는 회장은 이에 따라야 한다.

제 6 장 재산과 회계

第27조(재산의 구분) ① 법인의 재산은 다음과 같이 기본재산과 보통재산으로 구분한다. ② 기본재산은 법인의 목적사업 수행에 관계되는 부동산 또는 동산으로서 법인 설립 시 그 설립자가 출연한 재산과 이사회에서 기본재산으로 정한 재산으로 하며 그 목록은 별지1과 같다. ③ 보통재산은 기본재산 이외의 재산으로 한다.

第28조(재산의 관리) ① 법인의 기본재산을 매도, 증여, 임대, 교환하거나 담보제공 또는 용도 등을 변경하고자 할 때 또는 의무의 부담이나 권리를 포기하고자 할 때는 총회의 의결을 거쳐야 한다. ② 기본재산의 변경에 관하여는 정관변경에 관한 규정을 준용한다.

제29조(재원) ① 법인의 유지 및 운영에 필요한 경비의 재원은 다음과 같다.

1. 회비
2. 정부 및 지방자치단체보조금
3. 각종 기부금
4. 기본재산으로부터 생기는 과실금
5. 기타

② 법인이 예산 외의 채무부담을 하고자 할 때에는 총회의 의결을 거쳐 주무관청의 승인을 받아야 한다.

제30조(회계연도) 법인의 회계연도는 정부의 회계연도에 따른다.

제31조(예산편성 및 결산) ① 법인은 회계연도 1월 전에 사업계획 및 예산안을 이사회의 의결을 거쳐 총회의 승인을 얻는다. 다만, 국고부담이 수반되는 사업은 사전에 주무관청의 승인을 받아야 한다. ② 법인은 사업실적 및 결산내용을 당해 회계연도 종료 후 2월 이내에 이사회의 의결을 거쳐 총회의 승인을 얻는다.

제32조(회계감사) 감사는 회계감사를 연 2회 이상 실시하여야 한다.

제33조(임원의 보수) 임원에 대하여는 보수를 지급하지 아니한다. 다만, 업무수행에 필요한 실비는 지급할 수 있다.

제34조(차입금) 법인이 예산 외의 의무부담이나 자금의 차입을 하고자 할 때에는 이사회의 의결을 거쳐야 한다.

제 7 장 사무부서

제34조(사무국) ① 회장의 지시를 받아 본회의 사무를 처리하기 위하여 사무국을 둔다. ② 사무국에 사무국장 1인과 필요한 직원을 둘 수 있다. ③ 사무국장은 이사회의 의결을 거쳐 회장이 임면한다. ④ 사무국의 조직 및 운영에 관한 사항은 이사회의 의결을 거쳐 별도로 정한다.

제 8 장 보 칙

제35조(법인해산) 법인을 해산하고자 할 때에는 총회에서 재적회원 4분의 3 이상의 찬성으로 의결하여 주무관청에 신고하여야 한다.

제36조(정관변경) 이 정관을 변경하고자 할 때에는 총회에서 재적회원 3분의 2 이상의 찬성으로 의결하여 주무관청의 허가를 받아야 한다.

제37조(업무보고) 익년도의 사업계획서 및 예산서와 당해연도 사업실적서 및 수지결산서는 회계연도 종료 후 2월 이내에 주무관청에게 보고하여야 한다. 이 경우 재산목록과 업무현황 및 감사결과 보고서도 함께 제출하여야 한다.

제38조(준용규정) 이 정관에 규정되지 아니한 사항은 민법 중 사단법인에 관한 규정과 보건복지부및그소속청소관비영리법인의설립및감독에관한규칙을 준용한다.

제39조(규칙제정) 이 정관이 정한 것 외에 본회의 운영에 관하여 필요한 사항은 이사회의 의결을 거쳐 규칙으로 정한다.

부 칙

① (시행일) 이 정관은 주무관청의 허가를 받은 날부터 시행한다.

② (설립당시의 임원선임에 대한 경과조치) 이 법인 설립 당시 발기인총회에서 선임된 임원은 이 정관에 의하여 선임된 것으로 본다.

별 지1.

기본재산 목록

구 분	소재지	규 모	평가가액	출연자	비 고

〈부록 2〉 사회복지법인 정관(예시)

※유의사항: 작성은 아래의 비고를 참조하여 작성할 것.

제1장 총 칙

제1조(목적) 이 법인은 ----- 법의 규정에 의한 ----- 를 수행함으로써 ----- 함을 목적으로 한다.

(비고) 1) 당해 법인의 특성에 따라 목적을 개괄적으로 기재한다.

제2조(명칭) 이 법인의 명칭은 "사회복지법인" ○○○회·원·단(이하 "법인 회·원·단"이라 한다) 이라 칭한다.

(비고) 1) 다른 법인과의 명칭상의 혼동을 피하기 위하여 다른 법인과 유사하거나 동일한 명칭은 가급적 사용하지 않도록 한다.

※ 이하 "법인" 이라 칭한다.

제3조(사무소의 소재지) ① 이 법인의 주된 사무소는 ○○시·도 ○○○시·군·구 ○○○읍·면·동(리) ○○○번지에 둔다. ② 이 법인은 민법 제50조의 규정에 의하여 다음과 같은 분사무소(지부)를 둔다.

1. ○○○분사무소: ○○시·도 ○○○시·군·구 ○○○읍·(리) ○○번지
   ○○○분사무소: ○○시·도 ○○○시·군·구 ○○○읍·(리) ○○번지

(비고) 1) 분사무소가 없는 경우에는 제2항은 필요하지 않다.

2) 사무소의 소재지는 최소 행정구역(예: 서울특별시 또는 광주광역시) 단위까지만을 표기하는 방법과 소재지번까지를 구체적으로 기입하는 방법이 있다. 앞의 경우에는 발기인 총회회의록상에 구체적인 주소지가 표기되어야 하며, 뒤의 경우에는 주소지 이전 시 정관변경과 등기가 필요하다.

제4조(사업의 종류) ① 이 법인은 제1조의 목적을 달성하기 위하여 다음의 사업을 수행한다.

1. ○○○시설지원(설치운영)사업
2. ○○○사업지원
3. ○○○사업운영
4. 그 밖에 이 법인 목적달성에 필요한 사업

(비고) 1) 각종시설 운영사업은 사회복지관계 법령에서 정하는 시설명칭을 사용한다.

제 2 장 자산 및 회계

제1절 자산

제5조(자산구분) ① 이 법인의 자산은 기본재산과 보통재산으로 구분하되, 기본재산은 목적사업용 기본재산과 수익용 기본재산으로 구분하여 관리한다. ② 기본재산은 다음 각호의 재산으로 하며, 평가가액에 변동이 있을 때에는 지체 없이 정관 변경의 절차를 밟아야 한다.

1. 설립 당시 기본재산으로 출연한 재산
2. 부동산
3. 이사회의 결의에 의하여 기본재산으로 편입된 재산

③ 기본재산의 목록과 평가가액은 "표 1"과 같다.

④ 기본재산 이외의 모든 재산은 보통재산으로 한다.

(비고) 1) 설립 당초의 기본재산은 반드시 별표의 기본재산 목록에 등재되어야 한다.

2) 시설운영을 목적으로 하지 않고 일정한 출연재산에서 얻어지는 과실로서 보호대상자에 대한 단순한 지원 등 사회복지사업을 지원하는 것을 목적으로 하는 경우에는 목적사업용 기본재산과 수익용 기본재산으로 구분하지 아니한다.

제6조(자산의 관리) ① 기본재산을 매도·증여·교환·임대 또는 담보에 제공하거나 그 밖의 권리의 포기, 의무의 부담 등의 처분을 하고자 하는 때에는 이사회의 의결을 거쳐 주무관청의 사전허가를 얻어야 한다. ② 법인이 매수·기부채납·후원 등의 방법으로 재산을 취득한 때에는 지체 없이 이를 법인의 재산으로 편입조치하여 한다. ③ 제2항의 재산을 취득한 경우 법인은 그 취득사유, 취득재산의 종류·수량 및 가액을 매년 1월 말까지 전년도의 재산취득상황을 주무관청에게 보고하여야 한다. ④ 법인이 보건복지부령이 정하는 금액이상을 장기 차입하고자 하는 때에는 주무관청의 허가를 받아야 한다. ⑤ 기본재산과 보통재산의 운영과 관리에 관하여는 법령과 이 정관에 따로 정한 경우를 제외하고는 별도의 규정이 정하는 바에 의한다.

제7조(경비와 유지방법) 이 법인의 운영비는 기본재산에서 발생하는 과실, 수익사업의 수익금, 기부금과 그 밖의 수입으로 충당한다.

제2절 회계

제8조(회계의 구분 등) 이 법인의 회계는 법인에 속하는 법인 일반회계와 시설운영에 속하는 시설회계 수익사업에 속하는 수익사업회계 및 기타 특별회계로 구분한다.

제9조(회계의 처리) 이 법인의 회계처리는 사회복지사업법 및 관계법규에서 따로 정한 경

우를 제외하고는 별도의 규정이 정하는 바에 따른다.

제10조(회계연도) 이 법인의 회계연도는 정부의 회계연도에 따른다.

제11조(사업계획 및 예산) 이 법인의 매 회계연도의 사업계획 및 예산은 대표이사가 매 회계연도 개시 1월 전에 이사회의 의결을 "사회복지법인재무·회계규칙(보건복지부령)"이 정하는 서류를 첨부하여 주무관청에 제출하여야 한다.

제12조(사업실적 및 결산) 이 법인의 매 회계연도의 사업실적 및 결산은 회계연도가 끝난 후 1월 이내에 대표이사가 작성하여 감사의 감사를 거친 후 이사회의 의결을 거쳐 "사회복지법인재무·회계규칙(보건복지부령)"이 정하는 서류를 첨부하여 주무관청에 제출하여야 한다.

제13조(잉여금의 처리) 이 법인의 매 회계연도 결산 잉여금은 차입금 상환 또는 다음회계년도에 이월 사용하는 것을 원칙으로 하되, 이사회의 결의에 의하여 특정한 사업을 위한 기금으로 적립할 수 있다.

제14조(예산 외의 채무부담) 수지예산으로서 정한 것 이외의 의무부담 또는 권리의 포기는 이사회의 의결을 거쳐야 한다.

제3장 임 원

제15조(임원의 종류와 정수) 이 법인은 다음의 임원을 둔다.

1. 대표이사 1인
2. 상임이사 1인
3. 이사 5인(대표이사 및 상임이사 포함)
4. 감사 2인

(비고) 1) 대표이사의 명칭은 회장 등의 명칭을 붙이는 것도 가능하다.

2) 상임이사의 직이 필요한 때에는 상임이사를 두되, 필요가 없는 때에는 두지 아니하여도 된다.

3) 이사의 정수는 7인 이상 감사는 2인 이상으로 하고, 업무의 심의에 적정한 수를 확정적으로 기재하되, 약간인 또는 5인 이상 10인 이하 등으로 표기하지 않아야 한다.

제16조(임원의 선임) ① 대표이사, 이사 및 감사는 이사회에서 선출한다. ② 상임이사는 대표이사가 선임된 이사 중에서 지명하여 이사회의 의결을 거쳐 선임한다. ③ 이사를 임면하는 경우에는 보건복지부령이 정하는 바에 의하여 지체없이 이를 주무관청에 보고하여

야 한다.

(비고) 1) 대표이사는 선임된 이사 중에서 호선하여도 가능하다.

2) 상임이사가 없는 때에는 제2항은 필요없다.

3) 상임이사의 선임방법은 달리하여도 된다.

제17조(임원선임의 제한) ① 이 법인은 이사 상호간의 관계에 있어서 사회복지사업법 제18조제2항의 규정에 의한 "특별한 관계에 있는 자"가 이사현원의 5분의 1을 초과할 수 없다. ② 감사는 감사 상호간 또는 이사와의 관계에 있어서 사회복지사업법 제18조제2항의 규정에 의한 "특별한 관계에 있는 자"가 아니어야 한다.

제18조(임원의 임기 등) ① 이 법인의 대표이사 및 이사의 임기는 3년으로 하고 감사의 임기는 2년으로 하되, 연임할 수 있다. ② 임원 중 결원이 생긴 때에는 2월 이내에 보충하여야 하며, 임기가 만료되는 임원의 후임자는 임기만료 1월 이전에 선임하여야 한다.

(비고) 1) 임원의 법정임기를 초과하여 종신직으로 하는 것 등은 불가하다.

제19조(임원의 결격사유) ① 사회복지사업법 제19조 각호의 1에 해당하는 자는 법인의 임원이 될 수 없다. ② 법인의 임원이 제1항의 사유에 해당할 때에는 그 직을 상실한다.

제20조(임원의 해임) ① 이 법인은 그의 임원에 대하여 사회복지사업법 제22조의 규정에 의한 보건복지부장관의 해임명령을 받은 때에는 지체 없이 해임하여야 한다. ② 이 법인은 그의 임원이 다음 각 호의 1에 해당할 때에는 이사회의 의결을 거쳐 해임할 수 있다.

1. 법령, 법인의 정관 또는 규정에 위반한 때
2. 고의 또는 중대한 과실로 법인에 상당한 손해를 끼친 때
3. 직무태만·품위손상 기타 사유로 인하여 임원으로서 적당하지 아니하다고 인정되는 때
4. 기타 임원으로서의 능력이나 자질이 현저히 부족하다고 판단되는 때

제21조(임원의 직무) ① 대표이사는 이 법인을 대표하고, 제반 사무를 총괄하여 이사회의 의장이 된다. ② 상임이사는 대표이사를 보좌하고, 대표이사가 사고가 있는 때에는 그 직무를 대행한다. ③ 이사는 이사회를 구성하고, 이사회의 권한에 속하는 사항을 심의·의결한다. ④ 대표이사 유고 시에는 대표이사가 지명하는 이사가 대표이사의 직무를 대행한다. 다만, 대표이사가 직무대행자를 지명하지 못한 경우에는 나머지 이사 중에서 연장자 순으로 그 직무를 대행한다. ⑤ 감사는 다음의 직무를 행한다.

1. 이 법인의 재산상황과 회계를 감사하는 일
2. 이사회의 운영과 그 업무에 관한 사항을 감사하는 일
3. 제1호 및 제2호의 감사결과 부정 또는 불비한 점이 있음을 발견하는 때에는 이를 이사회와 주무관청에 보고하는 일

4. 제3호의 보고를 하기 위하여 필요한 때에는 이사회의 소집을 요구하는 일
5. 그 밖에 이사회 운영과 그 업무에 관한 사항에 대하여 이사회에 참석하여 의견을 진술하는 일

(비고) 1) 상임이사가 없는 경우에는 제2항은 불필요하나, 이 경우 직무대행자를 별도 규정하여야 한다.

제22조(대표권의 제한) 이 법인의 대표이사이외의 이사는 이 법인을 대표하지 않는다.

제23조(임원의 대우) 이 법인의 상임이사를 제외한 임원은 명예직으로 하되, 예산의 범위안에서 임원의 활동에 필요한 실비를 지급할 수 있다.

제24조(겸직금지) ① 이사는 이 법인의 시설장을 제외한 직원을 겸할 수 없다. ② 감사는 이 법인의 이사, 시설장 또는 직원을 겸할 수 없다.

제4장 이 사 회

제25조(이사회 구성) ① 이 법인에 대표이사 및 이사로 구성되는 이사회를 둔다. ② 감사는 이사회에 출석하여 발언할 수 있다.

제26조(의결사항) 이사회는 다음 사항을 심의·의결한다.

1. 정관의 변경에 관한사항
2. 제규정의 제정 및 개정에 관한 사항
3. 법인 합병 및 해산에 관한 사항
4. 임원임면에 관한 사항
5. 사업계획·실적 및 예산·결산에 관한 사항
6. 재산의 취득, 처분 및 관리에 관한 사항
7. 법인이 설치한 시설의 장의 임면에 관한 사항
8. 법인이 설치한 시설의 운영에 관한 사항
9. 수익사업에 관한 사항
10. 그 밖에 법령이나 이 정관에 의하여 이사회의 권한에 속하는 사항

(비고) 1) 법인특성에 따라서 의결사항의 변동이 있을 수 있다.
2) 지원법인의 경우에는 7, 8호는 해당되지 않는다.

제27조(이사회의 소집 등) ① 이사회는 정기이사회와 임시이사회로 구분한다. ② 정기이사회는 매년 1월 중에 개최하고, 임시이사회는 대표이사가 필요하다고 인정하는 때 또는 재적이사 3분의 1 이상의 서면요청이 있는 때와 감사의 연서에 의한 요청이 있는 때에 소집한다. ③ 이사회를 소집하고자 하는 때에는 대표이사가 회의목적을 명시하여 회의개최 7일

이전까지 각 이사에게 통지하여야 한다. ④ 대표이사는 재적이사 3분의 1 이상이 회의안건을 명시하여 소집을 요구한 때와 감사가 연서로 소집을 요구한 때로부터 14일 이내에 이사회를 소집하여야 한다.

제28조(이사회의 개의와 의결정족수) ① 이사회는 이 정관에서 따로 정한 바를 제외하고는 재적이사 과반수의 출석으로 개의하고, 출석이사 과반수의 찬성으로 의결한다. ② 이사회의 의사는 서면결의에 의할 수 없다.

제29조(의결제척사유) 대표이사 또는 이사가 다음 각 호의 1에 해당하는 때에는 그 의결에 참여하지 못한다.

1. 임원선임 및 해임에 있어서 자신에 관한 사항
2. 금전 및 재산의 수수를 수반하는 사항으로서 임원자신이 법인과 직접 관계되는 사항

제30조(이사회 회의록) ① 이사회의 의사에 관하여는 의사록을 작성하여야 한다. ② 의사록에는 의사의 경과, 요령 및 결과를 기재하고, 의장과 참석이사 전원이 기명날인하여야 한다. ③ 대표이사는 의사록을 법인의 사무실에 비치하여야 한다.

제 5 장 수익사업

제31조(수익사업의 종류) ① 이 법인은 사회복지사업법 제28조의 규정에 의하여 법인의 목적사업 수행에 지장이 없는 범위 안에서 다음의 수익사업을 할 수 있다. ② 제1항의 수익사업을 경영하기 위하여 대표이사는 이사회의 의결을 거쳐 관리자 또는 책임자를 임명한다.

제32조(수익의 처분 및 관리) 수익사업에서 얻어지는 순수익은 법인 목적사업에 충당하거나, 이사회의 결의에 의거 특정한 기금으로 적립할 수 있다.

제 6 장 사무조직 및 운영

제33조(사무국) ① 이 법인의 업무를 처리하기 위하여 법인사무국을 둔다. ② 사무국의 조직과 운영에 관하여는 별도의 규정으로 정한다.

제34조(직원) ① 법인사무국 및 시설에는 필요한 직원을 둔다. ② 직원의 임용·복무·보수 등에 관하여는 별도의 규정으로 정한다. ③ 제2항의 규정에는 종사자의 정년을 규정한 인사규정이 반드시 포함되어야 한다.

제 7 장 정관변경 및 해산

(이하 생략)

〈부록 3〉 재단법인 정관(예시); (가칭) 재단법인 ○○○○재단

제1장 총 칙

제1조(명칭) 이 법인은 "재단법인 ○○○○"(이하 "법인"이라 한다)이라 한다.

제2조(목적) 이 법인은 ----- 법의 규정에 의한 ----- 를 수행함으로써 ----- 함을 목적으로 한다.

제3조(사무소의 소재지) 법인의 주사무소는 ○○시(도) ○○구(군) ○○동(면) ○○리 ○○번지에 둔다.

(지부를 둘 경우)

① 법인의 주사무소는 ○○시(도) ○○구(군) ○○동(면) ○○리 ○○번지에 둔다.

② 법인에는 총회의 결의를 거쳐 시·군·구 단위의 지부를 둘 수 있다.

③ 법인에 민법 제50조의 규정에 의하여 다음과 같은 지부를 둔다.

1. ○○지부: ○○○시 ○○○구 ○○○동 ○○○번지

제4조(사업) 법인은 제2조의 목적을 달성하기 위하여 다음 각호의 사업을 수행한다.

1.

2.

3.

4.

5. 기타 법인의 목적달성에 필요한 사업

제5조(무상이익의 원칙) 법인은 목적사업으로 제공하는 이익을 원칙적으로 무상으로 한다. 다만 그 실비를 수혜자에게 부담시키는 수익사업에 대해서는 이사회의 심의·의결을 거친다.

제6조(수혜평등의 원칙) 법인의 목적사업으로 제공하는 이익은 특히 그 목적을 한정한 경우를 제외하고는 수혜자의 출생지, 출신학교, 직업, 성별, 연령 기타 사회적 신분에 의하여 부당하게 차별되어서는 아니된다.

제2장 재산 및 회계

제7조(재산의 구분) ① 법인의 재산은 기본재산과 보통재산으로 구분하여 관리한다. ② 기본재산은 법인의 목적사업 수행에 관계되는 부동산 또는 동산으로서 설립자가 출연한 재산과 이사회에서 기본재산으로 정한 재산으로 하며, 그 목록과 평가액은 "별지1"과 같다.

③ 보통재산은 기본재산 이외의 재산으로 한다.

제8조(재산의 관리) ① 법인의 기본재산을 매도·증여·교환·임대 또는 용도를 변경하거나 담보로 제공하거나 의무의 부담, 권리의 포기를 하고자 할 때는 이사회에서 재적이사 3분의 2 이상의 의결을 거쳐야 한다. ② 기본재산의 변경에 관하여는 정관변경에 관한 규정을 준용한다.

제9조(재원) 법인은 기본재산 및 보통재산에서 발생한 과실과 수익사업에 의한 수익금, 후원금, 찬조금, 기부금, 기타의 수입을 재원으로 한다.

제10조(차입금) 법인이 예산 외의 의무부담이나 자금의 차입을 하고자 할 때에는 이사회의 의결을 거쳐야 한다.

제11조(회계연도) 법인의 회계연도는 정부의 회계연도에 따른다.

제12조(업무보고) ① 법인은 매 회계연도 개시 1월 전에 다음 회계연도에 실시할 사업계획 및 수지예산에 관한 서류를 작성하여 이사회의 의결을 거쳐 주무관청에게 제출하여야 하며 추가경정에 관한 사항 또한 같다. ② 법인은 사업실적 및 결산보고서를 매 회계연도 종료 후 2월 이내에 감사의 감사를 받아 이사회의 의결을 거쳐 주무관청에 제출하여야 한다. 이 경우에 재산목록과 업무현황 및 감사결과보고서도 함께 제출해야 한다.

제13조(세계잉여금) 법인의 매 회계연도 결산잉여금은 차입금상환 또는 다음 회계연도에 이월 사용하는 것을 제외하고는 이를 기본재산에 편입하거나 이사회의 의결을 거쳐 법인의 목적사업에 사용한다.

제14조(임원의 보수) 법인은 임원에 대해서 보수를 지급하지 아니한다. 다만 업무수행에 필요한 실비를 지급할 수 있다.

제3장 임 원

제15조(임원의 종류와 정수) 법인은 다음의 임원을 둔다.

1. 이사장 1인
2. 상임이사 1인

※ 법인인 목적사업을 전담하기 위한 상임이사를 둘 수 있다.

3. 이사 ○인
4. 감사 ○인

※ 감사는 2인 이하로 정한다.

제16조(임원의 임기) ① 이사의 임기는 3년, 감사의 임기는 2년으로 하며 연임할 수 있다. 다만, 보선임원의 임기는 전임자의 잔임기간으로 한다.

② 임원은 임기 만료 후라도 후임자가 취임할 때까지는 임원으로 직무를 수행한다.

제17조(임원의 선임) ① 임원은 임기만료 1월 전에 이사회에서 선임한다. ② 이사장은 재적이사 과반수의 찬성을 얻어 선출하고, 상임이사는 이사장이 이사 중에서 임명하되 이사회 참석이사 과반수의 찬성을 얻어 선임하며, 각각 임기는 이사로서의 재임기간으로 한다. ③ 임원 중 결원이 발생한 경우에는 그 결원이 발생한 날부터 2월 이내에 이사회에서 후임자를 선임하여야 한다.

제18조(임원의 결격사유) 다음 각호의 1에 해당하는 자는 법인의 임원이 될 수 없다.

1. 미성년자
2. 금치산자 또는 한정치산자
3. 파산자로서 복권되지 아니한 자
4. 금고 이상의 형을 받고 집행이 종료되거나 집행을 받지 아니하기로 확정된 후 3년이 경과하지 아니한 자

④ 임원이 제3항 각호의 1에 해당하게 된 때에는 자격을 당연히 상실한다.

제19조(임원의 직무) ① 이사장은 이 법인을 대표하고 법인의 업무를 통할하며 이사회의 의장이 된다. ② 상임이사는 이사로서의 직무 이외에 이사장을 보좌하며 이사회 또는 이사장으로부터 수임된 수관업무를 상근하며 집행한다. ③ 이사는 이사회에 출석하여 법인의 업무에 관한 사항을 의결하며 이사회 또는 이사장으로부터 위임받은 사항을 처리한다. ④ 감사는 다음의 직무를 행한다.

1. 법인의 재산상황을 감사하는 일
2. 이사회의 운영과 그 업무에 관한 사항을 감사하는 일
3. 제1호 및 제2호의 감사결과 부정 또는 부당한 점이 있음을 발견한 때에는 이사회에 그 시정을 요구하고 소속관청의 장에게 보고하는 일
4. 제3호의 시정요구 및 보고를 하기 위하여 필요한 때에는 이사회의 소집을 요구하는 일
5. 그 밖에 이사회 운영과 그 업무에 관한 사항에 대하여 이사회에 참석하여 의견을 진술하는 일

제20조(임원의 해임) 임원이 다음 각호의 1에 해당하는 행위를 한 때에는 재적이사 3분의 2 이상의 찬성으로 해임할 수 있다.

1. 법인의 목적에 위배되는 행위
2. 임원 간의 분쟁·회계부정 또는 현저한 부당행위
3. 법인의 업무를 방해하는 행위
4. 법인의 명예나 위신을 손상하거나 품위를 훼손하는 행위

5. 민법 및 보건복지부장관및그소속청소관의비영리법인의설립및감독에관한규칙에 의한 감독상의 명령을 정당한 이유없이 이행하지 아니한 때

제21조(이사장의 직무대행)

[사례1] ① 이사장이 유고 또는 궐위된 때에는 상임이사가 이사장의 직무를 대행하고, 이사장 및 상임이사가 동시에 유고 또는 궐위된 때에는 이사 중 연장자가 이사장의 직무를 대행한다. ② 이사장이 궐위된 때에는 이사장 직무 대행자는 지체 없이 이사장 선임절차를 취하여야 한다.

[사례2] ① 이사장이 사고가 있을 때에는 이사장이 지명하는 이사가 이사장의 직무를 대행한다. ② 이사장이 궐위되었을 때에는 이사 중에서 연장자 순으로 이사장의 직무를 대행한다. ③ 제2항의 규정에 의하여 이사장의 직무를 대행하는 이사는 지체 없이 이사장 선출의 절차를 밟아야 한다.

제 4 장 이사회

제22조(이사회의 구성) 이 법인의 최고의결기관으로 이사회를 두며 이사장, 상임이사, 이사로 구성한다.

제23조(이사회의 소집) ① 이사회는 정기이사회와 임시이사회로 구분하며, 이사장이 이를 소집한다. ② 정기이사회는 매 회계연도 개시 1월 전까지 소집하며, 임시이사회는 이사장이 필요하다고 인정할 때 또는 재적이사 3분의 1 이상의 서면요청이 있을 때와 감사의 연서에 의한 요청이 있을 때에 소집한다. ③ 이사회의 소집은 이사장이 회의 안건·일시·장소 등을 명기하여 회의 개시 7일 전까지 문서로 각 이사 및 감사에게 통지하여야 한다. 다만 긴급을 요하는 경우와 이사 전원이 찬성할 때에는 서면이 아닌 기타 다른 방법으로 통지할 수 있다. ④ 이사장은 재적이사 3분의 1 이상이 회의안건을 명시하여 소집을 요구한 때와 감사가 연서로 소집을 요구한 때로부터 20일 이내에 이사회를 소집하여야 한다.

제24조(이사회의 의결사항) 이사회는 다음 각호의 사항을 심의·의결한다.

1. 정관의 변경에 관한 사항
2. 법인의 제반규정의 제정 및 개정에 관한 사항
3. 법인의 해산 및 잔여재산의 처분에 관한 사항
4. 임원선출 및 사업부서의 책임자 임명·해임에 관한 사항
5. 사업계획 수립 및 예산·결산에 관한 사항
6. 법인이 설립한 시설장의 임명 및 시설운영에 관한 사항

7. 수익사업에 관한 사항
8. 분사무소 또는 지부의 설치·운영 폐지 등에 관한 사항
9. 기타 법령이나 법인의 정관 또는 규정에 의하여 이사회의 권한에 속하는 사항

제25조(이사회의결 제척사유) 임원이 다음 각호의 1에 해당하는 때에는 그 의결에 참여하지 못한다.

1. 임원의 선출 및 해임에 있어 자신에 관한 사항을 의결할 때
2. 금전 및 재산의 수수 또는 소송 등에 관련되는 사항으로 자신과 법인의 이해가 상반될 때

제26조(이사회의 개의와 정족수) 이사회는 이 정관에 별도로 규정한 경우를 제외하고는 재적이사 과반수의 출석으로 개의하고 출석이사 과반수의 찬성으로 의결한다.

제27조(이사회의 회의록) ① 이사회의 의사에 관하여는 회의록을 작성하여야 한다. ② 회의록에는 의사의 경과, 요령, 및 결과를 기재하고, 의장과 참석이사가 기명날인하여야 한다. ③ 이사장은 회의록을 법인의 주된 사무소에 비치하여야 한다.

제 5 장 사무국

제28조(사무국) ① 법인의 실천전반에 걸친 집행업무 및 사무를 처리하기 위하여 중앙사무국을 둔다. ② 사무국에는 본부장 1인과 기타 필요한 직원을 두며, 본부장은 이사회의 동의를 얻어 이사장이 임명한다. ③ 사무국의 직제 및 운영, 직원의 임용 및 보수 등에 관한 사항은 별도 규정으로 정한다.

제 6 장 수익사업

제29조(수익사업) ① 법인은 제2조의 목적과 제4조의 사업목적을 달성하기 위하여 필요한 때에는 이사회의 의결을 거쳐 그 본질에 반하지 않는 범위 내에서 수익사업을 할 수 있다. ② 제1항의 수익사업을 경영하기 위하여 이사장은 이사회의 의결을 거쳐 수익사업 부서의 사업종류별로 관리자 또는 책임자를 임명한다. ③ 수익사업은 목적사업과 분리하여 운영한다.

제30조(수익사업의 기금 관리) 수익사업에 의한 이익금은 법인의 목적사업에 충당하거나 이사회의 결의에 따라 특정한 기금으로 적립해야 하고 기타 다른 용도로 일체 사용할 수 없다.

제7장 보 칙

제31조(정관변경) 법인의 정관을 변경하고자 할 때에는 재적이사 3분의 2 이상의 의결을 거쳐 주무관청의 허가를 받아야 한다.

제32조(해산) 법인이 해산하고자 할 때에는 재적이사 3분의 2 이상의 의결을 거쳐 주무관청에게 해산신고를 하여야 한다.

제33조(청산인) 법인의 해산 시 이사장은 당연직 청산인이 된다.

제34조(청산종결의 신고) 청산인은 법인의 청산을 종결한 때에는 민법 제94조의 규정에 의하여 그 취지를 등기하고 청산종결 신고서에 등기부등본을 첨부하여 주무관청에게 제출한다.

제35조(잔여재산의 처리) 법인이 해산된 때의 잔여재산은 이사회의 의결을 거쳐 주무관청의 허가를 얻어 유사법인에 기증하거나 국가 또는 지방자치단체에 귀속한다.

제36조(운영규정) 이 정관 시행에 관하여 필요한 사항은 이사회의 의결을 거쳐 별도의 규정으로 정한다.

제37조(준용규정) 이 정관에 규정되지 아니한 사항은 민법 중 재단법인에 관한 규정, 비송사건절차법, 보건복지부및그소속청소관비영리법인의설립및감독에관한규칙을 준용한다.

부 칙

① (시행일) 이 정관은 주무관청의 허가를 받은 날부터 시행한다.

② (설립 당시의 임원선임에 대한 경과조치) 이 법인 설립 당시 발기인총회에서 선임된 임원은 이 정관에 의하여 선임된 것으로 본다.

별지 1.

기본재산 목록

구 분	소재지	규 모	평가가액	출연자	비 고

〈부록 4〉

사단(재단)법인설립등기신청

접수	년 월 일	처리인	접 수	조 사	기 입	교 합	각종통지
	제 호						

등 기 의 목 적	사단(재단)법인의 설립
등 기 의 사 유	사단(재단)법인을 설립하기 위하여 정관을 작성하고 20ㅇㅇㅇ년ㅇ월ㅇ일 주무관청의 허가를 얻었으므로 다음 사항의 등기를 구함
허가서 도착연월일	20 년 월 일
등 기 할 사 항	
명 칭	
주사무소	
목 적	본 법인은 ㅇㅇㅇㅇ함을 목적으로 한다. 위 목적을 달성하기 위하여 다음 사업을 행한다. 1. ㅇㅇㅇ의 설치·운영 2. ㅇㅇㅇㅇㅇㅇㅇ의 연구 및 조사 3. ····· 4. ····· ※ 사업내용은 정관에 기재한 목적 및 구체적인 사업조항도 기재
이사, 감사의 성명, 주민등록번호 및 주소	이사 ㅇㅇㅇ(-) ㅇㅇ시ㅇㅇ구ㅇㅇ동ㅇ 이사 ㅇㅇㅇ(-) ㅇㅇ시ㅇㅇ구ㅇㅇ동ㅇ 이사 ㅇㅇㅇ(-) ㅇㅇ시ㅇㅇ구ㅇㅇ동ㅇ 감사 ㅇㅇㅇ(-) ㅇㅇ시ㅇㅇ구ㅇㅇ동ㅇ
이사장의 성명과 주소	이사장 ㅇㅇㅇ(-) ㅇㅇ시ㅇㅇ구ㅇㅇ동ㅇ

이사의 대표권에 대한 제한	이사 ○○○ 이외에는 대표권이 없음
분사무소	○○시○○구○○동○ ※ 설립시에 분사무소가 있는 경우 기재
설립허가연월일	20 년 월 일 ※ 주무관청의 설립허가서에 기재된 허가일자 기재
존립기간 또는 해산사유	법인성립일로부터 만○○년 ※ 정관에 존립기간 또는 해산사유가 있는 경우 기재
자산의 총액	금○○○○○○○○○○○원 ※ 적극재산에서 소극재산을 공제한 금액 기재하며, 사단법인이 자산이 없는 때에는 금액을 "0"으로 하여 기재
출자의 방법	1. 회비 1. 정부, 지방자치단체의 보조금 및 지원금 1. ····· 1. ····· ※ 정관에 출자에 대한 규정 중 그에 대한 사항 기재
기타	

과세표준액	금 원	등록세	금 원
교육세	금 원	농어촌특별세	금 원
세액합계	금 원	등기신청수수료	금 원

첨 부 서 면	
1. 정 관 통	1. 등록세영수필확인서 통
1. 재산목록 통	1. 위임장(대리인이 신청할 경우) 통
1. 설립허가서 통	1. 주민등록등본 통
1. 창립총회의사록(임원선임서) 통	1. 법인인감카드발급신청서 통
1. 취임승낙서 통	1. 인감증명서 통
1. 인감신고서 통	

년 월 일

신청인 명 칭

주사무소

대표사원 성 명 이사장 (인) (전화 :)

주 소

성 명 법무사 (인) (전화 :)

주 소

지방법원 등기소 귀중

〈부록 5〉 [별지 제73호 서식] (2008.03.31. 개정) (앞쪽)

<table>
<tr><td>접수번호</td><td rowspan="2">□ 법인설립신고 및 사업자등록신청서
□ 국내사업장설치신고서(외국법인)</td><td>처리기간</td></tr>
<tr><td></td><td>5일
(보정기간은 불산입)</td></tr>
</table>

귀 법인의 사업자등록신청서상의 내용은 사업내용을 정확하게 파악하여 근거과세의 실현 및 사업자등록 관리업무의 효율화를 위한 자료로 활용됩니다. 아래의 사항에 대하여 사실대로 작성하시기 바라며 신청서에 서명 또는 인감(직인)날인하시기 바랍니다

1. 인적사항

<table>
<tr><td>법 인 명(단체명)</td><td></td><td>승인법인고유번호
(폐업 당시 사업자등록번호)</td><td></td></tr>
<tr><td>대 표 자</td><td></td><td>주민등록번호</td><td></td></tr>
<tr><td>사업장(단체)소재지</td><td colspan="3"></td></tr>
<tr><td>총괄사업장소재지</td><td></td><td>총괄사업장 등록번호</td><td></td></tr>
<tr><td rowspan="2">전 화 번 호</td><td rowspan="2">(사업장)
(휴대전화)</td><td>전자우편주소</td><td>@</td></tr>
<tr><td>국세청이 제공하는
국세정보 수신 동의여부</td><td>동의함 ( )
동의하지 않음 ( )</td></tr>
</table>

2. 법인현황

<table>
<tr><td colspan="2">법인등록번호</td><td colspan="2">-</td><td>자본금</td><td colspan="2">천 원</td><td>사업연도</td><td colspan="3">월 일 ~ 월 일</td></tr>
<tr><td colspan="12">법 인 성 격 (해당란에 ○표)</td></tr>
<tr><td colspan="6">내 국 법 인</td><td colspan="3">외 국 법 인</td><td colspan="3">지 점
(내국법인의 경우)</td></tr>
<tr><td rowspan="2">영리
일반</td><td rowspan="2">영리
외투</td><td rowspan="2">비영리</td><td rowspan="2">국가
지방
자치</td><td colspan="2">법인으로보는
단체</td><td rowspan="2">지점
(국내
사업장)</td><td rowspan="2">연락
사무소</td><td rowspan="2">기타</td><td rowspan="2">여</td><td rowspan="2">부</td><td rowspan="2">본점
사업자
등 록
번 호</td></tr>
<tr><td>승인
법인</td><td>기타</td></tr>
<tr><td></td><td></td><td></td><td></td><td></td><td></td><td></td><td></td><td></td><td></td><td></td><td></td></tr>
</table>

<table>
<tr><td colspan="2">조합법인
해당여부</td><td colspan="6">공 익 법 인</td><td rowspan="3">외국·
외투
법인</td><td>국적</td><td>투자비율</td></tr>
<tr><td>여</td><td>부</td><td colspan="2">해당여부</td><td>사업유형</td><td>주무부처명</td><td colspan="2">출연자산여부</td><td></td><td></td></tr>
<tr><td></td><td></td><td>여</td><td>부</td><td></td><td></td><td>여</td><td>부</td><td></td><td></td></tr>
</table>

3. 외국법인 내용 및 관리책임자(외국법인에 한함)

<table>
<tr><td colspan="8">외 국 법 인 내 용</td></tr>
<tr><td rowspan="2">본점</td><td colspan="2">상 호</td><td colspan="2">대 표 자</td><td colspan="2">설 치 년 월 일</td><td>소 재 지</td></tr>
<tr><td colspan="2"></td><td colspan="2"></td><td colspan="2"></td><td></td></tr>
<tr><td colspan="8">관 리 책 임 자</td></tr>
<tr><td colspan="2">성 명
(상 호)</td><td colspan="2">주민등록번호
(사업자등록번호)</td><td colspan="2">주 소
(사업장소재지)</td><td colspan="2">전 화 번 호</td></tr>
<tr><td colspan="2"></td><td colspan="2"></td><td colspan="2"></td><td colspan="2"></td></tr>
</table>

4. 사업장현황

<table>
<tr><td colspan="6">사 업 의 종 류</td><td rowspan="2">사업(수익사업)
개 시 일</td></tr>
<tr><td>주업태</td><td>주 종 목</td><td>주업종코드</td><td>부업태</td><td>부 종 목</td><td>부업종코드</td></tr>
<tr><td rowspan="2"></td><td rowspan="2"></td><td rowspan="2"></td><td></td><td></td><td></td><td rowspan="2">년 월 일</td></tr>
<tr><td></td><td></td><td></td></tr>
</table>

<table>
<tr><td colspan="2">사업장 구분 및 면적</td><td colspan="2">도면첨부</td><td colspan="4">사업장을 빌려 준 사람(임대인)</td></tr>
<tr><td>자가</td><td>타가</td><td>여</td><td>부</td><td>성명(법인명)</td><td>사업자등록번호</td><td>주민(법인)등록번호</td><td>전화번호</td></tr>
<tr><td>m²</td><td>m²</td><td></td><td></td><td></td><td></td><td></td><td></td></tr>
</table>

<table>
<tr><td>임 대 차 계 약 기 간</td><td>(전세)보증금</td><td>월세(부가세 포함)</td></tr>
<tr><td>20 . . . ~ 20 . . .</td><td>원</td><td>원</td></tr>
</table>

<table>
<tr><td colspan="4">개 별 소 비 세</td><td colspan="3">주류 면허</td><td colspan="2">부가가치세
과세사업</td><td colspan="4">인·허가 사업 여부</td></tr>
<tr><td>제 조</td><td>판 매</td><td>장 소</td><td>유 흥</td><td>면 허
번 호</td><td colspan="2">면 허
신 청</td><td>여</td><td>부</td><td>신고</td><td>등록</td><td>인·허가</td><td>기타</td></tr>
<tr><td></td><td></td><td></td><td></td><td></td><td>여</td><td>부</td><td></td><td></td><td></td><td></td><td></td><td></td></tr>
</table>

<table>
<tr><td colspan="7">설립등기일 현재 기본 재무상황 등</td></tr>
<tr><td>자산 계</td><td>유동자산</td><td>고정자산</td><td>부채 계</td><td>유동부채</td><td>고정부채</td><td>종업원 수</td></tr>
<tr><td>천 원</td><td>천 원</td><td>천 원</td><td>천 원</td><td>천 원</td><td>천 원</td><td>명</td></tr>
</table>

210㎜×297㎜(신문용지 54g/㎡(재활용품))

(뒤쪽)

5. 사업자등록신청 및 사업시 유의사항(아래 사항을 반드시 읽고 확인하시기 바랍니다)

가. 사업자등록 상에 자신의 **명의를 빌려 주는 경우 해당** 법인에게 부과되는 각종 세금과 과세자료에 대하여 소명 등을 하여야 하며, 부과된 세금의 체납 시 **소유재산의 압류·공매처분, 체납내역 금융기관 통보, 여권발급제한, 출국규제 등**의 불이익을 받을 수 있습니다.
나. 내국법인은 주주(사원)명부를 작성하여 비치하여야 합니다. 주주(사원)명부는 사업자등록신청 및 법인세 신고 시 제출되어 지속적으로 관리되므로 사실대로 작성하여야 하며, 주주명의 대여 시는 **양도소득세 또는 증여세**가 과세될 수 있습니다.
다. 사업자등록 후 정당한 사유 없이 **6개월이 경과할 때까지 사업을 개시**하지 아니하거나 **부가가치세 및 법인세를 신고하지 아니하거나 사업장을 무단 이전**하여 실지사업여부의 확인이 어려울 경우에는 **사업자등록이 직권으로 말소**될 수 있습니다.
라. **실물거래 없이 세금계산서 또는 계산서를 교부하거나 수취하는 경우** 「조세범처벌법」 제11조의2에 따라 해당 법인 및 대표자 또는 관련인은 **3년 이하의 징역 또는 공급가액 및 그 부가가치세액의 2배 이하에 상당하는 벌금에 처하는 처벌**을 받을 수 있습니다.
마. 신용카드 가맹 및 이용은 반드시 사업자 본인 명의로 하여야 하며 **사업상 결제목적 이외의 용도로 신용카드를 이용할 경우** 「여신전문금융업법」 제70조제2항에 따라 **3년 이하의 징역 또는 2천만 원 이하의 벌금에 처하는 처벌을 받을 수 있습니다.**

신청인의 위임을 받아 대리인이 사업자등록신청을 하는 경우 아래 사항을 적어 주시기 바랍니다.				
대 리 인 인적사항	성 명		주민등록번호	
	주 소 지			
	전화번호		신청인과의 관계	

<table>
<tr><td>신청 구분</td><td colspan="2">□ 사업자등록만 신청 □ 사업자등록신청과 확정일자를 동시에 신청
□ 확정일자를 이미 받은 자로서 사업자등록신청
(확정일자 번호 :)</td></tr>
<tr><td colspan="3">신청서의 기입내용과 실제 사업내용이 일치함을 확인하고, 「법인세법」 제109조·제111조, 같은 법 시행령 제152조부터 제154조까지, 같은 법 시행규칙 제82조제3항제11호 및 「상가건물 임대차보호법」 제5조제2항에 따라 법인설립 및 국내사업장설치 신고와 사업자등록 및 확정일자를 신청합니다.</td></tr>
<tr><td colspan="3">년 월 일
신 청 인 (서명 또는 인)
위 대 리 인 (서명 또는 인)
세무서장 귀하</td></tr>
<tr><td rowspan="2">구비서류</td><td>신청인 제출서류</td><td>담당 공무원 확인사항
(담당 공무원의 확인에 동의하지 아니하는 경우 신청인이 직접 제출하여야 하는 서류)</td></tr>
<tr><td>1. 정관 1부
2. 임대차계약서 사본(사업장을 임차한 경우에 한합니다) 1부
3. 「상가건물 임대차보호법」의 적용을 받는 상가건물의 일부를 임차한 경우에는 해당 부분의 도면 1부
4. 주주 또는 출자자명세서 1부
5. 사업허가·등록·신고필증 사본(해당 법인에 한합니다) 또는 설립허가증사본(비영리법인에 한합니다) 1부
6. 현물출자명세서(현물출자법인의 경우에 한합니다) 1부
7. 자금출처소명서('08년 7월부터 금지금 도·소매업 및 과세유흥장소에의 영업을 영위하려는 경우에 한합니다) 1부
8. 본점 등의 등기에 관한 서류(외국법인에 한합니다) 1부
9. 국내사업장의 사업영위내용을 입증할 수 있는 서류(외국법인에 한하며, 담당 공무원 확인사항에 의하여 확인할 수 없는 경우에 한합니다) 1부</td><td>법인등기부 등본(1부)
(지점을 포함합니다)</td></tr>
<tr><td colspan="3">본인은 이 건 업무처리와 관련하여 「전자정부법」 제21조제1항에 따른 행정정보의 공동이용을 통하여 담당 공무원이 위의 담당 공무원 확인사항을 확인하는 것에 동의합니다.
신청인 (서명 또는 인)</td></tr>
<tr><td colspan="3">※ 기재요령 : 사업장을 임차한 경우 「상가건물임대차보호법」의 적용을 받기 위하여서는 사업장 소재지를 임대차계약서 및 건축물관리대장 등 공부상의 소재지와 일치되도록 구체적으로 적어야 합니다.
(작성 예) ㅇㅇ동 ㅇㅇㅇㅇ번지 ㅇㅇ호 ㅇㅇ상가(빌딩) ㅇㅇ동 ㅇㅇ층 ㅇㅇㅇㅇ호</td></tr>
</table>

〈부록 6〉 양식 제18호 합명회사설립등기

합명회사설립등기신청

접수	년 월 일	처리인	접 수	조 사	기 입	교 합	각종통지
	제 호						

등 기 의 목 적	합명회사 설립
등 기 의 사 유	
본/지점 신청구분	1. 본점신청 ☐ 2. 지점신청 ☐ 3. 본·지점 일괄신청 ☐
등 기 할 사 항	
상 호	
본 점	
목 적	
사원의 성명, 주민등록번호 및 주소(주소는 대표사원을 두지 아니한 경우), 사원의 출자의 목적, 재산출자에는 그 가격과 이행한 부분	
대표사원의 성명과 주소	
지 점	
존립기간 또는 해산사유	
기 타 (공동대표규정 등)	

<table>
<tr><td colspan="7">신청등기소 및 등록면허세/수수료</td></tr>
<tr><td rowspan="2">순번</td><td rowspan="2">신청등기소</td><td rowspan="2">구분</td><td>등록면허세</td><td rowspan="2">농어촌특별세</td><td rowspan="2">세액합계</td><td rowspan="2">등기신청수수료</td></tr>
<tr><td>지방교육세</td></tr>
<tr><td rowspan="2"></td><td rowspan="2"></td><td rowspan="2"></td><td>금 원</td><td rowspan="2">금 원</td><td rowspan="2">금 원</td><td rowspan="2">금 원</td></tr>
<tr><td>금 원</td></tr>
<tr><td rowspan="2"></td><td rowspan="2"></td><td rowspan="2"></td><td></td><td rowspan="2"></td><td rowspan="2"></td><td rowspan="2"></td></tr>
<tr><td></td></tr>
<tr><td colspan="3" rowspan="2">합 계</td><td></td><td rowspan="2"></td><td rowspan="2"></td><td rowspan="2"></td></tr>
<tr><td></td></tr>
<tr><td colspan="4">등기신청수수료 은행수납번호</td><td colspan="3"></td></tr>
<tr><td colspan="3">과 세 표 준 액</td><td colspan="4">금 원</td></tr>
<tr><td colspan="7">첨 부 서 면</td></tr>
<tr><td colspan="4">1. 정 관 통
1. 재산출자에 관하여 이행을 한 부분을 증명하는 서면 통
1. 총사원동의서(회사를 대표할 사원을 정한 경우 등) 통
1. 업무집행사원과반수동의서(본점의 구체적 장소 결정 등) 통
1. 주민등록표등본 통</td><td colspan="3">1. 대표사원의 인감신고서 통
1. 등록면허세영수필확인서 통
1. 위임장(대리인이 신청할 경우) 통
1. 법인인감카드발급신청서 통
〈기 타〉</td></tr>
<tr><td colspan="7">년 월 일
신청인 상 호
본 점
대표사원 성 명 (인) (전화 :)
주 소
대리인 성 명 (인) (전화 :)
주 소
지방법원 등기소 귀중</td></tr>
</table>

- 신청서 작성요령 및 등기수입증지 첩부란 -

1. 해당란이 부족할 때에는 별지를 이용합니다.
1. 해당 등기신청과 관계없는 사항에 대하여는 "해당 없음"으로 기재하거나 삭제하고, 필요한 사항은 추가 기재합니다.
1. 등기신청수수료 상당의 대법원등기수입증지를 이 난에 붙입니다.

(용지규격 21㎝× 29.7㎝)

〈부록 7〉 양식 제29호 합자회사설립등기

			합자회사설립등기신청				
접수	년 월 일	처리인	접 수	조 사	기 입	교 합	각종통지
	제 호						

등기의목적	합자회사 설립
등기의사유	
본/지점 신청구분	1. 본점신청 □ 2. 지점신청 □ 3. 본·지점 일괄신청 □
등 기 할 사 항	
상 호	
본 점	
목 적	
무한·유한책임사원의 성명·주민등록번호와 주소, 사원의 출자의 목적, 재산출자에는 그 가격과 이행한 부분(주소는 대표사원을 두지 아니한 경우)	
대표사원의 성명과 주소	
지 점	
존립기간 또는 해산사유	
기 타	

신청등기소 및 등록면허세/수수료						
순번	신청등기소	구분	등록면허세 지방교육세	농어촌특별세	세액합계	등기신청수수료
			금 원 금 원	금 원	금 원	금 원
합 계						
등기신청수수료 은행수납번호						
과 세 표 준 액		금 원				

첨 부 서 면	
1. 정 관 통 1. 재산출자에 관하여 이행을 한 부분을 증명하는 서면 통 1. 총사원동의서(회사를 대표할 사원을 정한 경우 등) 통 1. 업무집행사원과반수동의서 통 1. 대표사원의 인감신고서 통	1. 등록면허세영수필확인서 통 1. 위임장(대리인이 신청할 경우) 통 1. 법인인감카드발급신청서 통 〈기타〉

년 월 일

신청인 상 호

본 점

대표사원 성 명 (인) (전화 :)

주 소

대리인 성 명 (인) (전화 :)

주 소

지방법원 등기소 귀중

-신청서 작성요령 및 등기수입증지 첨부란-

1. 해당란이 부족할 때에는 별지를 이용합니다.
1. 해당 등기신청과 관계없는 사항에 대하여는 "해당 없음"으로 기재하거나 삭제하고, 필요한 사항은 추가 기재합니다.
1. 등기신청수수료 상당의 대법원등기수입증지를 이 난에 붙입니다.

(용지규격 21㎝× 29.7㎝)

〈부록 8〉 양식 제40-1호 주식회사설립등기(발기설립)

주식회사설립등기신청

접수	년 월 일	처리인	접 수	조 사	기 입	교 합	각종통지
	제 호						

① 등 기 의 목 적	주식회사 설립(발기설립)
② 등 기 의 사 유	정관을 작성하여 공증인의 인증을 받아(자본금 총액이 10억 원 미만인 소규모 회사의 경우 공증인의 인증 면제) 발기인이 회사설립 시 발행하는 주식의 전부를 인수하고 20○○년 ○월○일 발기인회에서 상법 제298조의 절차를 종료하였으므로 다음 사항의 등기를 구함
③ 본/지점 신청구분	1. 본점신청 ☐ 2. 지점신청 ☐ 3. 본·지점 일괄신청 ☐
	등 기 할 사 항
④ 상 호	○○ 주식회사 (또는 주식회사 ○○)
⑤ 본 점	서울특별시 ○○구 ○○동 ○○번지
⑥ 공 고 방 법	서울시내에서 발행하는 일간 ○○일보에 게재한다
⑦ 1 주 의 금 액	10,000원
⑧ 발행할 주식의 총수	20,000주
⑨ 발행주식의 총수, 그 종류와 각종 주식의 내용과 수	보통주식 5,000주
⑩ 자본총액	50,000,000원
⑪ 목 적	1. 주택건설업 1. 철근콘크리트 공사업 1. 토목공사업 1. 부동산 임대업 1. 위 각 호에 관련된 부대사업 일체
⑫ 이사·감사의 성명 및 주민등록번호	사내이사 ○ ○ ○ (-) 사내이사 ○ ○ ○ (-) 사외이사 ○ ○ ○ (-) 기타비상무이사 ○ ○ ○ (-) 감사 ○ ○ ○ (-)
⑬ 대표이사의 성명과 주소	대표이사 ○ ○ ○(-) 서울특별시 ○○구 ○○동 ○○번지
⑭ 지 점	경기도 ○○시 ○○구 ○○동 ○○번지 (○○지점)
⑮ 존립기간 또는 해산사유	없음(정관에 규정이 되어있으면 기재)
⑯ 기타(주식의 양도에 관하여 이사회의 승인을 얻도록 정한 때에는 그 규정, 명의개서 대리인을 둔 때에는 그 상호와 본점소재지 등)	없음(정관에 규정이 되어 있으면 기재)

<table>
<tr><td colspan="7">⑰ 신청등기소 및 등록면허세/수수료</td></tr>
<tr><td rowspan="2">순번</td><td rowspan="2">신청등기소</td><td rowspan="2">구분</td><td>등록면허세</td><td rowspan="2">농어촌특별세</td><td rowspan="2">세액합계</td><td rowspan="2">등기신청수수료</td></tr>
<tr><td>지방교육세</td></tr>
<tr><td rowspan="2"></td><td rowspan="2"></td><td rowspan="2"></td><td>금 원</td><td rowspan="2">금 원</td><td rowspan="2">금 원</td><td rowspan="2">금 원</td></tr>
<tr><td>금 원</td></tr>
<tr><td rowspan="2"></td><td rowspan="2"></td><td rowspan="2"></td><td></td><td rowspan="2"></td><td rowspan="2"></td><td rowspan="2"></td></tr>
<tr><td></td></tr>
<tr><td colspan="3" rowspan="2">합 계</td><td></td><td rowspan="2"></td><td rowspan="2"></td><td rowspan="2"></td></tr>
<tr><td></td></tr>
<tr><td colspan="4">등기신청수수료 은행수납번호</td><td colspan="3"></td></tr>
<tr><td colspan="3">⑱ 과 세 표 준 액</td><td colspan="4">금 자본금 액수 원</td></tr>
<tr><td colspan="7">⑲ 첨 부 서 면</td></tr>
<tr><td colspan="4">1. 정 관 통
1. 주식의 인수를 증명하는 서면 통
1. 주식발행사항동의서 통
1. 발기인회의사록 통
1. 이사회의사록 통
1. 주금납입보관증명서 또는 잔고증명서 통
1. 재산인도증 통
1. 이사·감사 또는 감사위원회의 조사보고서 통
1. 공증인의 변태설립사항보고서 통
1. 공인된 감정인의 감정서 통</td><td colspan="3">1. 검사인조사보고서등본 통
1. 취임승낙서(인감증명서포함) 통
1. 주민등록표등(초)본 통
1. 인감신고서 통
1. 등록면허세영수필확인서 통
1. 위임장(대리인이 신청할 경우) 통
1. 법인인감카드발급신청서 통
〈기 타〉</td></tr>
<tr><td colspan="7">년 월 일

⑳ 신청인 상 호
본 점
대표이사 성 명 (인) (전화 :)
주 소
대리인 성 명 (인) (전화 :)
주 소
지방법원 등기소 귀중</td></tr>
</table>

- 신청서 작성요령 및 등기수입증지 첨부란 -

1. 해당란이 부족할 때에는 별지를 이용합니다.
1. 해당 등기신청과 관계없는 사항에 대하여는 “해당 없음”으로 기재하거나 삭제하고, 필요한 사항은 추가 기재합니다.
1. 등기신청수수료 상당의 대법원등기수입증지를 이 난에 붙입니다.

〈부록 9〉 양식 제40-2호 주식회사설립등기(모집설립)

주식회사설립등기신청

<table>
<tr><td rowspan="2">접수</td><td>년 월 일</td><td rowspan="2">처리인</td><td>접 수</td><td>조 사</td><td>기 입</td><td>교 합</td><td>각종통지</td></tr>
<tr><td>제 호</td><td></td><td></td><td></td><td></td><td></td></tr>
</table>

<table>
<tr><td>① 등 기 의 목 적</td><td colspan="2">주식회사 설립(모집설립)</td></tr>
<tr><td>② 등 기 의 사 유</td><td colspan="2">정관을 작성하여 공증인의 인증을 받아 발기인이 회사 설립 시에 발행하는 주식의 총수를 인수하지 아니하고 주주를 모집하여 주금납입을 완료한 후 20○○년 ○월 ○일 창립총회를 종결하였으므로 다음 사항의 등기를 구함</td></tr>
<tr><td>③ 본/지점 신청구분</td><td colspan="2">1. 본점신청 □ 2. 지점신청 □ 3. 본·지점 일괄신청 □</td></tr>
<tr><td colspan="3">등 기 할 사 항</td></tr>
<tr><td>④ 상 호</td><td colspan="2">○○ 주식회사 (또는 주식회사 ○○)</td></tr>
<tr><td>⑤ 본 점</td><td colspan="2">서울특별시 ○○구 ○○동 ○○번지</td></tr>
<tr><td>⑥ 공 고 방 법</td><td colspan="2">서울시내에서 발행하는 일간 ○○일보에 게재한다</td></tr>
<tr><td>⑦ 1 주 의 금 액</td><td colspan="2">10,000원</td></tr>
<tr><td>⑧ 발행할 주식의 총수</td><td colspan="2">20,000주</td></tr>
<tr><td>⑨ 발행주식의 총수, 그 종류와 각종 주식의 내용과 수</td><td colspan="2">보통주식 5,000주</td></tr>
<tr><td>⑩ 자본총액</td><td colspan="2">50,000,000원</td></tr>
<tr><td>⑪ 목 적</td><td>1. 주택건설업
1. 철근콘크리트 공사업
1. 토목공사업</td><td>1. 부동산 임대업
1. 위 각 호에 관련된 부대사업 일체</td></tr>
<tr><td>⑫ 이사·감사의 성명 및 주민등록번호</td><td colspan="2">사내이사 ○ ○ ○ (-)
사내이사 ○ ○ ○ (-)
사외이사 ○ ○ ○ (-)
기타비상무이사 ○ ○ ○ (-)
감사 ○ ○ ○ (-)</td></tr>
<tr><td>⑬ 대표이사의 성명과 주소</td><td colspan="2">대표이사 ○ ○ ○(-)
서울특별시 ○○구 ○○동 ○○번지</td></tr>
<tr><td>⑭ 지 점</td><td colspan="2">경기도 ○○시 ○○구 ○○동 ○○번지 (○○지점)</td></tr>
<tr><td>⑮ 존립기간 또는 해산사유</td><td colspan="2">없음(정관에 규정이 되어 있으면 기재)</td></tr>
<tr><td colspan="2">⑯ 기타(주식의 양도에 관하여 이사회의 승인을 얻도록 정한 때에는 그 규정, 명의개서 대리인을 둔 때에는 그 상호와 본점소재지 등)</td><td>없음(정관에 규정이 되어 있으면 기재)</td></tr>
</table>

⑰ 신청등기소 및 등록면허세/수수료						
순번	신청등기소	구분	등록면허세 지방교육세	농어촌특별세	세액합계	등기신청수수료
			금 원 금 원	금 원	금 원	금 원
합 계						
등기신청수수료 은행수납번호						
⑱ 과 세 표 준 액			금 자본금 액수 원			

⑲ 첨 부 서 면	
1. 정 관 통	1. 공인된 감정인의 감정서 통
1. 주식의 인수를 증명하는 서면 통	1. 검사인조사보고서등본 통
1. 주식청약서 통	1. 취임승낙서(인감증명서포함) 통
1. 주식발행사항동의서 통	1. 주민등록표등(초)본 통
1. 창립총회의사록(공증받은 것) 통	1. 인감신고서 통
1. 이사회의사록(공증받은 것) 통	1. 등록면허세영수필확인서 통
1. 주금납입보관증명서 통	1. 위임장(대리인이 신청할 경우) 통
1. 재산인도증 통	1. 법인인감카드발급신청서 통
1. 이사·감사 또는 감사위원회의 조사보고서 통	〈기 타〉
1. 공증인의 변태설립사항보고서 통	

년 월 일

⑳ 신청인 상 호
본 점
대표이사 성 명 (인) (전화 :)
주 소
대리인 성 명 (인) (전화 :)
주 소

지방법원 등기소 귀중

- 신청서 작성요령 및 등기수입증지 첨부란 -

1. 해당란이 부족할 때에는 별지를 이용합니다.
1. 해당 등기신청과 관계없는 사항에 대하여는 "해당 없음"으로 기재하거나 삭제하고, 필요한 사항은 추가 기재합니다.
1. 등기신청수수료 상당의 대법원등기수입증지를 이 난에 붙입니다.

〈부록 10〉 양식 제66호 유한회사설립등기

유한회사설립등기신청

<table>
<tr><td rowspan="2">접수</td><td>년 월 일</td><td rowspan="2">처리인</td><td>접 수</td><td>조 사</td><td>기 입</td><td>교 합</td><td>각종통지</td></tr>
<tr><td>제 호</td><td></td><td></td><td></td><td></td><td></td></tr>
</table>

① 등기의목적	유한회사 설립
② 등기의사유	정관을 작성하여 공증인의 인증을 받고 20○○년 ○월○일 출자 전액을 납입하였으므로 다음사항의 등기를 구함
③ 본/지점 신청구분	1. 본점신청 □ 2. 지점신청 □ 3. 본·지점 일괄신청 □
등 기 할 사 항	
④ 상 호	○○ 유한회사
⑤ 본 점	서울특별시 ○○구 ○○동 ○○번지
⑥ 출자1좌의금액	금 10,000원
⑦ 자본의 총액	금 100,000,000원
⑧ 목 적	1. 주택건설업 1. 철근콘크리트 공사업 1. 부동산 임대업 1. 위 각 호에 관련된 부대사업 일체
⑨ 이사·감사의 성명 및 주민등록번호	이사 ○ ○ ○ (-) 이사 ○ ○ ○ (-) 이사 ○ ○ ○ (-) 감사 ○ ○ ○ (-)
⑩ 대표이사의 성명과 주소	대표이사 ○ ○ ○(-) 서울특별시 ○○구 ○○동 ○○번지
⑪ 지 점	경기도 ○○시 ○○구 ○○동 ○○번지 (○○지점)
⑫ 존립기간 또는 해산사유	없음(정관에 규정이 되어 있으면 기재)
기 타	

⑬ 신청등기소 및 등록면허세/수수료						
순번	신청 등기소	구분	등록면허세	지방교육세	세액합계	등기신청수수료
			금 원 (자본금의 4/1000)	금 원 (등록면허세의 20/100)	금 원 (등록면허세 +지방교육세)	금 20,000 원
합 계						
등기신청수수료 은행수납번호						
⑭과 세 표 준 액			금 원			

⑮ 첨 부 서 면	
1. 정관 통	1. 대표이사 인감신고서 통
1. 사원총회의사록(공증받은 것) 통	1. 등록면허세영수필확인서 통
1. 출자금납입증명서 통	1. 위임장(대리인이 신청할 경우) 통
1. 현물출자재산인도증 통	1. 법인인감카드발급신청서 통
1. 이사과반수동의서 통	〈기 타〉
1. 취임승낙서(인감증명서포함) 통	
1. 주민등록표등(초)본 통	

년 월 일

⑯ 신청인 상 호
본 점
대표이사 성 명 (인) (전화 :)
주 소
대리인 성 명 (인) (전화 :)
주 소

지방법원 등기소 귀중

- 신청서 작성요령 및 등기수입증지 첨부란 -

1. 해당란이 부족할 때에는 별지를 이용합니다.
1. 해당 등기신청과 관계없는 사항에 대하여는 "해당 없음"으로 기재하거나 삭제하고, 필요한 사항은 추가 기재합니다.
1. 등기신청수수료 상당의 대법원등기수입증지를 이 난에 붙입니다.

(용지규격 21㎝×29.7㎝)

〈부록 11〉 양식 제82호 합자조합설립등기

합자조합설립등기신청

<table>
<tr><td rowspan="2">접수</td><td>년 월 일</td><td rowspan="2">처리인</td><td>접 수</td><td>조 사</td><td>기 입</td><td>교 합</td><td>각종통지</td></tr>
<tr><td>제 호</td><td></td><td></td><td></td><td></td><td></td></tr>
</table>

<table>
<tr><td>등 기 의 목 적</td><td>합자조합 설립</td></tr>
<tr><td>등 기 의 사 유</td><td></td></tr>
<tr><td colspan="2">등 기 할 사 항</td></tr>
<tr><td>명 칭</td><td></td></tr>
<tr><td>주된 영업소</td><td></td></tr>
<tr><td>목 적</td><td></td></tr>
<tr><td>조합원의 성명 또는 상호, 주민등록번호 및 주소, 조합원의 출자의 목적, 재산출자의 경우 그 가액과 이행한 부분</td><td></td></tr>
<tr><td>존속기간 또는 해산사유</td><td></td></tr>
<tr><td>조합계약의 효력 발생일</td><td></td></tr>
<tr><td>기 타 (공동대리규정 등)</td><td></td></tr>
</table>

등록면허세	금 원	지방교육세	금 원	농어촌특별세	금 원
세 액 합 계	금 원		등기신청수수료	금 원	
등기신청수수료 은행수납번호					
과세표준액	금 원				

첨 부 서 면	
1. 조합계약서 통 1. 재산출자에 관하여 이행을 한 부분을 증명하는 서면 통 1. 업무집행권이 있는 조합원의 과반수동의서 (주된 영업소의 구체적 장소 결정 등) 통 1. 주민등록표등(초)본 통	1. 등기를 신청하는 업무집행조합원의 인감신고서 통 1. 등록면허세영수필확인서 통 1. 위임장(대리인이 신청할 경우) 통 〈기 타〉

년 월 일

신청인 명 칭
주된 영업소

업무집행조합원 성명 또는 상호 (인) (전화 :)
주 소

대리인 성 명 (인) (전화 :)
주 소

지방법원 등기소 귀중

- 신청서 작성요령 및 등기수입증지 첨부란 -

1. 해당란이 부족할 때에는 별지를 이용합니다.
1. 해당 등기신청과 관계없는 사항에 대하여는 "해당 없음"으로 기재하거나 삭제하고, 필요한 사항은 추가 기재합니다.
1. 등기신청수수료 상당의 대법원등기수입증지를 이 난에 붙입니다.

(용지규격 21㎝× 29.7㎝)

〈부록 12〉 양식 제91호 유한책임회사설립등기

유한책임회사설립등기신청

접수	년 월 일	처리인	접 수	조 사	기 입	교 합	각종통지
	제 호						

등 기 의 목 적	유한책임회사 설립
등 기 의 사 유	
본/지점 신청구분	1. 본점신청 ☐ 2. 지점신청 ☐ 3. 본·지점 일괄신청 ☐
등 기 할 사 항	
상 호	
본 점	
공 고 방 법	
자본금의 액	
목 적	
업무집행자의 성명 및 주민등록번호	
대표업무집행자의 성명과 주소	
지 점	
존립기간 또는 해산사유	
기 타	

<table>
<tr><td colspan="8">신청등기소 및 등록면허세/수수료</td></tr>
<tr><td rowspan="2">순번</td><td rowspan="2">신청등기소</td><td rowspan="2">구분</td><td>등록면허세</td><td rowspan="2">농어촌특별세</td><td rowspan="2">세액합계</td><td rowspan="2" colspan="2">등기신청수수료</td></tr>
<tr><td>지방교육세</td></tr>
<tr><td rowspan="2"></td><td rowspan="2"></td><td rowspan="2"></td><td>금 원</td><td rowspan="2">금 원</td><td rowspan="2">금 원</td><td rowspan="2" colspan="2">금 원</td></tr>
<tr><td>금 원</td></tr>
<tr><td rowspan="2"></td><td rowspan="2"></td><td rowspan="2"></td><td></td><td rowspan="2"></td><td rowspan="2"></td><td rowspan="2" colspan="2"></td></tr>
<tr><td></td></tr>
<tr><td rowspan="2" colspan="3">합 계</td><td></td><td rowspan="2"></td><td rowspan="2"></td><td rowspan="2" colspan="2"></td></tr>
<tr><td></td></tr>
<tr><td colspan="4">등기신청수수료 은행수납번호</td><td colspan="4"></td></tr>
<tr><td colspan="3">과 세 표 준 액</td><td colspan="5">금 원</td></tr>
<tr><td colspan="8">첨 부 서 면</td></tr>
<tr><td colspan="4">1. 정관 통
1. 총사원동의서 통
1. 출자금납입증명서 통
1. 현물출자재산인도증 통
1. 업무집행자과반수동의서 통
1. 취임승낙서(인감증명서포함) 통</td><td colspan="4">1. 주민등록표등(초)본 통
1. 대표업무집행자 인감신고서 통
1. 등록면허세영수필확인서 통
1. 위임장(대리인이 신청할 경우) 통
〈기 타〉</td></tr>
<tr><td colspan="8">년 월 일

신청인 상 호
본 점
대표업무집행자 성 명 (인) (전화 :)
주 소
대리인 성 명 (인) (전화 :)
주 소

지방법원 등기소 귀중</td></tr>
</table>

- 신청서 작성요령 및 등기수입증지 첨부란 -

1. 해당란이 부족할 때에는 별지를 이용합니다.
1. 해당 등기신청과 관계없는 사항에 대하여는 "해당 없음"으로 기재하거나 삭제하고, 필요한 사항은 추가 기재합니다.
1. 등기신청수수료 상당의 대법원등기수입증지를 이 난에 붙입니다.

(용지규격 21㎝×29.7㎝)

〈부록 13〉 합명회사 정관

제1장 총 칙

제1조(상호) 본 회사는 ○○○○합명회사(또는 합명회사○○○○)라 한다. 영문으로 ○○○○(약호 ○.○.○)라 표기한다.

[상호] 상호는 문자로 기재할 수 있고 호칭을 할 수 있는 것이어야 한다. 외국어라도 무방하나 음역하여 한글 또는 한자로 표기하여야 한다. 상호 중에는 반드시 「합명회사」라는 문자를 사용하여야 한다. 동일 특별시, 광역시, 시·군 내에서 동종영업을 위하여 타인이 등기한 동일한 상호는 등기할 수 없다. 「합명회사」의 용어는 상호의 앞이나 뒤나 상관없다. 〈정관의 절대적 기재사항〉

제2조(목적) 본 회사는 다음의 사업을 경영함을 목적으로 한다.

1)

2)

3)

4)

5) 위 각 호에 관련된 부대사업 일체

[목적] 회사가 경영하려고 하는 사업을 뜻하므로 사회통념상 그 사업이 무엇인가를 알 수 있을 정도로 개별적·구체적으로 기재하여야 한다. 「제조업」, 「수출입업」, 「도·소매업」 등과 같이 불분명하게 기재하여서는 안 되며, 「컴퓨터 및 주변기기 도·소매업」과 같이 구체적으로 특정하여야 한다. 〈정관의 절대적 기재사항〉

제3조(본점) 본 회사는 본점을 [시, 군, 구]에 설치한다. 필요에 따라 국내 및 해외에 지점 또는 출장소 및 영업소를 둘 수 있다.

[본점소재지] 본점이란 회사의 영업을 총괄하는 영업소이며 회사의 주소는 본점소재지에 있는 것으로 한다. 정관상의 본점소재지는 최소독립행정구역으로 표시할 수 있다. 최소독립행정구역이란 특별시, 광역시, 시·군을 말한다. 예컨대 서울특별시, 인천광역시 또는 경기도 수원시 정도로 규정하면 되고, 그 소재 지번까지 구체적으로 표시할 필요는 없다. 그러나 등기할 때의 본점소재지는 지번까지 구체적으로 표시하여야 한다. 구체적인 본점 소재지는 이사회에서 결정하게 된다. 〈정관의 절대적 기재사항〉

제4조(작성년월일) 이 정관의 작성일은 ○○○○ 년 ○○ 월 ○○일이다.

[정관의 작성년월일] 합명회사의 정관을 작성한 날짜이다. 정관의 효력발생일을 확정함으로써 정관의 효력에 대하여 분쟁이 발생하는 경우에 대비하기 위해 반드시 기재하도록 한다. ※ 주식회사, 유한회사의 정관은 공증인의 공증을 통해 효력을 발휘하기 때문에 절대적 기재

사항으로 정관의 작성년월일이 포함되어 있지는 않다. 〈정관의 절대적 기재사항〉

제2장 사원 및 출자

제5조(사원의 성명, 주민등록번호 및 주소) 사원의 성명, 주민등록번호 및 주소는 말미 기재와 같다.

[사원의 성명, 주민등록번호, 주소, 기명날인] 합명회사의 사원은 2인 이상이어야 하며, 회사 밖의 법인은 사원이 될 수 없다. 사원의 성명, 주민등록번호, 주소와는 정관의 절대적 기재사항이므로 반드시 작성하고 기명날인하여야 한다. 〈정관의 절대적 기재사항〉

제6조(출자의 목적 및 그 가격) 사원 출자의 가격 또는 평가의 기준은 다음과 같다

사원: ○○○

가격: 금 ○○○○원

사원: ○○○

[현물출자 목적물건] 가격 : 금 ○○○○원

사원: ○○○

채권 금 ○○○○ 원 가격: 금 원

사원: ○○○

노무 단, 회사를 위하여 ○○○을 하는 것 가격표준: 1년 금 ○○○○원

사원: ○○○

신용 평가표준 1년 금 원

[출자의 목적 과 그 가격 또는 평가의 표준] 출자의 목적은 출자의 객체를 말한다. 사원은 재산출자뿐만 아니라 노무와 신용의 출자도 인정되므로([상법]제222조), 출자의 목적은 그 종류와 목적물을 구체적으로 기재한다. 출자의 가격은 출자의 목적물을 금전으로 평가한 금액을 말하며, 평가의 표준은 노무 또는 신용의 출자에 대하여 직접 금전으로 평가할 수 없는 경우 그 가격의 산정방법을 의미한다. 〈정관의 절대적 기재사항〉

제 3 장 업무집행 및 대표

제7조(업무집행권의 제한) 사원 ○○○와 ○○○를 회사의 업무를 집행할 권리와 의무가 없다.

[특정사원의 업무집행권 제한] 합명회사의 사원은 원칙적으로 모두 업무집행의 권한을 가지나 정관에 특정한 규정을 두어 이를 제한할 수 있다. ([상법]200조제1항) 정관의 상대적 기재사항으로 정관에 규정을 두지 않으면 효력을 발휘하지 않는다. 〈정관의 상대적 기재사항〉

제8조(대표사원) 본 회사의 대표사원은 ○○○○로 하며, ○○○○가 회사를 대표할 수 없는 경우에는 ○○○○와 ○○○○가 공동으로 회사를 대표한다.

[회사대표제도, 공동대표제도] 합명회사의 사원은 사원 개개인이 회사를 대표하고 업무를 집행할 권한을 가지나, 정관에 혹은 총사원의 동의를 통해 회사의 대표와 공동대표를 둘 수 있다. 〈정관의 상대적 기재사항〉

제9조(지배인) 사원은 회사의 운영을 위해 지배인을 선임할 수 있다.

제 4 장 입사 및 퇴사

제10조(사원의 입사) 회사의 사원이 새로이 입사하는 경우 총사원의 동의를 통해 결정한다.

[사원의 입사] 합명회사 사원의 입사는 정관의 변경을 요하는 절차로서 총사원의 동의가 필요하다. ([상법]제204조)

제11조(사원의 퇴사) 각 사원은 부득이한 사유가 있는 때를 제외하고는 영업연도 말에 한하여 퇴사할 수 있으며 이 경우 6개월 전에 이를 예고하여야 한다.

제12조(퇴사사유) 사원은 아래의 사유에 한하여 퇴사할 수 있다.

1) 총사원 동의
2) 사망
3) 금치산
4) 파산
5) 제명

[퇴사의 사유] 합명회사의 퇴사의 원인은 [상법]제218조를 통해 총사원 동의, 사망, 금치산, 파산, 제명 등을 규정하고 있으며, 이외의 퇴사의 원인을 정관을 통해 정의할 수 있도록 하고 있다. 상대적 기재사항으로 상법에 규정된 퇴사원인을 제외한 기타의 원인을 퇴사의 사유로 규정하고자 하면 정관에 명시하여야 한다. 〈정관의 상대적 기재사항〉

제13조(퇴사사원의 지분환급) ① 퇴사한 사원은 퇴사 당시 회사재산에서 그 출자비율에 따라 그 지분을 환급받을 수 있다. 다만, 노무 또는 신용을 출자의 목적으로 한 사원과 제명선고로 인하여 퇴사한 사원은 그 지분을 환급받지 못한다. ② 그 외의 퇴사사원에 대한 지분환급은 다음의 각호와 같은 방법으로 행한다.

1)
2)
3)

[퇴사사원의 지분환급의 제한] 회사의 사원이 퇴사하는 경우 노무 또는 신용으로 출자의 목적을 한 경우에도 환급받을 수 있다. ([상법]제222조) 하지만 정관에 다른 규정을 두어 지분환급을 제한할 수 있다. 〈정관의 상대적 기재사항〉

제5장 계 산

제14조(영업연도) 본 회사의 영업연도는 매년 ㅇㅇ월 ㅇㅇ일부터 ㅇㅇ월 ㅇㅇ일까지로 한다.

제15조(이익배당) 본 회사의 이익배당금은 매 결산기 말일 현재의 사원에게 그 출자좌수의 비율에 따라 배당한다.

제16조(장부의 열람) 본 회사의 사원은 언제든지 이유를 붙인 서면으로서 회계에 관한 장부 및 기타 서류의 열람 또는 등사를 청구할 수 있다.

제6장 해 산

제17조(회사의 존립기간) 회사의 존립기간은 회사 성립일로부터 만 ㅇㅇ년으로 한다.

제18조(해산사유) 본 회사는 존립기간의 만료 이외에 다음 각호에 해당하는 사유로 해산한다.

1)

2)

3)

4)

[해산의 사유] 합명회사는 [상법]제227조를 통해 존립기간의 만료, 총사원의 동의, 사원이 1인으로 된 때, 합병, 파산, 법원의 명령 또는 판결 등의 해산사유를 두고 있으며, 정관을 통해 다른 해산사유를 정할 수 있다. 〈정관의 상대적 기재사항〉

제19조(청산인) 본 회사가 해산한 경우에 해산 당시의 대표사원이 청산인이 된다.

합명회사를 설립하기 위하여 이 정관을 작성하고 사원 전원이 이에 기명날인(또는 서명)한다.

년 월 일

별지(사원의 성명, 주민등록번호 및 주소)

1) 사원 : [성명] [주민등록번호] [주소] 〈날인〉 2) 사원 : [성명] [주민등록번호] [주소] 〈날인〉 3) 사원 : [성명] [주민등록번호] [주소] 〈날인〉 .(이하 전 사원 기명날인)

〈부록 14〉 합자회사 정관

제 1 장 총　칙

제1조(상호) 본 회사는 ○○○○합자회사(또는 합자회사○○○○)라 한다. 영문으로 ○○○○(약호 ○.○.○)라 표기한다.

[상호] 상호는 문자로 기재할 수 있고 호칭을 할 수 있는 것이어야 한다. 외국어라도 무방하나 음역하여 한글 또는 한자로 표기하여야 한다. 상호 중에는 반드시 「합자회사」라는 문자를 사용하여야 한다. 동일 특별시, 광역시, 시·군 내에서 동종영업을 위하여 타인이 등기한 동일한 상호는 등기할 수 없다. 「합자회사」의 용어는 상호의 앞이나 뒤나 상관없다. 〈정관의 절대적 기재사항〉

제2조(목적) 본 회사는 다음의 사업을 경영함을 목적으로 한다.

1)

2)

3)

4)

5) 위 각 호에 관련된 부대사업 일체

[목적] 회사가 경영하려고 하는 사업을 뜻하므로 사회통념상 그 사업이 무엇인가를 알 수 있을 정도로 개별적·구체적으로 기재하여야 한다. 「제조업」, 「수출입업」, 「도·소매업」 등과 같이 불분명하게 기재하여서는 안 되며, 「컴퓨터 및 주변기기 도·소매업」과 같이 구체적으로 특정하여야 한다. 〈정관의 절대적 기재사항〉

제3조(본점) 본 회사는 본점을 [시, 군, 구]에 설치한다. 필요에 따라 국내 및 해외에 지점 또는 출장소 및 영업소를 둘 수 있다.

[본점소재지] 본점이란 회사의 영업을 총괄하는 영업소이며 회사의 주소는 본점소재지에 있는 것으로 한다. 정관상의 본점소재지는 최소독립행정구역으로 표시할 수 있다. 최소독립행정구역이란 특별시, 광역시, 시·군을 말한다. 예컨대 서울특별시, 인천광역시 또는 경기도 수원시 정도로 규정하면 되고, 그 소재 지번까지 구체적으로 표시할 필요는 없다. 그러나 등기할 때의 본점소재지는 지번까지 구체적으로 표시하여야 한다. 구체적인 본점소재지는 이사회에서 결정하게 된다. 〈정관의 절대적 기재사항〉

제4조(작성년월일) 이 정관의 작성일은 ○○○○ 년 ○○ 월 ○○일이다.

[정관의 작성년월일] 합자회사의 정관을 작성한 날짜이다. 정관의 효력발생일을 확정함으로써 정관에 효력에 대하여 분쟁이 발생하는 경우에 대비하기 위해 반드시 기재하도록 한다. ※ 주식회사, 유한회사의 정관은 공증인의 공증을 통해 효력을 발휘하기 때문에 절대

적 기재사항으로 정관의 작성년월일이 포함되어 있지는 않다. 〈정관의 절대적 기재사항〉

제 2 장 사원 및 출자

제5조(사원의 성명, 주민등록번호, 주소 및 책임구분) 사원의 성명, 주민등록번호, 주소 및 책임구분은 말미 기재와 같다.

[사원의 성명, 주민등록번호, 주소, 책임구분, 기명날인] 합자회사의 사원은 무한책임사원, 유한책임사원 각각 1인 이상이어야 하며, 회사 밖의 법인은 사원이 될 수 없다. 사원의 성명, 주민등록번호, 주소와는 정관의 절대적 기재사항이므로 반드시 작성하고 기명날인하여야 한다. 〈정관의 절대적 기재사항〉

제6조(출자의 목적 및 그 가격) 사원 출자의 가격 또는 평가의 기준은 다음과 같다

무한책임 사원: ○○○

가격: 금 ○○○○원

무한책임 사원 : ○○○

[현물출자 목적물건] 가격: 금 ○○○○원

무한책임 사원: ○○○

채권 금 ○○○○ 원 가격: 금 원

무한책임 사원: ○○○

노무 단, 회사를 위하여 ○○○을 하는 것 가격표준: 1년 금 ○○○○ 원

무한책임 사원: ○○○

신용 평가표준 1년 금 원

유한책임 사원: ○○○

가격: 금 ○○○○원

유한책임 사원: ○○○

[현물출자 목적물건] 가격: 금 ○○○○원

[출자의 목적 과 그 가격 또는 평가의 표준] 출자의 목적은 출자의 객체를 말한다. 무한책임사원은 재산출자뿐만 아니라 노무와 신용의 출자도 가능하며, 유한책임사원은 재산출자만이 가능하다. 출자의 목적은 그 종류와 목적물을 구체적으로 기재한다. 출자의 가격은 출자의 목적물을 금전으로 평가한 금액을 말하며, 평가의 표준은 노무 또는 신용의 출자에 대하여 직접 금전으로 평가할 수 없는 경우 그 가격의 산정방법을 의미한다. 〈정관의 절대적 기재사항〉

제 3 장 업무집행 및 대표

제7조(업무집행권의 제한) 사원 ○○○와 ○○○를 회사의 업무를 집행할 권리와 의무가 없다.

[특정사원의 업무집행권 제한] 합자회사의 사원은 원칙적으로 모두 업무집행의 권한을 가지나 정관에 특정한 규정을 두어 이를 제한할 수 있다. 정관의 상대적 기재사항으로 정관에 규정을 두지 않으면 효력을 발휘하지 않는다. 〈정관의 상대적 기재사항〉

제8조(대표사원) 본 회사의 대표사원은 ○○○○로 하며, ○○○○가 회사를 대표할 수 없는 경우에는 ○○○○와 ○○○○가 공동으로 회사를 대표한다.

[회사대표제도, 공동대표제도] 합명회사의 사원은 사원 개개인이 회사를 대표하고 업무를 집행할 권한을 가지나, 정관에 혹은 총사원의 동의를 통해 회사의 대표와 공동대표를 둘 수 있다. 〈정관의 상대적 기재사항〉

제9조(지배인) 사원은 회사의 운영을 위해 지배인을 선임할 수 있다.

제 4 장 입사 및 퇴사

제10조(사원의 입사) 회사의 사원이 새로이 입사하는 경우 총사원의 동의를 통해 결정한다.

[사원의 입사] 합자회사 사원의 입사는 정관의 변경을 요하는 절차로서 총사원의 동의가 필요합니다. ([상법]제204조)

제11조(사원의 퇴사) 각 사원은 부득이한 사유가 있는 때를 제외하고는 영업연도 말에 한하여 퇴사할 수 있으며 이 경우 6개월 전에 이를 예고하여야 한다.

제12조(퇴사사유) 사원은 아래의 사유에 한하여 퇴사할 수 있다.

1) 총사원 동의
2) 사망
3) 금치산
4) 파산
5) 제명

[퇴사의 사유] 합자회사의 퇴사의 원인은 [상법]269조([상법]제218조 준용)를 통해 총사원 동의, 사망, 금치산, 파산, 제명 등을 규정하고 있으며, 이외의 퇴사의 원인을 정관을 통해 정의할 수 있도록 하고 있다. 상대적 기재사항으로 상법에 규정된 퇴사원인을 제외한 기타의 원인을 퇴사의 사유로 규정하고자 하면 정관에 명시하여야 한다. 〈정관의 상대적 기재사항〉

제13조(퇴사사원의 지분환급) ① 퇴사한 사원은 퇴사 당시 회사재산에서 그 출자비율에 따라 그 지분을 환급받을 수 있다. 다만, 노무 또는 신용을 출자의 목적으로 한 사원과 제명

선고로 인하여 퇴사한 사원은 그 지분을 환급받지 못한다. ② 그 외의 퇴사사원에 대한 지분환급은 다음의 각호와 같은 방법으로 행한다.

1)

2)

3)

[퇴사사원의 지분환급의 제한] 회사의 사원이 퇴사하는 경우 노무 또는 신용으로 출자의 목적을 한 경우에도 환급받을 수 있다. ([상법]제269조에 따른 [상법]제222조의 준용) 하지만 정관에 다른 규정을 두어 지분환급을 제한할 수 있다. 〈정관의 상대적 기재사항〉

제5장 계 산

제14조(영업연도) 본 회사의 영업연도는 매년 ○○월 ○○일부터 ○○월 ○○일까지로 한다.

제15조(이익배당) 본 회사의 이익배당금은 매 결산기 말일 현재의 사원에게 그 출자좌수의 비율에 따라 배당한다.

제16조(장부의 열람) 본 회사의 사원은 언제든지 이유를 붙인 서면으로서 회계에 관한 장부 및 기타 서류의 열람 또는 등사를 청구할 수 있다.

제6장 해 산

제17조(회사의 존립기간) 회사의 존립기간은 회사 성립일로부터 만 ○○년으로 한다.

제18조(해산사유) 본 회사는 존립기간의 만료 이외에 다음 각호에 해당하는 사유로 해산한다.

1)

2)

3)

[해산의 사유] 합자회사는 [상법]제227조를 통해 존립기간의 만료, 총사원의 동의, 사원이 1인으로 된 때, 합병, 파산, 법원의 명령 또는 판결 등의 해산사유를 두고 있으며, 정관을 통해 다른 해산사유를 정할 수 있다. 〈정관의 상대적 기재사항〉

제19조(청산인) 본 회사가 해산한 경우에 해산 당시의 대표사원이 청산인이 된다.

합자회사를 설립하기 위하여 이 정관을 작성하고 사원 전원이 이에 기명날인(또는 서명)한다.

년 월 일

별지(사원의 성명, 주민등록번호 및 주소)

1) 사원 : [성명] [주민등록번호]
[주소] 〈날인〉
2) 사원 : [성명] [주민등록번호]
[주소] 〈날인〉
3) 사원 : [성명] [주민등록번호]
[주소] 〈날인〉
.(이하 전 사원 기명날인)

〈부록 15〉 주식회사 정관(발기설립)

제1장 총 칙

제1조(상호) 당 회사는 ○○○○ 주식회사(또는 주식회사 ○○○○)라 한다. 영문으로 ○○○○(약호 ○.○.○)라 표기한다.

[상호] 상호는 문자로 기재할 수 있고 호칭을 할 수 있는 것이어야 한다. 외국어라도 무방하나 음역하여 한글 또는 한자로 표기하여야 한다. 상호 중에는 반드시 「주식회사」라는 문자를 사용하여야 한다. 동일 특별시, 광역시, 시·군 내에서 동종영업을 위하여 타인이 등기한 동일한 상호는 등기할 수 없다. 「주식회사」의 용어는 상호의 앞이나 뒤나 상관없다. 〈정관의 절대적 기재사항〉

제2조(목적) 당 회사는 다음 사업을 목적으로 한다.

1)

2)

3)

4) 위 각 호에 관련된 부대사업 일체

[목적] 회사가 경영하려고 하는 사업을 뜻하므로 사회통념상 그 사업이 무엇인가를 알 수 있을 정도로 개별적·구체적으로 기재하여야 한다. 「제조업」, 「수출입업」, 「도·소매업」 등과 같이 불분명하게 기재하여서는 안 되며, 「컴퓨터 및 주변기기 도·소매업」과 같이 구체적으로 특정하여야 한다. 〈정관의 절대적 기재사항〉

제3조(본점과 지점) 당 회사는 본점을 (…특별시·광역시·시·군) 내에 둔다. 필요에 따라 국내 및 해외에 지점 또는 출장소 및 영업소를 둘 수 있다.

[본점소재지] 본점이란 회사의 영업을 총괄하는 영업소이며 회사의 주소는 본점소재지에 있는 것으로 한다. 정관상의 본점소재지는 최소독립행정구역으로 표시할 수 있다. 최소독립행정구역이란 특별시, 광역시, 시·군을 말한다. 예컨대 서울특별시, 인천광역시 또는 경기도 수원시 정도로 규정하면 되고, 그 소재 지번까지 구체적으로 표시할 필요는 없다. 그러나 등기할 때의 본점소재지는 지번까지 구체적으로 표시하여야 한다. 구체적인 본점소재지는 이사회 혹은 주주총회에서 결정하게 된다. 〈정관의 절대적 기재사항〉

제4조(공고방법) 당 회사의 공고는 ○○○ 시·도 내에서 발행하는 ○○○○(일간 신문)에 게재한다.

[회사가 공고를 하는 방법] 주주 또는 회사의 이해관계인으로 하여금 용이하게 공고내용을 알 수 있게 하기 위하여 공고방법을 정관의 기재사항으로 특정하고 있다. 이후 회사의 모든 공고는 이를 통하여 하게 된다. 공고는 관보 또는 시사에 관한 사항을 게재하는 일간신문에

하여야 한다(상법 제289조 3항). 시사에 관한 일간신문은 특정한 1개 또는 수개의 신문이어야 하며, 수 개의 신문을 선택적으로 기재하여서는 아니된다. 따라서 「서울특별시내에서 발행되는 ○○일보에 게재한다」 또는 「서울특별시 내에서 발행되는 ○○일보와 ○○신문에 게재한다」고 기재하여야 하며, 「서울특별시내에서 발행되는 ○○일보 또는 ○○일보에 게재한다」고 기재하여서는 안 된다. 시사에 관한 것이 아닌 업계의 신문이나 일간이 아닌 주간신문을 공고방법으로 정할 수 없으므로 「법률신문」이나 「스포츠신문」을 특정하여 공고방법으로 정할 수는 없다. 〈정관의 절대적 기재사항〉

제 2 장 주식(株式)과 주권(株券)

제5조(회사가 발행할 주식의 총수 및 각종 주식의 내용과 수) 당 회사가 발행할 주식의 총수는 ○○○○ 주로서 기명식 보통주식으로 한다.

[회사가 발행할 주식의 총수] 회사가 발행할 주식의 총수는 수권자본총수 또는 발행예정주식총수라고도 하며, 회사가 발행할 수 있는 주식 수의 한도이다. 회사가 발행할 주식의 총수 중 설립 시에 발행하는 주식 수를 공제한 나머지는 소위 수권주식(수권자본)으로서 원칙적으로 이사회의 결의에 의하여 수시로 신주를 발행하게 된다. 발행예정주식총수는 정관의 절대적 기재사항이며, 발행예정주식총수를 증가시키려면 정관을 변경하여야 한다. 〈정관의 절대적 기재사항〉

[주식의 종류] 주식의 종류에는 보통주, 우선주, 후배주 등이 있으며 발행할 주식을 결정할 수 있다. 설립 당시에는 보통주를 위주로 발행한다.

- 보통주: 이익(또는 건설이자)배당이나 잔여재산분배에 있어 어떠한 제한이나 우선권도 주어지지 아니한 주식이다. 보통주에 대한 배당금액은 재무제표를 승인하는 주주총회의 결의에 의하여 결정된다.
- 우선주: 이익을 배당할 때 또는 잔여재산을 분배할 때 다른 주주에 우선하여 소정의 배당 또는 분배를 받을 수 있는 주식이다. 〈정관의 상대적 기재사항〉

제6조(1주의 금액) 당 회사가 발행하는 주식 1주의 금액은 금○○○○원으로 한다.

[1주의 금액] 1주의 금액은 100원 이상이어야 하고(상법 제329조 3항), 또 균일하여야 한다(상법 제329조 2항). 회사가 수종의 주식을 발행하는 경우에도 같다. 1주의 금액은 설립 시 발행하는 주식뿐만 아니라 장래에 발행하는 주식까지 포함한다. 주식분할 또는 병합 시에는 정관변경 절차를 거치게 된다. 〈정관의 절대적 기재사항〉

제7조(회사 설립 시 발행하는 주식의 총수) 당 회사는 설립 시에 ○○○○주의 주식을 발행하기로 한다.

[회사의 설립 시에 발행하는 주식의 총수] 회사의 설립 시에 발행하는 주식의 총수에다가 1주의

액면가액을 곱하면 회사의 설립시의 자본이 된다(상법 제451조). 〈정관의 절대적 기재사항〉

제8조(주권의 종류) 당 회사의 주식은 전부 기명식으로서 주권은 1주권, 10주권, 100주권의 3종류로 한다.

[주권의 종류] 1개의 주권을 표창하는 주권을 단일주권이라 하며 수 개의 주권을 표창하는 주권을 병합주권이라 한다. 보통 정관에 임의적 기재사항으로 주권의 발행 단위를 정해 놓고 있지만 이와 다른 주권을 회사가 발행하더라도 무효는 아니다. 또 주주도 이와 관계없이 주권의 분할이나 병합을 청구할 수 있으며 이의 거부는 주식의 양도성에 저촉되므로 허용되지 않는다.

제9조(주권불소지) 당 회사는 주권불소지 제도를 채택하지 아니한다.

[주권불소지제도] 주권이란 주식회사의 주식을 소유하고 있음을 나타내는 증서로 주식을 발항하는 회사에서 발행한다. 정관에 주권불소지에 대한 다른 정함이 없는 경우 주주는 회사에 주권을 소지하지 않겠다는 의사를 밝힐 수 있으며 이 경우 회사는 지체 없이 주권을 발행하지 아니한다는 뜻을 주주명부와 그 복본에 기재하고, 그 사실을 주주에게 통지하여야 한다. 회사는 그 주권을 발행할 수 없다(상법 358조의2 제1,2항). 이미 발행된 주권이 있는 경우에는 회사에 반환하고 회사는 주권을 무효로 하거나 명의개서 대리인에게 임차하여야 한다. (상법 358조의2 제3항).

제10조(주금납입의 지체) 회사설립 시의 주식인수인이 주금납입을 지체한 때에는 납입기일 다음 날부터 납입이 끝날 때까지 지체주금(遲滯株金) 1000원에 대하여 1원의 비율로서 과태금(過怠金)을 회사에 지급하고 또 이로 인하여 손해가 생겼을 때는 그 손해를 배상하여야 한다.

제11조(주식의 명의개서) ① 당 회사의 주식에 관하여 명의개서를 청구함에 있어서는 당 회사 소정의 청구서에 기명날인하고 이에 주권을 첨부하여 제출하여야 한다. ② 양도 이외의 사유로 인하여 주식을 취득한 경우에는 그 사유를 증명하는 서면도 함께 제출하여야 한다.

[주식의 명의개서] 회사의 주식에 대하여 양도 등의 사유로 인해 명의개서가 필요한 경우 절차를 정의할 수 있다. 명의개서의 절차는 회사의 업무집행에 속하기 때문에 구체적인 절차를 정관에 기재할 필요는 없으며 단순히 이사회의 결의로 정한다고만 정의해도 충분하다.
상장회사의 경우 명의개서 대행계약을 상장요건으로 하기 때문에 상장법인의 경우 명의개서 대리인을 선임이 강제된다. 명의개서 대리인을 두는 것은 등기사항으로 명의개서 대리인의 상호 및 본점소재지를 등기하여야 한다.

제12조(질권의 등록 및 신탁 재산의 표시) 당 회사의 주식에 관하여 질권의 등록 또는 신탁 재산의 표시를 청구함에 있어서는 당 회사 소정의 청구서에 당사자가 기명날인하고 이에 확정된 제권판결의 정본 또는 주권을 첨부하여 제출하여야 한다. 그 등록 또는 표시의 말

소를 청구함에 있어서도 같다.

[질권의 등록 및 신탁재산의 표시] 회사의 주식에 대하여 등록, 말소 등의 사유로 인해 질권의 등록 또는 신탁재산의 표시가 필요한 경우 절차를 정의할 수 있다. 다만 질권의 등록, 말소는 회사의 업무행위에 속하므로 정관에 정함이 없이 회사 내부의 업무처리 규칙 등으로만 관리해도 충분하다.

제13조(주권의 재발행) ① 주식의 분할·병합, 주권의 오손 등의 사유로 주권의 재발행을 청구함에 있어서는 당 회사 소정의 청구서에 기명날인하고 이에 주권을 첨부하여 제출하여야 한다. ② 주권의 상실로 인하여 그 재발행을 청구함에 있어서는 당 회사 소정의 청구서에 기명날인하고 이에 확정된 제권판결의 정본 또는 등본을 첨부하여 제출하여야 한다.

[주권의 재발행] 주주가 회사의 주권 재발행을 요청하는 경우의 처리절차를 정관에 정의할 수 있다. 다만 주권의 재발행 또한 회사의 업무행위에 속하므로 정관에 정함이 없이 회사 내부의 업무처리 규칙 등으로만 관리해도 충분하다.

제14조(주주명부의 폐쇄 및 기준일) ① 당 회사에서는 매년 1월 1일부터 정기 주주총회의 종결일자까지 주주명부 기재의 변경을 정지한다. ② 제1항의 경우 이외에 주주 또는 질권자로서 권리를 행사할 자를 확정하기 위하여 필요한 때에는 이사회의 결의에 의하여 일정한 기간 동안 주주명부 기재의 변경을 정지하거나 또는 기준일을 정할 수 있다. 이 경우에는 그 기간 또는 기준일의 2주간 전에 공고하는 것으로 한다.

[주주명부의 폐쇄 기준일] 주주총회와 배당금지급의 시기가 서로 다른 시기에 이루어지는 만큼 정기주주총회에 참석하여 재무제표를 승인할 주주와 배당금을 받을 주주를 일치시키기 위해 양자를 병용하여야한다. 또 주주명부 폐쇄기간 중 신주가 발행될 때 이 신주의 주주를 주주총회 결의에서 제외시키고자 한다면 주주명부 폐쇄 외에 별도로 기준일을 설정하여야 한다.

제15조(주주 등의 주소, 성명 및 인감의 신고) 주주, 등록질권자 또는 그 법정대리인이나 대표자는 당 회사 소정의 서식에 의하여 성명, 주소 및 인감을 당 회사에 신고하여야 한다. 신고사항에 변경이 있을 때에도 또한 같다.

제 3 장 주주총회(株主總會)

제16조(소집) 당 회사의 정기 주주총회는 영업연도 말일의 다음날부터 3월 이내에 소집하고 임시주주총회는 필요한 경우 수시 소집한다.

제17조(의장) 대표이사가 주주총회의 의장이 된다. 대표이사가 유고일 때에는 이사회에서 선임한 다른 이사가 의장이 된다.

제18조(결의) 주주총회의 결의는 법령 또는 정관에 다른 규정이 있는 경우를 제외하고는 발행주식 총수의 과반수에 해당하는 주식을 가진 주주의 출석으로, 그 출석 주주의 의결권의 과반수에 의한다.

[결의] 총회의 결의는 정관에 다른 정함이 있는 경우를 제외하고는 출석한 주주의 의결권의 과반수와 발행 주식총수의 4분의 1 이상의 수로써 하여야 한다(상법 제368조).

제19조(의결권의 대리행사 및 총회의 의사록) ① 주주는 대리인으로 하여금 그 의결권을 행사하게 할 수 있다. ② 총회는 의사록을 작성하여야 하며, 의사록에는 의사의 경과요령과 그 결과를 기재하고 의장과 출석한 이사가 기명날인하여야 한다.

[의결권의 대리행사] 주주는 대리인으로 하여금 의결권을 행사할 수 있지만, 이 경우 대리인은 그 대리권을 증명하는 서면을 제출하여야 한다(상법 368조 3항).

[주주총회 의사록] 총회의 의사에는 의사록을 작성하여야 하고, 의사록에는 의사의 경과요령과 그 결과를 기재하고 의장과 출석한 이사가 기명날인 또는 서명하여야 한다(상법 373조). 주주총회 혹은 이사회를 통해 등기할 사항이 변경될 경우 이 의사록은 공증인의 인증을 받아야 한다(공증인법 66조의 2).

제 4 장 임원과 이사회

(이하 생략)

〈부록 16〉 주식회사 정관(모집설립)

제1장 총　칙

제1조(상호) 당 회사는 ○○○○ 주식회사(또는 주식회사 ○○○○)라 한다. 영문으로 ○○○○(약호 ○.○.○)라 표기한다.

[상호] 상호는 문자로 기재할 수 있고 호칭을 할 수 있는 것이어야 한다. 외국어라도 무방하나 음역하여 한글 또는 한자로 표기하여야 한다. 상호 중에는 반드시 「주식회사」라는 문자를 사용하여야 한다. 동일 특별시, 광역시, 시·군내에서 동종영업을 위하여 타인이 등기한 동일한 상호는 등기할 수 없다. 「주식회사」의 용어는 상호의 앞이나 뒤나 상관없다. 〈정관의 절대적 기재사항〉

제2조(목적) 당 회사는 다음 사업을 목적으로 한다.

1)

2)

3)

4) 위 각 호에 관련된 부대사업 일체

[목적] 회사가 경영하려고 하는 사업을 뜻하므로 사회통념상 그 사업이 무엇인가를 알수 있을 정도로 개별적·구체적으로 기재하여야 한다. 「제조업」, 「수출입업」, 「도·소매업」 등과 같이 불분명하게 기재하여서는 안 되며, 「컴퓨터 및 주변기기 도·소매업」과 같이 구체적으로 특정하여야 한다. 〈정관의 절대적 기재사항〉

제3조(본점과 지점) 당 회사는 본점을 (…특별시·광역시·시·군) 내에 둔다. 필요에 따라 국내 및 해외에 지점 또는 출장소 및 영업소를 둘 수 있다.

[본점소재지] 본점이란 회사의 영업을 총괄하는 영업소이며 회사의 주소는 본점소재지에 있는 것으로 한다. 정관상의 본점소재지는 최소독립행정구역으로 표시할 수 있다. 최소독립행정구역이란 특별시, 광역시, 시·군을 말한다. 예컨대 서울특별시, 인천광역시 또는 경기도 수원시 정도로 규정하면 되고, 그 소재 지번까지 구체적으로 표시할 필요는 없다. 그러나 등기할 때의 본점소재지는 지번까지 구체적으로 표시하여야 한다. 구체적인 본점소재지는 이사회 혹은 주주총회에서 결정하게 된다. 〈정관의 절대적 기재사항〉

제4조(공고방법) 당 회사의 공고는 ○○○ 시·도 내에서 발행하는 ○○○○(일간 신문)에 게재한다.

[회사가 공고를 하는 방법] 주주 또는 회사의 이해관계인으로 하여금 용이하게 공고내용을 알 수 있게 하기 위하여 공고방법을 정관의 기재사항으로 특정하고 있다. 이후 회사의 모든 공고는 이를 통하여 하게 된다. 공고는 관보 또는 시사에 관한 사항을 게재하는 일간신문에

하여야 한다(상법 제289조 3항). 시사에 관한 일간신문은 특정한 1개 또는 수 개의 신문이어야 하며, 수 개의 신문을 선택적으로 기재하여서는 아니된다. 따라서 「서울특별시내에서 발행되는 ○○일보에 게재한다」 또는 「서울특별시 내에서 발행되는 ○○일보와 ○○신문에 게재한다」고 기재하여야 하며, 「서울특별시내에서 발행되는 ○○일보 또는 ○○일보에 게재한다」고 기재하여서는 안된다. 시사에 관한 것이 아닌 업계의 신문이나 일간이 아닌 주간신문을 공고방법으로 정할 수 없으므로 「법률신문」이나 「스포츠신문」을 특정하여 공고방법으로 정할 수는 없다. 〈정관의 절대적 기재사항〉

제 2 장 주식(株式)과 주권(株券)

제5조(회사가 발행할 주식의 총수 및 각종 주식의 내용과 수) 당 회사가 발행할 주식의 총수는 ○○○○ 주로서 기명식 보통주식으로 한다.

[회사가 발행할 주식의 총수] 회사가 발행할 주식의 총수는 수권자본총수 또는 발행예정주식총수라고도 하며, 회사가 발행할 수 있는 주식 수의 한도이다. 회사가 발행할 주식의 총수 중 설립 시에 발행하는 주식 수를 공제한 나머지는 소위 수권주식(수권자본)으로서 원칙적으로 이사회의 결의에 의하여 수시로 신주를 발행하게 된다. 발행예정주식총수는 정관의 절대적 기재사항이며, 발행예정주식총수를 증가시키려면 정관을 변경하여야 한다. 〈정관의 절대적 기재사항〉

[주식의 종류] 주식의 종류에는 보통주, 우선주, 후배주 등이 있으며 발행할 주식을 결정할 수 있다. 설립 당시에는 보통주를 위주로 발행한다.

- 보통주: 이익(또는 건설이자)배당이나 잔여재산분배에 있어 어떠한 제한이나 우선권도 주어지지 아니한 주식이다. 보통주에 대한 배당금액은 재무제표를 승인하는 주주총회의 결의에 의하여 결정된다.
- 우선주: 이익을 배당할 때 또는 잔여재산을 분배할 때 다른 주주에 우선하여 소정의 배당 또는 분배를 받을 수 있는 주식이다. 〈정관의 상대적 기재사항〉

제6조(1주의 금액) 당 회사가 발행하는 주식 1주의 금액은 금○○○○원으로 한다.

[1주의 금액] 1주의 금액은 100원 이상이어야 하고(상법 제329조 3항), 또 균일하여야 한다(상법 제329조 2항). 회사가 수종의 주식을 발행하는 경우에도 같다. 1주의 금액은 설립 시 발행하는 주식뿐만 아니라 장래에 발행하는 주식까지 포함한다. 주식분할 또는 병합 시에는 정관변경 절차를 거치게 된다. 〈정관의 절대적 기재사항〉

제7조(회사 설립 시 발행하는 주식의 총수) 당 회사는 설립 시에 ○○○○주의 주식을 발행하기로 한다.

[회사의 설립 시에 발행하는 주식의 총수] 회사의 설립 시에 발행하는 주식의 총수에다가 1주의 액면가액을 곱하면 회사의 설립 시의 자본이 된다(상법 제451조). 〈정관의 절대적 기재사항〉

제8조(주권의 종류) 당 회사의 주식은 전부 기명식으로서 주권은 1주권, 10주권, 100주권의 3종류로 한다.

[주권의 종류] 1개의 주권을 표창하는 주권을 단일주권이라 하며 수 개의 주권을 표창하는 주권을 병합주권이라 한다. 보통 정관에 임의적 기재사항으로 주권의 발행 단위를 정해 놓고 있지만 이와 다른 주권을 회사가 발행하더라도 무효는 아니다. 또 주주도 이와 관계없이 주권의 분할이나 병합을 청구할 수 있으며 이의 거부는 주식의 양도성에 저촉되므로 허용되지 않는다.

제9조(주권불소지) 당 회사는 주권불소지 제도를 채택하지 아니한다.

[주권불소지제도] 주권이란 주식회사의 주식을 소유하고 있음을 나타내는 증서로 주식을 발항하는 회사에서 발행한다. 정관에 주권불소지에 대한 다른 정함이 없는 경우 주주는 회사에 주권을 소지하지 않겠다는 의사를 밝힐 수 있으며 이 경우 회사는 지체 없이 주권을 발행하지 아니한다는 뜻을 주주명부와 그 복본에 기재하고, 그 사실을 주주에게 통지하여야 한다. 회사는 그 주권을 발행할 수 없다(상법 385조의2 제1,2항). 이미 발행된 주권이 있는 경우에는 회사에 반환하고 회사는 주권을 무효로 하거나 명의개서 대리인에게 임차하여야 한다. (상법 358조의 제3항)

제10조(주금납입의 지체) 회사설립 시의 주식인수인이 주금납입을 지체한 때에는 납입기일 다음 날부터 납입이 끝날 때까지 지체주금(遲滯株金) 1,000원에 대하여 1원의 비율로서 과태금(過怠金)을 회사에 지급하고 또 이로 인하여 손해가 생겼을 때는 그 손해를 배상하여야 한다.

제11조(주식의 명의개서) ① 당 회사의 주식에 관하여 명의개서를 청구함에 있어서는 당 회사 소정의 청구서에 기명날인하고 이에 주권을 첨부하여 제출하여야 한다. ② 양도 이외의 사유로 인하여 주식을 취득한 경우에는 그 사유를 증명하는 서면도 함께 제출하여야 한다.

[주식의 명의개서] 회사의 주식에 대하여 양도 등의 사유로 인해 명의개서가 필요한 경우 절차를 정의할 수 있다. 명의개서의 절차는 회사의 업무집행에 속하기 때문에 구체적인 절차를 정관에 기재할 필요는 없으며 단순히 이사회의 결의로 정한다고만 정의해도 충분하다.
상장회사의 경우 명의개서 대행계약을 상장요건으로 하기 때문에 상장법인의 경우 명의개서대리인을 선임이 강제된다. 명의개서 대리인을 두는 것은 등기사항으로 명의개서 대리인의 상호 및 본점소재지를 등기 하여야 한다.

제12조(질권의 등록 및 신탁 재산의 표시) 당 회사의 주식에 관하여 질권의 등록 또는 신탁재산의 표시를 청구함에 있어서는 당 회사 소정의 청구서에 당사자가 기명날인하고 이에 확정된 제권판결의 정본 또는 주권을 첨부하여 제출하여야 한다. 그 등록 또는 표시의 말소를 청구함에 있어서도 같다.

[질권의 등록 및 신탁재산의 표시] 회사의 주식에 대하여 등록, 말소 등의 사유로 인해 질권의 등록 또는 신탁재산의 표시가 필요한 경우 절차를 정의할 수 있다. 다만 질권의 등록, 말소는 회사의 업무행위에 속하므로 정관에 정함이 없이 회사 내부의 업무처리 규칙 등으로만 관리해도 충분하다.

제13조(주권의 재발행) ① 주식의 분할·병합, 주권의 오손 등의 사유로 주권의 재발행을 청구함에 있어서는 당 회사 소정의 청구서에 기명날인하고 이에 주권을 첨부하여 제출하여야 한다. ② 주권의 상실로 인하여 그 재발행을 청구함에 있어서는 당 회사 소정의 청구서에 기명날인하고 이에 확정된 제권판결의 정본 또는 등본을 첨부하여 제출하여야 한다.

[주권의 재발행] 주주가 회사의 주권 재발행을 요청하는 경우의 처리절차를 정관에 정의할 수 있다. 다만 주권의 재발행 또한 회사의 업무행위에 속하므로 정관에 정함이 없이 회사 내부의 업무처리 규칙 등으로만 관리해도 충분하다.

제14조(주주명부의 폐쇄 및 기준일) ① 당 회사에서는 매년 1월 1일부터 정기 주주총회의 종결일자까지 주주명부 기재의 변경을 정지한다. ② 제1항의 경우 이외에 주주 또는 질권자로서 권리를 행사할 자를 확정하기 위하여 필요한 때에는 이사회의 결의에 의하여 일정한 기간 동안 주주명부 기재의 변경을 정지하거나 또는 기준일을 정할 수 있다. 이 경우에는 그 기간 또는 기준일의 2주간 전에 공고하는 것으로 한다.

[주주명부의 폐쇄 기준일] 주주총회와 배당금지급의 시기가 서로 다른 시기에 이루어지는 만큼 정기주주총회에 참석하여 재무제표를 승인할 주주와 배당금을 받을 주주를 일치시키기 위해 양자를 병용하여야 한다. 또 주주명부 폐쇄기간 중 신주가 발행될 때 이 신주의 주주를 주주총회 결의에서 제외시키고자 한다면 주주명부 폐쇄 외에 별도로 기준일을 설정하여야 한다.

제15조(주주 등의 주소, 성명 및 인감의 신고) 주주, 등록질권자 또는 그 법정대리인이나 대표자는 당 회사 소정의 서식에 의하여 성명, 주소 및 인감을 당 회사에 신고하여야 한다. 신고사항에 변경이 있을 때에도 또한 같다.

제 3 장 주주총회(株主總會)

제16조(소집) 당 회사의 정기 주주총회는 영업연도 말일의 다음날부터 3월 이내에 소집하고 임시주주총회는 필요한 경우 수시 소집한다.

제17조(의장) 대표이사가 주주총회의 의장이 된다. 대표이사가 유고일 때에는 이사회에서 선임한 다른 이사가 의장이 된다.

제18조(결의) 주주총회의 결의는 법령 또는 정관에 다른 규정이 있는 경우를 제외하고는 발행주식 총수의 과반수에 해당하는 주식을 가진 주주의 출석으로, 그 출석 주주의 의결권

의 과반수에 의한다.

[결의] 총회의 결의는 정관에 다른 정함이 있는 경우를 제외하고는 출석한 주주의 의결권의 과반수와 발행 주식총수의 4분의 1 이상의 수로써 하여야 한다.(상법 제368조)

제19조(의결권의 대리행사 및 총회의 의사록) ① 주주는 대리인으로 하여금 그 의결권을 행사하게 할 수 있다. ② 총회는 의사록을 작성하여야 하며, 의사록에는 의사의 경과요령과 그 결과를 기재하고 의장과 출석한 이사가 기명날인하여야 한다.

[의결권의 대리행사] 주주는 대리인으로 하여금 의결권을 행사할 수 있지만, 이 경우 대리인은 그 대리권을 증명하는 서면을 제출하여야 한다.(상법 368조 3항)

[주주총회 의사록] 총회의 의사에는 의사록을 작성하여야 하고, 의사록에는 의사의 경과요령과 그 결과를 기재하고 의장과 출석한 이사가 기명날인 또는 서명하여야 한다(상법 373조). 주주총회 혹은 이사회를 통해 등기할 사항이 변경될 경우 이 의사록은 공증인의 인증을 받아야 한다(공증인법 66조의 2).

제 4 장 임원과 이사회

(이하 생략)

〈부록 17〉 유한회사 정관

제 1 장 총　칙

제1조(상호) 본 회사는 ○○○○유한회사(또는 유한회사○○○○)라 한다.

[상호] 상호는 문자로 기재할 수 있고 호칭을 할 수 있는 것이어야 한다. 외국어라도 무방하나 음역하여 한글 또는 한자로 표기하여야 한다. 상호 중에는 반드시 「유한회사」라는 문자를 사용하여야 한다. 동일 특별시, 광역시, 시·군 내에서 동종영업을 위하여 타인이 등기한 동일한 상호는 등기할 수 없다. 「유한회사」의 용어는 상호의 앞이나 뒤나 상관없다. 〈정관의 절대적 기재사항〉

제2조(목적) 본 회사는 다음의 사업을 경영함을 목적으로 한다.

1)

2)

3)

4) 위의 각호에 관련된 부대사업 일체

[목적] 회사가 경영하려고 하는 사업을 뜻하므로 사회통념상 그 사업이 무엇인가를 알 수 있을 정도로 개별적·구체적으로 기재하여야 한다. 「제조업」, 「수출입업」, 「도·소매업」 등과 같이 불분명하게 기재하여서는 안 되며, 「컴퓨터 및 주변기기 도·소매업」과 같이 구체적으로 특정하여야 한다. 〈정관의 절대적 기재사항〉

제3조(본점과 지점) 본 회사는 본점을 ○○○에 설치하고 필요에 따라 국내 및 해외에 지점 또는 출장소 및 영업소를 둘 수 있다.

[본점소재지] 본점이란 회사의 영업을 총괄하는 영업소이며 회사의 주소는 본점소재지에 있는 것이다. 정관상의 본점소재지는 최소독립행정구역으로 표시할 수 있다. 최소독립행정구역이란 특별시, 광역시, 시·군을 말한다. 예컨대 서울특별시, 인천광역시 또는 경기도 수원시 정도로 규정하면 되고, 그 소재 지번까지 구체적으로 표시할 필요는 없다. 그러나 등기할 때의 본점소재지는 지번까지 구체적으로 표시하여야 한다. 구체적인 본점소재지는 사원총회에서 결정한다. 〈정관의 절대적 기재사항〉

제4조(자본의 총액) 본 회사의 자본의 총액은 금 ○○○○○○원을 한다.

[자본의 총액] 정관에 유한회사 자본의 총액을 기재하여야 한다. 출좌 1좌 금액에 총 출자좌수를 곱하면 자본의 총액이다. 유한회사 자본금이 최소한 1,000만 원 이상이라는 규정은 삭제되었다(2011.4.14., 상법 제546조제1항). 〈정관의 절대적 기재사항〉

제 2 장 사원과 출자

제5조(출자의 좌수 및 1좌의 금액) 본 회사의 자본은 이를 ○ ○ ○좌로 나누고, 1좌의 금액을 금 ○ ○ ○원으로 한다.

[출자 1좌의 금액 및 출자좌수] 유한회사는 정관을 통해 출좌 1좌의 금액을 정하여야 한다. 출좌 1좌의 금액은 100원 이상이어야 하며 또한 균일해야 한다(상법 제546조). 1좌의 금액 * 출자좌수 = 자본금 총액. 〈정관의 절대적 기재사항〉

제6조(사원의 성명, 주소 및 출자좌수) 사원의 성명, 주소 및 그 출자 좌수는 말미 기재와 같다.

[각 사원의 출자좌수] 정관에 각 사원의 출자좌수 및 금액을 명시하고 총사원의 기명날인이 필요하다. 사원의 출자 수에 의해 유한회사의 자본이 확정된다. 사원수에 대한 상법 제545조는 2011.4.14. 삭제됨. 〈정관의 절대적 기재사항〉

제7조(지분의 양도 제한) 사원은 그 지분의 전부 또는 일부를 양도하거나 상속할 수 있다. 다만, 정관으로 지분의 양도를 제한할 수 있다.

[사원의 지분의 양도] 지분을 양도는 자유이다(상법 제556조). 이는 지분을 양도 받는 자는 유한회사의 사원이 된다는 것을 의미한다.

제 3 장 사원총회

제8조(사원총회) 본 회사의 사원 총회는 정기총회와 임시총회로 하고, 정기총회는 매년 ○월과 ○월에 개최하고 임시총회는 필요에 따라 수시로 개최할 수 있다.

제9조(총회의 소집) 사원총회는 대표이사가 회일 7일 전에 회일과 회일의 목적 사항을 각 사원에게 통지하여 이를 소집한다.

[사원총회의 소집] 유한회사 사원총회의 소집은 유한회사의 이사가 소집할 수 있다. 하지만 임시총회의 경우 감사가 소집할 수 있다. 총회의 소집은 최소한 1주일 전에 서면으로 통지하여야 한다. 하지만 정관으로 이를 단축하여 지정할 수 있다.

제10조(결의방법) 사원총회의 결의는 법령에 따른다.

[사원총회의 결의] 사원총회의 결의는 사원의 의결권에 의하여 결의한다. 사원총회의 결의내용은 사원총회의사록으로 기록하여 보관하여야 한다. 사원총회의 결의 내용으로 등기를 할 경우 그 의사록은 공증인의 인증을 받아야 한다. 그러나 총사원의 동의가 있는 경우 사원총회의 결의 대신 총사원의 서면에 의한 동의로 대신할 수 있다. 총사원이 서면으로 동의하는 경우 서면에 의한 결의가 있는 것으로 보고 이는 사원총회의 결의도 동일한 효력이 있다.

제11조(의결권) 각 사원은 출자 1좌에 대하여 1개의 의결권을 가진다.

[사원의 의결권] 사원은 기본적으로 사원총회에서 출자 1좌에 대하여 1개의 의결권이 있다. 그러나 정관에서 이를 다르게 정할 수 있다.

제12조(의장) 사원총회의 의장은 대표이사가 한다.

(이하 생략)

〈부록 18〉 비영리민간단체 등록신청서

[시행령 별지 제1호서식]

〈신규등록 시〉

<table>
<tr><td colspan="4" rowspan="2">비영리민간단체 등록신청서</td><td>처리기간</td></tr>
<tr><td>20 일</td></tr>
<tr><td rowspan="3">신청인</td><td>① 성 명</td><td></td><td>② 주민등록번호</td><td></td></tr>
<tr><td>③ 대표자와의 관계</td><td></td><td>④ 연 락 처</td><td></td></tr>
<tr><td colspan="2">⑤ 주 소</td><td colspan="2"></td></tr>
<tr><td rowspan="5">단 체</td><td>⑥ 명 칭</td><td></td><td>⑦ 연 락 처</td><td></td></tr>
<tr><td>⑧ 소 재 지</td><td colspan="3"></td></tr>
<tr><td>⑨ 대표자성명</td><td></td><td>⑩ 대표자주민등록번호</td><td></td></tr>
<tr><td>⑪ 대표자주소</td><td></td><td>⑫ 대표자연락처</td><td></td></tr>
<tr><td>⑬ 주된 사업</td><td colspan="3"></td></tr>
<tr><td colspan="5">비영리민간단체지원법 제4조제1항 및 동법시행령 제3조제1항의 규정에 의하여 위와 같이 등록을 신청합니다.
년 월 일
신 청 인 (서명 또는 인)
귀하</td></tr>
<tr><td colspan="4" rowspan="2">〈구비서류〉
1. 회칙 1부
2. 당해 연도 및 전년도의 총회회의록 각 1부
3. 당해 연도 및 전년도의 사업계획·수지예산서, 전년도의 결산서 각 1부
4. 회원명부(회원의 주소와 연락처가 기재되어야 하며, 회원이 100인 이상인 경우에는 100인까지 기재 후 "외 ○○인"으로 표기하여야 함) 1부
※ 법인의 경우에는 구비서류 중 회원명부만 제출</td><td>수수료</td></tr>
<tr><td>없 음</td></tr>
</table>

☞ 법인의 경우 구비서류중 회원명부만 제출토록 한 것은 주무장관의 허가를 받아 활동하고 있는 법인으로서 이미 검증된 사항은 제외하고 필요 최소한의 민원서류를 징구하고자 하는 것이며, 법인서류로 확인이 불가능한 때에는 모든 구비서류를 제출해야 함.

☞ 타기관 법인일 경우는 법인관련서류 확인이 어려우므로 신규등록과 동일한 서류를 접수하거나, 법인설립주무관청에 의견조회 등을 통해 등록요건의 적합여부 판단.

저자 소개

김재호 사회복지학 박사(ph.D), 사회복지 통계 & 컨설팅연구소 대표
창조경제타운 전문가 멘토, 건국대학교 미래지식교육원 지도교수
『2013년 한국을 이끄는 혁신리더』 선정(뉴스메이커誌)

김용찬 주식회사 한영코리아 대표이사
공저분야 1 : 상법상 기업의 사회적기업 설립 및 운영부분,
공저분야 2 : 사회적기업의 세부적인 마케팅 전술부분

김정철 NH. 태안농협 병점로지점 지점장
공저분야 1 : 협동조합 및 관련조직의 사회적기업 설립 및 운영부분,
공저분야 2 : 사회적기업의 세부적인 마케팅 전술부분

지용남 주식회사 부광씨엔에스 대표이사
공저분야 1 : 사회적기업 설립 및 운영부분, 사회적기업의 마케팅 전략,
공저분야 2 : 사회적기업의 세부적인 마케팅 전술부분

김춘식 법원. 수원지방법원 안산지원 행정관
공저분야 1 : 사회적기업 관련 법적 제도적 규정, 설립 및 등기부분,
공저분야 2 : 사회적기업의 세부적인 마케팅 전술부분

사회적기업론

초판 1쇄 발행 2013년 12월 17일
초판 2쇄 발행 2017년 7월 7일

지 은 이 | 김재호·김용찬·김정철·지용남·김춘식
펴 낸 이 | 김기섭
책임편집 | 박소정
펴 낸 곳 | 창지사 www.changjisa.com
08580 서울시 금천구 가산디지털1로 83 파트너스타워 1차 9층
전화 (02) 719-2211~3
팩스 (02) 701-9386
등 록 | 1977년 4월 28일·제1-421호

ⓒ 김재호 외 4인, 2013
* 이 책 내용의 전부 또는 일부를 재사용하려면
반드시 저작권자와 창지사 양측의 동의를 받아야 합니다.
* 저자와 협의하여 인지는 생략합니다.

ISBN 978-89-426-2262-7 (93330)

값 22,000원